杨兴培刑法学作品

本著作属于上海市重点学科刑法学学术著作

受高水平特色法学学科建设与人才培养工程（085）建设项目资助

杨兴培刑法学作品

REVIEW AND CRITICISM
The Theory and Practice of Criminal Law of China

反思与批评

中国刑法的理论与实践

杨兴培 著

北京大学出版社
PEKING UNIVERSITY PRESS

图书在版编目(CIP)数据

反思与批评:中国刑法的理论与实践/杨兴培著.—北京:北京大学出版社,2013.8
ISBN 978-7-301-22843-2

Ⅰ.①反⋯　Ⅱ.①杨⋯　Ⅲ.①刑法-法的理论-研究-中国　Ⅳ.①D924.01

中国版本图书馆 CIP 数据核字(2013)第 158079 号

书　　　　名：	反思与批评——中国刑法的理论与实践
著作责任者：	杨兴培　著
责 任 编 辑：	苏燕英
标 准 书 号：	ISBN 978-7-301-22843-2/D·3376
出 版 发 行：	北京大学出版社
地　　　　址：	北京市海淀区成府路 205 号　100871
网　　　　址：	http://www.yandayuanzhao.com
新 浪 微 博：	@北大出版社燕大元照法律图书
电 子 信 箱：	yandayuanzhao@163.com
电　　　　话：	邮购部 62752015　发行部 62750672　编辑部 62117788
	出版部 62754962
印　刷　者：	三河市博文印刷有限公司
经　销　者：	新华书店
	965 毫米×1300 毫米　16 开本　23.75 印张　353 千字
	2013 年 8 月第 1 版　2017 年 11 月第 2 次印刷
定　　　　价：	58.00 元

未经许可,不得以任何方式复制或抄袭本书之部分或全部内容。
版权所有,侵权必究
举报电话:010-62752024　电子信箱:fd@pup.pku.edu.cn

刑法时空中的反思与遐想——代序

在中国，刑法的理论与实践注定是个不会风平浪静的时空领域。刑法理论的时时浪花四溅，刑法实践的处处波澜频起，实在是一幅平常画卷。刑法学者对刑法理论永无止境的思考和探求，对刑法实践永不满足的反思和批评，是刑法学者不断获得前进动力的源泉，能够超越更是学者们的梦境追求，这也是刑法理论和实践的魅力所在。

刑法是用来实践的，故刑法的实践必须时时紧扣法律的实在性规定，刑法实践在这里对法律的守望比创造更重要，容不得执法人有半点的"自由自在"。刑法学是理论的，故刑法学的理论既可以跟随法律的实在性规定对刑法进行鞭辟入里的注释性解释，让刑法理论成为刑法实践的参谋；也可以站在刑法实在性规定之上仰望星空作"遐想"，刑法理论在这里对法理的创造比守望更重要，应当允许刑法理论人有完全自由的身体和自由的思想进行天马行空般的"漫游"；刑法学更是一门追问性的学问，在刑事领域需要法治的时代，刑法理论不仅要保持对刑法典章制度进行言说的兴趣，更要有对既有的刑法理论和刑法实践进行反思和评价的冲动和欲望。

刑事立法者无疑属于政治家的范畴，为了社会的秩序和安宁，对法律的制定有时采取实用主义的态度也是可以理解的；刑事司法者是实干家，在既已设定的法定框架内进行司法操作，只要其信仰确立、信念坚定、信心备足，虽然言语不多，其务实的作风应当受人尊敬。惟刑法学者有足够的时间和空间对法律的实践进行全方位、多角度、多层次的审视，然后用其智慧与足够的语言作出评价。刑法学者在刑法实务之外的诸多评价和理论设想，虽然无法取得足够令人信服的效果从而直接影响刑法的司法实践，但是刑法学者们具有构建理想的理论大厦和具有极大耐心进行的探索，也是社会分工中必不可少的一个环节。

当下的中国刑法领域，无论是实践还是理论，吸引人眼球的事件和观点层出不穷，但是苟而言之，分歧大而追问少，争议多却反思少，顺从多而批评少。固然,无意义的分歧与争论无助于理论的进步和实践的公正,但法学的反思与批评能够帮助刑法理论与实践寻找诸多法律待解问题的依赖路径。刑法学的反思不仅仅在于对过去理论现象与实践做法的全面回顾,而且还在于有着一种总结其经验教训的基本功能。刑法学的批评,更是一种复杂的语言形态,其中蕴含着一种新的价值内容。人们应当认识并学会理解,建立在尊重法律权威和理解刑法实践基础上的反思与批评,不但对刑法典章与刑法的实践无一害反而有百利。事实上,对以往理论和实践的反思本身就意味着对所涉问题的困惑和关切,对以往理论和实践的批评本身也蕴含着对理想答案的追求和期待。发现问题靠的是眼光和能力,但提出问题还得靠勇气和智慧,而问题的探讨和解答则更是需要现实的直面、价值的中立、知识的积累、常识的遵守、学术的储备和对人类未来的关怀。

经常记着艾萨克·牛顿曾经说过的话:把简单的事情想得复杂点再复杂点,就可以发现新领域;把复杂的现象看得简单点再简单点,就可以发现新定律。这句话可以给我们很多启示。刑法理论可以说就是为了寻找新领域和发现新规律而设立的一门学科,所以刑法学者有责任、有义务与提出任何问题的人们通过讨论一起解答问题,走出困惑。但刑法学者本身也会有自己的问题和困惑,所以学者们不断提出问题,也就是表示他们也仅仅是一个常人,也有他们无法理解和解答的问题。在历史上,所有有价值问题的提起都是以对以往历史的反思为基础的,而所有有价值的问题都可以引导人们走向思想和实践的深处,如1742年德国的数学老师哥德巴赫曾向当时的大数学家欧拉提出的"哥德巴赫猜想",英国的哲学家休谟提出的"事实与价值"是否同一的问题,中国的黄炎培"窑洞对"中提出如何走出"盛衰周期律"的问题,都对所涉领域产生了巨大的影响。有的时候发现问题是一种兴奋,有的时候发现问题是一种痛苦。兴奋也好,痛苦也罢,刑法理论只有通过对问题的发现和探讨并进一步作出解答才有价值。因为只有对问题进行必要的解答,才能形成一种新的理论观点和理论体系。而新的理论观点和理论体系又是一种寻找知识约定和价值共识的条件,这对刑法理论的发展极其需要,对于刑法实践来说也是必不可少的。

本书的作者就是基于这样一些浅显的道理而着眼作一些反思,也是基于为刑法学的进一步发展的理想追求作一些批评,但是否做到了发现问题并又解答了问题,囿于作者的知识积累,常常感到心时时有余而力常常不足。尽管作者时时尽自己的心力处处剔除带有"乌托邦"色彩的理论成分和实践臆想,也尽量想抓住时下既紧迫又现实的问题,并从宽容的角度理解产生这些问题的历史背景与当下国情,但总是在不经意间有这样或那样的偏颇跳跃在眼前。本书初成之后,作者已经看到自己的初衷与现实之间还有着一段不小的距离,但作者常常具有的敝帚自珍的自我欣赏、骨肉难割的依依不舍使得自己不愿作过多的删改,只是想将自己曾经真实的想法呈现于读者眼前。当作者用反思方法和批评手段针对他人他事的时候,其实也早已准备好别人用同样的反思方法和批评手段在对准他自己的理论观点和理论体系,但整个刑法学理论和实践每每在这反思与反反思、批评与反批评的过程中得到了检验和发展。每念及此,作者又何乐而不为呢?

平心而论,今天的中国既缺少太多像英美法系中深通理论崇尚正义的实用性法律人才,也缺少像大陆法系特别是德国刑法学界中具有不断创造符合实践需要的崭新观点、新型模式的思辩性理论人才,但法学家的使命却常常引导我们需要时时作自我警醒。反思可以高瞻远瞩,批评可以追问问题,解释可以澄清迷惑。在刑法学领域中,只有经常性的反思、批评和尽可能的解答,才能让刑法理论在经常性热闹的过程中保持一份清醒,这是因为理论更新的动力往往来自于其对既有理论和实践的不断反思、不断批评和不断的超越。

杨兴培

2013 年 5 月

于上海华东政法大学

目 录

第一章　中国古代严刑峻罚历史的反思与批评 … 1
　一、中国古代严刑峻罚的政治制度反思与批评 … 2
　二、中国古代严刑峻罚的政治思想反思与批评 … 9
　三、中国古代严刑峻罚的历史文化反思与批评 … 13
　四、中国古代严刑峻罚的社会心理反思与批评 … 22
　五、结语 … 26

第二章　中国刑法罪刑法定原则困境的反思与批评 … 28
　一、罪刑法定原则的意蕴和底蕴到底是什么？ … 28
　二、刑事司法应当如何坚守罪刑法定原则的阵地与底线？ … 35
　三、刑法学者们应当对罪刑法定原则做些什么？ … 43
　四、余论：中国刑法理论危机的到来 … 48

第三章　中国社会与刑法面临社会风险的反思与对应 … 51
　一、中国社会已进入风险社会的思考 … 51
　二、中国"社会风险"的考察与原因分析 … 53
　三、风险社会中社会风险的刑事政策对应 … 60

第四章　中国刑法学借鉴域外犯罪构成的反思与批评 … 66
　一、中国刑法学对苏式犯罪构成的承袭、借鉴与批评 … 66
　二、中国刑法学对大陆法系犯罪构成的解读、借鉴与困惑 … 72
　三、中国犯罪构成发展的路径选择与定位思考 … 79

第五章　中国刑法学犯罪构成本土化发展的反思与选择 … 85
　一、对犯罪构成法海激浪的慎思与遐想 … 85
　二、"苏式犯罪构成"的中国春秋 … 91

三、什么是犯罪构成，为什么要犯罪构成？ 97
四、两种犯罪构成模式的暗合与差异 105
五、旧模式的必然终结与新模式的无尽探索 112

第六章 刑事古典学派理论现代复兴的思考 119
一、刑事古典学派的主要理论内容及其思想成就 119
二、刑事古典学派理论复兴的历史必然性 124
三、刑事古典学派理论在中国复兴的现实必要性 128

第七章 刑法实质解释论与形式解释论的透析与批评 133
一、实质解释论和形式解释论的概览与问题的提出 133
二、实质解释论的剖析与批评 138
三、形式解释论的批评与补正 146
四、刑法解释的价值审视与路径选择 149
五、刑法解释可取的方法选择和理想展望 153
六、结语 160

第八章 期待可能性的理论反思与中国实践的批评 161
一、中国刑法学期待可能性理论的研究概览 161
二、中国刑法是否已有期待可能性的规定 165
三、期待可能性理论的本质是什么？ 167
四、期待可能性理论在中国的命运发展 171

第九章 危险犯理论与实践的反思与批判 174
一、危险犯的理论透视与概念质疑 175
三、危险状态是犯罪构成的必要要件吗？ 182
二、危险犯对定罪的作用与意义质疑 185
三、危险犯对量刑的作用与意义质疑 191

第十章 共同犯罪的正犯、帮助犯理论的反思与批评 200
一、共同犯罪人的分类方法分歧与分类价值所在 200
二、对正犯理论的反思与批评 205
三、对帮助犯的反思与批评 209

四、并不多余的再思考　　211

第十一章　身份犯与非身份犯的共同受贿定罪问题的理性思考　213

　　一、如何理解刑法关于受贿罪的共犯规定？　　214
　　二、如何理解一般主体与特殊主体的相互关系？　　218
　　三、如何理解自由与秩序、权利与义务的相互关系？　　222

第十二章　刑民交叉案件法理分析的逻辑进路　227

　　一、刑民交叉案件属于单一民事法律关系的法理分析路径　　228
　　二、刑民交叉案件具有多层法律关系的法理分析路径　　233
　　三、刑民交叉案件具有多元法律关系的法理分析路径　　236

第十三章　索取非法"债务"拘押他人行为性质的理性思考　241

　　一、问题的提出：绑架罪、非法拘禁罪和敲诈勒索罪的
　　　　基本界限在哪里？　　241
　　二、问题的本质所在：非法之"债"是债吗？　　245
　　三、问题的理性出路：法律除了解决难题以外是否需要
　　　　引领未来？　　250

第十四章　民间融资行为的刑法应对与出入罪标准的理性思考　253

　　一、民间融资行为和民间融资行为司法困局的现状概览　　254
　　二、关于民间融资行为入罪现状之原因分析　　259
　　三、民间融资行为的立法多元之完善　　262

第十五章　刑法修正案方式的慎思与评价　270

　　一、关于刑法补充修改与法律的稳定性、长远性要求　　270
　　二、刑法的补充修改与刑法基本原则的关系　　273
　　三、关于"犯罪圈"大小的问题　　276
　　四、关于"刑罚度"轻重的问题　　278
　　五、关于刑事立法的编纂问题　　280

第十六章　刑事司法迫切需要实现司法观念的现代化转变　283

　　一、转变之一：从重实体法轻程序法，两者并重，再到

　　　　重程序法的转变　　　　　　　　　　　　　　　　286
　　二、转变之二：从满足"几个基本"的要求到"排除任何
　　　　合理怀疑"的转变　　　　　　　　　　　　　　　290
　　三、转变之三：从判决后的基本不管到建立对死刑呼冤者
　　　　有条件的自请复查制度的转变　　　　　　　　　　294

第十七章　"李昌奎案"轻启刑事再审程序的反思与批评　　299
　　一、李昌奎案的波澜初起　　　　　　　　　　　　　　299
　　二、李昌奎案再审的本质聚焦　　　　　　　　　　　　301
　　三、刑事既判力的滥觞与尴尬　　　　　　　　　　　　304
　　四、刑事既判力的规制与限制　　　　　　　　　　　　307
　　五、社会危害性当中的民愤评价　　　　　　　　　　　310

第十八章　中国立法腐败的反思与刑法应对
　　　　——从郭京毅案透视、剖析高端精英的"立法腐败"　314
　　一、郭京毅案的社会危害所在　　　　　　　　　　　　315
　　二、郭京毅案的原因和教训所在　　　　　　　　　　　318

第十九章　刑事执行制度一体化的理论构想　　　　　　　　326
　　一、刑事执行制度一体化的理论基础　　　　　　　　　326
　　二、刑事执行制度一体化的体制构想　　　　　　　　　332
　　三、与刑事执行制度一体化有关的几个问题　　　　　　339

第二十章　刑法学与犯罪学分野的反思与批判
　　　　——兼论刑法学与犯罪学的合成与整体互动　　　343
　　一、当前中国刑法学与犯罪学的分野带来的恶果　　　　344
　　二、我国刑法学与犯罪学分野的原因　　　　　　　　　351
　　三、筑建整体互动刑事法学的必要性　　　　　　　　　356
　　四、筑建整体互动刑事犯罪学的路径思考　　　　　　　358

索引　　　　　　　　　　　　　　　　　　　　　　　　　362
跋　　　　　　　　　　　　　　　　　　　　　　　　　　365

第一章 中国古代严刑峻罚历史的反思与批评*

回放、检索中国的古代历史,人们会轻而易举地发现,历朝历代的统治者们为了维护家天下的江山永固以防他人觊觎,都会遵循一个铁血规律:自始至终施以严刑峻罚,以实现牧民、御民、驭民、治民、防民的目的。在这种严刑峻罚的社会政治制度背景下,多少志士精英的身首异处,多少草根民众的鲜血四溅,多少窝里斗者的作法自毙,演绎了中国古代轮回不止的血腥图景。鉴古可警今,历史像是一个永不疲倦的老人,常常以其饱经沧桑的经历,通过低回的方式向后人诉说几多悲哀,从而使得在绵延薪传的苍凉岁月中透露出我们这个民族的寥落。这种人类史上少有的如此长期的严刑峻罚的血祭历史,折射出的深层原因,尽管已开始逐渐消退于历史的视野之中,但仍依稀可见而成为现代文明考古和民族自我反思的索解悬案。马克思曾英明地指出:"哲学家只是用不同的方式解释世界,而问题在于改造世界。"①对于那些已经走出历史困境的民族和国家而言,通过改造世界的方法已经消除了严刑峻罚的历史痕迹,固然值得额手称庆,但对于中国这个依然受着历史影响较深和重刑文化浸淫的国度而言,我们仍不能忽视只有深刻认识和解释历史才能有效地改造社会这一实践进程所具有的价值取向。中国古代何以如此喜好严刑峻罚这种血腥的方法进行民族内部自残和自我轮番作践?如果我们不从历史的政治和文化甚至社会观念深处考察和忧虑,恐怕我们还没有也不会真正走出这一历史的阴影,因而还不能全身心地迎接平允宽和的轻刑时代的到来,并

---

* 本章与吕洁、陈国栋合撰。吕洁、陈国栋为华东政法大学刑法学研究生。
① 马克思:《关于费尔巴哈的提纲》,载《马克思恩格斯选集》(第1卷),人民出版社1972年版,第19页。

以此去建设一个和谐美丽的新时代。当然平心而论,我们也清醒地深知,乾坤有天地,光阴有昼夜。在漫长的中国历史长河中,也曾出现过宽刑、轻刑和省刑的时期,但这相比于严刑峻罚而言,是属于非主流的、非显性的和非稳定性的,所以我们在这里依然以严刑峻罚作为我们进行历史分析和评价的对象和进行历史考察的线索。

一、中国古代严刑峻罚的政治制度反思与批评

中国古代社会经历了原始社会、奴隶社会以及宗法专制中央集权体制社会这三种不同的社会形态。纵观中国古代社会,其所形成的专制制度、宗法制度、御民制度等政治制度以及严刑思想,都同古代的经济状况有着密不可分的联系。

中国古代的政治、文化都根植于自给自足的自然经济的土壤之中,其中古代中国土地所有制被定性为以地主土地所有权为核心的私有地制,土地所有权是土地所有制的法律表现,有什么样的所有制就有什么样的所有权关系。"土地的主人并不是普通民众:(中国的君主)和在亚洲其他地方一样,是土地的唯一主人……以农产品这种原始形式取得这样巨额的税收,是一种显著的证明:中国皇帝的权力和财富,和其他东方统治者的一样,是和他作为帝国统治下最高土地所有者的权力有密切关系,或者不如说是建立在这种权力上的。"②君主的绝对权威性使得其能够随意控制全国土地和其他自然资源。由此,君主专制的政治制度即成为历史的必然,形成了以皇帝为中心,皇权至上宗法专制中央集权的政治制度。"普天之下,莫非王土;率土之滨,莫非王臣"③,便是中国古代社会的真实写照。而秦嬴政自称"始皇帝"以后,这种皇权至上、宗法专制、中央集权的政治制度历经两千多年的岁月荡涤,跨越无数次的改朝换代,沉淀为中国古代社会中一个典型而独特的顽疾。谭嗣同、毛泽东都曾一语而概括之:中国社会千年皆行秦制。经济基础决定上层建筑,纵观中国古代历史,自远古时代及至近代社会,始终处于家天下的君主专制统治之下,一个典型

---

② 〔英〕理查德·琼斯:《论财富的分配和赋税的来源》,于树生译,商务印书馆1994年版,第93—95页。

③ 《诗·小雅·北山》。

的特征就是君主专制制度的根深蒂固、叶茂果硕。甚至早在远古时期家天下的滥觞之时,作为部落首领的大禹(夏朝的实际开国者)就曾以唯我独尊的姿态,将只因开会迟到的防风氏"杀而戮之"。④ 在商代,君主曾自称"余一人",以示其独一无二。周朝君王自称为"天子",即自恃上天之子。正是有了这种"家天下"的君主专制制度的纵容和保障,就有了暴虐的刑罚制度,就有了夏桀无道、商纣剖心的暴刑故事,至于脯肉、炮烙、枭首、五马分尸的历代严刑酷刑层出不穷,及至秦始皇暴政制度建立,中国古代社会已开始走上了一条严刑峻罚、血光四溅的不归路。为了维护这种皇权至上、宗法专制、中央集权的家天下社会得以延绵不断薪火不绝,严刑峻罚就成为为这种政治制度保驾护航的刚性法器,成为这一政治制度的必然选择。反思这一历史进程,其中蕴含着太多令我们今人足以反省的制度原因。

(一) 君权神授的专制制度使然

早期的西周统治者采用神权思想,一方面,以"天命"为自己政权的合法性进行论证,用"君权神授"、"君权天授"的说教,为自己的王权披上了一件神圣的外衣。神权服务于皇权,神权存在的主要目的就在于使皇权神化。另一方面,又引进"德"的概念,强调西周统治者要"以德配天"。统治者在思想上仍然利用神权作为统治人民的精神武器。皇帝自命为"天子",秉承上天的旨意进行统治。因此,皇帝的命令就必须得到绝对的遵从。

秦汉以后,儒家学说日益受到最高统治者的重视,司法当以引经决狱将儒家经典中的经义和事例作为司法审判的准则和依据,出现了儒家经典法家化的倾向。"春秋决狱"考察行为人的主观动机,凡是主观上有犯罪动机,哪怕预备行为也要受惩罚。"唯心定论"原则成了一种唯动机论,过分强调主观动机,为暴君、酷吏滥施刑罚开启了方便之门。

及至儒法合流,作为宗法专制正统思想的儒家思想包含了法家的绝对君权,并受到神权与宗法更加缜密的保障。王权之下,法律也只不过是巩固其统治和镇压人民反抗的工具。"根据大一统君主主义理

---

④ 《史记·夏本纪》。

论,在君主和法律的关系中,不是法律在君主之上,而是君主在法律之上。因为法律是君主制定的,法律的存废唯君命是从,法律的运行也全凭君主权威,在这种体制下,法律是君主治民治吏的工具,但法律却不能制约君主的权力,哪怕是对无道的暴君。"⑤君主罪刑擅断、法外用刑的特征贯穿了整个中国古代刑法史。上至朝廷、下至县衙,统治者处置政敌、镇压反叛,以及拷问犯人、审理案件都随心所欲,"就刑罚加重的趋势来说,封建专制的发展规律就是一个重要的原因"。⑥

君主专制社会的最高统治者以君权神授为其理论基础,用极其严格的名位等级、封建礼乐和皇位继承等各种措施集中凸现皇帝个人的绝对权威,保证皇帝高踞于国家机器之上,拥有至高无上的地位。皇帝一人独享天下,全国的土地、人民、财富均为他所有,正所谓天下之本无小大,皆决于上。"御民之辔,在上之所贵","天下不患无臣,患无君以使之"。⑦ 此外,君主是权力的化身,他还享有最高的行政权、军事权、立法权和司法权,集各种大权于一身。君主的意志凌驾于法律之上,被认为是"受命于天",就连历朝历代的农民起义也只能打着"替天行道"的旗号,只反贪官不能反皇帝,皇权的神话为中国历代统治者充当了严刑峻罚的借口,君主常常以各种罪名滥施刑罚,维护其统治。

君主专制制度的另一表现是在法律的形式上,法由王出、刑由王定,君主可以随意造法。例如汉代以法律为基本法,又附以各种"令"、"比"、"例",其中的"令"就是皇帝之言,所谓"天子诏所增损,不在律上者为令"。唐代的"律"、"令"、"格"、"式",宋代的"律"、"令"、"科"、"比"等,随着君主专制制度的强化,其法律形式也日益多样,皇帝的"敕令"和"钦定律"占据越来越重要的地位。唐格、宋敕、元律、明诰和清例无不如此,法律只不过是历代君主随意而为的囊中器具。

从中国古代刑法典来看,法典中是以刑带罪、刑罚名目繁多,历代的法内之刑有很多属于酷刑。经春秋、战国、秦到汉初,刑罚体系虽略有变化,但大体不出五刑范围。"墨、劓、剕、宫、大辟"五种刑罚都是肉

---

⑤ 丁凌华、赵元信编:《中国法律思想史》,华东理工大学出版社1996年版,第19页。
⑥ 李交发:《中国传统诉讼文化的轻重之辨》,载《求索》2001年第5期。
⑦ 《管子·牧民》。

刑,会使犯罪人丧失身体组织的完整性,十分残忍。同时,除了身体的创伤之外,对心理的伤害也很巨大。古代十分看重孝道,所谓"身体发肤,受之父母,不敢毁损,孝之始也"。⑧ 对于残缺了身体器官的人来说,就是对父母的大不孝。在遵奉祖先崇拜的古代,这就意味着精神被放逐,被其家族所排斥,丧失"家族人"的身份。⑨ 将酷刑列入法典,中国古代刑法的残酷可见一斑。孟德斯鸠就曾指出:"严峻的刑罚比较适宜于以恐怖为原则的专制政体,而不适宜于以荣誉和品德为动力的君主政体和共和政体。"⑩

在君主专制政体下,国家法律制度的建设及实际操作,都是围绕着君权进行的。君王可以随心所欲地对一个人以莫须有的罪名定罪,并滥用酷刑。君主的能力与其所拥有的无限权力不对称问题的内在矛盾之本质就是人治与法治的矛盾。这一内在基本矛盾中缺乏法治的约束力量和规范价值,使得中国古代君主专制政体这一制度缺乏弹性和平衡,在这种矛盾运动作用下,中国古代君主专制制度形成的狭隘性、封闭性与非理性因素是严刑峻罚产生的根本要素。

(二) 等级森严的宗法制度使然

与君主专制制度相伴而生的就是宗法等级制度。中国古代社会是一个宗法社会,以血缘、家族为基础的人伦尊卑等级的秩序亦称"伦常",一以贯之,"君君、臣臣、父父、子子"的等级观念根深蒂固,礼教中的"三纲五常"成为宗法等级的最好理论基础。"礼"是维护宗法等级制度的最有力武器,"君为臣纲,夫为妻纲,父为子纲",此三纲的首要功能是政治性和道德化,严密阻绝了中国法治思想和与此相关的文化观念的生成。

首先,"君为臣纲",反映了中国古代社会最主要的君臣关系,这种严格的等级是绝对的、无法逾越的。所谓"君要臣死,臣不得不死",就体现了这一等级制度无奈的坚不可摧。朱元璋亲自编写《明大诰》,自创死刑方式,对贪官污吏实施剥皮实草,以示警戒。对于在朝廷之上劝诫皇帝的谏臣,则可当庭杖毙,可谓是我国专制社会君臣关系中一

---

⑧ 《孝经·开宗明义章》。
⑨ 参见郭建、姚荣涛、王志坚:《中国法制史》,上海人民出版社2006年版,第249页。
⑩ 〔法〕孟德斯鸠:《论法的精神》(上册),张雁深译,商务印书馆1961年版,第83页。

种独特的现象。

其次,"夫为妻纲"是在家庭内部关系中,维护男子的重要地位而赋予家族内丈夫的一种特权。在专制的宗法家庭之中,丈夫始终占据绝对的权威地位,妻子只是从属性的,在家庭内没有独立的人格,沦为丈夫的附属品。这种"男尊女卑"的婚姻家庭制度,早在西周礼制中就得以确认。在春秋时代又得到了孔子的大力提倡和宣扬:"天尊地卑,乾坤定矣,卑高以陈,贵贱位矣……乾道成男,坤道成女。"⑪在古代休妻的条件中,"无子"、"恶疾"、"不事父母"都成为丈夫"七去"的理由。由于男尊女卑思想的大肆流行,在婚姻家庭方面形成了"妇人,从人者也;幼从父兄,既嫁从夫,夫死从子"的"三从"观念。在婚姻关系中,妻子的地位完全被忽略,成为一个家庭内丈夫的随附符号,没有自身的实体价值,从根本上说是古代礼教的最大牺牲品。

再次,"父为子纲"是调整家庭内部父亲与子女关系的纲常礼仪之规。强调父亲的绝对权威,注重长幼有序,提倡孝亲。在这种宗法等级制度下,家是社会最基本的生产和生活单位,统治者十分重视家族内部关系,力在维护家长族长的支配地位与世袭特权的伦理原则,并将其视为国家政治和法律制度的基本出发点。《唐律疏议》中的"十恶"重罪,就包含了"恶逆"、"不孝"、"内乱"、"不睦",体现了"父为子纲"已经由伦理纲常转化为法律形式加以巩固,表明法律对家长权的保护和确认。"十恶"从《齐律》发端一直延续到明清,其中伦理的等级制度已逐渐内化为法律的精髓。"在中国,自然经济、宗法结构和专制政体延续了几千年,形成了浓厚的等级特权观念,它支配着人们的思想和心理活动,也渗透到古代法律的各个领域。历代统治者都将人们分成许多等级,并为每个等级规定了不同的法律地位,赋予不同的权利和义务。"⑫

此外,中国古代的封爵制度、官职制度、礼仪服制等,无不体现了社会各阶层的森严等级。战国时期,各诸侯国的政权为了加强统治,相继制定了法律条文,以对宗法的各种爵秩等级加以确认和维护。如

---

⑪ 杨鹤皋、范忠信、李雪梅:《中国古代法律思想论集》,中国政法大学出版社 2003 年版,第 131 页。
⑫ 王汉卿:《中国传统文化和现代法制建设》,载《法学评论》1994 年第 1 期,第 82 页。

秦国商鞅变法令即"明尊卑爵秩等级,各以差次。名田宅、臣妾、衣服以家次"。[13] 在这种等级制度下,法律的制定和执行也深受影响,留下了深刻的等级秩序的烙印。各诸侯国法律还按等级规定了各种刑罚。如《秦律》即对刑徒、奴隶的惩罚最重,对一般庶民也较重,对吏和有爵位的官就轻得多。官爵高的还可以减刑,更可得到赎罪的优待。

在专制等级社会里,法律保证不同等级的人们有不同的社会地位和生活方式,以至于在刑罚方面也加以显现。等级制度赋予不同的等级以不同的法律特权。等级地位越高,法律特权就越大。专制法律就是等级的法律;在法律上的等级特权,本质上就是阶级特权、阶层特权。帝王因处于宗法等级制度的最高端,所谓"天地君亲师"集于一身,故而可享有超越一切法律的特权,并且又是一切等级特权的保护者。皇亲、国戚、贵族、官僚则有通过议、请、减、赎、官当等形式,获得不受普通司法机构和一般法律程序约束并最后逃避法律制裁的特权。与此同时,对于一般百姓,刑罚则明显加重,有时还实行非常残酷的按照与犯罪人血缘关系远近的所谓"族诛连坐"的刑罚,于是严刑峻罚成为专制时代的历史必然。

(三)国家本位的防民驭民政策使然

中国古代典型的宗法社会和等级制度严重影响着国家的建构,最独特的表现就是家国同构现象。在宗法等级制度下,家是社会最基本的生产和生活单位,统治者十分重视家族的内部关系,意在维护家长族长的支配地位与世袭特权的伦理原则,并将其视为国家政治和法律制度的基本出发点。家族内部家长的意志独大,就会导致家法威严的后果。国是家的放大,君臣关系就是父子关系的延伸,中国古代家国同构现象异常明显。君主是黎民百姓的最高家长,君主对他的臣民可以像父亲对儿子一样,拥有绝对的权威和支配地位。因此表现在司法上,就可以随意定罪、擅自量刑。

在中国传统法律文化中,家国本位主义的色彩极为浓厚,这是传统社会国家权力观念发达的产物,以保持社会国家稳定为目标,用法律来防民驭民。由此使得刑法也以国家利益和社会秩序的稳定为最

---

[13] 《商君书》。

高价值,漠视对个人权利、民主和自由的保护,使人的最基本的权利受到了极大压抑。

市民社会的发展给人的个性张扬和权利保障提供了肥沃的土壤。古希腊城邦的产生使城市文明得到自由的发展。人一方面是特定国家的公民,是一个"公人",必须在必要时牺牲自己的利益以维护公益。另一方面又是特定城市国家的市民,是一个"私人"。这种人的"二元性"决定了真正的法治国家需要理性对待国家的公权力和个人的私权利,协调两者之间的关系,保障个人的私权利不受国家公权力的吞噬。

在理论上,马克思通过对社会实证和历史实证的方法,从经济关系和社会结构自身的历史发展实际出发,通过对黑格尔的市民社会与政治国家理论的批判性改造,创立了历史唯物主义的社会与国家学说。他深刻指出:"政治国家不过是市民社会的正式表现而已,市民社会是基础,政治国家则是建立在这一基础之上的上层建筑;不是政治国家决定市民社会,而是市民社会决定政治国家。"[14]

而中国古代的宗法社会,法律是站在人权的对立面,是国家权力的附庸。中国古代没有产生像西方那样的城邦社会和自由民,而充斥了强权和顺民。从人的发展来看,礼法一体的本质使法成为一种人身依附法,处处强调等级、权威和服从。人的自由个性、独立价值被身份、性别、血缘等无形的符号压抑和湮没,并且以礼教强行推行这种国家本位的意识。久而久之,扼杀了人作为人的自由个性和独立价值,造成"群体意识"的泛滥和"个体意识"的缺位。因此,中国国家本位的法律文化,所肯定的是群体,而不是个体。个人权利相对于个人义务永远是第二位的,恪守义务是实现有限权利的前提,而不是权利优先或权利与义务对等平衡的关系。

在国家本位的刑罚文化体系中,重刑主义自然成为专制统治者的首选。在宗法专制社会中,犯罪被认为是一种敌对行为,会危及专制君主帝王的统治地位,是对统治体系的破坏和严格等级秩序的危害,这是完全站在国家的立场看待和界定犯罪行为的。因此,对犯罪行为的规定十分严密,对其处罚也相当严厉。有时甚至用刑罚手段处理民

---

[14] 俞可平:《马克思的市民社会理论及其历史地位》,载《中国社会科学》1993年第4期,第59—74页。

事案件,把民事制裁纳入刑事制裁中。《唐律》规定:"凡客商匿税及卖酒醋之家不纳课程者,笞五十。"《大清律》规定:"凡祖父母、父母在,子孙别立户籍分异财产者,杖一百。"这种民事制裁的刑事化,充分反映了中国古代民事法律的落后状况。[15] 与此相对应的刑事法律充斥于国家政治活动和普通百姓的日常生活中。

严刑峻罚是"家天下"专制制度的必然选择,君主专制和国家本位制度相辅相成,一同演绎了中国古代历史上夏桀、商纣的暴刑故事,促成了秦始皇的暴政制度,以及由此重刑意识笼罩下上演的一幕幕类似明末袁崇焕凌迟处死于京城而市民争相食其肉,晚清戊戌六君子喋血北京菜市口而多少市民争相围观的悲剧,这不能不说是我们这个古老民族的硬伤。回顾历史我们可以得出结论:君主专制、宗法等级和国家本位三种政治制度是导致中国长期走不出严刑峻罚阴影的症结所在。

二、中国古代严刑峻罚的政治思想反思与批评

一种政治制度总少不了政治学说作为其理论支撑,在这方面,既由于政治制度的制约,也由于中国历代士大夫阶层没有独立的人格品质而形成了对统治者集团的依附,甚至就是皇帝家族的"家臣",所以中国古代的政治思想家们表现在对严刑峻罚的根本态度方面,基本上是本着媚上(对皇帝为代表的统治者阶层极尽奴性顺从之态)仇下(对草根民众常怀残忍戕害之心)的心态,为严刑峻罚寻找各种理论根据,从而使血写的历史常常被裹上粉红色的外衣而冲淡了血腥气味的弥漫。

(一) 夏商的神权法思想

在中国古代奴隶制时期奴隶主贵族的意识形态领域,主要是利用宗法和神权法进行统治。统治者利用"天命"、"天罚"的神权法思想来愚弄人民和镇压其他不服从统治的贵族。殷商奴隶主贵族以迷信鬼神著称,编造了一个有意志有人格,能主宰一切的至上神——"上帝",还强调其祖先与上帝关系密切,编造许多上帝立商的神话。"天

---

[15] 参见杨鹤皋:《中国古代法律思想论集》,中国政法大学出版社2003年版,第16页。

命玄鸟,降而生商",就是商朝统治者假借神与上帝作为自己合法统治的依据。⑯

在神权思想支配下,服从神命就是服从王命,君主即为神与上帝的化身,战争和刑罚就是君主在代天行罚。在神权思想所涉及的两对关系中,第一对是统治者和被统治者的关系,第二对是人和天的关系。面对第一对关系,神权思想表现出来的特征是崇尚暴力,专事刑杀;而面对后一对关系,神权思想表现出来的特征即是笃信上帝,专事鬼神。这种专讲刑杀的神权思想的一个必然趋势是严刑峻罚的普遍化适用,也开了中国古代酷刑的先河。

中国古代奴隶制时期,战争频繁。当时的很多奴隶主都是通过戎马生涯才得到了王权,所谓"在马上得天下,也在马上治天下"。在战争中形成的特有的文化形态,促成了对生命的漠视和对人性的摧残。在战争中,"成者为王,败者为寇"的丛林规则、盗跖逻辑让历代统治者满足于征服的快感,奴役异族,镇压反抗者,诛杀野心篡权者。他们在一场场残忍的战争中杀戮了无数无辜百姓和异族人,铁蹄踏遍中国方圆神州,荡涤了悠悠中华文明,只留下史书中只言片语的模糊记忆。但就这只言片语的模糊记忆里也都是血光四溅、血肉满目的痕迹。

在制定法上,历经夏商周三代:"夏有乱政,而作禹刑;商有乱政,而作汤刑;周有乱政,而作九刑。"⑰周穆王统治时期曾命吕侯专门制定《吕刑》。历朝历代的当权者都是把治"乱政"作为制定刑法的动因,将刑法视为祛除乱政、巩固政权的法宝。可见,中国古代的"刑"与暴力是分不开的。"刑"从其诞生之日就注定了天生的血腥,它原本不但是为了对付野蛮的异族人,而且为了对付本族同胞;刑罚本不是民主和妥协的平衡,而是与集团的利益不可分离;刑法也不是社会正义和公平的诉求,而是维护统治秩序的利器,是一种赤裸裸的暴力武器。

---

⑯ 参见刘泽华主编:《中国政治思想史》(先秦卷),浙江人民出版社1996年版,第1—11页。

⑰ 《左传·昭公六年》。

（二）先秦法家的严刑思想

1. 法家重刑思想的内容

夏商奴隶制以后，特别是周平王迁都洛邑，中国古代进入春秋战国时代后，先秦法家思想日益成熟。统治者为了逐鹿中原，一统天下，逐渐采用了法家思想。其中一个重要因素就是法家宣传鼓吹的重刑思想，它对于富国强兵有极大的促进作用。

法家的重刑思想其理论根据来源于"好利恶害"的人性观。古人有"性恶"、"性善"之说，但在法家眼里，人性都是躲避劳苦、追名逐利的。对于躲避耕战之人，刑罚轻了无济于事，重刑可以树立君王权威。"术者，因任而授官，循名而责实，操杀生之柄，课群臣之能者，此人主所执也。法者，宪令著于官府，刑罚必于民心，赏存乎慎法，而罚加于奸令者也，此臣之所师也。君无术则弊于上，臣无法则乱于下，此不可一无，皆帝王之具也。"[18]由此可见，在专制社会里，法律不过是统治者们手中的权力工具和弹性道具，严刑峻罚是帝王驾驭臣民的必备手段。

法家思想还认为，重刑是消灭犯罪的方法。重刑的目的是为了最终消灭犯罪。"刑罚，重其轻者，轻者不至，重者不来，此谓以刑去刑，刑去事成。"[19]法家所谓消灭刑罚，幻想依靠通过轻罪重罚的手段来实现。轻罪重罚，则轻罪无人敢犯，重罪也就不会有了。其实刑罚过于严酷，轻罪重罚，使各犯罪行为之间的惩罚没有梯度，难以做到罪刑相适应，只会使轻罪无形地过渡到重罪。重刑导致了更多的犯罪，更多的犯罪又导致了更酷烈的重刑，从而形成了中国古代历史上严刑峻罚的"恶性循环圈"。

商鞅是先秦法家严刑峻罚思想的代表人物，他提出过"禁奸止过，莫若重刑"的思想，包括刑主赏辅和轻罪重罚两个方面，赏与罚是法律最主要的两种手段。但在具体关系上，应该刑主赏辅。"夫刑者所禁邪也，而赏者所以助禁也。"[20]赏赐只是刑罚的一种辅助手段。刑多赏少，具体比例上可以是"刑九而赏一"；利用顺序上可以

---

[18] 《韩非子·定法》。
[19] 《商君书·靳令》。
[20] 《商君书·开塞》。

是"先刑后赏"。

2. 法家重刑思想的表现形式

法家倡导重刑的一个突出表现就是轻罪重刑、严刑峻罚乃至于酷刑。商鞅"以刑去刑"的重刑思想对于当时的封建君王,有着极强的蛊惑性,起着以暴制民的工具作用,以至于历代君王运用刑罚时花招迭出,以致影响到专制末期的明王朝,严刑峻罚也用到了官吏身上,所谓"点天灯"、"织人鞭"、"剥皮实草"等惨绝人寰,有违人性天性的酷刑也堂而皇之出现在庙堂之上。

此外,刑罚名目繁多,其形式虽略有变化,但大体不出五刑范围。将酷刑列入法典,说明从奴隶制社会到宗法专制社会的末世,统治者的刑法本身具有残酷的性质。上至朝廷,下至县衙,统治者处置政敌、镇压反叛都无所不用其极,辗刑、车裂、枭首、凌迟之刑,都是惨不忍睹的人间酷刑。即使审理案件以及拷讯犯人也常常不择手段,所用方法五花八门,毫无节制,其残酷性与法内刑相比,有过之而无不及。

专制时代除了法外之刑,还盛行私刑。中国古代刑罚使用对象等级森严,对官吏和平民犯罪,适用不同的刑罚。"刑不上大夫"是对士大夫量刑的特殊照顾。而对于平民,则往往逃脱不了酷刑的折磨。统治者、特务机构广泛采用非官方的刑罚;官府借用私刑暗中任意惩治反抗的民众;族长对叛逆者掌握着生杀大权;主人对奴婢常常给予非法虐待。官刑和私刑相互交织,编织了中国古代刑罚制度极具中国特色的一部血腥历史。

(三) 儒家的法律思想与严刑峻罚

1. 早期儒家的礼治观

礼治是儒家思想的根本治国原则。"德礼为政教之本,刑罚为政教之用",《唐律疏议》将儒家的法律思想精辟地概括出来。从表面看来,儒家强调德主刑辅,德刑相济。在政治实践中推行仁政,在法律实施中运用慎刑。比起法家赤裸裸的暴力统治,增添了一层温情脉脉的面纱,可以在一定程度上调和社会矛盾。但在本质上,儒家的礼治仍然以宗法和官僚特权为本质,赋予家族尊长和特权等级阶层以极大的权力。

2. 儒家礼治对法家刑治思想的吸收

随着历史的发展,儒家学说从在野之说逐渐演变为庙堂之用而被统治者所青睐,便开始从理想化的状态转入现实的政治社会中来。当早期的教化思想已无法满足统治者政权巩固的需要,儒家思想便开始发展演变,逐渐吸收法家思想,由早先的慎刑转为严刑,变得日趋务实。

孔子以后,荀子充分认识到刑罚对于教化的促进和保障作用。由于教化作用的局限性日益显现,高标准道德化的纯粹理想主义被摒弃。孟子也看到了"无恒产者无恒心",这意味着对物质基础作用的承认。儒家的法律思想经历着从理想向现实靠拢的过程,这个过程也是早期的儒家思想吸收法家思想的过程,礼与刑更趋于统一。

董仲舒的"春秋决狱"、"原心论罪"以行为人的主观目的为考察重点,不顾客观效果和犯罪行为,从而使统治者对行为人的治罪产生了极大的随意性,刑罚的采用也偏离了早期慎刑的轨迹。

儒家伦理价值的等级观念也是迫使其向法家吸收重刑思想的一个重要因素。君臣、夫妻、父子的等级森严性,身份伦理不可逾越的绝对性,必然要求用绝对的手段来维持。君臣、夫妻、父子等级价值的绝对化,使这一伦理秩序相当脆弱。一有触及和动摇的危险,统治者就会用严刑来镇压反抗,维护这一绝对的伦理价值。历史上西晋的"准五服以治罪"、北齐和隋朝的"十恶"、唐代的"重罪十条",其中谋反、谋叛、大不逆等罪名保护的均是君臣大义;恶逆、不孝、内乱所维护的乃为儒家等级观念中经典的人道伦理。在纲常伦理面前,儒家思想褪下了温情脉脉的面纱,吸收了法家的重刑思想,以此更现实地维护专制君主的政权统治,其严刑色彩日趋浓厚也是历史之必然。

三、中国古代严刑峻罚的历史文化反思与批评

一般而言,一个时代的思想、精神资源主要来自于这个民族的传统,当这种传统逐渐形成为一种文化现象后,就会形成一种"路径依赖"的效应。美国学者道格拉斯·诺斯认为,制度变迁存在着报酬递减和自我强化的机制。这种机制使得制度变迁一旦走上某一路径,就会在以后的发展中得到不断的自我强化。"历史表明,人们过去作出

的选择决定了其现在可能的选择。"[21]如果用美国经济学家道格拉斯·诺斯"报酬递减—路径依赖"的模式分析中国古代严刑峻罚与历史文化的相互关系,中国历史上的文化在相当程度上对严刑峻罚起了一种推波助澜的作用。令国人感到悲哀的是,即使时序轮回、斗转星移、改朝换代,严刑峻罚的历史文化的"路径依赖"惯性,依然起着顽固的作用。

(一) 儒法文化的"刑礼观"与严刑峻罚的相互影响

1. 儒家文化中"礼"的影响

在人类历史上,以儒家文化为基础的中华文明是唯一没有中断过的古代文明。其中的儒家思想后来成为国家正统的意识形态,通过国家建制得以实现了思想的政治化、世俗化,影响着一代又一代中国人的思维观念。其中,儒家的"礼"无孔不入地渗透到宗法等级社会的各个方面,儒家伦理学说中的"礼"对于促进宗法社会的法律充满浓厚的儒家化色彩发挥了重要作用,儒家的"礼"是一种人类社会道德伦理规范的学说。礼,包括道德行为规范、文明行为规范、礼俗、礼仪、礼节、制度等。在宗法专制的社会,礼不可能不打上宗法的烙印,反映宗法等级社会当时的思想观念,具有鲜明的阶层分离和阶级对立性。

(1) 儒家的"礼"对中国古代刑事立法的影响

首先,儒家的"礼"体现了"忠君"的伦理思想和维护君臣的伦理关系。君主是专制政权的最高代表者。维护君主的尊严和至高无上的权力,关系社会秩序的稳定,涉及统治者集团的根本利益。因此,"忠君"被统治者奉为"至德",是居于"孝亲"及其他伦理关系之上的最高道德原则,并被冠于"三纲"之首。历代律典都把维护君臣伦理关系作为首要任务,从各个方面对保障君主的尊严、人身安全、权力不可侵犯作了严密的规定;君主的权力不可擅分,名讳不得触犯,服御之物不可僭用,太庙、宫殿神圣不可侵入,车驾、仪仗不可冲撞,等等,无不体现着皇帝的威严。这一伦理,一旦转移到刑事领域就赋予君主绝对的制刑权,罪刑擅断、严刑峻罚就成了帝王威严的自然载体。

其次,体现在关于维护"孝亲"道德规范和家族伦理关系的立法

---

[21] 〔美〕道格拉斯·诺斯:《经济史中的结构与变迁》,陈郁、罗华平等译,上海三联书店1994年版,序。

上,封建国家的统治者非常重视"孝亲"道德规范的实施,历来把家与国、忠与孝联系在一起,认为"国之本在家",孝是忠的缩小,忠是孝的扩大。正由于如此,历代刑事立法,从刑名、科刑等方面都注重体现"亲亲之义",对违背"孝亲"行为的处罚作了详细而严格的规定。在刑名方面,法律区分亲与非亲的界限,对亲属间相犯作了许多特殊的规定。在科刑方面,因血缘关系的亲疏和承担的法律义务的不同,量刑有轻重之别。

最后,维护"贵贱上下有等"、"良贱有别"的伦理关系充斥着立法的全过程。儒家"礼"的学说认为:"贱事贵,不肖事贤,是天下之通义。"区别贵贱、良贱的不同社会地位,是天经地义的事情,只有崇尚官贵,确保上下有序,方能巩固宗法专制等级制度和社会秩序。鉴于区分上下贵贱对于维护君主统治具有至关重要的意义,所以,历代在这方面规定了繁杂的礼仪、制度,制定了许多具体的道德规范,并注意在法律上加以确认和保护。而另一方面,对社会下层的草民则竭尽重刑威吓峻罚摧残之能。

(2)儒家的"礼"对中国古代刑事司法的影响

一方面,在法律实体上,运用儒家"礼"的伦理原则指导司法实践活动。"春秋决狱"是依据法令断狱,或直接引用儒家的五部经典(《诗》、《书》、《礼》、《易》、《春秋》),特别是《公羊春秋》的内容作为审判案件的依据。《春秋》之义的基本精神是:绝对的忠君、"亲亲得相首匿"、"妇人无专制擅恣之行"、"以功覆过"、"原心定罪"。断狱必先根据犯罪事实,用儒家伦理判断犯罪者的心理状态或目的、动机。目的、动机纯正者,可赦而不诛,或减轻刑罚;心术不正者,即使犯罪未遂,也要惩罚,对首恶特重者要从重惩处。所以,"经义折狱"的本质,就是用儒家伦理思想和道德原则指导司法活动。对犯罪人主观目的的过于重视,以及对犯罪客观方面的忽视,为统治者滥用重刑、擅用重刑提供了理论依据。

另一方面,在法律程序上,体现和维护宗法专制伦理关系的有关刑事诉讼制度和诉讼原则。"亲亲相隐"原则是为维护"孝亲"伦理纲常和宗法家族制度而确立的一个诉讼原则,同居亲属、非同居大功以上亲属以及小功以下但情重的亲属,除法定的几种重罪外,对于其他犯罪,均要相互包庇隐瞒,而不能彼此告发。但若遇到谋反、谋大逆、谋叛及其他法定重罪,如唐律规定的缘坐罪,明律规定的"窝藏奸细"罪,这些重罪直接侵害了皇室的利益,破坏了专制统治秩序,就不得相隐。另外,刑法还制定了"八议"之制。确认皇亲、国戚、达官显贵等法定的八种人在诉讼中享有特权地位。"八议"者均是"尊尊"、"贵贵"之人,不能同一般庶民百姓相提并论,这样做是符合"礼"的要求的,对维护宗法伦理道德和统治秩序产生了深刻的影响,更好地调整了统治集团内部的关系。

2. 法家文化中"刑"的影响

儒家的"礼"与法家的"刑"相辅相成,一同构成我国古代专制社会独特的政治和刑法文化。法家思想对于中国历代统治者巩固政权可谓起到了最直接的作用,司马迁称法家"不别亲疏,不殊贵贱,一断于法,则亲亲尊尊之恩绝矣"。㉒ 正是对法的盲信,对刑的推崇,对法的曲解,使得法家成为严刑峻罚思想的鼻祖。

重刑思想,起于商鞅,集成于韩非。继商鞅之后,慎到、申不害分别提倡重势、重术,各自形成了以"法、势、术"相结合的治国方略。强调法、势、术三者相结合,君主居极尊至重之势,行法施术,以治百官和民人。重刑思想的理论与实践,既帮助了秦国富国强兵,最后一扫山东六国,统一天下,也助长了秦国严刑好法、轻罪重罚暴政制度的形成与日益恶化。秦王朝建立后法家的不足暴露得十分明显:专制统治成为中央集权制的核心内容;思想文化领域内表现得尤为明显,强调以法为教,以吏为师,言轨于法;同时法律的残暴亦达到了无以复加的地步。随着秦王朝的灭亡,法家也盛极而衰,成为殉葬品,作为一个思想文化流派慢慢退出了历史舞台,但是其思想对而后的中国的政治和刑法文化仍然产生了长久而巨大的影响。

"每种生产方式都产生出它所特有的法权关系、统治形式等。"㉓ 法家重刑的产生自然也离不开当时的社会经济、政治发展背景。随着春秋时代的社会发展,在社会制度的变革上也表现出自己的特点,专制国家普遍实行重农抑商的政策。在这种经济基础上建立起来的必然是家国同构的政体,同时随着统治者相继实行蒙昧的文化体制,从

㉒ 《史记·太史公自序》。
㉓ 马克思、恩格斯:《马克思恩格斯选集》(第 2 卷),人民出版社 1972 年版,第 91 页。

而形成了一个超稳定的专制国家形态。另外,当时春秋战国各国间的战争连年不断,彼此兼并相当激烈。为了能在兼并战争中立于不败之地,各国相继进行变法图强,变法的内容主要集中在奖励军功和发展农耕这两个方面。法家学派就是在这样的文化背景下产生的,以法治代替礼治,主张建立君主专制的中央集权制度,通过发展生产、奖励军功来增强国力。但在秦统一中国后,韩非的"不务德而务法"主张的缺陷就暴露了出来,秦朝虽然并未完全放弃道德教化的一手,但仍把施臣民以严刑峻罚作为治国的基本方针,结果在人民反抗的怒潮中短命而亡。

法家的"刑"与儒家的"礼"相辅相成,互相渗透,形成了礼法合一的独特局面。一方面,立法者把道德规范和典礼仪式上升为法律,实现了伦理道德的法律化,还把涉及宗法伦理规范的犯罪与其他犯罪相区别,按贵贱等级分别处以不同的刑罚。另一方面,如果法家的"刑"与儒家的"礼"相冲突,则"礼"必须要为"刑"让步,以国家机器的强力保障统治地位的稳固。相对于儒家温和的"礼",这是一种强硬而有力的赤裸裸的暴力。例如历代法律都有对幼儿、老者等不能承受刑事责任的犯罪人实行宽免的规定,但当他们犯属于触及危害皇权和"忠"、"孝"等礼仪箴规时,"刑"即显示出其超强的威力,"谋反者一律枭首,其子孙虽养他族,追还就戮"。[24] 此时刑罚的严厉和残酷往往是空前的。儒家的"礼"与法家的"刑"作为中国古代两大文化源流,有其不同的表现趋向,但在严刑峻罚这一点上却是殊途同归,本质都是为维护宗法理论下的君主专制统治,从而使法律带上了残暴的特性。

(二)社会风俗习惯对古代严刑峻罚的影响

社会风俗习惯,是一个民族在长期历史发展过程中逐渐形成的共同喜好、习俗和禁忌,它表现在饮食、服饰、居住、婚姻、生育、丧葬、节庆、娱乐、礼节和生产等诸方面。中国古代文化绵延几千年,贯穿于这种风俗习惯之中的是儒家文化的"礼",它无孔不入地渗透到社会风俗习惯的各个方面。"礼"对于促进宗法社会中法律充满浓厚的儒家化色彩发挥了重要作用。受"礼"的影响,一些社会风俗习惯对古代的严

---

[24] 《魏书·刑罚志》。

刑峻罚也产生了深远的影响。

1. 婚姻习俗

至迟在西周时,中国就已确立了一夫一妻多妾制的婚姻制度。这一制度的出发点是为了延续宗族的血脉。既然是延续宗族的血脉,婚姻的缔结就是一件极其重要而神圣的事情。一般需经过"父母之命,媒妁之言"以及"六礼"等程序。然而古代的婚姻在法律上会受到诸多限制,一旦超越这些限制,就要遭受刑罚处罚。为了同其他部族和种族之间加强联系,同时为了维护本部族成员之间的稳定和团结,古代同姓之间是不能缔结婚姻的。同样,亲族之间通婚的限制也极其严格,若超越限制就要遭到重罚。出于维护"礼"所体现的宗法等级制度的需要,良民与贱民之间也禁止通婚,到了魏晋南北朝时代,门第观念更是到了登峰造极的地步。儒家"礼"的学说极其重视贵贱有别的社会等级。区别贵贱、良贱的不同社会地位是天经地义的事情,只有崇尚官贵,确保上下有序,方能巩固封建等级制度和社会秩序。鉴于区分上下贵贱对于维护君主统治具有至关重要的意义,唐代法律中规定:"人各有耦,色类须同,良贱既殊,何宜配合?"[25]部曲及官户、杂户等娶良民女子要杖处一百,奴婢娶良民女子为妻要处徒一年半至徒二年,家主同罚。明清律规定,奴娶良人为妻杖处八十,妄冒为婚,罪加一等。[26] 由此可见,在封建礼教制度的影响下,婚姻,这种社会最基本的人伦制度之一,已被深深地打上了宗法等级及阶级分离与阶级对立的烙印。百姓稍有违反,就将受到严刑峻罚的惩罚。

2. 五服治罪

宗法制是按照血统远近以区别亲疏的制度。早在原始氏族时期,宗法制就有所萌芽,但作为一种维系贵族间关系的完整制度的形成和出现则是在周朝。在宗法制度下,从始祖的嫡长子开始传宗继统,并且世代均由嫡长子承继。如果说分封制从政治结构方面建立了贵族间的等级秩序,宗法制则注入了特定内容、贯彻了崭新原则的宗族传统观念使这个等级秩序得到稳固。

儒家理论在西汉时期得以流传,宗法制度也随之继续发展。西晋

---

[25] 《唐律疏议·户婚》。

[26] 参见郭建、姚荣涛、王志强:《中国法制史》,上海人民出版社2006年版,第169页。

时期制定律法正式将儒家的家族亲属理论制定为法律,即所谓"准五服以治罪",从而丧服成为区分亲属之间亲密等级的标志。以后各朝代均沿用这一制度。

丧服乃亲属死亡之后之着装。根据自己与死亡亲属之间血缘关系的远近不同,丧服分为五等,斩衰、齐衰、大功、小功、缌麻,依此五等亲属之间血缘关系递减。五服亲等的设定具有积极的作用,五服亲等是宗法制度的体现,宗法制度鼓励亲属之间相互救济,相互帮助,这对于社会的稳定起到了非常大的作用。根据五服亲等的规定,在刑法方面,对于亲属之间的相互侵犯行为根据相犯者间血缘的尊卑、长幼及亲疏身份确定量刑。详言之,在人身侵害中,对于以卑侵尊,以幼犯长者,必须加重对其的刑罚,反之者减轻侵害者的刑罚。如儿子殴打斩衰亲中的父亲属于"恶逆"行为,对子要处以严厉的斩刑,而对于父殴子的行为法律则认为天经地义;在财产侵犯方面,对侵害者的行为的处罚依所侵害的对象由疏至亲而逐渐减轻。

古代的亲属制度深刻地体现了古代的宗法制度,古代宗法制度的目的在于维护统治集团的统治,维护专制社会严密而牢固的等级秩序,从而织就一张严密的统治网。在这张网络中,每个人都有其固定的角色和位置,不能超越,否则就将遭到严峻的惩罚。

3. 礼仪制度

礼仪同样是古代社会风俗习惯中的一个重要组成部分。礼仪产生于"礼"之中,而"礼"则起源于祭祀。在祭祀中形成的一套规范和程序,这就是礼仪的最初形式。由于产生于祭祀,礼的最大特点就是"敬",但祭祀的程序与规范并不是礼的唯一内容,它的内容随着社会的发展而不断扩大。《汉书·礼乐志》根据礼仪的不同内容,对"礼"作了不同的区分:"人性有男女之情,妒忌之别,为制婚姻之礼;有交接长幼之序,为制乡饮之礼;有哀死思远之情,为制丧祭之礼;有尊尊敬上之心,为制朝觐之礼。"

一般而言,古代的礼仪具有习惯法的性质。到了春秋后期出现了"礼崩乐坏"的局面,自原始时代的习惯而历代沿袭而来的"礼"逐渐发生了分化。其中,大量的贵族生活礼仪经过儒家的整理而保留下来,成为以后朝廷及社会上层重要的礼仪规范,具有一定的制度意义;很多次要的、社会下层的具体生活仪节作为规范的性质削弱,成为民间的习惯;而更多的社会规范内容实际上被各诸侯国的成文法所吸收,成为正式的国家制定法规,被强调、重视而载入律令之中。[27] 礼仪在依靠人们的羞耻心的同时,更要依靠"神"的权威和人们的"敬畏之心"维持。古代有"出礼入刑"的说法,凡是"礼"所不容的,就是刑所禁止的;凡是合乎礼的,也必然是刑所不禁的。二者的关系就是坏"礼"者,由"刑"来惩治,正所谓"失礼则入刑"的制度由来。

"礼法合一"是中国宗法专制制度的基本特征。明确规定"德礼为政教之本,刑罚为政教之用",把儒家伦理学说确定为立法、司法的指导思想。法律必须"一准乎礼",符合专制礼教和道德的要求。国家和社会生活中的道德规范几乎都上升为法律,实现了伦理道德的法律化。

(三) 不成文制度对严刑峻罚的影响

1. "三纲"与严刑峻罚

儒家所倡导的"君为臣纲,父为子纲,夫为妻纲",亦即"三纲",在中国历史上发挥了维护专制统治的重要作用。"三纲"的学说同西周的"礼"强调宗法等级制度是一脉相承的。大家各就其位,维护政治的稳定。之后儒家其他代表人物对孔子的学说进行了不断继承和发扬。"三纲"学说经过西汉董仲舒,东汉班固等的不断发展,其理论体系在汉代已基本形成。在古代,"三纲"作为维系专制宗法礼教的等级制度学说,始终起着基础性的作用。同时,"三纲"麻痹了百姓的思想,培养了百姓的奴化思想,禁锢人们民主思想的产生,是专制社会的毒瘤。自汉代以来,凡是反对"三纲"者,均会被认为触犯了专制统治者根本利益的重大犯罪行为,而这些重大犯罪行为都会被列入"十恶"重罪之中,成为古代严刑峻罚打击的重点对象。

儒家的"三纲"是专制礼教的集大成者。"三纲"之中,以"君为臣纲"为根本,以"父为子纲"为基本。"三纲"勾勒出专制社会等级制度森严的社会特征。根据"三纲"的表述,每个人在社会上有一个固定而又特殊的地位,必须在自己的社会地位限度内行礼做事。超出范围就要受到刑罚的处罚,正所谓"出礼入刑"。"三纲"的目的在于维护专

---

[27] 参见郭建、姚荣涛、王志强:《中国法制史》,上海人民出版社2006年版,第22页。

制君主的统治及专制社会等级森严的社会秩序,维护皇帝绝对至高无上的权力地位。若是违反"三纲",也就违反了社会的根本制度,打乱了社会的固有等级秩序,直接对皇权造成威胁,故违反"三纲"往往招致极刑,这也使"三纲"常常成为专制社会立法的指导思想。可以说,"三纲"作为专制社会伦理制度,是专制社会严刑峻罚的礼教基础。

2. 法外用刑

中国古代历代刑法典中刑罚名目繁多,历代的法内之刑有很多属于酷刑。经春秋、战国、秦到汉初,刑罚的面目略有变化,但仍以肉刑、死刑为主,即便是汉文帝时代的"废肉刑",结果也是"外有轻刑之名,内实杀人"㉘而已。将肉刑、酷刑列入法典说明从奴隶社会到宗法专制社会的末世,统治者的刑法本身都具有残酷的性质。

法外用刑最明显的体现是历朝历代的特务组织滥施刑罚。例如据《汉书·刑法志》记载:汉武帝就是一个"内盛耳目之好"的帝王,以致"征发烦数,百姓贫耗,穷民犯法,酷吏击断,奸宄不胜"。再如明代的厂卫组织,厂卫操纵刑狱造成了适用法律标准的混乱,滥杀囚犯也造成严刑峻罚。如《明律》规定:"死罪应枷",但死罪枷重只有 25 斤,徒、流枷重 20 斤,杖罪枷重 15 斤。枷原是一种戒具,并非刑种。可厂卫却公然违反法律,滥用重枷。英宗时王振用枷有重至 100 斤的,而刘瑾所用大枷则重至 150 斤,到万历年间,头号重枷已达到 300 斤。当时,处以枷项之刑的"不数日辄死"。刘瑾还创了立枷。立枷又称站笼,即犯人直立木笼内,笼项即套在犯人颈上的枷板,受刑者往往不数日就站死。除此之外,厂卫所用的法律规定之外的刑具戒具估计有 18 套之多。㉙《明史·刑法志三》载:"刑法有创之自明,不衷古制者,廷杖、东西厂、锦衣卫、镇抚司狱是已。是数者,杀人至惨,而不丽于法。""明锦衣卫狱近之,幽系惨酷,害无甚于此者。""及天启时,魏忠贤以秉笔领厂事,用卫使田而耕、镇抚许显纯之徒,专以酷虐钳中外,而厂卫之毒极矣。"

厂卫在组织上相互渗透,在行动上也相互配合。锦衣卫的人虽非宦官,但其高级人员多半是宦官私人,高级职位几乎为宦官弟侄所世

㉘ 《汉书·刑法志》。

㉙ 参见张晋藩主编:《中国法制通史》(第 7 卷),法律出版社 1999 版,第 464 页。

袭。厂卫控制了司法,却又不必受法律及程序的约束,这就为其通过制造冤狱打击政敌、冒功请赏提供了机会。

四、中国古代严刑峻罚的社会心理反思与批评

在中国古代社会的政治制度、政治思想和社会文化的多元多重的影响下,民间社会对严刑峻罚也逐渐习以为常,慢慢积淀为一种社会心理,以至于代代相因,积习难改。

(一) 人性的报应论

人性理论是中国古代法律学说的基础。"一切科学对于人性或是过多过少地有些关系,任何学科不论与人性离得多远,总是会通过这样或那样的途径回到人性。"㉚在人性论上,尽管首倡"性恶论"者是荀子。荀子认为,人的性、情、欲都属于人的本性,就这些本性而言,并没有善恶之分,都是"生之而然"的本能。但荀子并没有到此为止,而是进一步认为,这些本性中包含着恶的基因。当这些本能向外扩展的时候,便走向了恶。"今人之性,生而有好利焉,顺是,故争夺生而辞让亡焉;生而有疾恶焉,顺是,故残贼生而忠信亡焉;生而有耳目之欲,有好声色焉,顺是,故淫乱生而礼仪文理亡焉。"㉛荀子还认为,人性之恶还表现在人的欲望的扩展破坏了社会的人伦关系和正常秩序,他说道:"欲恶同物,欲多而物寡,寡则必争矣。"㉜因此,人性是恶的,应当加以改造。如何改造,儒家主张"修身养性"的自我改造和"师法"的社会改造。而法家继承了性恶论理论,更是竭力主张人性恶,认为对于性情,既不能听任其自然发展,也不能完全悖逆它,而应牢牢控制它,合理利用它。所以法家更主张"行刑,重其轻者,轻者不至,重者不来,此谓以刑去刑";"重刑连其罪,则民不敢试,故无刑也"。㉝这都是法家从人的性恶论中得出的治民方法,他们狭隘地把人的一切过错都归结为人性之恶,用刑罚祛除犯罪人的恶,以恶制恶。这样的思维定式导致将社会生活中的很多人事纠纷用刑罚方法加以解决,用重刑防范性

㉚ 〔英〕休谟:《人性论》(上册),吴文运译,商务印书馆1980年版,第6页。
㉛ 《荀子·性恶》。
㉜ 《荀子·国富》。
㉝ 《商君书·赏刑第十七》。

恶之人。由此发展起来的重刑理论是法家人性理论的最后归宿点,从而形成了严刑峻罚最深层的哲学基础。

在宗法专制社会里,由于帝王君主对国家的绝对性控制,所有的犯罪被理所当然地认为是对"君天下"的侵犯,因此中国古代的刑罚基本上都是报复主义刑法观的体现。对犯罪复仇,成为国家的一项专属权,"法律机构发达以后,生杀予夺之权被国家收回,私人便不再有擅自杀人的权利,杀人便成为犯罪的行为,须受国法的制裁。在这种情形下,复仇自与国法不相容,而逐渐被禁止了"。[34] 这样,建立在人性恶的理论基础之上,国家代替个人实行报复刑,自然导致严刑峻罚这一历史产物。

(二) 顺民与暴民意识

中国古代社会的家国同构现象和森严等级制度造成了国人逆来顺受的心理,顺民意识根深蒂固。整个儒家的核心思想就是要求臣民对君王的忠顺,无论是官或民在精神上都没有自己的价值理想,没有自身独立的人格。他必须依附于某种强大的能够在现实世界中支配他的主体意志,从这种意志出发来理解自己生存的意义和价值,并将自己完全异化为这种支配意志下的一个客体,一个工具,将为这种意志所用看做自己生命的最高价值。

因而,顺民完全失去了对其所依附的支配意志的理性批判的能力,无法鉴别在这种意志中哪些成分是普遍的和公正的,哪些成分是偏私的和邪恶的。他架空了自己独立的个人意志而依附于集体,在这种"集体主义"的"光环下",演绎了历史上一场又一场的"造神运动"。

除了底层民众之外,中国古代的知识分子是一个特殊的群体,原本他们应该理性地思考,保持独立的人格。但在中国古代这块土地上,很可悲的是他们大多数也同样成了顺民。他们从小接受儒家经典教育,但"学得文武艺,货与帝王家",学成走上仕途后,以辅助统治者作为自身的价值追求,从而成为专制君主的家臣私奴,并视为一种莫大的荣耀。他们按照国君的喜好来制定法律,参与刑法实施。这样,

---

[34] 瞿同祖:《瞿同祖法学论著集》,中国政法大学出版社1998年版,第79页。

质朴的严刑峻罚思想首先会进入他们的视野,得到君主青睐。如果士大夫胸怀天下,锐意进行改革而不得志,常常会落得悲剧下场。即便选择隐姓埋名,回归田园,与世无争,也仍逃不脱中国古代知识分子丧失独立人格的悲剧命运。

在习惯了默默忍受的背后,中国人又容易走向极端。当鲁迅所讲的"做稳了奴隶的时代"过去之后,在"想做奴隶而不得的时代",顺民终于变成了暴民。中国历史上有无数次农民运动,为推翻残暴统治而举起农具,拿起武器。无数英勇志士的鲜血一次又一次染红了历史的江湖。而其中零星的革命胜利者,翻身变为了统治者,又用严刑峻罚为自己的新王朝开辟道路,保驾护航,沿袭着历史的轨迹、重复以往的故事。明末李自成农民运动中的夹官拷赎、清朝太平天国农民运动中的"点天灯"等,都在这样的循环中往复无尽地表演着严刑峻罚的闹剧。

从另外一个角度看农民起义,这也是一种暴民意识的萌发,它把一切对自我发出命令和提出要求的外在意志都看做是否定自我意志的敌对意志。这种意识所追求的是任性的主观意志的"无法无天"的绝对"自由",由于自我意志总是处在各种外部意志的压抑和限制之中,所以,这种对"自由"和"解放"的追求,又总是强烈地表现为对他人意志的征服和毁灭欲望。不能赢得世界,也得毁坏世界,以至于在古代历史上经常演绎着玉石俱焚的血腥场面。明末张献忠的"屠蜀"就是一个典型的例子。

陷入了暴民意识的个体有一种嗜血的冲动,渴望残酷的斗争,不断寻找和树立自己的敌对意志,在消灭这种敌对意志或与之作生死决斗的过程中才感到深刻的快乐。因为他们对世界上的一切正面的价值都已采取反叛性的否定态度和虚无主义态度,他们绝不愿意"屈膝"追求任何正面的价值,绝不愿意对世界上的任何一个其他的意志表示敬重。暴民意识由于总是倾向于用蛮横的暴力摧毁现存的价值秩序,而其本身又不能提供任何真正富有建设性的价值。这种只破不立的意识给社会造成了巨大的破坏与动荡。

顺民意识渴望被征服,暴民意识则希冀要征服;顺民意识看不到自我,而暴民意识则把自我绝对化;顺民意识唯法为大,暴民意识无法无天;顺民意识只有义务,暴民意识只存权利;顺民意识纵容统治者实行严刑峻罚,而暴民意识则冥冥中注定了严刑峻罚的延续。这两者都是极端化的意识,是中国古代专制社会中"礼"和"刑"文化变异的畸形产儿,使得中国古代刑法在严刑峻罚的怪圈中循环。

(三) 残忍意识

自远古时期开始,战争频仍导致各部落之间相互残杀,被打败的部落在遭受侵害之后就转变为一种报复和复仇的欲望,欲以更大的力量张扬这种复仇的本能。胜利者将失败者杀戮,或充当奴隶,或施以严酷的惩罚,这就是最初的刑罚,它源于事后的复仇。一代一代重复着复仇的循环,历史的空气中充满了血腥的味道。"刑法当初曾具有由个人间的复仇感情和原始宗教感觉所支撑的部落的、私法的性质。在侵害者处于部落内时,就是族长的强力制裁;对来自部落外的侵害,则是由部落进行复仇斗争,即所谓血仇。"[35]

血仇的怒火燃烧着古老的国人仇恨的心,体现在刑法上,统治者自然选择重刑以愚弄顺民,镇压暴民,恐吓平民。而草根民众对重刑也早已麻木,骨子里孕育着一种奴性。他们习惯了把自己的权利拱手让给君主,甚至把生命也交给统治者。鲁迅曾对中国的国民性表达过"哀其不幸,怒其不争"的感慨,在他的作品中也多次出现国人愚昧、麻木而残忍的讽刺性故事。"人血馒头"、"食人民族"等都是他批判的锋芒所向。《狂人日记》里是这样说的:"凡事总须研究,才会明白。古来时常吃人,我也还记得,可是不甚清楚。我翻开历史一查,这历史没有年代,歪歪斜斜的每页上都写着'仁义道德'几个字。我横竖睡不着,仔细看了半夜,才从字缝里看出字来,满本都写着两个字是'吃人'!"[36]在如此"吃人"的环境中,刑法、刑治都归于残酷与无情。众多的史籍文本对重刑主义的赞赏,众多的士大夫对严刑峻罚病态的审美,众多国人对刑杀场面的引颈围观,最终都是以这种残忍意识内化为国民骨子里的奴性和痞性,其所形成的这种民族内伤,让我们这个古老的民族伤痛了整整几千年。

---

[35] 〔日〕大塚仁:《刑法概说》(总论),冯军译,中国人民大学出版社2003年版,第27页。

[36] 鲁迅:《鲁迅全集》,人民文学出版社1981年版,第424页。

五、结语

回首中国古代的历史,常常不忍卒读。托马斯·霍布斯有句名言:"我认为,人类有一种基本倾向,即永远不间断地、永不停止地追求权力的欲望,直到死亡才告结束。"㊲在自然状态中,人们无法享受到任何文明的赐福,而是永远处于忧虑和不安全感的压抑之下。一部中国古代法律史很大程度上就是一部中国古代刑法史,而一部中国古代刑法史很大程度上又是这样一部人们处于不安全和压抑之下的悲剧史。人类文明发展到今天,当代中国发展的进程像是"戴着镣铐跳舞"。㊳痛定思痛,中国古代严刑峻罚的政治思想、制度设置和文化传承,留给了我们当代人一些沉重的思考。

刑罚的适用原则是一个国家文明程度的标志。中国古代当然也包括了整个人类早期社会的种种酷刑骇人听闻,大多采取肉体摧残的手段,对人像宰割动物一样对待,这是对人的不尊重和野蛮的戕害。而人的意识的觉醒以及对人的尊重,是一个国家、一个民族迈向文明的标志。刑罚是在国家政权下,对犯罪行为人的惩罚和预防,只有把犯罪行为人当作人看待,才会做到轻罪轻罚,重罪重罚,罪刑适应,赏罚得当,这样的法律才是文明的。刑罚的人道或残酷也是一个社会文明与野蛮、进步与反动相互斗争过程的产物。

如果说在人类的早期,由于相对的时空限定和落后观念的影响而不能建立起温和的刑法观念和宽刑简政的制度,还有某些合理的历史时空因果的话,以至于在历史的条件下,即使不能予以道义上的宽容和原宥,也只能通过理性的批判作历史的了结。然而人类文明发展到今天,我们虽然已经告别了宗法专制制度,告别了蛮荒时代,但我们也应当进行反思与自省,我们的血脉中是否仍然传承着祖先留下的挥之不去的严刑峻罚的文化因子。历史已经证明,中国古代严刑峻罚的政

㊲ 〔英〕彼得·斯坦、约翰·香德:《西方社会的法律价值》,王献平译,中国法制出版社2004年版,第10页。

㊳ 卢梭在《社会契约论》中对自由的相对性有此表达:"戴着镣铐跳舞",当代中国的法治发展也由古代中国文明发展而来,封建、集权、专制等顽疾制约着观念的变更,当代中国的法治发展必须吸取历史的教训,既保留传统文化中自身的财富,又要勇于跳出传统的发展模式,找寻适合自己的现代化法治方向。

治思想、制度设置和文化传承从更深层次上也可以反映出一种人的残忍意识——对残忍行为的麻木与冷漠,对受残害人缺乏同情。自古以来,中国的统治者善用酷刑,中国的民众爱看杀人,每逢处决死囚,总有成百上千的人引颈围观。鲁迅小说中也多次写到杀人的情节,《药》、《阿Q正传》等文学作品中出现的"鉴赏这示众盛举"的场面。非自觉的残忍意识是根深蒂固的,几千年的文化积淀形成一种巨大的历史惰力,直到当代仍然到处游荡着它的影子。[39] 历史已经清晰地告诫我们:对于法治追求的虔诚,对于法律文化的培养,对于秩序、公平和个人自由三大价值的追求,归根结底都根植于对人的尊重。而严刑峻罚从形式到内容都是对人身的残害,对人性的损害,对人权的伤害。对此我们必须吸取历史的教训,从而彻底否定严刑峻罚的历史反动作用,充分重视人、尊重人,以人为本、以民为本,确立起符合现代意义上宽严有序的法治观念和轻刑思想,在法治建构中崇尚生灵的价值,维护生命的底蕴,捍卫人性和人权的尊严。时不我待,我们必须跟上时代的潮流。

---

[39] 参见王永宽:《扭曲的人性——中国古代酷刑》,河南人民出版社2006年版,第9页。

第二章 中国刑法罪刑法定原则困境的反思与批评

在当今世界刑法制度设置与刑法理论演绎方面,罪刑法定原则可谓是刑法"宫殿"的顶天立地之柱,支撑着刑法头顶上的一片天空。

正像在社会经济发展过程中人们总喜欢在不断寻找经济增长点一样,一种学术理论的繁荣与发展也需要不断寻找理论的"增长点"和"兴奋点"。然而,在刑法理论的触须向前延伸不断寻找新的"增长点"和"兴奋点"的过程中,我们是否更应当坚持和坚守几个"基本点"?这仍是值得我们刑法学人深思与探讨的问题。而在这其中,如何坚持罪刑法定原则的观念和如何坚守罪刑法定原则的阵地,就是刑法学人永远的理论任务。

一、罪刑法定原则的意蕴和底蕴到底是什么?

自从晚清沈家本主持刑法改革在中国首次引入罪刑法定原则以来,屈指一算,也该有整整一百年的历史了。一个世纪以来,在中国每每说起罪刑法定原则,总是令人心潮澎湃。然而在这一问题上,不知是历史有心还是似乎无意间跟我们这个民族开了一个大玩笑。沈家本也算是生不逢时,他的刑法改革功败垂成、功亏一篑。《大清新刑律》虽已成型,但它刚一诞生,孕育它的母体——晚清政府溘然而逝,《大清新刑律》也只能随之夭折。然而继起的中华民国(无论是北洋政府还是国民政府),虽在形式上也确立了罪刑法定原则,但当时整个中国大陆一直是战乱不断,先是军阀当道,后遇私团作祟,刑法作为公权体现、公众信仰、公共规范的作用一直退居在阴谋诡计之下,遮蔽在刀光剑影之后,沉浸在腥风血雨之中,未能发出其应有的光芒。

1949年,中华人民共和国新政权建立,由于其具有的新政权性质,注定了她要在形式上与她以前的一切旧的历史时代、旧的社会制度、旧的国家机器实行彻底的决裂。于是乎,中国历史上历朝历代所奉行的开国即兴制定新刑律的传统戛然中断。在长达三十多年的时间里,人治观念指导下的社会必定视法治为异物,整个社会必然是一幅"无法无天"的政治生活乱象。既然刑法都未能及时制定,又何谈罪刑法定这一必须通过制定法才能体现出来的刑法基本原则呢? 三十多年"无法无天"的社会过去时态,其中的悲酸苦难已非哪一个文人学者的笔端所能随便演绎。众多的作法自毙者固然咎由自取,然万千民众何罪之有而沦为时代殉葬品? 中国曾经徒有的宪法这一空头之法,却因没有刑法、民法等一些基本大法对中国社会及广大民众给以必要的支撑所造成的伤害,足以让后来的执政者意识到,只有建立社会主义的民主与法治,才能使中国真正走上秩序的轨道并能够形成稳定的社会常态。于是迅速制定刑法、民法、刑事诉讼法、民事诉讼法等一些治国的基本大法,就成了"文化大革命"结束后中国高层执政理念的重要体现。然而,即使1979年当中国从一片乱象的废墟上站立起来甫建刑法制度时,理应吸取历史与现实的教训,应当及时规定罪刑法定的原则,以此作为法治大厦的必要基础。但是中国就是走不出历史给予的宿命,考虑到"法有限、情无限"的实际国情,一部有限之法难拘无限之国情,立法当应遵循"宜粗不宜细"的要求成为当时主流的指导思想,于是乎新建的刑法中非但没有规定罪刑法定原则,反而连类推制度又都堂而皇之地复活了。尽管1979年至1997年的18年间,不断有人认为我国的刑法已经基本上实现了罪刑法定原则的刑法规定,不断有人对我国刑法为什么不规定严格的罪刑法定原则进行了各种各样的辩护,不断有人总是对当时的刑法规定给予各种各样的赞美。[①] 但事实总是胜于雄辩,"真假美猴王"总有真相大白之际,当1997年《中华人民共和国刑法》(以下简称《刑法》)修订之时,当我国刑法真的明确规定了罪刑法定原则时,人们才恍然大悟:什么叫做罪刑法定原则的刑法规定形式。于是,新的事实拆穿了许多学者曾经"自诩"的我国1979年《刑法》早已规定了罪刑法定原则的虚言与许多无原则的赞美。不过我国的主流刑法学理论就像我国的主流政治观念一样,不会认错也不知道认错为何物。

---

① 高铭暄主编:《刑法学》(高等学校法学教材),法律出版社1982年版,第38页。

1997年《刑法》规定罪刑法定原则,对整个中国的刑法学界来说,无疑是一个巨大的理论鼓舞,是一个盛大的刑法史上的节日,是一次自以为是的理论胜利。对于刑法学界来说,似乎刑法的罪刑法定原则在纸面上的规定,都是由于刑法学理论推波助澜的作用与功绩。其实刑法理论界太过于自信了,真理再正确,如果仅仅束之高阁而不将其运用到实际生活中,也不过是随风飘动的一面锦旗而已。在中国有些理论与实践之间的鸿沟绝非只有一步之遥,一抬腿就可以跨过去的。"政治家或者法律家们挥舞着罪刑法定的旗号,借助罪刑法定的名义各行其是、各称其心。在这种'为我所用'的过程中,罪刑法定与其说是一个原则不如说是一个招牌,很少有人去理会罪刑法定本身在这样的'礼遇'之中是否贬值或者变质。"②徒善不足为政,况乎一两个所谓纸面上的基本原则。检讨罪刑法定原则在当代中国的实际命运境遇,我们会发现,罪刑法定原则在中国现实生活中的命运也是多舛的,在落实罪刑法定原则的过程中,来自于观念上的障碍恐怕是一个主要原因。

从刑事立法的层面上说,在刑法中确立罪刑法定原则到底是从打击犯罪的角度出发的还是主要从保护公民基本权利的角度出发?它到底是一种维护国家长治久安的工具还是确保民众不受司法专横侵扰的目的所在?它到底是一种国家本位观念的体现还是一种公民本位观念的体现?说到底是一个观念问题,是对罪刑法定原则的制度设定和技术运用起着奠基作用的大问题。当代日本刑法学者西原春夫在《刑法的根基与哲学》一书中说道:"国家制定刑罚法规的必要性,是以对刑罚及刑罚法规所一般具有的机能寄予期望为前提的。"③西原春夫在提到刑法具有的规制犯罪、制止犯罪、惩罚犯罪等一般功能以后还特别提到:"刑法还有保障功能,即行使保护犯罪行为者的权利及利益,避免因国家权力的滥用而使其受害的机能。对司法有关者来说,刑法作为一种制裁的规范是妥当的,这就意味着当一定的条件具

---

② 付立庆:《善待罪刑法定——以我国刑法第三条之检讨为切入点》,载《法学评论》2005年第3期。

③ 〔日〕西原春夫:《刑法的根基与哲学》,顾肖荣等译,上海三联书店出版社1991年版,第30页。

第二章 中国刑法罪刑法定原则困境的反思与批评

备时,才可命令实施科刑;同时条件不具备时,就禁止科刑。虽然刑法是为处罚人而设立的规范,但国家没有刑法而要科以刑罚,照样可行。从这一点看,可以说刑法是无用的,是一种为不处罚人而设立的规范。人们之所以把刑法称为犯人的大宪章,其原因就在此。"④斯言诚哉!想想中国几千年的历史发展过程经历的"无法时代"曾给民众带来的无穷灾难,特别想想还不能算作"历史"的新中国政权成立后的三十年间我们没有刑法的时期,社会现实与司法实践中对人的惩罚不是照样进行吗?而如果有了刑法,皇帝杀人也得问个罪名。一本《胡耀邦与平反冤假错案》⑤的书真可谓道尽了、然而又怎么能道尽中国人间曾经有过的是非罪错、冤狱遍地的历史沧桑呢?所以从这个意义上说,中国刑法明确规定罪刑法定原则,主要是为了遏制国家公权力的专横与擅断,以免重复"文革"和其他不正常时期给中国民众造成的伤害和灾难。这样我们就可以理解刑法中规定罪刑法定原则,其主要目的就是以公民为本位而设立,就是为了保护公民的基本权利不受专制蛮横和司法擅断的侵害。

如何看待罪刑法定原则的固有精神与应有内容,我们只有在这一原则提出的历史背景下和应有价值的基础上加以考察才能得出正确的结论。众所周知,罪刑法定原则提出的历史背景是处于资产阶级革命前夜的欧洲中世纪到处充满着专制的黑暗,在司法领域中盛行着罪刑擅断的现象。正是针对这一黑暗现象,资产阶级启蒙思想家们提出了罪刑法定、罪刑相应和刑法人道等刑法三大应有原则,使其成为摧毁当时专制黑暗与司法专横的锐利思想武器。罪刑法定原则的原始机能首先体现为对刑事司法权的限制,它要求法官只能根据国家立法机关实现针对一般社会成员制定的成文法律给予具体被告人定罪而不得越雷池半步。在这一基础上的禁止类推解释、禁止适用溯及既往的法律、禁止绝对不确定刑,都是这一原则对法官司法权进行限制的具体体现。因此,罪刑法定实际上是刑事古典学派为防范刑事司法权侵犯公民权利和个人自由的一种思想指导下的制度设计。现代刑法

---

④ 〔日〕西原春夫:《刑法的根基与哲学》,顾肖荣等译,上海三联书店出版社1991年版,第33页。

⑤ 参见戴煌:《胡耀邦与平反冤假错案》,中国工人出版社2004年版。

学的奠基人贝卡利亚第一次从理论上阐述了罪刑法定原则的思想,他认为:"只有法律才能规定惩罚犯罪的刑罚……超出法律范围的刑罚,都是不公正的。因为这是法律没有规定的一种刑罚。因此,无论有什么借口,无论从社会福利的什么观点出发,法官都不能加重对犯罪所规定的刑罚。"⑥贝卡利亚针对中世纪的统治者怀着恶毒的诣媚心理所提示的把各种拷打当做法律,而这些法律又由那些本应当怀着颤抖的心情决定人们的生命和命运的人们冷酷无情地加以适用的现象,针对只有少数人才注意刑法的残酷性并加以谴责的现象时指出:"再也没有什么比应当遵循法律精神这一公认的公理更危险了,这等于把能够阻挡随便流出的意见的洪流的堤坝毁掉。"⑦基于此,贝卡利亚认为,在刑法中已经确立了罪刑法定原则以后,"严格遵守刑事法律的字句所产生的弊害,同(随意)解释刑事法律所产生的弊害相比较,是不会很大的……当法典中含有应逐字适用的法律条文,而法典加给法院的唯一职责是查明公民的行为并确定是否符合成文法的时候,当所有的公民——由最无知的人一直到哲学家——都应当遵循的关于什么是正义和不正义的规则毫无疑义的时候,国民将免受许多人的微小的专制行为"。⑧ 由此可见,罪刑法定思想是资产阶级在反封建专制的革命过程中专门为抑制司法专横的罪刑擅断所提出的一种思想武器和制度设计,它之所能成为一项举世公认的现代刑法原则,不但在于它体现了资产阶级革命的胜利成果,蕴含着对社会公众基本权利的保护,而且还在于它拥有着对现代法治所追求的固有精神,即对国家公权的制约、对国民人权的保障与对法官任意刑罚权的限制,始终是罪刑法定的精髓与本质所在,防止国家这一"利维坦"巨无霸的无端作恶。由于罪刑法定原则所蕴含的这些现代法治精神正是罪刑法定原则产生的重要基石,所以,尽管罪刑法定原则在其存续和发展过程中,会随着时间的推移和时代的变迁,形式的表现与内容的宽窄都会发生一些变化,但只要罪刑法定原则的固有精神不变,我们对罪刑法定原则确定其内容的边界也不能变。

---

⑥ 〔意〕贝卡利亚:《论犯罪与刑罚》,西南政法学院 1980 年刊印本,第 10 页。
⑦ 同上书,第 13 页。
⑧ 同上书,第 13—14 页。

在中国,由于没有经历过文艺复兴这种从国民心底进行人性、人道和人权洗礼的运动,长期以来形成的通过宗法专制、中央集权体制不断强化的国家本位、社会本位观念是根深蒂固的,这种观念支配下的制度设计无不体现着国家强权的痕迹,在这种制度统辖下的民众利益,能否在贯彻罪刑法定原则的过程中得到全面体现,是我们国家在建设法治社会过程中的一个重要参考系数和关照尺度。所以当我们为罪刑法定原则在刑法典中的"安家落户"而弹冠相庆时,别忘了"木桶理论"所提到的那块最低的木板,并且应当时时检测一下中国"这个木桶"中最低那块木板的"高度"。

笔者在咀嚼了很多赞成罪刑法定原则主要是打击犯罪、维护国家长治久安、应当以国家为本位观念的肯定说的理论之后,总觉得这些观点和理由是多么的似曾相识,它们跟原先阐述类推制度的理由几乎一脉相承。透过这些理论的争论,笔者想到了这里是否还有一个更深层面的问题。

曾记得,当我国1997年《刑法》第一次明确规定了罪刑法定原则的时候,刑法理论界有多少人在欢呼赞美,长期等待的愿望终于实现了。检索一下已有的书面文章与专著,连篇累牍,何止千百。然而当这一原则应当如何被具体落实在司法实践时,又有多少人对此原则奉为圣明?视而不见的有之,有意无意曲解的有之,为了现实的需要刻意肢解的有之。于是,非国家工作人员与国家工作人员相互勾结、共同受贿,能否构成只有国家工作人员才能构成的受贿罪问题?罪刑法定原则成了一个美丽而空洞的彩虹和符号,尽管可以放射出迷人的色彩,一旦"太阳"的光芒出现,彩虹的光环就随之消失。司法实践有时为了迎合政治的需要,不得不然,这可能由中国特定的司法环境所决定,这是可以理解的。但我们的刑法理论应当要保持自己的清醒和独立的理论品性,总不能忙着为现实的司法实践作总是合理的解释。这就使我们不得不想到难道我们的刑法理论真像一个永远长不大的孩子,口中唱着歌谣却并不知道其中的意蕴?难道我们的理论工作者真成了"好龙叶公"?当真正的龙身显现时,又觉得是那么的不可理解和难于接受?由此看来,在中国真正要将法律看成是法律,罪刑法定原则真正要成为一个刑法上的基本原则,注定还得走上一段很遥远的路程。

当然,在如何理解和贯彻执行罪刑法定原则过程中,还有一个应当是入罪还是出罪的问题。其实罪刑法定原则并不是我们中国的"土产品",经过多少年风风雨雨之后,我国刑法终于将它移植在自己的土壤中,在中国的刑法史上不能不说是一个重大的里程碑。但移植之后能不能顺利地茁壮成长就很难说了。在中国,"南橘北枳",移植的东西"水土不服"的事是常有的。但是我们应当要看到,罪刑法定原则的内涵,经过民主与法治进程的洗礼,基本上已经确定了。在涉及是扩张解释还是限制解释,是采取有利于还是不利于被告人的方法和原则,在法律不甚明了的情况下是应当采取出罪还是入罪的态度,这些问题在实行罪刑法定原则的民主与法治建设搞得比较好的国家里,基本上已经解决了。当然,"面对公众们愤怒的制恶情绪,稍有正义感的法官都会想方设法加以满足以将社区恢复平静"。⑨ "所有国家的法官有办法从束缚他的条文中解脱出来,如果正义要求这样做的话。为这个目的,有各种方法可供使用。"⑩但是我们完全可以根据中国的国情,暂时不要引进这种"劳什子"原则,等条件成熟了以后再说也不迟。同时,一国的立法也可以是"不讲道理"的,要怎么立法怎么规定都可以,但需要明文规定。立好了,规定好了,就应当说话算数。我想所谓的罪刑规定,不管理论上说的怎样"花好桃好",其实际的道理不过如此简单。然而当我们一旦真正引进了罪刑法定原则,既然罪刑法定原则在我国刑法中已经"安家落户"了,我们就应当善待"它"。任何一种好的制度的移植和引进,都是要付出一定代价的。不付出一定代价,就想买上好东西,天下没有这么便宜的买卖和好事。对于罪刑法定原则,不要以为"它"不会说话,就欺负"它",甚至虐待"它"。不然,当有一天我们想起了"它"的好处,真正想把"它"扶正,恐怕也得付上成倍的代价了。中国当今法治建设的进程,一个很大的影响因素就在于往往说的跟实际做的不一样,理论与实践不一样,主观愿望跟客观效果不一样。时至今日,我们也该总结一下经验与教训了。

在几次与刑法博士生的讨论课中,有人提到了电视剧《国家公

---

⑨ 冯亚东:《理性主义与刑法模式》,中国政法大学出版社1999年版,第184页。
⑩ 〔法〕勒内·达维德:《当代法律体系》,漆竹生译,上海译文出版社1984年版,第110页。

诉》。该剧反映了省委常委、常务副省长王长恭伙同其情妇周秀丽大肆收受贿赂的情节,由于周秀丽也是国家工作人员,因此不发生是否构成共同犯罪的问题。但如果周秀丽不是国家工作人员,是否还构成共同受贿罪?有人就提出,我国最高人民法院对成克杰、李平共同受贿一案的判决,实际上就是认可了非身份犯与身份犯可以构成共同受贿的一个典型案例,这个案例应当要对我国的刑事司法实践起约束作用。从实际的功效来看,最高人民法院的判决总是最有效的,权威也是最高的。但我们认为,最高人民法院的判决并不一定是最有理或者是最合理的,不然最高人民法院就完成了"权力等于真理"命题的最后历史诠释。应当看到,最高人民法院对成克杰、李平一案的判决,并没有通过审判委员会以司法解释的方式加以发布,因此这一判决仅仅对该案发生法律效力,在法律上和理论上对其他相类似的案件并没有约束力。我们应当清楚中国至今仍不是一个判例法国家。上级法院的判决对下级法院的司法实践在法律上并没有拘束力(司法实践中的惯例我们当然也很清楚)。因此,以最高人民法院的判例作为理论的诠释,是刑法理论不自信的表现。我们当然知道,在中国,对权力的高度尊重和绝对服从已成为中华文化的一个传承,这是一个历史的吊诡。但是人们必须明白,在现代社会中实现正义的途径,应当局限在法律的规范评价之中。对某种行为的社会危害性的价值评价,也只有局限在法律的规范评价之中,才会不至于对社会产生另一种负面影响。不然,当对某种行为的社会危害性的评价失去了法律的规范评价堤坝的拦截,必然会引起滔天洪水。而实现正义的途径选择了通过权力,就会在社会上形成对权力权威产生超越法律的崇拜,这样势必又会杀伤对法律权威的崇拜。诸君不信,请看中国现实生活的各种奇异现象。这也是中国社会至今仍然还没有很好地建立起法治权威的重要原因。这应当引起人们的深思。

二、刑事司法应当如何坚守罪刑法定原则的阵地与底线?

徒法不足以自行,一部刑法只有在其运行之中,才能体现出应有的价值(河晏海清,四海升平,刑盾已久,刑罚不用,这只是人类对理想社会的描述与追求)。刑法在其运行中又必须通过各种解释才能将原则的、抽象的、概括的、虚拟的和类型化的法律规定运用到社会生活各种各样具体的刑事案件中去。想想也确实如此,刑事立法者在立法过程中,只是凭着以往大概的生活经验,通过虚拟性的法律条款制定出一条又一条的具体条文。刑事立法者在刑法中不管设立多少个犯罪条文和设定怎样的构成要件,面对整个现实生活景象,再丰富的人类语言都是苍白无力的,总是无法穷尽整个社会生活中复杂多样的生活情景和犯罪情形,社会生活中总会时时出现一些甚至很多一时无法与刑法规定直接"对号入座"的刑事案件,只有通过对刑法进行必要的解释后才能挖掘出刑法应有的内涵,使刑罚的既定规定覆盖于各种疑难案例之上。于是乎就有了刑事立法解释、刑事司法解释和刑法学理解释等各种各样的刑法解释。

在我国,刑事立法解释最有权威,其所作的刑法解释等同于刑事立法规定。然而在中国的目前状态,刑事立法解释惜墨如金,少之又少,乃属稀有之物,这里就不作多议了。中国的刑法学理解释最为丰富多彩,如有学者所曾指出的,由于中国刑法学专业的"专业槽"门槛太低,人人都可以伸头吃一口,以至于刑法理论的粗制滥造特别是一些教科书和应考之类的文本犹如洪水泛滥,有被司法实践日益看轻的趋势(这也是本文后面将要提到的中国刑法理论危机到来的一点隐忧)。在中国真正对刑法的适用起举足轻重作用的刑法解释当是司法解释莫属。中国的刑事司法解释问题多多,我们不知司法解释者是否已经时时处在自我反思、自我克制和自我克服的状态。然而,已经日益涌现的司法解释让我们看到了在解释来源上不受制约的权力具有天生的扩张性和侵略性,以致在解释的观念上,由应属于被动性的解释已经逐渐向主动性的解释发展了;在解释的体制上,由法律规定的针对刑法使用过程具体问题的具体解释逐渐演变成体系性的解释了,已相当于一种准立法活动并乐此不疲;在解释的数量上,尽管有种种理由搪塞,但刑法的司法解释与立法解释简直不成比例。1979年《刑法》首次制定后至1997年《刑法》修订时,刑事立法解释数量为零,而同时期的刑事司法解释数量是220余件。1997年《刑法》修订后至今,刑事立法解释数量为9件,而刑事司法解释数量为300余件,"主弱仆强"由此可见一斑,大有架空刑法典的趋势。在解释的表现形式上,内容之杂,前后左右之间相互抵牾之处时时出现已无须赘言。正是这种"权力全能"的惯性作用无孔不入地渗透和异化,中国社会才有如此不把法律当做法律的客观现实。对这些现象我们在这里一概略过不言,仅仅想讨论刑事司法解释在贯彻罪刑法定原则过程中,应当坚守外倾的扩张解释还是应当采取内敛的紧缩解释的观念?

从最基本的法学原理来看,刑事立法是一个从无到有的"创造性"过程,只要顺应社会情势的发展变化需要,只要符合社会民众的意志需要,只要切合社会利益的保护需要,刑事立法者就可以随时进行"任意的创造",进而刑事立法解释多少也有点"任意性"(刑事立法解释具有合法性但是否具有合理性这里不作任何讨论)。而刑事司法解释属于司法活动的范畴,坚守合法性甚至坚守"恶法亦法"合法形式,是它的司法活动原则,司法解释不能创造,只能守望和守成。如果说刑事立法,创造比守望更重要,对于刑事司法来说,只能是守望比创造更重要,因为这里涉及一个国家欲行法治的培根固本的根本性问题所在。所以,当刑法中已经确立了罪刑法定原则以后,全部的司法解释活动从头到尾只能是一个"有中找有"、而不能"无中生有"的过程。

在罪刑法定原则的牵引与约束下,刑法中"罪"的法定主要体现在罪名的法定、犯罪构成要件的法定上。在我国,由于刑事立法者的谦卑与"大权旁落",罪名的法定已经转化为司法解释的确定。但由于罪名的司法解释存在着语词逻辑的混乱和思维逻辑的混乱,导致的罪名混乱绝不是仅仅一两处,例如奸淫幼女本属于强奸的一种从重行为,却偏偏确立一个奸淫幼女罪。而当与刑事责任年龄发生冲突后又只好取消,当初又何必多此一举呢?盗窃财物是犯罪,抢夺财物是犯罪,因此盗窃、抢夺各为一个罪名。而盗窃枪支、弹药、爆炸物是犯罪,抢夺枪支、弹药、爆炸物也是犯罪,但两种行为却同居于一个罪名之中,何故?可能会说因为这两种行为同居于一个条文之中,但同居于一个条文之中的行为被分别确定为两个罪名的又何其多也!伪造货币为犯罪,变造货币也是犯罪,因此它们属于不同的犯罪行为而被确定为不同的罪名。而伪造、变造金融票证,伪造、变造国家有价证券,伪造、变造股票、公司、企业债券就变成一个罪名了,而伪造、变造金融票证中的信用卡、信用证、金融凭证、票据在金融诈骗罪之中又变成了四个罪名……当然,其中有些是由于立法的原因,但司法解释的原因也是显见的。好在世界上的很多事情并非都能用"循名责实"哲学原理加以解释的,罪名的问题毕竟不是罪刑法定原则的核心内容,而且根据"总量不变,能量守恒"的基本原理,罪名的多寡并不影响实际的司法操作。真正对罪刑法定原则加以体现的是犯罪的构成要件。而构成要件中主观罪过的性质与形式在司法实践中主要是一种推理、推导和推论的产物。故进一步而言,最能体现"罪"的法定的内容属于犯罪的主体资格和犯罪的客观要件的设定。而恰恰就在这两个方面,我们的刑事司法解释(当然我们这里的司法解释还包括广义的法官释法的活动)由于解释观念的迥异,以致在今天的司法实践活动的解释过程中经常出现超越罪刑法定原则设定的边界,进行着"创造性"的司法劳动。例如在犯罪主体资格方面,在共同受贿过程中,就脱离了刑法的具体规定以及共同犯罪需要犯罪主体资格作为前提基础的刑法原理,将没有特殊身份的非国家工作人员拉进了共同受贿中作为受贿主体资格加以认定;在单独犯罪方面,北京的一个"足球黑哨"龚建平受贿案,将一个既不属于国家工作人员又不属于当时公司、企业工作人员的足球裁判硬作为受贿罪的主体认定判罪了。让我们看到了司法实践中"宁可判错、也不愿放错"的指导思想时时作祟的"精彩表演"。在犯罪的客观行为方面,南京"李宁同性卖淫案"、上海"肖永灵虚假炭疽病菌投寄案",甚至广州"许霆 ATM 机疯狂取款案"的最后判决,都是"天网恢恢、疏而不漏"的我国司法实践对刑法规定不断作扩大解释所形成的产物。至于当前各种各样的例如山西"稷山文案"、重庆"彭水诗案"、辽宁"千里进京抓记者案"、河南"灵宝网络帖子案"……的不断上演,更是在背离了罪刑法定原则的前提下,通过对刑法的任意扩大解释和随意发明创造而导致的现代司法的"丑恶表演",这简直是当代法治世界和文明国度的耻辱。在现实的司法实践中,刑事司法解释的轻车熟路、一路欢歌、所向披靡,对刑法进行疯狂的围猎捕捞、一网打尽,将一部刑法的立法境况分解碾碎为无数不相关的法律碎片,既封杀了刑法理论研究的发展空间,也使人对刑法大有"侯门一入深似海,从此萧郎是路人"、最终不知刑法为何物的感觉,从此以后,在司法实践领域尽见司法解释而不见刑法的原有面貌。国家法治目标设置的光荣期许一旦被现实的情景破解而被判定为虚假和矫情时,那种长期以来为轰轰烈烈的意识形态宣传而被激荡起来的对依法治国的信心会逐渐瓦解,必然导致下一轮重新树立信心时必要成本的成倍增加。

适用法律就需要进行法律解释,法律只有在被解释的过程中才能被运用,才能与犯罪事实进行匹配,才能将立法的意图通过判决体现出来,所以没有人会怀疑法律解释的必要性。问题是如何解释？社会科学本没有绝对的真理,但却有人间公认的原理。由于刑事立法解释本属于立法活动,所以刑事立法解释可以进行扩张解释,因为这本身就是一种创造性的立法活动,本身可以作必要的外倾延伸。虽然它也要接受既定法律文本和既定原则的约束,但在一般情况下,它可以不受法条模糊边界的制约还可以为人接受。而刑事司法解释属于司法活动范畴,由于刑法中已经设立了罪刑法定原则,所以只能恪守限制解释的观念制约,其本身需要作内敛的收缩,它对法律条文的解释仅仅是使法律条文模糊的内容清晰化,它不具有创造性。其实,这些基本原理在刑法理论与司法实践的权利支配层面都是清晰无误的。正如有学者指出的:"司法造法乃是不正义的,因为它是一种溯及既往或事后的造法,而溯及既往的立法当然通常被认为是不正义的。但是溯及既往的造法之所以是不正义的,是因为这违反了人在当时合理的期望,这个期望就是行为的法律后果乃是按照行为当时已经存在并被知悉的法律来决定。"[11]然而现实就是如此吊诡,司法解释还是背离其应有的基本原理向着"立法化"的方向迈进,使整个司法解释日益形成一个完整的"副法体系",由此产生的一个显见现象是,具体的司法工作人员更喜欢求助于司法解释而忽视法典。国家法度一旦被刑事司法解释不断蚕食和侵蚀,必定遭遇被日益架空而导致虚置的命运,其留给社会民众的真实感觉除了依法治国的虚假和矫情之外,可能还有一个"我也不相信了"的人间咒语。

在我国,司法解释秉承着外倾的扩张解释,其原因也许是多方面的,但我们想,这样一些原因还是显见的。

1. 对刑法功能理解的单一性、片面性或者模糊性

在中国,由于几千年宗法专制、中央集权的统治模式运行的惯性作用,刑法一向被认为是治国之器和专政手段。随着现代文明的进

---

[11] 〔英〕哈特:《法律的概念》,许家馨、李冠宜译,法律出版社2006年版,第257页。

步,特别是当代中国曾经的"无法现象"给国家和民众造成的伤害和灾难,使得法制建设以刑法优先为起点。但在刑法的功能理解上,治国之器和专政手段的观念依然十分严重,接二连三的"严打"运动颇能作一个注解。即使在刑法中确立了罪刑法定原则和"依法治国"方略提出以后,在如何理解现代刑法功能的问题上,依然存在某种认识的片面性和模糊性。例如有的学者认为,正确运用刑罚权,惩罚犯罪,保护人民,这是第一位的,而防止刑罚权的滥用以保障人权,则是第二位的。积极的罪刑法定原则与消极的罪刑法定原则的统一,运用刑罚权以惩罚犯罪、保护人民与约束刑罚权、保障人权的统一,是我国刑法规定的罪刑法定原则的全面和正确的含义,它克服了西方刑法罪刑法定原则的片面性,是对罪刑法定原则新的发展。⑫ 可以说,有这种观念和观点的人还是不少的,这在一定程度上使刑事司法解释获得了首先是为了打击犯罪或犯罪分子的种种理由。所以一有风吹便会引发草动,通过夸张的语言,不断放大各路"犯罪分子"或者"敌人"的影像,在中国的历史上可谓是拿手好戏,驾轻就熟,无须多言。这在最高人民法院的一系列文件中,我们经常阅读到把打击犯罪、惩罚犯罪作为人民法院的一项坚定不移的政治任务,对刑法解释的目的阐述经常表述为"依法惩罚……犯罪、依法严厉打击……犯罪、依法惩处……犯罪,"等等字样。这种政治的价值倾向或者偏向使我国的司法解释事实上担负着过多的政治要求,这种现象估计在一段时间内还会存在。所以对中国的刑事法治建设来说,真正的刑事依法治国理想目标的实现仍然任重而道远。对于国外那些民主与法治建设得比较成熟的国家来说,在国民已经能够理解和法官总体上已确立"疑罪从无"观念的情况下,偶然作出一些似乎扩大的解释(有利于被告人的扩大解释是发展了的罪刑法定原则的应有之义)是可以理解的。而在我国,民主与法治的进程毕竟还处在初级阶段,因此有必要准确理解罪刑法定原则,善待罪刑法定原则,更要全身心地坚守罪刑法定原则的底线,这是不应动摇的,即使付出一定的代价也是在预想之中(从古至今实行法治却不想付出一点代价似乎未闻也)。"当然,法学家和法官并非无所不知。但是,他们必须对案件作出裁判,即使这些案件对他们而言也是新奇

---

⑫ 参见何秉松主编:《刑法教科书》,中国法制出版社1997年版,第63—68页。

而陌生的,他们的行为有特殊的合法性,'裁判的必要性比认识的可能性更重要'。对法律调整而言,完全正确的解决方法是不存在的。解决方式可以是适当的、合理的和符合目的的。"⑬因此,即使不能紧守紧缩解释的立场,司法解释也要坚守价值中立的最后立场。

2. 我国还没有真正建立现代刑事法律关系的新概念

在中国,司法解释不断发生扩大解释的这种现象,与中国至今没有建立起现代刑事法律关系的概念紧密相关。在中国的各种法律之中,认定和确立好各种法律关系是解决各种法律冲突和纠纷的一个必要前提和基础。但唯独在刑事法律领域中,何谓刑事法律关系,谁与谁发生着刑事法律关系,依然是一个待解的难题。难在何处？难在国家、人民法院、人民检察院、公安机关等一些概念是一个不证自明、不争已明的东西。国家一家独大,无所不包。公、检、法机关是同一条战壕里并肩作战的战友,彼此可以不分家。人民法院经常自觉或不自觉将自己视为是检察机关、公安机关的同盟者,其共同的任务是同犯罪作斗争,而忘记了我们的立法过程已经代表了最广大社会成员的最根本的意志和最广大的利益,严格依法办事就是最大的讲政治,真正的历史使命就是必须站在价值中立的立场实现法律规定的内容,运用一定的技巧与方法保持个别正义与一般正义之间的平衡。其实法院有时在价值中立的立场选择价值中立的刑法解释方法,也无法避免价值倾向,更何况背负着价值倾向的现实要求。因此,一旦出现价值偏向,违反罪刑法定原则就在所难免了。特别是在现实的司法实践中,公安机关已经逮人了,检察机关已经起诉了,作为审判机关,也要对已然的案件进行令外人一时还无法理解的方法"进行消化"(国人在技术运用方面的创新有时还是蛮到位的)。此时在实际的刑事案件处理过程中,具体的扩张解释就理所当然了。就这样,在司法工作人员处理案件日益感到得心应手之时,他们已经无心也无须聆听夜风中零星传来的不平声甚至呼冤声。看来,今天中国没有经历过文艺复兴运动的洗礼,对人权、人道和人性的认识与理解,多少还存在着慢人一步的现象。罪刑法定原则作为一项基本原则在我国刑法中已经"安居乐业"地确定下来了,但是真正的付诸实践还有待于一定时日的努力。

---

⑬ 〔德〕伯恩·魏德士:《法理学》,丁小春等译,法律出版社2003年版,第144页。

3. 没有将严格解释与扩张解释的界限有效区别开来

有学者指出:"刑法文本的解释必须采用以文义解释为基本方法的严格解释,应当尽可能根据对该刑法语词的通常字面含义进行不违背社会情理的解释,除非根据立法原意不得不进行不同的解释,严格解释规则是罪刑法定原则的当然要求。"[14]《法国刑法典》通则第111-4条明确规定:"刑法典应严格解释之。"依据这一严格解释规则,"负责适用刑法的法官无权将其扩张至立法者并未指明的情况。凡是法律没有明文规定的行为均不受惩处。即使某一相类似的行为,情节甚至可能还要轻一些,但因为有规定而受到惩处,对法律没有规定的行为仍不得惩处"[15]。即使是强调法官自由裁量和适用解释的英美法系同样坚持"刑事法律必须被严格地加以解释,以排除刑事法网适用上的不公正"。[16] 罪刑法定原则不仅意味着对立法权已有所限制,更意味着对刑事司法权的全面限制。刑事司法如果没有罪刑法定原则的限制,罪刑擅断就难以避免。对刑事司法权限制的目的就是保障公民的基本权利和个人自由不受司法侵犯。罪刑法定通过对罪与刑的法定化,为公民提供了行为模式,也使公民对自己的行为具有预见性。罪刑法定主义的古典形态无疑就是建立在人权保障与个人自由的基础之上的。正因为如此,在需要对刑法进行必要的解释时,坚守对被告人有利原则已成为当今坚持罪刑法定原则的一个子原则。有人写道:"在第二次世界大战后,罪刑法定主义又重新得以发扬光大,并且进一步派生出了刑罚法规不明确即无效以及实体正当等新的要求,实现了从追求形式合理性的形式的罪刑法定向追求实质合理性的实质的罪刑法定超越。同时随着司法经验的积累与立法认识能力的提高,针对传统的罪刑法定主义的严格规则主义的局限,在有利于被告人、犯罪人的前提下,罪刑法定亦逐渐由绝对的罪刑法定原则发展成为相对的罪刑法定原则:即在定罪的根据上,从绝对禁止类推和扩大解释演变为允许有利于被告人的类推和严格限制的扩大解释;在刑法的渊源

---

[14] 梁根林:《刑法适用解释规则论》,载《法学》2003年第12期。

[15] 〔法〕卡斯东·斯特法尼等:《法国刑法总论精义》,罗结珍译,中国政法大学出版社1998年版,第140页。

[16] 储槐植:《美国刑法》,北京大学出版社1996年版,第45页。

上,从绝对禁止适用习惯法演变为允许习惯法成为刑法的间接渊源,但必须以确有必要或不得已而用之为前提;在刑法的溯及力上,从绝对禁止刑法溯及既往演变为在有利于被告人、犯罪人时允许溯及既往……经过这样的'并非自我否定,而是自我完善'的转变,罪刑法定原则在强调保障公民权利的同时,也没有妨害对社会利益的保护。"⑰也许我们有太多的理由说我们中国有太多太多的独特国情,甚至我们真的有太多的理由一直不规定罪刑法定原则。但我们必须明白,罪刑法定原则是一个原则而不是一个口号。一旦在刑法中加以规定,就必须以"诚实的心态"付诸实施,即使花上一些代价也在所不惜,以此取信于民,做到言必行,令必禁,行必果,违必罚,不允许我们"买椟还珠",空有其名,而无其实。不然,从历史的发展过程来看,如果制定法律和执行法律的人自己都不尊重法律,法律必将徒具空文而威信扫地。

本来在培养全社会对法律信仰的过程中,法典就是一部"圣经",正像在西方宗教信仰的领域里,基督教的教徒是拿着《圣经》用自己的心智与上帝对话一样,因此法官也应当拿着法典以自己的心智与立法者直接对话。而现在大量过多的司法解释的出台,实际上使得法官已无法再拿着法典直接与立法者对话,而只能拿着司法解释(还包括类似于司法解释的各种"有权"解释)与某种权力对话。

三、刑法学者们应当对罪刑法定原则做些什么?

在以官本位为核心价值遗存、通过行政层级进行全面社会管理的我们这个中央集权、权力全能的社会结构的现实生活中(司法解释权只有最高司法机关才能行使,直到现在仍然没有明文规定法官有释法的权力,也是中央集权的另一种诠释),原先曾不时存在的理论影响力日臻递减。面对历史的苦难,理论工作者们是否有的已背过身来集体失忆;面对现实的重轭,理论工作者们是否正面临着集体失语;而面临着权力和实践的双重影响,热闹的理论正进行整体迎合应当说也已不是一件难事了。刑法学在表面上的轰轰烈烈、热热闹闹的浮华景象后面,理论独立的精神遗传正在不断"水土流失"。但我们还是要想到,

---

⑰ 付立庆:《善待罪刑法定——以我国刑法第三条之检讨为切入点》,载《法学评论》2005年第3期。

作为中国知识分子是不愿看到传统独立的理论遗存在我们这一代人手里中断,即使在学术发展过程中,我想我们也只有时时触摸我们这个民族历史曾经有过的破漏和痛楚,总应该要有慎终追远的精神值守,历史才还有机会给予我们重修中华刑法文化优良传承的缺失,以便用其中被重新焕发出的仁和意识和灼热脉动重建国家刑法理论的文化高度。而由此产生的问题是我们刑法理论学者能对罪刑法定原则做些什么?刑法学者们应当是司法实践的"代言人"还是应当成为国家"守夜人"和司法"看门人"的"闹钟"?

想当时,当罪刑法定原则在刑法中得到明确规定时,刑法理论界是一片欢呼鼓舞声,理论从此更新,刑法从此成功。然而时过而境迁,今天的刑法实践并未沿着刑法学者们曾设计的"路线图"行进,更不要说到达理想的境界了。除了我们前面已经提到的司法解释在分解碾碎刑法过程中的越权现象,还有在实际的操作中,不时传来一些不协调的消息让我们想到了很多很多。情何以堪,何以如此,必须首先破解我们现在遵循的观念问题。在我国,国家公权毕竟属于强权,民众私权属于弱权。如果刑法理论仅仅是强权的注解,刑法学者就必定是强权的附庸。其实理论的功能主要在于批评和超越,在社会存在着强弱之权时,理论的主要功能在于遏制强权,最起码也要在强权与弱权之间找到一种平衡。这里让笔者想起了日本作家村上春树的故事。2010年,日本作家村上春树被以色列政府授予耶路撒冷文学奖。其时,以色列正用高端武器对耶路撒冷进行狂轰滥炸。这位日本作家一面接受以色列的最高荣誉奖,一面当着以色列总统佩雷斯的面公开批评以色列的军事行动,说道:"巴勒斯坦虽然是在以卵击石,在高大坚硬的大墙与鸡蛋之间,我永远站在鸡蛋这一边。"[18]此情此景说来让人钦佩。正因为有赖于我们对依法治国的全息定位,因此我们有理由对任何损害刑法权威和罪刑法定原则、通过违背罪刑法定原则蚕食民众基本权利的强权行为与越法企图予以拒绝,这是我们每一个刑法学者应有的心理表示和行为表现。不然对虚设的依法治国的图景作出的图腾一旦冲淡了反思性的回顾与张望,就会将万千民众期盼的天下清明和依法治国失望后的伤痛,消解在歌功颂德的文章和不断宣讲的热

---

[18] 《杂文报》2009年5月22日,第2版。

闹之中,也会让后来人误读了中国的过去时态。

于是乎我们想到了在一些空泛的场合、空泛的事情、空泛的时候,我们的刑法理论经常大唱罪刑法定的赞歌。每每说起罪刑法定原则,总是一番热闹景象。然而在另一种具体的场合、具体的事情、具体的时候,当要将这一原则具体落实在一些具体的案件之中时,在一些刑法学者那里,罪刑法定的原则就被扔到爪哇国去了。在上述提到的"共同受贿的主体问题"、北京"足球黑哨龚建平受贿案",南京"李宁同性卖淫案"、上海"肖永灵虚假炭疽病菌投寄案",甚至是广州"许霆ATM机疯狂取款案",我们都看到了当代刑法学者背离罪刑法定原则作扩大解释的理论注解表演,而在山西"稷山文案"、重庆"彭水诗案"、辽宁"千里进京抓记者案"、河南"灵宝网络帖子案"中,却看到了刑法学者的集体失语。让人们看到和感觉到有些学者总好像是好龙的叶公。

有学者指出:"让中国法学理论界感到郁闷和彷徨的最主要原因是:国家机关在行使权力时往往忽视法理上的正当性论证,而赤裸裸的权力行使很容易引起法理的正当性危机,这样又迫使法学理论不得不硬着头皮按照既定方针去勉强应对和进行善后处理。"[19]然而问题是,没有被关进"笼子"的权力具有的侵略性和扩张性人尽皆知,但学者们不应该跟在权力部门后面亦步亦趋。有刑法学者说道:"在实定刑法中,明文规定不等于明确规定。司法实践定罪量刑,以实定刑法为规范依据,所以司法实践贯彻罪刑法定原则,必须满足'法无明文规定不为罪、不处罚'的基本要求,但不得以'法无明确规定'为理由对那些刑法明文规定而缺乏明确性的犯罪行为不予定罪处罚。"[20]在这里,我们真不知如何区分"法无明文规定"与"法无明确规定"之间的界限。观念决定着制度,观念决定着技术。正因为刑法学界有着这样的认识,于是就有了如法条仅记载禁止牛马通过某路,以当然解释,像骆驼之类较牛马为大者已在禁止之列;如法条仅记载以钩钓之方法捕

---

[19] 季卫东:《法学创新、制度转型以及中国的软实力》,载《曲折、磨难、追求——首届全国法学名家论坛学术论文集》,北京大学出版社2011年版,第10页。
[20] 肖中华:《走出罪刑法定原则司法化的若干误区》,载华东政法学院司法研究中心编:《罪刑法定原则与我国司法研讨会文集》,2002年版。

鱼,以当然解释,投网捕鱼之方法亦在禁止之列。㉑ 他人之语我们不能不加分析,简单地就以"拿来主义"态度视之。以此道理,我国《刑法》第116条破坏交通工具罪中,刑法只规定汽车、电车即可,因为火车必定大于汽车、电车;刑法关于盗窃枪支、弹药罪的规定就没有必要再规定爆炸物了,因为爆炸物的威力必定大于弹药。其实,在刑事立法时,只要在禁止牛马通行时加上禁止"牛马等动物通行",就不会发生任何歧义。而现在"立法"没有规定禁止骆驼通行,"司法"又有何理由将牛马扩大至其他大型动物呢? 正如有学者指出的那样:"人们同样也可以作这样的理解,即禁止牛马通行,其原意仅仅禁止牛马通行,其他动物都可以通行。因为牛头上有角可以伤人,马脚上有铁蹄可以踢人,而且跑得比较快,所以这条路牛马不可以通行。骆驼头上没角,脚上也无铁蹄,跑得比较慢,所以骆驼通行没有什么问题。"㉒所以,根据紧缩解释的原则,规定牛马当然不包括骆驼在内。也正因为如此,我国刑法在破坏交通工具罪当中,明确规定了火车、汽车、电车、船只、航空器,拖拉机、摩托车就不能等同于汽车或电车。刑法在盗窃枪支罪中,就不能将大炮当然地包括进去(尽管在现实生活中可能性很小),我们说在法律已有明文概括规定的情形下,可以通过词义、意义的解释,把某些相似的现象解释进去,但不能偏离明确规定的词义与意义,通过有违罪刑法定的原则作任意扩大的解释。

在刑法解释时坚守严格解释的边界,是刑法解释的一个基本要求,也是对刑法只能作内敛的紧缩解释的过程(有利于被告人的扩大解释应当除外)。严格解释的"关键在于合理地界定扩张解释与类推解释。作为一种在一定程度上游离于严格解释规则之外的相对自由的刑法适用解释,扩张解释必须受到严格的限制,刑法文本的'可能的词义'应当成为扩张解释最大的边界(范围),超越此一界限的解释就是罪刑法定原则所禁止的类推解释"。㉓ 但也有刑法学者认为,当刑法存在疑问或争议时,应当依据一般的法律解释原则消除疑问,而非

㉑ 参见陈朴生、洪福增:《刑法总则》,台北五南图书出版公司1998年版,第9页。转引自陈兴良:《刑法适用总论》(上卷),法律出版社1999年版,第27页。

㉒ 刘宪权、杨兴培:《刑法学专论》,北京大学出版社2007年版,第34页。

㉓ 梁根林:《刑法适用解释规则论》,载《法学》2003年第12期。

一概作出有利于被告人的解释。刑法适用解释的任务就是尽量以善意将条文用语朝着正义的方向解释,通过解释使刑法的实然规定贴近应然,从而成为良法、正义之法。[24]然而问题是,何为一般法律解释原则?而非一概作出有利于被告人的解释是谁的意思表示?何谓善意?谁对谁善意?何谓良法?何谓正义之法?一切都在抽象的尽情言说之中。没有"原则"的原则不成其为原则,法律也就不成其为法律。

正因为如此,于是落实在我国的具体司法实践与理论讨论时,对于像诉讼欺诈这一类型的行为,总有人希望能找出不利于被告人的解释来,于是乎就会出现应当按诈骗罪论处的观点[25]、就会有按敲诈勒索罪论处的观点[26]、就会有需要以伪证罪论处的观点出现。[27]反正对于刑法没有明文规定的行为,通过解释,总会找到一个罪名的,不找出一个罪名决不罢休。甚至为了迎合司法实践要将诉讼欺诈能够强行拉到诈骗罪中进行处理的需要,在有的所谓的理论解释过程中,出现了不惜将公认的诈骗罪构成要件进行改动的现象。也有的为了论证"许霆ATM机疯狂取钱案"已经构成盗窃罪,将盗窃罪的构成要件作了改动,认为盗窃既可以包括秘密的窃取,也可以包括没有暴力的公开窃取,忘却了在我国刑法中没有暴力的公开的取得他人财物的行为,已在抢夺罪的规定之中。其实我们完全可以想象,因制度的不足和执法的不公,放纵或漏网的又何止一两个"犯罪分子"?而在这种极有争议的案件之中,我们看到了太多的刑法学者充当了司法实践的"代言人",我们的理论研究也想做到"天网恢恢、疏而不漏",却一点没有想到这种"疏而不漏"会网尽天下一切"小鱼小虾"。在这些具体的案件分析中,刑法学研究一旦染上为司法实践充当"代言人"角色的功利色彩,必然会受到带有政治倾向从而演变为具有"政治运作方式"的司法活动的引诱和强力加压的双重影响。此时要坚持充当国家"守夜人"

---

[24] 参见张明楷:《刑法的基本立场》,中国法制出版社2002年版,第51页。

[25] 参见张明楷:《诈骗罪与金融诈骗罪研究》,清华大学出版社2007年版,第136—137页。

[26] 参见王佐夫:《恶意诉讼更符合敲诈勒索罪特征》,载《检察日报》2003年2月10日,第3版。

[27] 参见宋本欣、郭理蓉:《侵犯财产罪司法适用》,法律出版社2005年版,第119页。

和司法"看门人"的"闹钟",时时提醒"他们"要牢记罪刑法定原则的意蕴、坚守罪刑法定原则的底线而不要"犯规"就变得有点困难了。而此时我们想到,如果我们的刑法理论都这样理解罪刑法定原则,倒不如刑法没有罪刑法定原则来得更加得心应手,可以放手大干、挥洒自如呢!只要我们能够轻易忘记曾经有过的"无法无天"的历史就行了。

尽管我们知道,无论立法解释、司法解释还是学理解释,解释的过程可能因社会历史发展和人的自然发展的不平衡、不均势等主客观因素的制约,人们会因不同的境遇而形成与之相适应的角色地位和观念形态,从而对有些刑法规定的内涵作出有差别的认识、理解与注释表述。但无论如何,文明的发展、法治的倡导和公民本位观念的兴起,罪刑法定原则本身的明文规定,都要求我们从刑法文本的基本字义与基本意义解读刑法的规定,以有利于被告人的标准作为参考系数,并由此产生捍卫刑法价值与其法律威仪的信念和与此相关的责任担当。从这一意义上,刑法学者与刑法理论不应该是司法实践的"代言人",而只能是国家这个"守夜人"和司法机关这个"守门人"的"闹钟"。人们应当知道罪刑法定原则作为一个刑法的根本原则,甚至可以提升为宪法原则,一旦丧失了其应有的客观品性,就会成为强势集团和掌控话语权者手中任意拿捏的弹性道具。此时与指鹿为马也不过五十步笑百步而已,到彼时又何以使人产生法律神圣的感觉?兹事体大,我们不得不言重些,不然在刑法理论的评价上,当好事者喋喋不休地谈论我们这个时代有过多少个刑法学明星的时候,但愿后代严肃的学者们不要说这不过是一个热闹但却是一个平庸难有作为的时代。

四、余论:中国刑法理论危机的到来

有法理学者指出:"2005 年以来围绕'中国法学向何处去'的设问,曾经展开过一场颇为热闹的讨论。然时过境迁,不仅所谓法学的理想图景依然在虚无缥缈之中,就连发展的主流方向也还没有确定,至少是还没有形成必要的基本共识。在大学教育体系中,受实用主义和功利主义思潮的冲击,法学理论本身的定位正在发生变化,有些动摇。在司法考试热不断升温之际,学术研究者却感到某种'荷戟独徘

徊'的苍凉袭来。毋庸讳言,中国法学理论界正濒临严重的衰退危机。"[28]就刑法学而言,其理论危机主要表现在:

1. 刑法理论一不小心就会成为权力的附庸

在今天的刑法学研究中,紧跟与顺从也是一种常见的理论现象。每当一种刑事补充法规或刑法司法解释出台,刑法理论的各种注解就蜂拥而上。而批判与超越却变为一种稀有之物。哲学教授李德顺说:"维护传统是中华传统中的一个表现,批判传统、超越传统同样是中华文化传统中的一种表现,而且在一定条件下它更为重要。"[29]其实,对于刑法学研究来说,在实践中维护现行的法律权威和传统(而不是司法解释)是一种理论研究,而在理论上批评与超越也是一种理论研究,而且是一种更重要的理论研究。温家宝同志说过:一个民族要有一些关注天空的人,他们才有希望;一个民族只关心脚下的事情,那是没有未来的。刑法学的研究当然也要时时仰望头顶的宇宙星空,俯首抚摸心中的道德律令,从而做到起于守望,终于信仰。正所谓红尘尚有痴情者,法界也需"痴法者",法治国下更应当如此。但在今天的中国,事实上有的是对权力和强势逢迎取巧的"聪明人",刑法理论研究中对权力与强势的顺从与紧跟变成了一种理论常态,批判与超越正变得越来越艰难。

2. 理论与实践的关系日渐微妙,理论迁就实践的倾向日益明显

理论与实践相结合是刑法学理论发展的一个基点。但是这几年随着市场经济的向前发展,刑法学界的实用主义和功利主义也有所蔓延。理论与实践相结合渐渐演变成理论对实践的注解和辩护,刑法学担负的理论批判甚至理论批评的功能日渐衰弱。而大量的司法实践中经验主义和实用主义式的理论成果大举登堂入室,也使得理论的功能有所萎缩。同时"恶法亦法"的原则在理论的表面上还没有获得支持,而事实上不是法的规范(如政策、指示、批示等)反而变成了理论全力维护的对象。在守法保证法的权威性还是通过越权变通保证政令畅通的相互关系问题上,有学者指出,"在这个意义上,法治应该先行,

---

[28] 季卫东:《法学创新、制度转型以及中国的软实力》,载华东政法大学编:《首届全国法学名家论坛学术论文集》,北京大学出版社2011年版,第10页。

[29] 转引自2009年5月29日《报刊文摘》。

哪怕制度上还有不完备的地方,缺陷是可以在实践中弥补、纠正的。可以肯定地说,某种形态的法治是民主的前提,其缺陷反过来可以通过民主而改善"㉚,即可以通过不断的立法补充加以完善。所以,一种繁荣而向上的刑法理论应该是司法实践的牵引机而不是司法实践的影子折射。但这实际上不过是一种理想却不是现实。

3. 理论教学已受制于司法考试,理论发展的空间进一步受到挤压

本来法律理性是现代法律的一种内在品质,也是现代法治的一种精神向度。刑法本身涉及公民权利的生杀予夺,所谓"身怀利器、必生杀心"。所以,刑法学的教学更应当培养受教育者的法律理性,进而将这种法律理性内化为受教育者的职业追求,并为以后从事法律工作时对人的关怀预留出心灵空间。而今天的法学教学,一方面,受应用型人才培养的诱导,沉湎于"工匠式"的教学已是法律院校的主打产品,让法官、检察官和律师到课堂里上课成了理论与实践相结合的另一种时髦方式,经验主义和实用主义的技术应用也成了刑法理论的引导或者翻版。另一方面,由于就业压力,法律院校的学生在系统的法律理性知识还没学到多少,心思已经转移到各种"考证"的兴趣上了,即使研究生教学也难逃如此的命运安排。刑法理论的影响已日益受到挑战。久而久之,惯性成自然。没有法律理性作为支撑,何以确立起法律的信仰。而没有法律信仰,法律不就是一种工具吗?由此法治社会必定"釜底抽薪"而丧失坚实的基础。然刑法理论徒唤奈何。由此而言,中国的刑法理论危机可能会到来。但愿这仅仅属于"危言耸听",如此则刑法理论幸矣!

㉚ 季卫东:《法学创新、制度转型以及中国的软实力》,载华东政法大学编:《首届全国法学名家论坛学术论文集》,北京大学出版社2011年版,第10页。

第三章　中国社会与刑法面临社会风险的反思与对应

尽管在社会政治学层面,风险社会的概念主要描述由于工业革命引发的社会危机。但是风险社会中同样会产生和存在由于社会原因而产生的社会风险。今天的中国就是充满着各种各样的社会风险,将中国目前的社会状态描述为"风险社会",应当说是一个既合乎情状,又高度概括的词汇。凡事皆有因,所以深入分析各种社会风险产生的原因,寻找各种应对措施,将各种社会风险原因化解在风起于青萍之末时,是学人们的应有责任。

一、中国社会已进入风险社会的思考

怎样认识今天的中国社会?怎样用简洁明了的词汇描述中国社会?怎样评价中国社会未来可能的发展方向?这可能在所有"中国问题"中也算是一个极为重要的问题。有太多的人喜欢站在自己的价值立场或因多种原因而进行选择的角度观察中国社会,从而给出自己的答案。从正面的角度,说是千载难逢的"盛世社会"者有之;说是当今世上的"幸福社会"者有之;说是一个理想的"和谐社会"者亦有之。这种说法并不是言之无据,中国在过去30年中的经济成就在当今世界也可以说令人刮目相看。在世界历史上很少有这样的大国在这么短的时间内发生如此大的变化,中国的经济成就值得称慕。30年前谁也不会想到中国会有今天这样的成就,做梦也没想到。但是从负面的角度,说这是一个"断裂的社会"有之;说这是一个"溃败的社会"有之;说这是一个"充满变数的社会"亦有之。这也不是什么空穴来风,这种"高资源消费、高能源耗费、高投资拉动、高环境污染、高金融坏账、高外汇储备和低劳力成本、低福利保障、低社会就业、低附加值经济发展、低生产效率"的社会发展模式,是否能持续受到了某些怀疑,由此产生一些批评也不足为奇。这种大相径庭、尖锐对立的观点似乎都言之凿凿,有根有据,看来,在今天要想达成一个人们彼此都很接受的共识是十分困难的。但是,撇开那些太多的剪不断、理还乱的情感价值因素,我们尽可能站在价值中立的立场上来观察,将中国目前的社会状态描述为"风险社会",应当说还是一个既高度概括,又十分符合中国国情的词汇。

的确,我们现在所处的这个社会,风险可谓无处不在,天灾人祸时时困扰着我们。我们抗争、我们奋斗,我们有时"赢了",但并不意味着我们已经从"风险社会"中挣扎了出来。以德国社会学家贝克、英国社会学家吉登斯为代表人物的风险社会理论者认为,"工业革命与现代科技深刻改变了人类的生活秩序与方式,提供了传统社会无法想象的物质便利,也创造出众多新生危险源,导致技术风险的日益扩散。现代社会越来越多地面临各种人为风险,从电子病毒、核辐射到交通事故,从转基因食品、环境污染到犯罪率攀升等工业社会由其自身系统制造的危险,而身不由己地突变为风险社会。风险社会不是某个具体社会和国家发展的历史阶段,而是对目前人类所处时代特征的形象描绘,是社会存在的客观状态"。① "风险社会"理论的提出,旨在说明"工业社会,已经有其本身系统制造的危险而身不由己地突变为社会风险"。② 吉登斯将西方社会的现代化过程分为两个历史阶段,即前工业社会和风险社会。在前一个阶段,社会风险主要来自于自然界的威胁与危险,如地震、洪水等自然灾害,或者地方军阀、土匪强盗、邪恶巫术等传统的人为祸害。而后一阶段的社会风险则更多来自人类自身,"我们所面对的最令人不安的威胁是那种'人造风险',它们来源于科学与技术不受限制的推进。预测性增强,但与此同时,科学已经造成新的不确定——其中许多具有全球性,对这些捉摸不定的因素,我们基本上无法用以往的经验来消除"。③ 与传统风险相比,现代社

---

① 〔德〕乌尔里希·贝克:《世界风险社会》,吴英姿等译,南京大学出版社2004年版,第102页。
② 〔德〕乌尔里希·贝克:《风险社会》,何博闻译,译林出版社2004年版,第5页。
③ 〔德〕乌尔里希·贝克、〔英〕安东尼·吉登斯、〔英〕斯科特·拉什:《自反性现代化——现代社会秩序中的政治、传统和美学》,赵文书译,商务印书馆2001年版,第119—120页。

会的风险具有这样一些独特的性能,比如风险形成的人为化、风险发生的无规律化、风险发展方向的不确定等因素。

从鸦片战争以来,中国历代政府都极力把持中国与西方社会保持一定的距离,有时还真做到了。这里既有为了闭关锁国以保持安稳延续旧有统治秩序的需要,也有为了保持大国虚荣带来的虚骄以显东方文明独特性的用意。但人间正道是沧桑,中国社会还是在自觉与不自觉相互作用下融入了世界一体化的进程。自加入到世界一体化进程后,中国社会除了受到全球风险社会中的风险浪潮波及,具有全球风险中的一般风险特征外,还存在着具有中国特色的诸多自我特征。经济成就的辉煌依然无法遮盖各种社会问题的集群性爆发,大有"山雨欲来风满楼"的时代感觉。所以中国社会在面对现代社会风险的过程中,问题与挑战显得格外沉重。

仔细想来,其实一个社会也像大自然一样,有白天也有黑夜。白天观察我们的社会,人们可以看到太多的明媚阳光,花红叶绿。但如果在夜晚观察我们的社会,"月黑杀人夜,风高放火时",也是当今社会的一个写照。的确,今天的中国已经充满着各种各样的社会风险,一叶而知天下秋,况多叶乎?由此将我们今天的社会称为"风险社会"并不过分。对于白天的灿烂阳光,人们完全可以尽情赞美歌颂,我们也可作锦上添花。而对于黑夜的危险,"士不可以不弘毅,任重而道远,仁以为己任,不亦重乎?死而后已,不亦远乎?"④所以,作为学人更有责任发现社会隐忧,提出相应的社会对策和刑事对策,防患于未然。

二、中国"社会风险"的考察与原因分析

如果说1986年德国社会学家乌尔里希·贝克教授出版其《风险社会》著作时,我国社会刚开始进入市场经济时代,刚刚摒弃了各种空洞的政治观念,一心一意向往着经济上的小康社会,人们的整个心思转移到了经济生活方面,以为能够通过勤劳、勇敢、智慧的劳动,达到自己理想的目标,以至于绝大多数人还是在传统的思想影响下,能够忍受即使由于社会刚刚开始改革开放所形成的某些不公平、不公正带来的心理失落,各种社会风险尚未完全暴露出来。1983年,当时的中

---

④ 《论语·子路》,载《论语·泰伯》。

共中央总书记胡耀邦代表党中央曾承诺,争取用5年的时间实现党风的根本好转、社会风气的根本好转、财政收入的根本好转。然而二三十年过去了,除了由于经济制度改革形成的巨大的财富创造动力所带来的经济快速增长和由于实行国税、地税分流制度和盛行土地财政出现的财政经济根本好转外,对于绝大多数中国人来说,另外两个理想的目标依然是镜中花、水中月。特别是近一二十年来,党风、政风问题频出,社会风气随之紧张,整个社会处在一种失衡的状态,于是发生了根本性的质变,中国社会将到哪里去?在更高的理想目标上至今依然方向不明。曾几何时,新中国政权初建之时借助人民革命的胜利余威,合着人民群众欢庆改天换地喷涌的巨大热情,新中国政权向全体人民宣传和灌输了诸多新思想、新观念、新理想,使无数的人在思想上、精神上、信念上产生了巨变,整个社会如同脱胎换骨一样获得了新生。然而历史和现实竟是如此的吊诡,正如米兰·昆德拉所说的:"人们总是陷入历史为他们设计的玩笑圈套,因受某种声音的迷惑而拼命挤进天堂的大门,但当大门在他们身后砰的关上时,他们却发现自己仍然在地狱。"⑤光阴荏苒、时序轮回,由于前30年的自我折腾,使得新政权元气大伤。屋漏偏遇连夜雨,20世纪80年代末,苏联和东欧的社会主义事业遭受灭顶式的失败,对中国这个依然坚持社会主义道路的国家产生了巨大的消极影响;使太多的人产生了信仰危机、信念缺失、信心丧失。抚今追昔,观澜溯源,如果我们真的不想仅仅为了模糊后世留下一个皆大欢喜的浮华假象而"讳医忌药",从而正本清源不将真相隐去,我们已经看到了有很多国家工作人员甚至很多高端的国家级"公仆"、社会精英开始把选择从政当作一个社会"经济人",准备以最小的投入获得最大的收益,而不是为了公共责任的担当和社会荣誉的评价。以此在顺风时不失时机地积极为自己寻找进身之路,希冀成为一方"诸侯";逆境时也会为自己预先留好退路。原先的理想是否还能如期实现已不得而知,但退不失为一代富翁以颐养来日已成为一些社会"公仆"、人间精英们"将来进行时"的规划打算。从中我们不时也不难发现一个个、一批批原先属于为国为民、曾经热血喷涌的时代精

---

⑤ 资料来源:http://www.360doc.com/content/10/1008/12/3784603_59293632.shtml,访问日期为:2012年10月22日。

第三章 中国社会与刑法面临社会风险的反思与对应

英和社会"公仆",一旦丧失了理想,迷失了方向,黑道人生和国家大义不可兼得、从道还是从君不能并取时,很多人就开始从恶如流了。从中我们还看到并还将继续看到,在当今这个时代,当传统的人间赓续和社会信念灭失以后,我们这个社会的生存环境就会变得十分险恶。党风一坏必然带动政风坏,整个社会风气的江河日下就成了这个时代的必然结果。

而整个官僚集团的集体腐败,官民阶层的互相分离而形成的社会对立日益明显,贫富差距日益加剧,贫富差异随处可见,贫富分裂造成了社会断裂和民怨沸腾,于是中国社会日益积聚了太多的社会风险。伴随着这些社会现象的发生,一个让我们愈益感到无奈和尴尬的景象是:中国目前的犯罪情势是十分严峻的,并且有愈益严峻的趋势。中国社科院发布的2010年《法治蓝皮书》显示,2009年中国犯罪数量打破了2000年以来一直保持的平稳态势,出现大幅增长。其中,暴力犯罪、财产犯罪、职务犯罪、大案要案等案件大量增加。不时传来的"校园血案"、"抗拆自焚"、"铤而走险杀警察、杀法官"的消息,就是一个不祥的征兆。同时,一些严重的刑事犯罪通过媒体的传播,网络的放大,刺激了人的眼球和神经,往往搅得举国不安,全民恐惧,着实让这个社会风险倍增。贝克教授在谈到中国社会的风险存在时,坦率地指出:"当代中国社会因巨大的社会变迁正步入风险社会,甚至可能进入高风险社会。从西方社会发展的趋势来看,目前中国可能正处于泛城市化发展阶段……所有这些都集中表现在安全风险问题上。"⑥尽管贝克、吉登斯等人所描绘的风险社会主要是从工业革命所带来的技术角度而言的,但中国社会因巨大的社会变迁正步入的风险社会,岂止仅仅由工业革命形成的技术发展所造成的?

凡事皆有因,凡事皆有源,世界上没有无缘无故的社会风险,也没有无缘无故由社会风险引发的社会变异,因果相连本身也许意味着因果报应。马克思曾说过一句可以撼动人类的话:"过去的哲学家只是用不同的方式解释世界,但问题的关键在于改造世界。"⑦对于那些已

---

⑥ 薛晓源、刘国良:《全球风险世界:现在与未来——德国著名社会学家、风险社会理论创始人乌尔里希·贝克教授访谈录》,载《马克思主义与现实》2005年第1期。

⑦ 马克思墓碑上的墓志铭。

经从社会对立、社会失衡中走出来已能够自如地控制社会风险的国家和民族来说值得额手称庆,他们也许面临的问题是需要进一步改造社会,提升自己。而对于我们这个仍然处在社会对立和社会失衡的国家,有时对各种社会风险原因要么真的还不知,要么心知肚明却语焉不详。因此只有努力寻找、及时发现社会对立和社会失衡导致的社会风险原因,才能及时加以应对和预防,从而将各种引发社会风险的火苗扑灭在星火之时,将由社会风险引发的犯罪意识消灭在萌芽状态。就中国社会目前而言,导致社会风险的原因大致有:

(一) 政治信用缺失和信任瓦解导致社会碎片化积聚的社会风险

在现代社会的行为互动过程中,政治信用、政治信任与社会反应及社会风险已经紧紧捆绑在了一起。可以说,当一个社会中政治信用丢失、政治信任不再时,整个社会就会处于相互猜忌当中。

近代中国多灾多难,先是西洋豺狼入室,后遭东洋铁蹄践踏,经过不屈的抗争,河山终于重光。新中国政权如日东升,世界为之一震。为了让"中国人民从此站起来了"开始踏上的道路能够延伸下去,《中华人民共和国宪法》明确宣告:我们是人民共和国,中华人民共和国的一切权力属于人民。由此让整个中国人民感到自豪和满足,国家终于属于我们人民大家的了。但由于体制设计的欠周而导致的制度性缺陷,也由于苦难的历史容易被人遗忘,朱厚泽曾经说过:"一个失去记忆的民族,是一个愚蠢的民族;一个忘了历史的组织,是一个愚昧的组织;一个有意磨灭历史记忆的政权,是一个非常可疑的政权;一个有计划地自上而下地迫使人们忘却记忆的国家,不能不说是一个令人心存恐惧的国家。"[⑧]更由于人性的丑恶得不到有力制止和惩罚等原因,邓力群说过:中华民族是喝着狼奶长大的。[⑨] 中国正面临着前所未有的腐败侵蚀,一些成可为英雄,败可为乱贼的高端公仆、社会精英大行败国害民之事。很多政府官员说的是一套,做的又是另一套。他们将原先曾信奉过的"国家是我们人民大家的"政治承诺逐渐蜕化为"国家

[⑧] 2010 年在《炎黄春秋》创刊 15 周年纪念会上的讲话。朱厚泽是原中共中央宣传部部长。

[⑨] 1979 年 5 月全国在纪念"五·四"运动大会上介绍张志新烈士时的讲话。邓力群是原中共中央宣传部部长。

第三章 中国社会与刑法面临社会风险的反思与对应

是我们的",甚至蜕化为"国家是我的"意识。公器也想私论⑩,神器已作私用?化公为私,钱权交易,当然会引起人民大众的满腹怨恨。今天中国社会的民众怨气特别大,有些地方的社会矛盾也特别尖锐。有的时候让人一眼看到其中很多的怨怼矛头直指当今社会的政治氛围。你已不讲信用,我焉能对你信任?由此能不积下社会风险?我国社会目前经济建设搞得热气腾腾,如鲜花着锦、烈火烹油,但社会政治前景依然还不很确定。今天中国社会教育有问题、医疗有问题、住房有问题、就业有问题、社会保障有问题,这里有问题,那里有矛盾,社会上下、官方民间心里都很清楚,有些问题并不在经济,而在于仍在持续之中的社会不正常的政治层面。

(二)政府执政偏向导致党群分离、官民对立积聚的社会风险

立党为公,执政为民,应当是我们这个人民共和国执政集团的应有宗旨。政府实际上是一个来自于社会、产生于社会又凌驾于社会之上的社会公器。公器乃当公论,执政者自当公正无私。马克思在《共产党宣言》中曾指出,我们共产党人除了整个无产阶级利益外,没有任何特殊的私利。理论固然没错,现实却常常捣乱。有些政府机关,在对社会管理、在为社会服务的过程中,既是裁判员,又是运动员,已经有着自身的利益。各地传来的在强拆过程中种种暴虐性事件透露出的官商勾结秘闻,可以说是一个很好的注释。各地爆发的群体性事件,折射出有的地方政府机构处事不公、断事不明,甚至对一些村夫民妇的"腹诽言责"也进行强力压制,手铐监狱以待,内中已裹挟着这些政府机构自己太多的私利。社会上民怨来自何处?人们的一个直觉

---

⑩ 19世纪40年代,美国政府决定建造华盛顿纪念碑,并向全世界广征纪念物。当美国政府向中国征集相关的纪念物时,由于晚清政府的封闭和国人士视野之狭窄,竟无相关可用之物,美国政府颇为失望。当时,丁韪良在与徐继畬的朋友张斯桂交往中,得知徐对华盛顿不仅非常了解,而且发表过相关评论。于是,他购得上等石料制碑,并通过张斯桂得到原文镌刻其上,汉字碑乃成。1853年,此碑漂洋过海到达美国,赠予美国华盛顿纪念馆。碑文文字曰:"华盛顿,异人也。起事勇于胜广,割据雄于曹刘,既已提三尺剑,开疆万里,乃不僭位号,不传子孙,而创为推举之法,几于天下为公,骎骎乎三代之遗意。其治国崇让善俗,不尚武功,亦迥与诸国异。余尝见其画像,气貌雄毅绝伦,呜呼,可不谓人杰矣哉!美利坚合众国以为国,幅员万里,不设王侯之号,不循世袭之规,公器付之公论,创古今未有之局,一何奇也!泰西古今人物,能不以华盛顿为称首哉!"后此碑被镶嵌在华盛顿纪念碑的第十四层之中。

是很多时候、很多地方我们的政府没有主持公道,没有伸张正义,没有替人民大众维护应有的利益,执政出现了明显的偏向,甚至政府机构也像江湖上的"弄潮儿",从而导致党群分离、官民对立的社会现象,产生了巨大的社会风险。一个缺失正义的社会,就没有规则可言。如果已有的文明规则也可作为一纸空文,丛林规则就会取而代之,登台亮相,于是就必然导致不讲理。不讲理,就会讲暴力、讲武力。作为普通民众,如果政府办事不公道,不主持正义,自然会产生人怨民愤,自然就不会与政府、与官员同心一体。由此本为一体的人民将开始分化为"我们"和"他们",国家将会面临着被破碎为一盘散沙的可能,此时这个社会就非常危险了。

(三) 司法不公导致社会对暴力迷信积聚的社会风险

在目前的中国,司法不公一直为整个社会所诟病,一个赵作海冤案的发生,使先前在人们心头已逐渐淡漠的佘祥林案件、呼格吉勒图案件、聂树斌案件、杜培武案件、滕兴善案件……像梦魇一样再一次浮上人们的心头,他们成了一种野蛮司法观念、一种不合理司法制度、某些司法者践踏法律的牺牲品,这已是一个无可争辩的事实;至于当前各种各样的例如山西"稷山文案"、重庆"彭水诗案"、辽宁"千里进京抓记者案"、河南"灵宝网络帖子案"、警察跨省抓作者……的不断上演,更是在背离了罪刑法定原则的前提下,通过对刑法的任意扩大解释和随意发明创造"新罪名"而导致的现代司法"丑恶表演";拦截正常的上访人,设立"安元鼎"之类的关押场所;在官民相争时,法院明显偏袒政府,司法公正有时没有保障……这些都是当代法治国度和文明世界的一种耻辱。国家法治目标设置的光荣期许一旦被现实的情景解构,而被判定为虚假和矫情造作时,国人那种长期以来为轰轰烈烈的意识形态宣传而被激荡起来的对依法治国向往的热情就会消退、信心就会瓦解,从而必然导致下一轮重新进行信心鼓动时必要成本的成倍增加。文明社会正义规则的退场,司法公正的缺位,必然导致黑社会"弱肉强食"、"鱼死网破"的丛林规则粉墨登场,此时的社会风险骤然而起。当社会中哪怕只要有一小部分人因长期的被冤枉、被贱视、被拒绝,丧失了最基本的人的尊严和自我确认的条件,在文明社会中无法得到应有帮助的情况下,最终也会形成暴虐的性情,最终铤而走险,直接"求助于"黑社会势力。当这种对立的双方都因为没有文明规则可循而走向无法疏解的敌视立场时,就会使各种丛林规则登台上场尽情表演,从而将对立的双方推向没有退路的境地,为对方也为自己准备下"刀斧手",这种搏斗的必然结果必然使得双方都成为牺牲品。那些"校园血案"、"抗拆自焚"、"杀警察、杀法官"的报道不过是一个注解而已。

(四) 社会利益主体的多元化导致经济上的贫富差异积聚的社会风险

中国目前的贫富差异已超出世界公认的警戒线,早已不是什么新闻了。而让我们感到心惊肉跳的是:这种差异还在扩大之中,"马太效应"[11]何故如此偏好眷顾中国社会,简直让人无语。让一部分人先富起来的政策没错,错的是先富起来的人并不都是通过勤劳、勇敢、智慧而创造财富的,一些人"第一桶金"的肮脏,一些人的巧取豪夺,一些人的官商合谋,贫富差距和贪污腐化,成了社会经济快速发展下社会经济矛盾的重要折射,也成了民怨的重要对象。权力得不到有效的规制和监督,硕鼠横行、贪墨无度必将延续,继续逍遥。这里蕴含着人们一时看不见的社会风险。但有权的暗贪,一方面官居高位啃着"皇粮",一方面又假公济私,巧取豪夺,吃里爬外,私通某些利益集团偷吃"杂粮",无权的一些社会成员也就会"黑吃明抢",看得见的社会风险就会集中爆发。

(五) 文化价值取向不明导致时代精神堕落积聚的社会风险

我们现在正处在从计划经济向市场经济转型过程中,文化的多元性、庞杂性、混乱性是不可避免的现象。但一个社会没有一个人心向往的、积极向上的、健康有益的主流文化,这个社会就没有定力和持力。有人看到和分析道:印度的贫富差异甚至大于中国,但即使印度穷人的棚屋就搭在富人的别墅旁,穷人也没有嫉妒心,一则也许富人的财富来路明白,二则还与印度穷人心中有信仰有关,他们眼神很安定,心中很平静,并不存在一颗"仇富"之心。一些信奉伊斯兰教的国

---

[11] 《圣经》中的一句话:"凡是有的,还要给他,使他富足;但凡没有的,连他所有的,也要夺去。"

家,为了"真理"有人体炸弹、为了权利有刀枪相向,但很少听闻有人闯入银行抢钱、闯入民宅抢劫。因为这里有一种精神、有一种信仰、有一种宗教管住了他们的心。⑫ 所以这些国家的社会风险与我们这里的社会风险是不同的。反观中国社会,我们看到有太多的人已不再有慎终追远的精神远游,已不再有形而上的精神叩问。有的是仅仅生活在形而下区间,活着就是活着,活着就是为了吃得好、穿得好、玩得好。以致饫甘餍肥,在物质生活方面贪得无厌;思想空虚,在精神生活方面过把瘾就死,放纵物欲喷涌听任色欲横流,根本不知道上帝为人类建造天堂的同时,也准备下了地狱。整个社会就在如此下沉过程中不断积聚社会风险。这几年,我们看到某些部门动辄这不许、那不行,但他们为我们这个国家、为我们这个时代、为我们的人民提供了什么样的主流产品和精神榜样?整个社会弥漫着一种说的是一套,做的又是另一套的怪象。说的事不做,做的事不说,说着连他们自己都不相信的话。在宗法专制的时代,当官的还有人有着"鞭笞黎民心欲碎,拜迎长官令作悲"的哀世之叹。长此以往必将导致人格分裂,这里岂无另一种社会风险。真是一个"没有主流价值的社会是可怕的"。⑬

三、风险社会中社会风险的刑事政策对应

如果我们找到了社会风险的原因所在,就可以对症下药。在中国进入"风险社会"后,社会和公众的不安全感进一步加剧,国家在预防和惩治犯罪中也面临更大的社会压力。刑法由于其所具有的政治性控制效应与工具性惩罚效能的双重属性特点,而成为国家对付社会风险的重要手段。以至于很多人谈到如何对待社会风险时,就会想到在刑法中如何增加各种新的罪名。

依据前面我们对社会风险原因的诸多分析,可以看到中国目前社会风险的症结所在,因此在搜寻运用刑事政策对付这些社会风险的切入口,决不是增加几个罪名能了事的。德国刑法学者李斯特说过这样

---

⑫ 参见张贤亮:《现在面临的最大问题是重构文化》,载《社会科学报》2010年10月21日。

⑬ 参见王秀宁:《没有主流价值的社会是可怕的》,载《社会科学报》2010年10月21日。

一句名言:"最好的社会政策就是最好的刑事政策。"[14]在我们看来,社会政策当然包括刑事政策,但社会政策不能替代刑事政策。如何逐渐化解中国进入"风险社会"后所形成的社会风险,以保证我们的社会不至于瓦解和败亡所导致"覆巢之下安有完卵"的"多输"局面,着实给我们的国家、社会、时代提出了尖锐的问题。我们认为相对应的刑事政策应当是:

(一)实现刑事政策的重点转移,加强犯罪预防,预防比惩治更显功德无量

新中国政权建立以后,我国刑事政策一直处在变化当中,但其中一个显著的变化是,从一贯强调从重、从快、从严的刑事政策实现了到宽严相济刑事政策的转变。这是一个历史的跨越,值得称赞。但平心而论,宽也好,严也好,都是东窗事发、社会与个人都受到伤害后的事后刑事制裁与处理。已然的犯罪给国家、给社会、给他人造成的危害已在客观的时空中存在了。人们不会忘记,2012年上半年,福建、陕西、江苏等地接连发生伤害中小学生、幼儿园儿童的恶性案件,以及一些法官、警察、信访干部被枪杀、被硫酸泼伤、被刀刺伤的极端事件。《瞭望新闻周刊》刊登调查专稿说:"随着经济发展和社会转型,我国社会已出现一个生活遭受挫折后无信心希望、无法纪意识、无精神信仰的失意群体。其中一些人在诉求长期得不到满足、情绪郁结缺乏疏导的情况下极易走向极端,危害社会。"[15]社会"失意群体"的出现和发展,实际上已向我们的社会发出了"红色警报",国家、政府和社会应当高度重视及时疏解人民群众的利益诉求,加大对社会失意群体的关心,合理化解他们对社会的怨怼,最大限度地避免他们对社会采取极端行为,变事后的严惩转化为提前的社会预防。将有可能导致犯罪的原因化解在风起于青萍之末时,这才是真正的善莫大焉!功莫大焉!

多少年来,在惩治、打击犯罪方面,我们的司法观念在很大程度上一直停留在从重、从快、从严的意识形态层面,有时又通过不断放大各路犯罪分子的印象,强化着这种意识观念。这种头痛医头、脚痛医脚的历史性惯性让中国社会备受伤害,既成了中国社会肌体治之不愈的

---

[14] 转引自马克昌主编:《中国刑事政策学》,武汉大学出版社1992年版,第2页。
[15] 《瞭望新闻周刊》:《维护社会稳定要消融"失意群体"》,2010年第32期调查专稿。

外伤与内伤,又成了我们民族心头挥之不去的硬伤与软伤。因此,我们应当改变观念,认识到刑事政策的要旨在于预防犯罪、控制犯罪,而不在于适用法律过程中如何"严打"和怎样宽大。这是我们在反思我国刑事政策时必须加以认清的一个重大问题,也是我们今后刑事政策走向应当具有的核心价值所在。

(二) 管住权力,治国先治吏,严防政治腐败

在中国众多的社会风险中,应当说政治腐败、权力异化、司法不透明最容易使国家及整个执政机制遭受颠覆性的破坏。"堡垒最容易从内部攻破",绝非是危言耸听,政治腐败、权力异化、司法不透明会使善良的人们丧失信心,败坏人们对国家、对公器、对未来的期望,直接动摇人们仅存的一点信念的根基。此风险、此危害至重至深至巨!绝不能等闲视之。管住权力,治国先治吏,对权力进行监督,已是一个说得嘴上起泡,听得耳朵长茧的老问题。但只要这一问题一天没有得到根本性的解决,它就是一个常说常新的问题。对此我们应当把它看成是化解社会风险的刑事政策的重心所在、基础所在。2004年美国国庆之时,当时的美国总统小布什曾发表过一段令人深思的讲话:"人类千万年的历史,最为珍贵的不是令人炫目的科技,不是浩瀚的大师们的经典著作,不是政客们天花乱坠的演讲,而是实现了对统治者的驯服,实现了把他们关在笼子里的梦想。因为只有驯服了他们,把他们关起来,才不会害人。我现在就是站在笼子里向你们(人民)讲话。"他山之石,可以攻玉。对统治者的驯服,实际上就是对权力的驯服。把权力关进笼子,实际上就是把当官的关进笼子。你看得到他,监督他的一举一动,却无需担心他能冲出笼子来"撕咬"你、伤害社会、伤害国家。只能让他做好事,不敢做坏事,中国的社会风险也就会大大降低。今天,新一代的中国共产党领导层已经明确认识到了这一问题的重要性,也开始提出将权力关进制度笼子里的政治设想。

(三) 严格执法,及时、全面、公正惩治经济犯罪

各种刑事犯罪要依法惩治,但今天的中国社会对经济犯罪更为敏感。贫富差异所导致的社会不公、社会怨怼可以说是中国经济犯罪的另一种时代投影。中国社会经济的快速发展让人们高兴,"不患贫而患不均"的观念固然可以休矣,但中国社会贫富差异太大却让人们丧

气。如果大家凭本事吃饭,谁多吃谁少吃,大家都认了。钱多钱少本身并不是问题,其实大多数中国人在历史上是穷惯了的。都说当今社会有一种"仇富"心理,但再怎么"仇富",也没听说"仇"到袁隆平身上去,"仇"到姚明、刘翔身上去。所以严重的官僚特权、贪污腐败已经构成了社会不和谐和不稳定的主要动因之一,不仅前赴后继的贪污腐败分子已经成为刑事犯罪重要的大军,严重的是它激化了社会矛盾,迫使一些民众差不多要"明抢暗盗"了。道理很简单,如果有人明火执仗,利用职权,贪污受贿。实现经济财富的飞跃增长能让人信服吗?心不服,气不顺,对人、对事、对社会、对国家就会有怨言,就会有对抗。所以对各种经济犯罪予以及时的制裁,对于恢复人们有关公平的信心作用是不言而喻的。当然,及时、全面、公正惩治经济犯罪,并非必须每每言及重罚,而是指只要有经济犯罪就必须及时追究刑事责任,刑罚来得越快就越有警示性;说全面惩罚经济犯罪,是指对所有经济犯罪都要做到罪当其罚,罪有所罚;公平当然是指绝不能搞选择性执法,所谓此一时、彼一时;此一地,彼一地;此一案,彼一案。对于经济犯罪,我们劝喻社会不要对刑法存有不恰当的心理期待。罪罪重罚也会破坏刑法中的罪刑结构,也与人类的普遍公正、公平观念相冲突。对于经济犯罪,制度性的预防远比刑罚的严惩来得有效。所以加强官员财产申报制度、实行金融实名制、防止贪官外逃机制等制度建设,对于克服腐败现象同样重要。消除暴富暴穷,实际上也是降低社会风险的一个减压阀。当然,对于一些急欲一夜暴富的人来说,即使是社会精英、高端公仆也应当让他们知道,性命比财富更重要,自由比享福价更高,一生平安也是一种福分。

(四) 防微杜渐,"从小打起",彻底铲除黑社会犯罪势力

黑社会犯罪势力是中国社会身上的一颗毒瘤,是文明社会的天敌。根据我国刑法的有关规定,黑社会性质的犯罪组织具备四大特征:形成了较稳定的犯罪组织,人数较多,有明确的组织者、领导者,骨干成员基本固定;有组织地通过违法犯罪活动或者其他手段获取经济利益,具有一定的经济实力,以支持该组织的活动;以暴力、威胁或者其他手段,有组织地多次进行违法犯罪活动,为非作恶,欺压、残害群众;通过实施违法犯罪活动,称霸一方,在一定区域或者行业内,形成非法控制或者重大影响,严重破坏经济、社会生活秩序。黑社会犯罪势力最崇尚江湖游戏,信奉的是丛林规则,与文明社会格格不入。而且在黑社会犯罪势力猖獗的地方,我们总能看到其身后有国家工作人员晃动的身影,总是有国家工作人员进行包庇或者纵容。十年前发生在福建福州台江地区的由福州市公安局原副局长王振忠一手导演的枪杀卞礼忠一案⑯;媒体揭露的某些地方政府与"安元鼎"⑰公司之类的流氓打手集团秘密协议、践踏宪法、践踏人权所培育出的罪恶之花,让我们感到不寒而栗。这种地方政府与黑社会性质的"安元鼎"沆瀣一气的卑劣勾当,竟然在首善之区的皇城根脚下横行了十年之久。因此在刑事政策中对这类犯罪严厉打击也就在题义之中了,而且还要着重"从小打起",不能养大了再打。

(五) 重建信心、重塑信念、崇尚信仰,引导社会成员精神向上

经过改革开放,今天中国的经济实力有了大幅度的提升,人们的物质生活水平有了飞速发展。但我们也应当坦率地承认,与经济改革取得的伟大成就相比较而言,我们的精神领域却出现了前所未有的滑坡。不管我们的正面宣传如何渲染,整个民族的精神层面依然徘徊在低谷的事实是客观存在的,而且还十分严峻。所以当此时,我们能否穿越岁月的幽暗,重建我们的信心、信念和信仰,也是我们在化解社会风险、制定刑事政策时一个需要关注的文化应对部分。

尽管我们知道,社会的黑暗不是一朝一夕形成的,消除这种生成条件的目标也不是一朝一夕能够实现的。但不管现实如何,我们还是要提出应当在全社会建立起一种信心:即我们这个国家还是有能力改

---

⑯ 为了垄断市场发大财,2001年2月18日,"黑老板"徐承平伙同福州市公安局副局长王振忠精心策划了一起谋杀案,杀害了竞争对手卞礼忠:布局现场,把竞争对手"装扮"成劫匪,然后公然动用警力,用150发子弹将其"围歼",并且通过媒体粉饰成先进事迹。这5名警察分别是福州市公安局晋安分局刑警大队长刘雄、重案中队长陈世滨、刑警沈思忠、郑明以及岳锋派出所刑警中队长郑军。其中刘雄声名显赫,多次获得"福州市十佳警察"和"全国优秀民警"称号。5年后,真相才大白,死者的清白才得以昭雪。

⑰ 据《瞭望》周刊报道,"相关省市在京设立临时劝返场所73处",在首都已经形成了一个庞大的"新兴"产业。仅2008年一年,这个罪恶的黑社会集团全年营业收入为2 100.42万元(2009年和2010年只会更高),以"截访"一人收取地方政府平均5 000元计,就非法绑架和拘禁了4 200人。

变这一切的,丑恶现象不会长此以往一直这样的。黎明前的黑暗终将过去,腐败现象终将结束,腐败者终将恶有恶报,罪有应得。以此让人民看到一种希望,从而为重建一个良好的社会基础提供前提条件。不然,丧失信心的人最容易在黎明前的黑暗中死去。

我们也要建立一种新信念体系。人活着,不过就是活着。人活着当然要活好,但人活着的意义绝对不全在吃饱穿暖的"活好"上面,而在于活出人的尊严来。因此对于达者来说,即使位居庙堂之上不能兼济天下,也要独善其身不同流合污。对于社会芸芸众生来说,即使身处江湖之远一时身临逆境,也要安分守己,不做伤天害理之事,不能伤及无辜之人而沦为郑民生之流⑱,这是做人的底线。不然,在物质方面思想一夜暴富以致黑白皆取,在精神生活方面过把瘾就死,在无奈时也要找人陪绑垫底,整个社会就会更加下沉。要知道,一旦国家败亡,社会瓦解,"覆巢之下安有完卵"?⑲

能否建立个人信仰,在今天的中国依然是一个有待深入讨论的问题。但国人对未来命运的物理性排斥,并不能自然消除对未来前途诸多不可知前景、不确定因素的担忧和恐惧而使自己处于从容淡定的状态。因此中国人有着信奉"今日有酒今日醉"的文化传统,并且除了权势和金钱之外,已经不再相信什么了,这对国人精神状态的杀伤力是十分严重的。中国人真的也该相信其他一些什么了。正因为个人信仰具有"定海神针"的定心力和持久力的作用,所以我国宪法明文规定,尊重和保护公民的(宗教)信仰自由。走出丛林后的虚妄常常使人类超越必然性的羁绊率性而为,以致人祸迭出,但人祸必然受到报复。是的,我们今天依然需要在此岸大力宣传唯物主义,以加快科学的发展速度和提高技术水平。但面对无序的世界和喧嚣的社会,我们也需要心灵的约束。高度腐败者终将万劫不复,让一脉传人羞于为祖,遭千夫所指,受万代唾骂,不仅仅属于咎由自取;而害人性命者、恶意使坏者又当无因果报应?信否?不信?当在信仰的不言中。

---

⑱ 2010年3月23日上午7时许,福建省南平市实验小学校门口发生恶性案件,被辞退的社区医生郑民生为报复社会,持刀沿学校周边路上一路砍杀,在不到1分钟的时间里,致使8名学生身亡,5人重伤。

⑲ 中国历史上曾有过15次大的社会动荡,造成大规模人口死亡。特别在一些官逼民反的农民战争中,有的竟造成高达百分之七八十的人口死亡率。

第四章　中国刑法学借鉴域外犯罪构成的反思与批评

犯罪构成在目前中国刑法学界又一次成为热门话题,对整个中国刑法学界来说,不知属于幸事抑或属于不幸？也许这是一道中国刑法学必须穿越的"卡夫丁峡谷"。① 然而对中国刑法学来说,有时总好像永远长不大的孩子,每隔一段时间,有些问题就得从头再来一遍。如果重复仅仅出现在法学教学领域,当然是无法避免且属于幸事,然而当它总是出现在法学研究领域,就不那么有幸了。中国刑法学有关犯罪构成讨论的这种现象最起码说明,中国刑法学在这里"迷路"了。凤凰涅槃而后再生,但愿这是中国刑法学迟到的省悟和荣光。

一、中国刑法学对苏式犯罪构成的承袭、借鉴与批评

1949 年中华人民共和国政府的成立,使中国进入了一个新的历史阶段。由于当时的党和国家领导人采取了"一边倒"的政治选择,于是整个中国从此形成了一种"路径依赖"②的发展倾向,对于当时苏联的学习与效仿,在政治统辖下,无论是经济还是文化等各个领域都是一路轻车狂歌,中国的刑法学也当然不能幸免于此独立于外。于是,在

---

① "卡夫丁峡谷"典故出自古罗马史。公元前 321 年,萨姆尼特人在古罗马卡夫丁城附近的卡夫丁峡谷击败了罗马军队,并迫使罗马战俘从峡谷中用长矛架起的形似城门的"牛轭"下通过,借以羞辱战败军队。后来,人们就以"卡夫丁峡谷"比喻灾难性的历史经历,并引申为人们在谋求发展时所遇到的极大的困难和挑战。

② 路径依赖问题首先由保罗·大卫在 1985 年提出,尔后 W. 马兰·阿瑟在此基础上进一步发展,形成了技术演进中的路径依赖的系统思想,后来,道格拉斯·诺斯将前人有关这方面的思想拓展到社会制度变迁领域,从而建立起制度变迁中的路径依赖理论。路径依赖问题是保罗·大卫在解释惯常的组织是怎样变得标准化和固定化时提出的。他认为：一些偶然事件可能导致一种技术战胜另一种技术(即技术演进),而且一旦选择某一技术路线,即使这一路线可能不比放弃的另一种技术路线更为有效,它也会持续到最终。

犯罪构成这一涉及刑法学基础理论的问题上，中国刑法学轻而易举地选择了苏联的犯罪构成模式作为自己的生存基础和发展模式。这就是当前中国刑法学界和无数至今即使刚刚步入刑法学领域的学子们熟悉得不能再熟悉的"四要件式"犯罪构成模式。

宪政学者蔡定剑在回顾这一段历史时说道："1950年，正规本科法律教育开始启动。建立新法学教育制度的基本判断是：即中国法学所学的六法全书、资产阶级议会政治已完全没有用了，旧法学教育随旧法统的废止而失去了继续存在的意义，必须以全新的教育内容取而代之。因此在新中国成立后，改革政法教育内容即成为大事。旧的政法教育内容不能用，自己又没有东西可以用，向苏联学习是唯一的办法。"③其实法学领域内的"一边倒"并不仅仅局限于法学教育，在整个法学研究领域特别是刑法学领域又何尝不是如此？于是苏联"四要件式"犯罪构成的模式被引进了中国。尽管中国当时所发生的很多事情的因果关系并不完全如该学者所言的那样，尽管当时中国在废除旧法统之后自己还没有着手制定刑法，但这并不妨碍苏联式的刑法观念和苏联式的犯罪构成理论一并涌入中国，并独领风骚几十年。

仔细想想，苏联"四要件式"犯罪构成的模式，就其形式而言，并非是苏联独创的。早在沙皇时代，当时的刑法学者季斯甲科夫斯基在1875年的《普通刑法初级读本》中就提出了犯罪构成的四要素，即："一、犯罪的主体或犯罪实施人；二、客体或犯罪加于其上的对象；三、主体的意志对犯罪行为所持的态度或是它所表现的活动；四、行为本身及其结果或是主体的外部活动及其结果。"④尽管沙皇时代的刑事立法与刑法理论基本上属于大陆法系类型的，尽管对于犯罪构成的研究远远赶不上当时的德国那样深入与细致，但一些俄罗斯学者也给予高度的重视，季氏所提出的"四要件式"的犯罪构成模式，已经显示出与当时基本已经定型的德国"递进型三阶位式"的犯罪构成模式具有的不同表现形式。但有一点还是要指出，即使季氏的"四要件"模

---

③ 蔡定剑：《历史与变革》，中国政法大学出版社1999年版，第68页。
④ 〔苏〕A. H. 特拉伊宁：《犯罪构成的一般学说》，王作富等译，中国人民大学出版社1958年版，第99页、第15页、第50页注。

式,依然遵循着"犯罪构成,就是那些形成犯罪概念本身的、外部的和内部的突出的和条件的总和"⑤的要求,将犯罪构成看成是对犯罪行为事实的一种描述和定型的记载,它本身并不承担政治要求和价值评价的作用。

但是十月革命胜利后,在当时新生的苏联刑事立法和刑法理论受到了政治的不正常支配比较明显,以至于当年轻的苏维埃刑法学者在全新的政治意识形态的支配下接过沙皇时代的犯罪构成模式时,马上对此进行了大胆和全面的改造,即把犯罪构成这一本属于记载犯罪事实(包括行为事实与心理事实)的模型开始加入政治需要和价值评价的内容,这主要体现在对犯罪客体进行了"外科手术式"的改造,将原先的犯罪客体一分为二,把原先属于"客体或犯罪加于其上的对象"的内容留给了犯罪对象,对剩下的犯罪客体外形作了"内脏器官"的移植,这就是对犯罪客体赋予了全新的内容,即所谓的犯罪客体就是为刑法所保护的而为犯罪行为所侵犯的社会主义社会关系⑥,使其成为政治需要和价值评价的载体。这种犯罪构成模式,充分体现着"价值在前,规范随后"的评价方式。这种改造在当时整个苏联以政治统帅一切的情形下,通过犯罪客体这一充满政治色彩和随意进行变换内容的"术语",使它在"前法治"时代获得了能够进行淋漓尽致的时代表演角色。有了犯罪客体这一价值评价的弹性道具,在政治压倒法治的时代,拥有话语权的人就可以对评价对象进行任意的拿捏,而且特别方便驾驭。以至于在相当长的时期内,这种犯罪构成为当时苏联的司法实践和司法工作人员能够超越法律、践踏法制提供了理论上的支持。当然,在苏联曾经出现的"大清洗时代"的刑法是血腥的,其更深的原因在于"政治",但这种包含了没有规范性可言的"犯罪客体理论",无疑起了推波助澜的作用。对于这一种犯罪构成模式,由于众所周知的原因,被原封不动地引入到了中国,经过承袭与消化,也成了中国刑法理论和司法实践津津乐道的现成模式,尽管它一度在"文革"时

---

⑤ 〔苏〕A. H. 特拉伊宁:《犯罪构成的一般学说》,王作富等译,中国人民大学出版社1958年版,第99页、第15页、第50页注。

⑥ 参见同上书,第101—108页。苏联司法部全苏联法律科学研究所集体编著、B. M. 契索科瓦杰教授主编:《苏维埃刑法总论》,中央人民政府法制委员会编译室、中国人民大学刑法教研室译,法律出版社1955年版,第215—221页。

代曾遭受到厄运。

如何评价中国引进苏联"四要件式"的犯罪构成模式,给中国刑法理论与刑法实践带来的影响,恐怕不是一个一下子就能说清楚的事。在中断了中国传统刑法观念传承和废止了传统的刑法典章文本之后,引进苏联的一套模式,最起码在刑法理论上有了一个可以支撑当时刑事司法实践的基础,但是它所带来的负面影响也是很明显的。这里我们仅就技术运用、制度设计、思想观念和在这种僵化模式下的学术研究、学风形成等方面,分析"四要件式"犯罪构成的模式所具有的不足之处,以及给我们中国刑法实践和刑法理论所带来的负面影响。

(一)在刑法技术运用方面

由于"四要件式"的犯罪构成是一种平行并进式的组合模式,尽管近来有的刑法学者试图对它的构成要件组合形式进行不同次序的重新排列和组装,但其效果不过都是一种类似于"玩积木"式的游戏,没有任何新的理论价值和实践意义。而当我们看到太多涉及"四要件式"的犯罪构成模式时,很多学者似乎还没有弄懂他们是站在刑事立法的角度制定犯罪构成的规范形式,还是站在刑事司法的角度解读和运用犯罪构成的定罪模式,以至于经常发生语言角度的随意转移。这里我们以司法实践为考察视角,以现有的"四要件式"犯罪构成的模式分析,犯罪客体首当其冲,首先进行犯罪客体的价值评价与性质认定。然而在这种构成模式中,行为事实还未固定、心理事实还未搞清,怎么能进行价值评价呢?犯罪构成本来是行为事实的记载和描述,但"四要件式"其中的犯罪客体却是价值评价的产物,与行为事实并非同一件事,其中的主观要件实际上有时是推导的产物。所以在具体的实践运用中充满着矛盾与不协调,导致了政治至上甚至法律虚无的现象出现。这是因为,通过客体理论对行为进行任意的解释,有了犯罪客体这一价值评价的弹性道具,拥有话语权的人就可以对评价对象进行任意的拿捏,法律的刚性标准轻而易举地让位于没有定数的人治威权,超越法律成为长期的时髦,从而形成了政治专横现象,法律成了政治的奴婢。可以这么说,犯罪客体理论在司法实践层面是对法治社会的一种"反动"。

同时在这一构成模式中,犯罪主体要件与犯罪主观要件具有重叠之处,犯罪主体本来需要表明的是行为人具有的实施犯罪需要的资格条件,这种资格包括了刑事责任年龄和刑事责任能力两个方面,刑事责任年龄是一个客观的现实存在,而刑事责任能力却是一个人的主观精神状态。一个人具有认识自己的行为性质、行为意义和行为结果,并能否、是否加以控制的能力,实际上就是行为人在实施某种行为时具有的主观心理状态。所以当一个人的主体资格得以认定以后,行为人具有什么样的罪过内容,是司法实践根据实证材料作出的一种推断。而犯罪主体的资格与行为人要不要实施犯罪没有必然的联系,所以犯罪主体资格本不应该存在于作为一个行为事实的构成模式之中。它是一个行为事实的犯罪构成得以成立之前必须先行需要审查的。正因为如此,有了犯罪主观要件之后,犯罪主体的资格就没有必要存在于犯罪构成之中了。而有了犯罪主体资格以后,特别是其精神状态正常情况下行为人所实施行为的心理活动内容,已经包含了一定的罪过内容。所以两者之间的相互重叠交叉是显而易见的。

(二) 在刑法观念方面

苏联"四要件式"犯罪构成的模式以犯罪客体为第一要件,它过分强化了国家本位、社会本位的思想观念。"四要件式"的犯罪构成模式本身是封闭型的模式,但是其中的犯罪客体却是一个动态的概念,它的内容可以随着社会条件的发展变化而发展变化,但是它的核心内容却始终不变,即以国家为本位、以社会为本位。一个犯罪构成模式以什么核心内容为本位,本无可厚非。但人类社会发展的历史已经证明,以集权体制下的国家本位、社会本位思想观念为指导思想的犯罪构成模式,容易损害社会民众的切身利益。所以一旦刑法受到国家本位、社会本位思想的不正常支配,则法治原则、人道主义原则和司法公证等原则就会被随时抛弃。在这一方面,苏联的教训应当是深刻的。尽管我们已经知道,导致这一现象的真正原因并非完全在于犯罪构成的模式如何如何,因为在这期间,即使是"四要件式"的犯罪构成模式也未能幸免于难。但是对于各种破坏法治原则的活动,以犯罪客体理论所代表的、所强调的国家本位、社会本位思想在这其中却起到了推波助澜的"反动"作用。可以说,正因为过分强化了国家本位、社会本位的随时可以变色的理论观念,"大清洗时代"的苏联刑法可以说是残酷的,其司法实践是"血腥的"。这种教训至今回忆起来依然是十分可怕的。中国在引入这一浮夸的虚假表现方式过程中,根本没有对这一现象有任何的清算,以至于它的负面作用对中国刑法理论与司法实践的影响还是很深的。

(三) 在刑法制度设计方面

苏联"四要件式"犯罪构成模式所要体现的是一种国家本位、社会本位的价值观念,所以在进行制度设计时,不管行为轻重与否,总是会把对国家、社会的侵犯置于刑法的首位,而真正体现犯罪的那种常规性行为、多发性行为,特别是当代人类社会普世承认的对人的侵犯应属于最严重的刑事犯罪的行为,却经常被置于较后的位置。尽管我们知道,对于某种犯罪的归类,其实我们没有必要把它看得很重。因为犯罪作为一种行为事实,无论放在哪里,都不会改变其行为事实的表现形式。但是由这种制度引发的思维定式有时会产生强大的惯性作用,这在司法实践中我们已见怪不怪了。同时,由于犯罪客体是一种价值的反映,所以很难把它作为一种事实体现在法律之中,因此在涉及犯罪客体的内容时,往往只能通过抽象有余、具体不足的言语予以敷衍了事,即使刑法中规定了罪刑法定的原则,有时也会因犯罪客体内容的模糊性而大打折扣。

还需要指出,由于"四要件式"的犯罪构成模式作为一种封闭性的行为模式,把整个犯罪行为过于模式化,而对犯罪过程经常性发生的情节严重与否、情节恶劣与否等动态的内容排斥在这一构成模式之外,使得这种犯罪构成在解决某些具体问题时经常面临许多尴尬。

(四) 在刑法理论研究的学风方面

"四要件式"的犯罪构成模式容易导致思维僵化,从大的方面说,涉及犯罪客体时使人学会了怎样与政治保持高度一致的学风,使人学会了如何见风使舵,学会了浮夸的虚假表现方式,从而培养了一批会说"假大空"语言的刑法人。从小的方面说,当我们读到一些文章,特别是一些新近加入到刑法学者队伍里来的新人,在叙述到犯罪客体时,往往就某一个犯罪到底侵犯了什么样的客体写了一大堆,有的文章最多时就一个犯罪客体的论述可以罗列十几种大同小异的不同表述方式,唯恐有所遗漏,但这些论述到底想派上什么用场却又不了了之。这种文章要么充满着意识形态的思维痕迹和"假大空"的言说方式,要么就是理论材料的无谓堆砌,洋洋洒洒而不知所云。或曰:"你们上一代人不也是这样过来的吗?难道允许你们这一代人这样,就不允许我们也这样?"我想我们应当给予回答:"人类的发展,既不能总是原地踏步不前,也不能总是在试错的轨道上进行。我们这一代人是在没有前人指导下的黑暗中摸索,是在当时的社会氛围和技术观念的影响下,才接受苏联式的犯罪客体理论。但是今天,当我们已经能够意识到犯罪客体理论所具有的空洞政治内容和浮夸虚假的表现方式时,就没有必要继续试错下去了。"

马克思曾说过:"继发性疾病比原发性疾病更难医治,并且对机体更加有害。"⑦正因为如此,"四要件式"的犯罪构成模式为自己日后在中国遭到必然的否定埋下了伏笔。以北京大学陈兴良教授为代表的一些刑法学者,明确提出要在刑法领域中彻底"去苏俄化",就是一个典型的表现。⑧

二、中国刑法学对大陆法系犯罪构成的解读、借鉴与困惑

大陆法系的犯罪构成虽然成型早于苏联,但由于中国新政府成立之后"一边倒"的政策选择,使她跟西方世界保持了相当远的距离,所以,新中国早期的刑法学界只知苏联,无论英国法系、大陆法系,更遑论美国如何如何了。

1989年11月9日,随着"柏林墙"的倒塌,整个苏联和东欧社会主义国家发生了剧变。不久,苏联宣告解体,人们随之对原先苏联所奉行的一切制度性和实践性的东西进行了深刻的反思与批评,当然也包括对苏联所倡导和奉行的法学思想与法学模式。而随着我国政治进程的向前发展,随着国门的洞开,让中国人真正知道了当今世界的价值多样性和犯罪构成模式的多元化,更由于苏联"四要件式"犯罪构成模式所存在的种种矛盾和弊端日益显现,很多刑法学者开始将目光投向了大陆法系,从而了解到大陆法系的犯罪构成模式也是一个在形

---

⑦ 《马克思恩格斯选集》(第1卷),第321页。
⑧ 参见陈兴良:《刑法知识论》,中国人民大学出版社2007年版,序言。

式上具有独特表现、在内容上具有自我充足、自我调节的理论体系。当然,随着研究的不断深入,让中国刑法学者更多了解了大陆法系犯罪构成理论体系形成和发展的过程,以及这一构成体系所具有的价值所在。

大陆法系的犯罪构成从其形成到基本定型,虽也经历了一个漫长的发展过程,但到了20世纪初就基本定型了。它是一种递进型的"三要件式"的组合模式,即犯罪构成是由该当性、违法性和有责性这三个要件组成的。这种"三要件式"的犯罪构成组合模式,在今天的中国刑法学领域大有取代苏联"四要件式"犯罪构成模式的趋势。我们已经看到有的教科书就是按照这种模式在编排犯罪论的理论体系。

也许由于文化背景的不同,大陆法系的犯罪构成并不完全像我们想象的是一个封闭型的模型结构,实际上它是一个认定犯罪的评价机制与系统评价过程的结合。真正能起到犯罪构成模型作用的只是该当性要件。而这种构成模式的设计从一开始就是如此,至今未作大的变动。施就别尔在1805年出版的《论犯罪构成》一书中写道:"犯罪构成,乃是那些应当判处法律规定的刑罚的一切情况的总和,因为这些事实是同责任能力无关的。"⑨继施就别尔而崛起的德国刑事古典学派的费尔巴哈在1813年受委托草拟《巴伐利亚刑法典》,在第27条专门作了如下规定:"当违法行为包含依法属于某罪概念的全部要件时,就认为它是犯罪。"费尔巴哈对犯罪构成下了专门的定义:"犯罪构成乃是违法的(从法律上看)行为中所包含各个行为的或者实施的诸要件的总和。"⑩在这里,费尔巴哈与施就别尔一样,十分肯定地认为被列入犯罪构成的只是表明行为的特征。当然作为一代刑法学大师,费尔巴哈不可能不关注罪过在犯罪成立中的作用,只是他们将罪过放在了犯罪构成之外,与犯罪构成一同被认为是认定犯罪的依据。所以,在施就别尔和费尔巴哈那里,犯罪构成就成了行为特征的定型。其背后深刻的理论依据是刑事古典学派倡导的犯罪,首先也只能是行为而

---

⑨ 〔德〕施就别尔:《论犯罪构成》,转引自〔苏〕A.H.特拉伊宁:《犯罪构成的一般学说》,王作富等译,中国人民大学出版社1958年版,第15页。

⑩ 〔苏〕A.H.特拉伊宁:《犯罪构成的一般学说》,王作富等译,中国人民大学出版社1958年版,第15页。

不是行为人的客观主义理论立场,是他们与"专制主义"喜欢以"行为人"或者"主观归罪"的主观主义理论思潮彻底决裂的民主思想。

施就别尔与费尔巴哈的犯罪构成思想对于整个大陆法系的犯罪构成理论的形成与发展具有重大影响,即使在今天已经成为大陆法系主流的贝林格的递进型"三要件式"的组合模式,我们依然看到了施就别尔与费尔巴哈的理论色彩。尽管这一理论模式在后来的德国刑法学界和同样属于大陆法系的日本、我国民国时期及台湾地区有过争论或被进行过某些改造,但大体上已基本定型。大陆法系的犯罪构成实际上是一个犯罪成立的评价机制与系统评价过程,包含了行为事实、违法判断和归责理由三个递进过程。其中的该当性相当于客观的行为构成,粗略理解也可以说是一个犯罪的构成要件,在行为构成之后,在分析其是否为法律所阻却,当法律阻却不存在的情况下,进一步分析行为人的精神状况,行为人的精神状况也是正常的话,其行为即构成犯罪。

将大陆法系的犯罪构成理解为一个犯罪成立的评价机制与系统评价过程,其中只有行为的该当性才算是犯罪行为时的一个组成部分,属于犯罪构成的要件内容,这在德国当代著名刑法学者克劳斯·罗克辛的《德国刑法学总论》(第 1 卷)中也得到了充分的反映。罗克辛首先介绍了贝林格的犯罪构成(行为构成)具有的两个基本特征:即客观性和无价值性。客观性意味着把所有主观的、内在心理过程都排除出行为构成;无价值性应当理解为行为构成不包含法定的评价,即符合行为构成的行为所标明的违法性。[11] 但"行为构成客观性的理论很快就动摇了"。因为"在许多案件中,不仅仅是罪责,而且还有构成行为的不法,都取决于行为人的意志指向——也就是说,取决于主观的、内在心理性要素"。[12] 于是,主观性的行为构成被提出来了。从主观性行为构成特征附近到行为构成故意,为主观性行为构成提供了一个巨大的推动力。"主观的行为构成已经接纳了这一认识,

---

[11] 参见〔德〕克劳斯·罗克辛:《德国刑法学总论》(第 1 卷),王世洲译,法律出版社 2005 年版,第 182 页。

[12] 同上书,第 183 页。

即行为构成的故意作为主观性部分已经补充进了行为构成本身。"[13] 但是主观内在性的心理因素如何认识,只能取决于客观行为表现,而如果对客观的行为表现进行评价的话,又取决于行为的违法性要素的存在。于是作为整体系统性的犯罪构成模式在大陆法系出现了。

其实,当我们大量引用大陆法系的犯罪构成理论时,我们总觉得时至今天,无论是大陆法系的还是苏联法系的犯罪构成,作为犯罪模型和认定犯罪的技术方而言,已经开始日益接近。而随着人类认识水平的提高,犯罪作为一种行为事实和心理事实的高度结合,已经获得了人类的共识,这里已不存在太多的分歧。正所谓"人间正道是沧桑"。要说两者到底有什么本质的区别,笔者认为已不在于技术,而在于观念,当涉及犯罪构成理论体系时,如何解释和理解其背后价值观念的先进性要远远高于其技术性本身。在苏联犯罪构成中喋喋不休论述的犯罪客体,在大陆法系的刑法理论中并非一点没有涉及,大陆法系将刑法保护的利益称之为"法益",只是大陆法系并没有将其作为一个要件放入犯罪构成的体系中加以阐述与展开,而是把它视为设立犯罪构成规范形式,以及运用犯罪构成评价模式的指导思想高踞于犯罪构成之上的一种具有指导性的价值观念,而这一价值观念的落脚点,与苏联的犯罪客体理论的落脚点却是截然不同的。这里就不得不说一下在大陆法系里长久不衰的"法益"理论。

任何一种刑法的制定都是为了保护为统治者或者社会大多数成员所认可的社会利益,这是古今相同和相通的。任何行为一旦对这种为统治者或者社会大多数成员所认可的社会利益进行侵犯与损害,就可对这种行为贴上具有社会危害性的标签,从而被认定为犯罪,也是古今相似的。犯罪构成不过是在这种犯罪观念支配下的一种技术运用模式而已,我们不能把它的价值估计得过高。借助马克思曾说过的人"在其现实性上,它是社会关系的总和"这句话,我们也可以说,"法益"是社会关系和社会利益的总和。一种行为到底侵犯和损害什么法益,作为价值评价的产物,就看评价人站在什么立场上、以什么样的价值标准去评价了。这是一个大问题,因而"法益"在大陆法系里便是一

---

[13] 〔德〕克劳斯·罗克辛:《德国刑法学总论》(第 1 卷),王世洲译,法律出版社 2005 年版,第 183 页。

个带有根本性价值观念的大问题。但大陆法系的"法益"问题绝对不是苏联式犯罪构成中客体的源头或者说苏联犯罪构成中的客体就是大陆法系法益的翻版,苏联的犯罪客体是一个"重砌炉灶"的产物。因此不能把两者简单地合二为一。当我们今天看到有些教科书只是简单地把犯罪客体用一个"法益"替代一下⑭,纯粹是一种换汤不换药的简单思维的反映。

"法益"一词来自于德国。作为大陆法系刑法学的代表,德国刑法学理论关于"法益"的概念主要是从宪政和法治国的角度提出来的,是与法治国的目标联系起来的。"刑罚只允许保护'法益'……刑法仅仅应当保护确定的预先规定的'利益'。"⑮"一个在刑事政策上有拘束力的法益概念,只能产生于我们在基本法中载明的建立在个人自由之上的法治国家的任务……法益是在一个人及其自由发展为目标进行建设的社会整体制度范围之内,有益于个人及其自由发展的或者是有益于这个制度本身功能的一种现实或者目标设定。"⑯"法益"作为刑法的保护客体,实质上就是法律依据构成要件进行保护的利益或价值。⑰但由于大陆法系提出"法益"这一概念是"从宪法中引导出的"。⑱这种"法益"理论强调了个人利益、个人本位为重的这一价值观念,这与苏联"四要件式"犯罪构成中的犯罪客体理论与人治国的观念紧密联系在一起、是从国家本位、社会本位为出发点和归宿点并以此为内容的这一价值观念截然不同。但即使这样,大陆法系的"法益"理论还是承认了"法益概念的可变性"。⑲由此,我们可以看出,说到底,"法益"不过是在评价一种行为是否应当构成犯罪过程中应当依据的一种价值观念,它本身不是一种事实,因而也不能成为一种规范内容。

---

⑭ 参见张明楷:《刑法学》,北京大学出版社2006年版,第50页。

⑮ 〔德〕克劳斯·罗克辛:《德国刑法学总论》(第1卷),王世洲译,法律出版社2005年版,第12页。

⑯ 同上书,第15页。

⑰ 参见〔日〕福田平、大塚仁编:《日本刑法总则讲义》,李乔等译,辽宁人民出版社1986年版,第47页。

⑱ 〔德〕克劳斯·罗克辛:《德国刑法学总论》(第1卷),王世洲译,法律出版社2005年版,第15页。

⑲ 同上书,第16页。

第四章　中国刑法学借鉴域外犯罪构成的反思与批评

所以，我们在引进大陆法系犯罪构成模式的过程中，绝不能将"法益"作为一种构成要件加以理解和模仿，而是应当作为一种理论根基——以个人为本位的价值观念——加以理解和接受。在重读这一段大陆法系犯罪构成理论过程中，笔者有时感到，在已经过去的相当长的一段历史中，中国在学习世界先进文明的过程中有时学不到要点上，"中学为体，西学为用"的观念一直支配左右了一代又一代的中国人，以致经常性出现"买椟还珠"的现象，学不到先进文明国家的软件精华。这一点在我们向西方学习犯罪构成理论过程中同样存在。对此梁启超也早已有所论述，他在 1897 年《论变法不知本原之害》一文中说："昔同治（1856—1875 年）初年，德相毕士麻克（即：德国首相卑斯麦）语人曰：'三十年后，日本其兴，中国其弱乎？日人之游欧洲者，讨论学业，讲求官制，归而行之；中人之游欧洲者，询某厂船炮之利，某厂价值之廉，购而用之，强弱之原，其在此乎？'呜呼，今虽不幸而言中矣，惩前毖后，亡羊补牢，有天下之责者，尚可以知所从也。"梁任公的这一段评语，对于我们解读、借鉴大陆法系犯罪构成理论同样有着警醒的作用。

当然大陆法系的犯罪构成也给我们留下了很多困惑：由于历史的和翻译的原因，在中国，一般把苏联和中国的犯罪论体系称为犯罪构成理论体系，而把德国和日本的犯罪论体系称为构成要件理论体系。大陆法系的犯罪构成实际上并不仅仅是一个犯罪的模型形式，它是一个包含了行为事实、违法判断和归责理由等三个递进过程的认定犯罪成立的系统方法和评价过程。"行为之违法性与行为之侵害性同属犯罪成立要件而其性质有异，侵害性乃行为所具侵害法益之情状，而违法性则系侵害法益行为所示之消极的价值。"[20]如果说该当性是一种犯罪的行为构成，有责性是一种集主体资格和以主观精神状态为内容的刑事责任能力为一体的主观归责要件，则违法性作为犯罪成立的一种规范要件多少显得有点牵强。何谓违法性，简而言之，就是指行为人的行为违反了刑法的禁止性规定，从而使该行为具有了社会危害性的负价值属性，进而为认定行为构成犯罪提供了刑法上的依据。从理论的角度而言，刑事违法性是犯罪概念的必要内容，可以说是犯罪的

---

[20] 韩忠谟：《刑法原理》，台北雨利美术印刷公司 1981 年版，第 137 页。

最本质特征所在,任何犯罪都必定是违反刑法的行为,从而都具有刑事违法性的属性。但违法性本身不是一种行为事实,而是一种行为性质。日本刑法学者小野清一郎曾指出:"要想就它们(指违法性和道义责任)与构成要件的关系简要地叙述一下我的观点的话,就可以说,违法性和道义责任同时属于伦理的、规范的判断。"[21]该当性的行为是否具有违法的特征,主要是通过法律评价而得出结论的。德国刑法学者威尔采尔指出:"如果行为满足了构成要件该当性且无违法阻却事由,行为即能认定违法。"[22]对于刑法作为一种禁止性法律来说,犯罪作为违反刑法的禁止性规定具有普遍性,而具有犯罪阻却情形的只是一种例外。尽管违法性当中存在着规范的内容,但它不是一个事实要件,而主要是一种评价机制(包括规范评价和价值评价)的产物,从这一意义上说,在犯罪构成结构中有一个违法性的要件,就变得多余了。当然,这一要件在大陆法系的犯罪构成中出现,从理解大陆法系犯罪构成形成的过程看也并非偶然,它能够提醒评价者时时牢记罪刑法定这一法治国的崇高要求,也可以说它同样起到了价值观念的提示作用。然而,正因为违法性既受制于规范内容又受制于价值观念,所以有一个正确的政治观念和政治环境对于犯罪构成的运用是至关重要的。因为在这里,我们已经看到过在德国和日本曾经出现的军国主义统治时期,大陆法系的犯罪构成也曾服务于当时的政治需要。例如德国出现了沙福施泰因(Schaffstein)所著的《政治刑法学》为代表的主张政治优越性的纳粹刑法理论体系,提出了对行为人的处罚不再以刑法明文规定为限,而是可以根据刑法的基本观念和正常国民的情感予以处置的原则,并且提出了危险犯的概念。在日本军国主义时期,小野清一郎教授先后在《刑法上的道义与政策》、《日本法理的自觉展开》、《大东亚法秩序的基本构建》等论著中大肆宣扬过国家主义、军国主义的皇道观念。所以没有正确的政治观念和政治环境,即使递进型的"三要件式"的构成模式,依然无法得到正确的运用。所以违法性要件被

---

[21] 〔日〕小野清一郎:《犯罪构成要件理论》,王泰译,中国人民公安大学出版社1991年版,第16—17页。

[22] 转引自刘艳红:《开放的犯罪构成要件理论研究》,中国政法大学出版社2002年版,第1页。

置于犯罪构成模式中,有混淆行为事实与行为价值界限之嫌。

三、中国犯罪构成发展的路径选择与定位思考

中国刑法学上直至今天的犯罪构成理论还主要是从苏联移植过来的,基本上是苏联模式的翻版,尤其是1958年我国翻译出版了苏联著名刑法学家A. H. 特拉伊宁的《犯罪构成的一般学说》一书,更是对我国刑法学界有关犯罪构成理论的建立和发展产生了深远的影响,我国的犯罪构成理论至今仍然打着特氏理论的烙印。这个犯罪构成理论摒弃了以前资产阶级以行为或行为人为中心的主客观相脱离的犯罪构成体系的弊端,把犯罪构成视为主客观的统一体,因而具有一定的进步性。尽管这一犯罪构成理论在解决定罪问题方面已经包含诸多实质内容,在某种意义上已开始起到定罪的规格和模型作用。但是,这一犯罪构成理论是以犯罪概念为基础,以论证行为的社会危害性为己任,从而使犯罪构成成为从属于政治概念和犯罪概念的附属品,不过是揭示犯罪本质特征的犯罪概念的具体化。同时,由于这个犯罪构成体系存在着机械、僵化等缺陷,在许多问题上并没有明确具体划清罪与非罪的界限,以致这一犯罪构成理论面临着被重新选择的命运。于是有人提出完全"去苏俄化"的观点,有人提出"回到塔甘采夫去"的口号,也有人提出应当"完全效仿大陆法系的犯罪构成要件理论",当然也有人提出苏联的那一套没有什么不好,我们应当处变不惊,坚守原有的理论阵地。对此林林总总的观点,中国的犯罪构成理论究竟往何处去?这是任何一个高度重视中国刑法学发展的学者都不应当回避的问题。但是在众多的方案当中,却让人看到了、听到了并能够感觉到一种悲伤,即对于犯罪构成理论,好像除了要么选择这一套犯罪构成的理论体系,要么模仿那一套犯罪构成的理论体系,中国自己在这个问题上注定是无所作为的,无法有自己的理论体系。

有时想想,似乎也能理解有些刑法学者的呼吁和想法,这是因为,在中国大陆,由于历史原因,使我们曾长时间中断了对刑法的研究,以1979年我国第一部《刑法》的制定与颁布为契机,当我们跨越了那段岁月重新想回归法治的道路时,人们才发现,中国的刑法文化既丧失了对传统中华刑法文化的承继关系,又丧失了自我革新和创新的能力,所以缺乏自信而一直处在迷茫之中的中国刑法学界,在先前只能

一味模仿苏联的犯罪构成理论模式。而当这一理论模式的先天不足、后天失调引起了学者们的反思与批判时,又需要寻找刑法理论发展的突破口,在提出改造、重构的同时,试图寻找另一套现成的犯罪构成模式就变得不足为奇了。我们认为,对苏联"四要件式"犯罪构成的模式进行反思与批评是必要的,但提出要回到"其他什么地方去"或者提出"全盘接受另一套犯罪构成理论",是否合乎理性?经过辗转反侧作深度思考,笔者总觉得有些疑惑令人无法释怀,域外的犯罪构成理论体系是否总有一套已经完美无缺了,所以我们不是选择这一套就应当选择那一套?被我们因为观念变革、理论上精益求精而批评的某一套犯罪构成理论体系是否就没有一点可取之处?域外的几套犯罪构成理论体系中难道没有彼此重合显示出合理的部分?域外的几套犯罪构成理论体系中难道就没有值得我们汲取的任何可信内容吗?我们为什么总是变得那么极端,其实世界上的很多事本不是那么非此即彼的单一和极端。

其实在我们对犯罪构成进行选择或重构时,我们应当先想一下犯罪构成的最基本功能是什么?我们认为犯罪构成的基本功能在于在刑事立法上明确犯罪的成立条件和表现特征,在刑事司法上解决犯罪行为的法律评价问题。犯罪构成实际上是刑事立法规定的犯罪的"规格",是刑事司法进行法律评价的定罪模式。因此,犯罪构成的内容(要件)应该为这一基本功能服务,同样,任何事实特征也只有符合这一基本功能需要才能成为犯罪构成的内容(要件)。犯罪构成的基本功能既然是犯罪的规格、定罪的模式,犯罪构成在重构时必须受定罪的原则所制约,也就是说,我们对犯罪构成的重构,必须以犯罪构成应有的基本功能为出发点,以主客观相一致的定罪原则为指导,以能够在司法实践中解决危害行为能否构成、是否构成犯罪为归宿。主客观相一致的定罪原则作为我国刑法的一个基本原则,其本身表明一个人的行为要构成犯罪,并欲追究其刑事责任,必须认定行为人不但在客观上实施了危害社会的行为,而且在主观上存在犯罪的罪过,同时其罪过的内容与行为的形式具有一致性。这两个方面的内容缺一不可,否则就不能认定行为构成犯罪,也不能追究行为人的刑事责任。犯罪构成不但应当受主客观相一致的定罪原则的制约,而且其内容(要件)也应当体现这一原则的应有内容,即能够反映行为人主观罪过和客观

第四章 中国刑法学借鉴域外犯罪构成的反思与批评

行为的内容才是犯罪构成要件。

从这一基本立场出发,犯罪构成无论是在刑事立法过程中还是在刑事司法过程中,主要是对犯罪事实的规范设计与技术运用。在刑事立法过程中,对于犯罪构成的规格和模型设计和在刑事司法过程中对于犯罪构成的运用,需要在一定的价值观念支配和指导下进行,对此我们应当要先进行价值观念的更新和变革,将传统一味提倡国家本位、社会本位的观念发展为国家本位与个人本位并举的时代新观念,并随着社会历史条件的发展,更进一步发展为"每一个人的自由发展是一切人自由发展的条件"㉓的个人为本位的最高境界的思想观念。但这种价值观念本身,既不能也不应该直接进入犯罪构成规格之中。这说明,规范本身与价值观念存有一定的区别。刑法根据预设的、虚拟的犯罪事实设置了一定的犯罪构成,这是一种法律规范;行为人实施一定的行为(包括加上直接指向、施加影响或者发生作用的犯罪对象),这是一个客观事实。这一客观事实一旦符合法律规范,就变成了法律事实。法律事实就其本身来说,依然是一种客观事实。在这个事实当中,本身没有价值的存在,但人们可以给它一个价值,于是价值评价出现了。但即使这样,价值仍然不是事实。刑法规定的犯罪构成作为一种犯罪的规格标准,实质上提出了一个符合犯罪构成要件的事实应当是什么行为,而现实生活中所出现的能够符合犯罪构成要件的事实,首先是一个"是什么行为"的问题,它是价值评价的对象和基础。

这样看,原来十分复杂的问题就变得简单了,当今世界上不同的犯罪构成模式都离不开对行为事实的描述和规定。大陆法系的犯罪构成模式如此,苏联式犯罪构成模式也是如此,即使我们再扯上沙俄时代季斯甲科夫斯基和塔甘采夫的犯罪构成理论也不过如此。19世纪末20世纪初沙俄时代很具影响力的刑法学者塔甘采夫认为,犯罪构成具有三个要件:(1) 行为人——犯罪人;(2) 犯罪人的行为所指向的事物——犯罪客体;(3) 从内部和外部研究的行为本身。㉔ 这里

㉓ 《马克思恩格斯选集》(第1卷),第273页。

㉔ 参见〔俄〕塔甘采夫:《俄国刑法》,俄罗斯图拉出版社2001年版,第394页。转引自雪千里:《关于犯罪客体的几个问题》,载《中国刑事法杂志》2005年第6期。

的犯罪人是指具有正常心智活动和具有刑事责任能力的人,这里已经涉及犯罪主观要件的应有内容;这里的行为与犯罪对象(客体)都属于犯罪客观要件的应有内容。这些犯罪构成模式在逻辑结构上和构成运用于定罪时的方法不同,使得支持、主张其中之一的学者都津津乐道地认为只有其中的一种才是最好的,而对另一种嗤之以鼻。然而,这些犯罪构成模式的基本功能的同一性,表明了它们之间存在着可比性,特别是当我们对某种具体的杀人、放火、抢劫等犯罪行为,放在这些不同的犯罪构成模式中去衡量认定,其结果却是惊人的相似,都不会出现有罪变无罪、无罪变有罪、此罪变彼罪、彼罪变此罪的令人担心的结果。这种殊途同归的结果,使我们能够清醒地认识到,不经过深入研究、仔细比较,武断地认为谁是谁非,以致盲目地赞颂一个、排斥一个的做法是多么的肤浅和不该。

　　为什么这些表现形式几乎不同的犯罪构成模式对同一种行为的认定会得出如此惊人相似的结果?原因何在?实际上,这种殊途同归、异曲同工的现象表明这些犯罪构成模式结构中必定存在共同、共通、共有的"公约"内容。比较的方法常常能使人获得崭新的启示。只要我们对这些构成模式进行比较时将两者重叠起来加以考察,就会发现在这些犯罪构成模式中,"四要件式"犯罪构成中的犯罪客观要件与"三要件式"犯罪构成中的符合性(该当性),及塔甘采夫式犯罪构成中的客观行为与对象为内容的客观要件完全如出一辙,而"四要件式"犯罪构成中的犯罪主观要件与"三要件式"犯罪构成中有责性及塔甘采夫式犯罪构成中的犯罪人,应当具有正常心智活动和具有刑事责任能力属于犯罪主观要件的应有内容也有相当的共同性。这就告诉我们,任何一种犯罪构成的规格模型的建立,都必须以犯罪的主观要件与犯罪的客观要件作为各自模式的核心内容,它们对任何犯罪的认定都是不可缺少的,缺少其中任一要件,犯罪构成就不成为犯罪构成,在解决如何定罪的问题面前将变得一事无成。这种比较的结果同时还告诉我们,它们之间完全重叠之外的所有其他内容,对于任何一种构成模式来说,都是可有可无的。本无变有,反而变得累赘拖沓,影响犯罪构成本身的科学性。

　　通过以上我们对犯罪构成基本功能的认识,对犯罪构成重构的理论依据和指导原则的确定,对各种犯罪构成模式的比较,我们认为,在司法实践中犯罪构成归根到底是要解决行为是否构成犯罪,构成什么罪的问题,所以犯罪构成的重构自始至终都要为这一目的服务。同时我们认为,对犯罪构成的重构论证应当是深入的,但重构后的犯罪构成应当是简洁浅显的。我们不赞成把犯罪构成塑造成一个庞大的体系,也不应当把犯罪构成理论与犯罪构成模型搞得太复杂,以至于把它看成是一个无所不包的体系,又是一个对所有问题都有灵验的妙药。据此我们认为,犯罪构成是指在主观罪过支配下的客观行为构成某一犯罪时所应当具备的主客观要件的有机整体。这种犯罪构成既是刑事立法规定某一犯罪时设立的具体规格标准,又是刑事司法认定某一行为是否构成犯罪的定罪模式。在这个犯罪构成中,只有两个必要的构成要件,即作为主观要件的主观罪过状态和作为客观要件的客观危害表现。主观要件是定罪的内在依据,客观要件是定罪的外在依据。

应当指出,世界各国和各地区,无论在什么社会、什么时代,都有犯罪的发生和对犯罪的认定和处罚,都会形成自己的评价犯罪的价值观念和认定犯罪的技术方法。在世界刑法史上,犯罪构成的理论创立和模型设计适应了人类文明发展的需要,它的最重要价值就在于从法治国的观念上顺应了罪刑法定的思想,从而体现在法律制度上确立了一种犯罪行为应有的规格模型,体现了罪刑法定的原则并将其具体化,再次才是为具体的犯罪认定提供了一种技术方法。这里有三个不同层次的问题,我们在确定自己的犯罪构成理论和重构犯罪构成要件的时候,应当明白,我们是在哪一个层面需要发展我们的犯罪构成理论和需要设计怎样的犯罪构成规格模型的。

通过上述设想,中国完全可以在借鉴和吸收域外犯罪构成理论体系和犯罪构成规格模型之后,博采众长,走自己的路,形成中国自己的犯罪构成理论体系和构建自己的犯罪构成规格模型,服务于我国的刑事司法实践。我们既没有必要闭门造车,拒他人于千里之外;也没有必要妄自菲薄,以为只能采用域外某一种犯罪构成模式才是刑法的唯一正道。即使在学术发展过程中,我想我们也只有时时触摸我们这个民族历史曾经有过的失败和痛楚,才能会有慎终追远的精神执守,才会有机会重新修复中华刑法优良传承的缺失,将民本思想通过民主思想的洗礼转化为以人为本的时代观念;同时,国门开启后在向外域学习、借鉴他人犯罪构成理论体系的过程中,应该改变我们过去曾经有过的"中学为体,西学为用"的观念,在学习、借鉴他人先进技术的同时,更要吸收符合时代发展需要的先进观念,并用其中被重新焕发出的仁和意识和灼热脉动,重建我们国家刑法的理论高度。我们完全可以肯定,通过"古为今用、洋为中用"精华吸取和技术改造,中国的犯罪构成理论发展和犯罪构成模型设计,一定能穿越历史的岁月,重新合成出属于我们自己的犯罪构成模式来。

第五章 中国刑法学犯罪构成本土化发展的反思与选择

笔者先前曾有言,犯罪构成在目前中国刑法学界又一次成为热门话题,对整个中国刑法学界来说,不知属于幸事抑或不幸？这也许真是一道中国刑法学必须要穿越的"卡夫丁峡谷"。然而时至今日,笔者当再言,这既是幸事,又属不幸。所谓幸者,在一种意识形态支配下应运而生并一统中国刑法理论界长达一个甲子轮回的理论神话,终于开始遭到强有力的质疑甚至开始遭到否定而进行有效的理论储备,从而使刑法理论的讨论更加深入并具有挑战性;不幸的是,当各种已掀起的对"苏式四要件犯罪构成"理论进行质疑与批评甚至批判的高潮中和对大陆法系"三阶层犯罪构成模式"进行拒绝的过程中,我们看到有太多的学者在泼污水的同时也将水盆中的孩子一起泼掉,以致往往采取非此即彼的学术选择。中国刑法学有关犯罪构成理论争论的这一现象又一次说明,中国刑法学在这里还没有找到自己的发展方向,因此还有必要加强探索,尽早形成自己的理论模式。

一、对犯罪构成法海激浪的慎思与遐想

历史长河的精彩并不在于其拥有多少长度,而在于其"两岸秀美的景色"和不断激起的绚烂多彩的"浪花"。对于中国刑法史和刑法学术史来说,其精彩也不在于曾有过多少厚可盈尺的典章文本和汗牛充栋的著作文章,而在于它有过多少值得后来人追念和从中获得公正、正义、规范、价值与秩序等积极元素的智慧启示。正因为如此,每一次在中国刑法学界引起激烈争论的重大理论问题,我们都应当从中寻找和发现是否存在这些元素。对于犯罪构成的思考、研究和争论,我们既把它看成是中国刑法理论学说甚至中国刑法史上的一道靓丽的风景,是刑法学术史长河中一朵绚烂多彩的浪花,同时更要从这已在中国刑法学术史上留下浓重一笔的遗产中思考和寻找它是否给我们的刑法学理论发展作出什么新的方向指示和留下了一些富有建设性的智慧启示,它对中国这个至今仍然在公正、正义、规范、价值与秩序等一些具有普世价值的理论问题上还有很大争论的国度里,到底起到了怎样的推动作用?

2009年6月,针对《2009年国家司法考试大纲》将犯罪构成理论体系由我国目前通行的"苏式四要件犯罪构成理论"学说改变为德日尤其是日本的"三阶层式的构成要件"学说这一"重大"事件,北京师范大学刑事法律科学研究院专门召开犯罪构成理论体系专题座谈会,对犯罪构成的何去何从发表了意味深长的声明。该声明语气之重,言辞之烈,指责之苛,似乎是近年来所少见:比如"某些学者利用参与拟订国家司法考试大纲和编写相关配套教材的职务便利,用在德日也还颇有争议的三阶层犯罪论体系替代我国通行的'四要件'犯罪构成理论体系,不符合中国实际及其发展需要,将会引起理论和思想上的混乱,给法学教育、司法实务带来严重危害……借助国家司法考试这种公权力,将根本没有形成通说的德日三阶层理论,向广大考生乃至理论界和实务界强行推行的做法,违背了学术研究和学术道德的基本准则,是极其错误的……一些人之所以将主张、支持我国四要件犯罪构成理论通说的人称为保守派,将鼓吹百余年前问世的德日刑法学三阶层犯罪论体系的人称为改革派,是由于对德日刑法学三阶层犯罪论体系的历史背景及其缺陷缺乏了解。因而这种看法是很不严肃和非常轻率的……国家司法考试大纲的制定是国家公权力的运用,其对法学教育、法学研究、司法实务和法律专业人才的选拔具有重要的导向及辐射作用,影响广泛,职责重大。国家公权力的运用应当合法、合理、审慎和遵循正当程序。国家公权力不应介入学术争论。国家司法考试应当采用学术界的通行观点"。① 国家司法部面对这些学者的指责与质疑,也是语焉不详,王顾左右而言其他。的确,在这一问题上,谁将主持编写《国家司法考试大纲》,法律教学就将以谁的理论主张为标准,一时间就会发生风水转换。但一种国家考试怎经得起这种折腾?而一种国家考试大纲仅仅由一两个"京畿精英"主持,这种"近水

---

① 资料来源:京师刑事法治网,访问日期:2009年6月8日。

楼台先得月,向阳花木易为春"的带有文学化浪漫性的选择是否经得起时代和历史的质疑？而将960万平方公里的土地仅仅看做"京畿理论"的"附属番地",将其他学者和考生仅仅看做某种精英理论的"附庸受众",兹事体就大了。作为一种国家考试,不去考一部"神圣法典"的具体内容,而去考一种解读法典的理论性分析工具和辅助性理论体系;不去考一种法条的实践运用和应当得出的正确结论,而去考一种运用法典的操作方法和技术手段,甚至把手段当作目的,最起码在笔者看来多少有点本末倒置了。但谁也不可否认,在中国刑法学界由此拉开有关是坚持"苏式四要件犯罪构成理论"还是需要引进德日尤其是日本的"三阶层式的构成要件学说"的学术大争论的序幕,已不可避免了。

检索历史、回放历史和解读历史,我们能够深深地体会到在人类的精神拓荒史上,每一次大的精神板块的位移都会引起激烈的冲撞与震荡。更何况在中国目前,知识体系的优劣已经不在于它的科学性而在于它的有效性、实用性甚至功利性。因此在中国的刑法学教育领域,随着"最好的法学教育就体现在受教者能否顺利地通过国家司法考试"说法的出现,《2009年国家司法考试大纲》的出台,实际上就像一纸判决书一样决定了学界很多学者极有争议的各种犯罪构成理论学说的优劣命运。而从此以后,被《国家司法考试大纲》"相中"的犯罪构成理论就会在各种课堂和应考复习班上一花独放、一统天下。现代心理学的研究成果表明,同一事象的反复重现,就会在人的内心形成信以为真、牢固不变的第二天性,从而养成一种习惯成自然的惯性和惰性。当众多的已经习惯于主动或被动放弃慎终追远、观澜溯源而不会作正本清源的深层思考转而喜欢盲从跟风、烘托明星的年轻学子们,更会形成"路径依赖"式的理论倾向,兹事体更大了。于是乎信奉各种不同犯罪构成模式的学者纷纷发表文章和讲话,旗帜鲜明地著文说言捍卫各以为是最好的犯罪构成模式和自己已经形成的观念、观点及其理论体系。作为对苏联"四要件模式"犯罪构成模式情有独钟的学者们,说"苏式四要件犯罪构成"模式具有的合理性不容怀疑者有之②,说"苏式四要件犯罪构成"模式不可动摇者有之③,说苏式"四要件的犯罪构成"模式无需重构者也有之。④ 其理由大致是:"苏式的四要件犯罪构成"理论和模式在中国已经落地生根、开花结果,这是一种历史性的选择,具有历史合理性;符合中国国情,具有现实合理性;逻辑严密、契合认识规律、符合犯罪本质特征,具有内在合理性。这些观点提到:"我国目前的犯罪构成理论是科学合理的,在司法实践中已经并正起着积极的作用。因而不应当破除,而应当维护……无论是把犯罪的主观要件和客观要件合二为一,还是把犯罪客体或犯罪主体排除在犯罪构成之外,都是经不起推敲的。"⑤而对"苏式四要件犯罪构成"模式颇有微言的学者们认为,中国的"刑法知识应当去苏俄化"⑥,持这种观点者认为:"我们这个直接来源于苏联,间接来源于资产阶级的理论体系,只不过是许多犯罪构成理论体系之一,本来就存在着缺陷,它绝非完美无缺,更不是绝对真理,在新的历史条件下,尤其应当致力于对它的改革,而不是致力于维护。"⑦也有人指出:"我们改革犯罪构成理论的理由,除其落后于时代,已经过时外,主要是有鉴于这一理论本身就有许多不科学的地方,不能适应与犯罪作斗争的需要。"⑧真是一幅好热闹的刑法理论研究的"春秋战国、百家争鸣"的图景。

然而即使一旦改革了"苏式的犯罪构成模式",或者废除了"苏式的犯罪构成理论"以后,中国的犯罪构成理论和模式应当往哪里去,也是我国刑法理论界一个极有争议的话题。有人提出,一旦中国刑法知识完成"去苏俄化"后,就应当"完全效仿大陆法系的犯罪构成要件理论",倾向于照搬大陆法系特别是德日刑法学递进式的

---

② 参见高铭暄:《论四要件犯罪构成理论的合理性暨对中国刑法学体系的坚持》,载《中国法学》2009 年第 2 期。
③ 参见赵秉志主编:《刑法时评》(2004 年卷),中国人民公安大学出版社 2005 年版,第 1 页。
④ 参见黎宏:《我国犯罪构成体系不必重构》,载《法学研究》2006 年第 1 期。
⑤ 高铭暄、王作富主编:《新中国刑法理论与实践》,河北人民出版社 1988 年版,第 171—172 页。
⑥ 陈兴良:《刑法知识的去苏俄化》,载《政法论坛》2006 年第 5 期。
⑦ 何秉松:《犯罪构成系统论》,中国法制出版社 1995 年版,第 55 页。
⑧ 周密:《论证犯罪学》,群众出版社 1991 年版,第 49 页。

三阶层犯罪构成模式,并认为通过开"直通车",直接用大陆法系"三阶层式的犯罪构成理论"取代我国现行的"四要件的犯罪构成",在法律规定上、刑法理论上和司法实践中并没有任何障碍。[9] 也有人甚至提出应当"回到沙俄时代的塔甘采夫那里去"。[10] 很显然,在中国的刑法理论上,要达成一个人人都能够认可的犯罪构成模式和理论体系,除了少数纯属感情因素或由于门派观念不去谈论以外,对上述任何一种观点的肯定或者否定都会不可避免地招致一批反对者、引来一片反对声。

当然在这一场激烈的学术理论争论过程中,让笔者看到了一个极为有趣的现象,那就是作为当今中国刑法学界一些很有影响的学者,也因为学术观点的不同,积极参与到这场理论大讨论中来。这让笔者想起了当年刘泽华教授曾就春秋战国时代的一个学术现象作过的评述:"韩非与李斯同为荀卿的学生,从思想体系上看,韩非与荀卿是相悖的……韩非从他老师那里只是获得了某些知识,在思想上走的却是另一条路。当他的老师还在世的时候,他便高举旗帜与老师分道扬镳了。韩非猛烈地抨击了儒家,却无一处提到他的老师,这大约就是对老师的尊敬了……荀卿培养出了一个自己的反对派,从学术思想史上看应该是一个极其值得称赞的佳话。"[11] 所以,当我们刑法学界出现为了自己信奉的观点与理论而愿意与任何人进行讨论,绝对是一种学术佳话。当然笔者注意到,那些在犯罪构成存在对立化观点的学者们,都是笔者的前辈与同辈,他们是当代中国刑法学界的翘楚。他们通过自己的勤奋努力与对学术的认真执著已经赢得了学界的尊重和殊荣,如果他们通过对自己确信的价值观念、理论观点的深入阐述,进一步显示其思想缘由和理论原理,必将会赢得学界和人们的更加尊重。当然,对这样一个纯属于刑法学术问题的讨论甚至争论,作为学者必须要在证明自己的观点合理的同时,又需要通过说理与对方探讨和辨析理论的真伪从而将学术推向高潮,而不是通过简单的判断句与祈使句

---

[9] 参见王全宝:《犯罪构成"四要件"变"三阶层"司考新大纲引激争》,载《东方早报》2009年6月28日。

[10] 何秉松在2008年11月"北京:中俄与德日两大犯罪构成论体系比较研究"国际研讨会上的发言稿。

[11] 刘泽华:《中国政治思想史》(先秦卷),浙江人民出版社1996年版,第315—316页。

得出自己的结论,或者不论是非通过回避争论而可以坚持自己的观点。同时就刑法学而言,每一个有志于刑法学研究和每一个有志于刑法学教学的人都需要在这里停顿一下,做到跳出门户外,不在情绪中,对这一个在中国刑法理论上已显见的现象进行一下必要的观察,对这一个属于刑法学太重要的问题进行一番深入的思考,并且应当得出属于自己的判断和结论。在这里,中国刑法学应当拒绝任何没有经过自己思考的跟风行为和表态现象,应当拒绝各种武断的观点和形形色色的滑头理论。

　　当然,如何看待这一重大争论和观点分歧,还需要我们从历史发展的路径着眼和世界范围多元化的犯罪构成理论进行比较的角度加以思考。笔者笃信任何科学的发展,都是人们对习以为常的事物、观念进行思考、提出疑问为起端的。现代科学与人文哲学的迅猛发展,极大地冲击着人类长期凝固的传统观念。真理永远是相对的,真理不过是人类在其所处的特定历史条件下的一种价值观念的反应。自然界没有一成不变的事物,人类社会也没有一成不变的观念。人类对某一相对真理的认可与否,其信念主要建立在两个基点上:一是支撑某一相对真理的旧有科学根据是否已被新的科学论据加以证实?如是,相对真理就是真理了;如否,相对真理就不是真理了。二是否定某一相对真理的新的科学探索是否已有新的发现?如有,相对的真理就绝对不是真理;如无,相对的真理依然是真理。自然科学是如此,人原本说是由神创造的,随着进化论的发现和论证,原来是人创造了神;地球原本被说成是宇宙万物的中心,随着天文学的发展,人们发现了地球原来不过是宇宙中一个太阳系的行星而已;宇称守恒定律又被宇称不守恒打破了。社会科学也同样如此,从君权神授到成王败寇,再到主权在民,成亦英雄败也英雄,国家的一切权力来自于人民,几千年来人类社会的各种社会观念一变再变,无不反映着这样一个人类社会发展的历史规律。对于犯罪构成的争论,其实不过也是一种相对合理的理论体系与意欲建立一种绝对合理的理论模式不同认识的冲突表现。在社会科学方面,越是想以一种固定的模式一统天下,越会暴露出它捉襟见肘的破绽与缺失来。更何况社会科学的模糊性决定了它价值的多元性和道路的可选择性,只要条条大道都能通罗马就行。对于传统的犯罪构成理论和固定的犯罪构成模式是否要触动?为什么要触动？是否需要改革、发展？怎样发展、改革？所有的问题只有在疑问中才能产生。没有疑问，思想就会僵化，就无所谓发展。有了疑问，就会想要破解、想要改革、想要发展。但怎样破解、改革、发展？没有科学的研究和论证，就不会有正确的科学方法与结论。这样通过合理的、哲学的逻辑思维、推演和社会司法实践的证明、检验某一种理论是否具有原理性的前提基础和条理性的分析手段、并由此检验其观点的优劣就变得十分重要了。

二、"苏式犯罪构成"的中国春秋

历史是不能有"假如"的，但历史拥有可供观澜溯源的依赖路径。1949年中国进入了一个新的历史阶段。无论属于具有划时代意义的革命更替还是属于在政治、经济和文化方面都付出了巨大代价而得以实现执政集团的转换，这一后代历史学家也将永远无法说清楚的历史话题，都已经在中国历史上留下了深深的难以抹掉的痕迹。1949年新政权甫建之初，由于当时的现实形势所迫、所需，更由于当时的党和国家领导人在意识形态上采取了"一边倒"的政治选择，于是整个中国从此形成了一种"路径依赖"[12]的发展倾向，整个50年代，在各个领域、各个方面、各个层次向苏联学习都是一种潮流，它的政治、经济模式，甚至包括服装、歌曲、交谊舞等文化现象和艺术形式，都已深入到了千家万户。中国的刑法学也当然不能幸免于此、独立于外而独善其身。于是，在犯罪构成这一涉及刑法学基础理论的问题上，中国刑法学轻而易举地选择了苏联的犯罪构成理论与模式作为自己的生存基础和发展模式。这就是当前中国刑法学界和无数至今即使刚刚步入刑法学领域的学子们再熟悉不过的"苏式四要件犯罪构成模式"。对于这一段历史过程，当今中国老一辈刑法学者高铭暄教授回忆道："四要件犯罪构成理论的形成，是一种历史性的选择，具有历史必然性……上

---

[12] 路径依赖问题首先由保罗·大卫在1985年提出，保罗·大卫是在解释惯常的字版文字组织是怎样变得标准化和固定化时提出的。他认为，一些偶然事件可能导致一种技术战胜另一种技术（即技术演进），而且一旦选择某一技术路线，即使这一路线可能不比放弃的另一种技术路线更为有效，它也会持续到最终。尔后W.马兰·阿瑟在此基础上进一步发展，形成了技术演进中的路径依赖的系统思想，后来，道格拉斯·诺斯将前人有关这方面的思想拓展到社会制度变迁领域，从而建立起了制度变迁中的路径依赖理论。

个世纪五十年代,新中国成立之初,以俄为师,取法苏联,这是当时党和国家的政治决策。大批苏联专家来到中国讲授刑法学理论,我本人也就在那时跟随前苏联刑法学家贝斯特洛娃教授等开始学习社会主义刑法学。在当时的历史条件下,国民党时期已经介绍进入中国的以德日刑法学为蓝本的递进式三阶层犯罪论体系,随着旧法统被一起废止,前苏联专家讲授的是社会主义国家通用的完全不同的四要件犯罪构成理论。一新一旧,一为社会主义刑法学的理论创造,一为资本主义刑法学的产物,对比鲜明,政治色彩也极为鲜明,新中国刑法学没有别的选择。中国的四要件犯罪构成理论确实来源于苏联,但这种学习具有历史必然性,是特定历史条件下必然的唯一选择。"[13]斯言诚哉。这就是在当时特定历史条件下中国刑法学引进苏联式犯罪构成的真实写照。

然而问题是,时过境迁,今天我们经过冷静的回顾、比较与思考,我们是否可以坚信当时的唯一选择就是正确并永远正确的选择? 作为刑法学人我想可以这样说,中国对"苏式四要件犯罪构成"理论的借鉴、引进与移植,既不是一种刑法文化意义上的精神传承和一种知识体系的借鉴,也不仅仅是一种技术手段的嫁接与移植,而是一种在意识形态一统之下的政治选择结果。我们应当要看到,在当时的世界范围内,就犯罪构成的模式和知识体系而言绝非仅此苏联一家。从历史的文化传承来说,国民党当政时期以德日刑法学为蓝本的递进式三阶层犯罪论体系,在中华民国时期其实也已经落地生根、开花结果了,只是由于国民党在大陆的败退才随着旧法统一起被新政权废止。旧的犯罪构成学说因为意识形态的原因被废止,新的犯罪构成又由于种种原因还来不及构思甚至不想构思;新中国刑法学对犯罪构成理论不是没有别的选择,只是不想做别的选择。当年毛泽东曾说过:"凡是敌人反对的,我们就要拥护;凡是敌人拥护的,我们就要反对。"[14]这就等于告诉人们、告诉现实甚至告诉历史,在当时的法律领域里,新中国的人

---

[13] 高铭暄:《论四要件犯罪构成理论的合理性暨对中国刑法学体系的坚持》,载《中国法学》2009年第2期。

[14] 《和中央社、扫荡报、新民报三记者的谈话》(1939年9月16日),载《毛泽东选集》(第2卷),第508页。

感兴趣的与其说是法律知识、理论体系问题,不如说是政治倾向和意识形态问题。这是因为,1949年的新旧政权更替对于中国历史文化来说必然是一次彻底的决裂。当统治阶层或领导集团的意识形态内化为时代新的整合认知和新的精神谱系时,其理论的话语必然要对原先存在的知识结构和理论体系进行强制性的解构,从而将原有的多元化谱系进行彻底剪除从而使其陆沉湮灭。这种在中国社会知识史和学术史上的精神位移以致导致地质般裂变的文化现象,并非是当代绝无仅有的现象,而且也没有消退在历史的视野中而仅仅成为现代文化考古的悬案。中国自秦始皇于公元前221年建立了一个强大的宗法专制、中央集权的高度一统的国家后,上有所好,下必甚焉,已经作为中国人的一种顽强的精神因子"潜伏"于我们各种神经细胞之中再也难以自动消失了。所以,作为在政治选择和意识形态影响下的结果,"苏式四要件犯罪构成"模式被引进中国就不足为奇了。尽管中国当时所发生的很多事情的因果关系并不完全如学者们所言的那样,尽管当时中国在废除旧法统之后自己还没来得及着手制定刑法,但这并不妨碍苏联的刑法观念和苏联式的犯罪构成理论一并涌入中国,并独领风骚几十年。正是"以四要件犯罪构成理论为核心,新中国刑法学体系就建立起来了。1957年《中华人民共和国刑法总则讲义》等最初的几本教材重点介绍的就是四要件犯罪构成理论。特别值得一提的是,1982年法律出版社出版的《刑法学》,作为新中国第一本刑法学统编教材,它几乎集中了当时中国刑法学界所有重要刑法学家的智慧……大家一致的看法是,中国刑法学理论应当以四要件犯罪构成理论为基本框架。这在当时是无任何异议的。可见四要件犯罪构成理论对新中国刑法学理论影响之深。同时,也可见四要件犯罪构成理论地位的确立是经过了新中国第一代刑法学家集体研讨决定的"。[15] 历史就是历史,谁也改变不了已经成为历史的历史。但历史上存在的是否就是正确的?历史上存在的是否就必须被继承下去?历史上存在的是否就不能被现实所改变?其实这些问题本身都是伪问题,即使可作为一个真问题的话,这种臆想的必然性能否经得起理论与实践的检

---

[15] 高铭暄:《论四要件犯罪构成理论的合理性暨对中国刑法学体系的坚持》,载《中国法学》2009年第2期。

验,同样也可以成为问题,因为我们曾在一夜之间就把几千年的文化传承彻底消解和抛弃了。今天的问题和我们的任务是如何理性地看待和评价"苏式四要件犯罪构成"在中国的春秋表演和给中国带来的影响。

坚持传统的"苏式犯罪构成"理论的学者认为:四要件的"苏式犯罪构成"理论不但具有现实合理性,而且还因为四要件的"苏式犯罪构成"理论具有内在合理性。这是因为中国走的是社会主义道路,我们建设的是有中国特色的伟大社会主义国家。由此决定,我们的法学理论,必然也是具有鲜明的社会主义特色的法学理论。从更具体的情况看,四要件犯罪构成理论之所以具有现实合理性,一个更重要的原因在于,中国并无大陆法系或英美法系的历史传统。而以四要件犯罪构成理论为核心的中国刑法学体系早已建立数十年,深入人心。深入到四要件犯罪构成理论内部进行研究可见,四要件犯罪构成理论具有逻辑严密、契合认识规律、符合犯罪本质特征等内在的合理性。可以说,四要件犯罪构成理论,并不是毫无法理基础的特定政治条件下冲动的产物,而是经过了审慎思考、反复论辩形成的理论精华,其精致程度足可媲美世界上任何一种犯罪论体系。同时,四要件犯罪构成理论还符合人们的认识规律。"……近年来,理论界对犯罪论体系、刑法学体系的争论十分激烈,而实务界却反应冷淡,我想一个重要原因恐怕就在于实务工作者并未感觉到四要件犯罪构成理论成为司法中的障碍吧!"[16]学者们还指出:"我国现有的四要件犯罪构成理论虽然在建国之初源于苏联,但是经过了60年的理论修正和发展及实践检验,已成为深深扎根于我国大地、具有鲜明本土化特色并富有旺盛生命力的刑法通行理论。"[17]正是在这一代表性的观点支配下,我国的刑法教科书基本上呈现一种千人一面、千部一腔的格局情景,从而将理论结论渐渐视为法定现象,几十年不变。

而认为传统的"苏式犯罪构成"理论具有不合理、不科学的学者认为,它所带来的负面影响也是很明显的。这种负面影响不仅仅体现在

---

[16] 高铭暄:《论四要件犯罪构成理论的合理性暨对中国刑法学体系的坚持》,载《中国法学》2009年第2期。

[17] 资料来源:京师刑事法治网,访问日期:2009年6月28日,2012年5月8日。

技术运用、思想观念方面,而且还体现在在这种僵化模式下的学术研究、学风形成等方面。

就刑法观念方面而言,"苏式四要件犯罪构成"模式以犯罪客体为第一要件,对违法事实首先通过"犯罪客体"的价值评价与性质认定,以至于导致了政治至上、法律虚无的现象出现。这是因为,通过客体理论对行为进行任意的解释,有了犯罪客体这一价值评价的弹性道具,拥有话语权的人就可以对评价对象进行任意的拿捏,法律的刚性标准轻而易举地让位于没有定数的人治威权,超越法律成为长期的时髦,从而形成了政治专横的现象,法律成了政治的奴婢。可以这么说,犯罪客体理论在司法实践层面是对法治社会的一种反动,具有误杀天下苍生之嫌。同时它过分强化了国家本位、社会本位的思想观念。"四要件式"的犯罪构成模式本身是封闭型的模式,但是其中的犯罪客体却是一个动态的概念,它的内容可以随着社会条件的发展变化而发展变化,但是它的核心内容却始终不变,即以国家为本位、以社会为本位。一个犯罪构成模式以什么核心内容为本位,本无可厚非。但人类社会发展的历史到今天已经证明,以集权体制下的国家本位、社会本位思想观念为指导思想的犯罪构成模式容易损害社会民众的切身利益。所以一旦刑法受到国家本位、社会本位思想的不正常支配,法治原则、人道主义原则和司法公正等原则就会被随时抛弃。在这方面,苏联的教训应当是深刻的,这种教训至今回忆起来依然是十分可怕的。而中国在引入这一犯罪构成模式的过程中,根本没有对这一现象有任何的清算,以至于它的负面作用对中国刑法理论与司法实践有着很深的影响。

就刑法理论研究的学风而言,"苏式四要件犯罪构成"模式容易导致思维僵化,从大的方面说,容易使人在涉及犯罪客体时学会怎样与政治保持高度一致,使人学会了如何见风使舵,学会了浮夸的虚假表现方式,从而培养了一大批会说假大空语言的刑法人,具有误导天下学子之虞。⑱ 正因为如此,"苏式四要件犯罪构成"模式,为自己日后在中国遭到批评甚至是必然的否定埋下了伏笔。于是乎,

---

⑱ 参见杨兴培:《中国刑法学对域外犯罪构成的借鉴与自己的发展选择》,载《华东政法大学学报》2009年第1期。

以北京大学的陈兴良教授为代表的一些刑法学者明确提出要在刑法领域中彻底"去苏俄化"[19],并把由犯罪客体所体现的社会危害性进行清理、批判作为"去苏俄化"的一个重要切入点[20],而在《2009 年国家司法考试大纲》中将我国通行的"苏式四要件犯罪构成理论"学说改变为德日尤其是日本的"三阶层式的构成要件"学说,正是这一观念的集中体现。

如何评价中国引进"苏式四要件犯罪构成"模式给中国刑法理论与刑法实践带来的影响,着实是一个重大的理论问题。但苏联的覆没,其本身不仅仅证明它的体制在各方面的不合理,而且有的方面是逆历史潮流的。作为其体制下的子问题,其刑法制度的不合理也已尽显无遗,这不是指其技术手段而言,主要是指其思想意识观念。如果现在以我们已经习惯了"苏式四要件犯罪构成"作为理由或为借口,继续为其张目陈词,其理由是否显得有点不充分?难道这一问题还需要像阶级斗争的理论问题那样最后竟需要通过执政阶层带有绝对权力性质的"红头文件"才能终止?

当然平心而论,冷眼看去,我们也清楚地知道,在"苏式四要件犯罪构成"理论与模式表面形式完全源自于苏联的背后更深的层面上,中国的刑法理论之所以也如此钟情于充满着政治情愫的这一犯罪构成理论与模式并非完全由于苏联的单一影响,中国长期以来喜好政治倾向与意识形态的传统正好与此一拍即合。但是我们毕竟要看到,当今中国的执政阶层已经提出了依法治国的方略,已经提出了以人为本的和谐社会思想,这毕竟是代表了先进文化的发展方向。所以对犯罪构成的研究也应当受支配于这样一个大的正确的历史发展方向,才更具有时代和历史意义。在历史上,政治压倒法治、国家本位、社会本位取代个人本位的观念支配了中国几千年,但中国人民并未从中获得任何好处,反而是严刑峻法、司法黑暗、罪刑擅断、冤狱遍地、万千民众乌盆覆顶却一路走来,伴随整个历史的发展过程。即使新中国政权 60 年春秋的刑事立法、刑事司法和刑事理论中在一个宏大的政治主题叙

---

[19] 参见陈兴良:《刑法知识论》,中国人民大学出版社 2007 年版,序言。

[20] 参见陈兴良:《社会危害性理论:进一步的批判性清理》,载梁根林主编:《犯罪论体系》,北京大学出版社 2007 年版,第 23 页。

事下,借助"苏式犯罪构成"中犯罪客体所体现出的社会危害性的法言法语,使一切严刑峻法获得了法理和伦理的支持。其间在中国所发生的一切,过去不远,教训犹存。所以,期待着这些现象尽早发生变化,人们应该已经等待了很久了。

三、什么是犯罪构成,为什么要犯罪构成?

天下本没有路,有人走过了,有人跟上了,走的人多了就有了路,走过的地方就变成了路,不过人们跟上去的时候也应当看看路将延伸至何方,正像法国象征主义画家高更时时提醒人们的那样:"我们是谁?我们从哪里来?我们要到哪里去?"当我们站在一个较为广阔的历史和时代背景对犯罪构成进行全面扫视时,就会发现在人类的法律知识史上,无论在历史或者在现代,各国刑法都有自己关于犯罪成立条件即构成犯罪的理论,这些理论依据各自的国家性质、历史背景、文化传统、法律体系等不同因素而有所不同。犯罪构成有着一个从无到有、从单一到多元的发展过程。在整个犯罪构成理论领域,任何一种犯罪构成的言说方式,都与其所揭示的犯罪本质特征的概念有关。而概念本身又是人们在观察、认识客观世界、客观事物时,站在不同的角度、以不同的标准、依据不同的价值取向而对事物本质属性进行高度抽象的思维产物。所以就像一千个人眼中就会有一千个哈姆雷特一样,犯罪构成理论与模式也具有多元化的表现。一般认为,在现代刑法流派中起码存在三大类犯罪构成的理论体系和表现模式:其一,以苏联和中国为代表的平行模式,由犯罪客体、犯罪客观方面、犯罪主体、犯罪主观方面等四个并列的要件组成一个统一的整体。其二,以德国、日本为代表的递进模式,即由构成要件该当性、违法性、有责性三大部分组成的依次递进判断的模式。其三,英美法系国家的双层控辩平衡模式。在这种双层模式中,第一层次是犯罪本体要件,也称为积极的犯罪构成要件,即肯定犯罪的成立,包括犯罪行为和犯罪心态,体现控方的权力,表征刑法的保护社会机能;第二层次是责任充足条件,也称为消极的犯罪构成要件,即否定犯罪的成立,包括未成年、精神病、正当防卫等免罪辩护理由,体现辩方的权利,表征刑法

的保障人权机能。㉑

但是我们应当要看到,在人类的刑法史上,通行于现代的犯罪构成观念与理论不过才产生了二百多年。在这之前没有犯罪构成,在严格依法办事的时代与国度里,也没有发生多少违法乱法的事。即使在今天的世界上,没有运用大陆法系或苏式犯罪构成的国家也大有存在。所以有学者说过:"对每天发生的大量杀人、放火、抢劫、盗窃一类常态性的案件,岂止犯罪客体没有什么用,其余三要件又有多少用,刑法本身有什么用? 没有这些,难道它们就不是'犯罪'了吗,人类群体就无从惩治它们了吗? 生活中某种行为有无社会危害性以及有多大的危害性,这首先取决于社会主流文化群的常情、常理与常识之判断,而非法律是否有规定以及如何规定。从根本上看,法治社会中刑法不过是认定'犯罪'的一个象征性符号(象征法律之权威而非国王之权威),而理论正是对这一符号的放大与深化;在真实运作之意义上,它们都只是解决'边缘'与'疑难'。"㉒也有学者指出:"实际上,无论是中国刑法学的耦合式四要件犯罪构成理论,还是德日刑法学递进式三阶层犯罪论体系所解决的问题,无非都是要为认定犯罪提供一个统一的抽象模型。这一模型来自于对实际生活中千姿百态、形形色色的犯罪行为的概括、总结。而模型一旦形成后,以之框定任何一种犯罪行为,便都应是普遍适用的。因此,犯罪模型必须概括了各类犯罪的共性,提炼了各个具体犯罪行为共同的本质构成因素。"㉓这些话语从一个侧面告诉我们,我们应当了解在刑法上为什么要创立犯罪构成的理论与模式?

在这里,我们有必要揭示早期的刑法学者们创立犯罪构成的基本动因。历史的事实是:随着资产阶级革命思潮的兴起和革命的胜利,

㉑ 笔者认为,从严格意义上说,英美法系犯罪构成理论与模式实际上是我们运用自己对犯罪构成模式的理解生搬硬套、穿凿附会强加在英美法系的刑法规定之上的,因为在整个英美法系的刑法理论著作与司法实践中,他们根本不会使用犯罪构成这一被大陆法系刑法理论视为根本的基本概念的。

㉒ 冯亚东:《犯罪概念与犯罪客体之功能辨析——以司法客观过程视角的分析》,载《中外法学》2008 年第 6 期。

㉓ 高铭暄:《论四要件犯罪构成理论的合理性暨对中国刑法学体系的坚持》,载《中国法学》2009 年第 2 期。

在"罪刑法定原则"前提下,刑事古典学派开始将犯罪构成的概念从刑事诉讼法上移植到刑事实体法上。施就别尔在 1805 年出版的《论犯罪构成》一书中写道:"犯罪构成,乃是那些应当判处法律规定的刑罚的一切情况的总和,因为这些事实是同责任能力无关的。"[24]费尔巴哈以罪刑法定原则为出发点,把刑法分则上关于犯罪成立的要件称为犯罪构成,他提出:"犯罪构成就是违法行为中所包含的各个行为的或事实的诸要件的总和。"[25]费尔巴哈还在 1813 年受委托拟定《巴伐利亚刑法典》时,专门在该法的第 27 条中规定:"当违法行为包含依法属于某罪概念的全部要件时,就认为它是犯罪。"费尔巴哈认为,法律应当详细地规定犯罪构成要件,法官应当依据法律进行定罪评价。就这样,施就别尔、费尔巴哈等德国刑法学者从刑法理论上首次提出了犯罪构成的概念,并希望它应该而且也能够反映在法律条文中。但是在这里,施就别尔、费尔巴哈十分肯定地认为列入犯罪构成的只是行为的内容,他们把罪过置于犯罪构成之外,也就是说,只有当那些行为特征:(1)实现了犯罪构成;(2)行动有罪(过)的人,才负刑事责任。

作为德国早期刑事古典学派的先驱、作为对刑事社会学全力研究的对象——犯罪的形成深有观察的学者、作为对刑事立法关于犯罪的规定和刑事司法对犯罪的认定有潜心研究的专家、作为在德国这块哲学思想十分繁荣的土地上成长并深受其影响的一代传人,施就别尔、费尔巴哈他们不可能没有注意到行为主体的责任能力对犯罪的形成和对犯罪构成必然发生影响这一显著现象,他们提出只有行动有罪(过)的人才负刑事责任的观点,就已清楚地表明了这一点。但是,为什么早期的刑事古典学派既未忽视罪过为主要内容的刑事责任能力的意义,却又主张建立犯罪构成的客观结构模式?为什么施就别尔、费尔巴哈他们关注的中心是犯罪行为而不是犯罪人?为什么他们仅仅把犯罪构成看成是行为的总和或主要事实要件的总和?这实际上是有着深刻的时代历史背景、政治价值诉求和以他们自身的思想理论

---

[24] 〔德〕施就别尔:《论犯罪构成》,转引自〔苏〕A. H. 特拉伊宁:《犯罪构成的一般学说》,王作富等译,中国人民大学出版社 1958 年版,第 15 页。

[25] 转引自〔苏〕A. H. 特拉伊宁:《犯罪构成的一般学说》,王作富等译,中国人民大学出版社 1958 年版,第 15 页。

修养为基础的。在欧洲人文主义复兴运动和资产阶级革命前夜的思想启蒙运动中,针对当时中世纪欧洲的司法黑暗、罪刑擅断、定罪量刑主要凭法官个人好恶为标准的普遍现象,资产阶级的启蒙思想家们发出了猛烈的抨击。现代刑法学的始祖、意大利的贝卡利亚在其1764年写就的《论犯罪与刑罚》一书中说道:"我有权认为,使民族遭受到的危害是衡量犯罪的唯一真正的标准。因此,那些认为犯罪人的意图是衡量犯罪真正标准的人的想法是错误的。"㉖正是这种看重是行为而不是行为人也不是行为人的思想为犯罪的标准,导致了罪刑法定思想观念的诞生。费尔巴哈继承了贝卡利亚的思想,指出:"法律是普遍的和必要的;它是面向全体公民的;他威胁着每一个罪犯……谁要是侵犯某个人的权利,因为只有在违法时,才受到惩罚。"㉗由于法律是普遍的和必要的,是面向全体公民的,而根据法制原则所要求的"平等"、"博爱"的思想,人与人乃至全体公民都是平等的。因此,决定一个犯罪的成立基础只能是人的行为,而不是行为人本身。这样,根据这一思想建立起来的犯罪构成势必倾向于客观结构。刑事古典学派提出的犯罪构成应当以行为为中心的思想,在当时的欧洲获得了广大的思想市场,并延续了很长时间。1848年,年轻的马克思在涉及刑法学研究时也说道:"我只是由于表现自己,只是由于踏入现实的领域,我才进入受立法者支配的范围。对于法律来说,除了我的行为以外,我是根本不存在的,我根本不是法律的对象。"㉘"凡是不以行为本身而以当事人的思想方式为主要标准的法律,无非是对非法行为的公开认可。"㉙大陆法系自早期刑事古典学派创立了以行为为中心的犯罪构成模式以后,经后来者不断补充完善,最后基本形成以贝林格的该当性(符合性)、违法性、有责性的三要件式的构成模式。由此大陆法系基本形成了以客观属性为主的犯罪构成结构模式,并一直未变而被整个大陆法系的国家所认可承继,从而形成具有特色的大陆法系刑事法的标志。

㉖ 〔意〕贝卡利亚:《论犯罪与刑罚》,西南政法学院1980年刊印本,第18页。
㉗ 〔德〕费尔巴哈:《回忆录》,转引自〔苏〕A. H. 特拉伊宁:《论犯罪构成的一般学说》,王作富等译,中国人民大学出版社1958年版,第19页。
㉘ 《马克思恩格斯全集》(第1卷),人民出版社1972年版,第16—17页。
㉙ 同上书,第16页。

从对大陆法系三要件(三阶层)犯罪构成形成的历史过程来看,我们大体可以获得以下一些结论:犯罪构成实际上是刑事古典学派在刑法理论领域试图通过归纳的方法把犯罪构成看成是刑事立法设立犯罪的一种规格、一种犯罪的类型,因此,只有当行为符合这种规格时才能构成犯罪。由此看来,犯罪构成在大陆法系初建之时,首先作为一种法律规定的诸犯罪行为涉及的事实总和,其次又可作为一种解读刑法的理论性分析工具和实证分析时认定行为是否构成犯罪的辅助性操作方法,再次还可作为刑法学中犯罪论内容的体系性安排的理论说明。所以犯罪构成一经建立,就具有强大的生命力,经久而不衰。但是我们更应当看到,尽管犯罪构成并没有完全成为刑事立法的一种制度性安排,然而它所反映出来的刑法观念上的超越性和运用刑法时技术上的科学性,才是它强大生命力得以支撑的重要基础。

首先,犯罪构成是在资产阶级反封建政治专制、司法专横的历史过程中,顺应了罪刑法定原则的刑法观念的内在要求而成为一种法律和理论现象的,所以犯罪构成本身就是抑制专制的产物,闪烁着一个以人为本位的思想光华,这是我们在研究、理解犯罪构成的技术运用时应当首先要认识的问题。我们应当要知道,技术只不过是一种手段,技术不等于科学,科学的东西是需要观念来引领的。技术手段没有科学的理论作支撑,是不能起到举一反三作用的,是不能加以普及的。而科学的理论更需要先进的观念来引领。应当要指出,世界各国无论在什么社会、什么时代,都有犯罪发生和对犯罪的认定和处罚,都会形成自己评价犯罪的价值观念和认定犯罪的技术方法。在世界刑法史上,大陆法系率先创立的犯罪构成理论和模型设计,适应了人类文明发展的需要,它的最重要的价值就在于从法治国的观念层面上体现了罪刑法定的思想。

其次,犯罪构成又可作为一种解读刑法的理论性分析工具和为行为是否构成犯罪的认定提供了一种辅助性的技术操作方法。通过这种理论性分析工具和技术性操作方法,在技术运用上,上可延伸到如何解读已然的刑法规范,下可延伸到如何将刑事立法已经确立的犯罪规格具体运用到实践中。在大陆法系的犯罪构成结构中,他们把行为的该当性作为第一要件,既看重行为的物质表现在犯罪认定中的首要作用,充分体现了客观唯物主义的应有精神;又坚持了罪刑法定主义的原则精神,把资产阶级在反封建政治专制、司法专横的历史过程中提出的民主和法治的精神高度地落实在技术运行过程中。这就是为什么在坚持法治原则的国家里体现着罪刑法定主义、规范严格依法办事的犯罪构成会获得如此青睐的重要原因。

十月革命胜利后,年轻的苏维埃刑法学者在继承、批判、借鉴和吸收沙俄时代刑法文化遗产的基础上,并结合当时欧洲大陆的刑法理论,开始对犯罪构成理论进行貌似脱胎换骨的改造,创立了颇具特色的社会主义式的犯罪构成理论体系。这个理论体系对以后的整个东欧社会主义国家阵营都发生了极为巨大的深刻影响。需要指出的是,整个苏联的犯罪构成的形成和发展、变化,几经周折的改革过程,都是和整个苏联的政治形势发生着紧密联系。在苏维埃政权初建之时,最初的一大批法令中,缺乏对犯罪性行为精确要件的规定,有时没有指出具体的法定刑,这就使得某些法学家产生了误解,以为这恰恰是无产阶级刑法的特点。[30] 例如别尔曼在1919年说道:"根据刑法社会主义的四项原则,评定犯罪行为的危害性不是根据犯罪行为的性质、形式和种类,而是根据犯罪主体及犯罪人的性质。这一点应当是无可争议的。"[31] 另一位刑法学者格罗津斯基在1922年发表的一篇文章中说道:"判刑是必须以违法者的危险性和反社会性的程度为根据。"[32] 还有一位刑法学者沃尔科夫说道:"在刑法中,特别是在犯罪问题上,主要的一环是社会危害性,也可以理解为阶级危害性。""犯罪构成的要件只具有次要的意义,一个人之所以被追究刑事责任,不是由于他的行为,而是他具有阶级危害性。""由于苏维埃刑事立法是从实质上理解犯罪,必然得出不要规定犯罪行为的刑事责任制度。"[33] 这些观点在当时有很大的影响,以致司法人民委员会总咨询处于1920年底至1921年初起草的一部刑法典总则和分则某些章节的草案,就是根据这些观点,认为人的危险性就是刑事责任的根据,草案宣称:"对于社会关系的现行秩序有危害的人,应依照本法典处以刑罚……人的危险性

---

[30] 参见〔苏〕A. A. 皮昂特科夫斯基等:《苏联刑法科学史》,曹子丹等译,法律出版社1984年版,第14—15页。

[31] 同上书,第37页。

[32] 同上注。

[33] 同上书,第20—21页。

表现为危害社会的后果,或者表现为其行为虽然没有造成后果,但却表明有招致这种危险的可能性。"㉞从这些历史的文件和历史性的表述中,我们看到了早期的苏维埃政权喜欢无法无天的统治景象。而在这个时候创立的苏式犯罪构成结构模式,特别是对沙俄时代刑法学者季斯甲科夫斯基、塔甘采夫等人提倡旧式犯罪构成模式进行改造时,将其中的犯罪客体等于犯罪对象的要件作了"革命性"的改造,把犯罪客体称为为犯罪行为所侵犯的而为刑法所保护的社会主义社会关系,由此得出结论:"犯罪构成乃是苏维埃法律认为决定具体的、危害社会主义国家的作为(或不作为)为犯罪的一切客观要件和主观要件(因素)的总和。"㉟在处理犯罪构成与犯罪概念的关系上,苏联的刑法学者依然把犯罪构成看成是犯罪概念的附属品,提出了在确定两者关系时,"首先必须抛弃那种割裂犯罪概念和犯罪构成概念的政治意义和法权意义而来探寻它们之间的区别界线的做法"㊱,主张犯罪构成不能脱离犯罪的实质意义。同时针对当时个别学者提出的"犯罪概念是对犯罪的政治评价,犯罪构成是对犯罪的法权评价"㊲的观点,进行了无情的批判后予以摒弃,提出了"犯罪构成不只是法权评价,它永远包含着政治评价"。㊳ 这样,犯罪概念要揭示犯罪的社会属性,犯罪构成也要揭示犯罪的社会属性,按照犯罪构成四要件的划分法,其任务自然落在了改造过的犯罪客体上,事实也正是如此。于是"按照马克思主义的理解,任何一种侵害行为的客体,都是为了统治阶级的利益所建立起来的社会关系。社会主义的社会关系是社会主义刑法体系中的犯罪的客体"㊴的理论开始问世。既然在当时,刑法被视为是阶级利益的反映,设立一个犯罪客体的形式并把它视为是阶级利益的载体,就成了最好的选择。然而,苏联的刑法理论设立犯罪客体时,一开

㉞ 〔苏〕A.A.皮昂特科夫斯基等:《苏联刑法科学史》,曹子丹等译,法律出版社1984年版,第37页。
㉟ 〔苏〕A.H.特拉伊宁:《犯罪构成的一般学说》,王作富等译,中国人民大学出版社1958年版,第49页。
㊱ 同上书,第99页、第15页、第50页注。
㊲ 同上书,第50页。
㊳ 同上注。
㊴ 同上书,第102页。

始就把它纳入犯罪构成结构中,把它视为最能够说明犯罪政治性质的依据。当犯罪客体被描述社会主义社会关系后,即使一个最轻微的犯罪,也被视为是对社会主义社会关系的侵害。因为"无论是具体犯罪的任何客体,它们都与作为一般客体的社会关系有着密不可分的有机联系,而且在逻辑上和实际上也都是并列的"。[40] 传统的"苏式犯罪客体"一开始就担负着说明犯罪政治性质的政治任务,体现着它的政治功能所在。

从对苏式犯罪构成的形成、发展过程的历史考察中,我们可以发现这一犯罪构成理论体系是根据社会危害性概念或者社会危害性判断而提出的,在这一理论体系指导下设计的犯罪构成结构模式实际上主要是以主观的人身危险性为理论根据的,是以服务于当时特定政治需要为目的的,这就让人明白了为什么在苏联会发生如此多的、无法无天的"政治清洗"、"肃反锄奸"等一系列残酷的、血腥的刑事司法活动而不受犯罪构成规格的有效限制,即使是犯罪构成还有技术的成分,也是为一定的政治观念服务的原因所在。"苏式四要件犯罪构成"即使在技术手段上也先体现出先入为主、为政治服务的要求,于是这一犯罪构成模式与大陆法系三阶层的犯罪构成在思想观念上成为分道扬镳的两种不同模式。正是由于"苏式四要件犯罪构成"中过分强调犯罪客体具有先入为主的观念体现,因此在技术运用上比较符合中国人喜欢现象、不求甚解的习惯性思维模式。而这种先入为主的认识思维与认识习惯,以致导致本末倒置、迷雾遮眼,在中国已经有太多的事例存在,对此无需我们作过多的注释。这种先入为主的认识方法和技术运用要领,还让我们想起"疑邻偷斧"的典故来。《列子·说符》有寓言记载说:"人有亡斧者,意其邻之子,视其行步,窃斧也;颜色,窃斧也;言语,窃斧也;动作态度,无为而不窃斧也。俄而掘其谷而得其斧,他日复见其邻人之子,动作态度,无似窃斧者。"这则寓言说明,在认识客观世界时,先入为主是认识客观真理的障碍。当人以某种成见去观察世界时,必然歪曲客观事物的原貌。想想也是,在我国的司法实践中,以前曾大量发生和现在还时有发生的一些冤假错案的事例

---

[40] 〔苏〕A. H. 特拉伊宁:《犯罪构成的一般学说》,王作富等译,中国人民大学出版社1958年版,第107页。

中,政治定性在前,寻找法律和事实根据在后的一些现象,不是常常似曾相识吗?所有的冤假错案不都是这种先入为主的思想观念、认识方法和操作技术的必然产物吗?

不知是幸事抑或不幸的是,在政治因素、习惯思维影响下,具有首先为政治服务的"苏式四要件犯罪构成"模式,成了中国1949年以后的唯一选择,这种在同一系统内不断排斥外来营养添加又缺乏体内自我更新的理论体系走向僵化是一种必然。然而历史已经证明,在过去相当长的一段历史时期,苏联曾经走过的路,我们都曾走过,甚至有青出于蓝的历史痕迹。

四、两种犯罪构成模式的暗合与差异

两种犯罪构成在逻辑结构上的价值取向和运用于定罪的方法操作上的不同,使得支持、主张其中之一的学者都津津乐道地认为只有其中的一种才是最好的,而对另一种则嗤之以鼻、不屑一顾。当几十年前我们引进和照搬苏式犯罪构成的时候,我们甚至不知世上还有大陆法系三阶层式的犯罪构成。当今天我们对苏式犯罪构成进行反思与批评之时,又有人开始对苏式犯罪构成进行全盘否定,必欲以大陆法系的三阶层式的犯罪构成代替"苏式四要件犯罪构成"。笔者有时在想,难道这两种犯罪构成模式真是如此水火不相容?这两者真的是两股道上跑的车,永远无法交叉?当问题回到我们讨论的中国刑法理论与司法实践应当采取哪一种犯罪构成模式时,有一个问题笔者至今也没有完全弄明白,提出引进大陆法系三阶层构成要件的观点者与坚持"苏式四要件犯罪构成"模式观点的人在坚持自己观点的过程中,是否已经明白,他们要坚持自己的什么?要否定对方的什么?是坚持自己或者否定对方观点的全部还是其中的一部分?如果我们连其中的根本分歧是什么都未搞清楚,能让刑法理论界给予支持什么或者反对什么吗?我们还要问:在进行犯罪构成模式完善的过程中,难道双方的理论观点与各自的犯罪构成模式中就没有些微值得吸收和借鉴之处吗?

有人做了一道简单的题目来检测这两种犯罪构成在解决同一个问题上的基本相同性。案例:18周岁的王某因为与李某不和,持刀将李某刺死。

"三阶层说"分析方法:

第一步,王某的行为是否符合故意杀人罪的构成要件,是否故意剥夺他人的生命?符合。

第二步:王某的行为是否具有违法性?经查,王某没有正当防卫、紧急避险、执行职务等违法性阻却事由(也称违法阻却事由,即阻却违法性的事由),因此具有违法性。

第三步:王某是否具有有责性?经查,王某精神正常,年满18周岁。因此,应当负责,具有有责性。

王某的杀人行为中同时具备三个条件,因此再结合具体法条,王某的行为构成故意杀人罪。

"四要件说"分析方法:每一个犯罪都要满足法定的四个构成要件"主体、主观方面、客观方面、客体"才可以定罪。

1. 主体是某一犯罪所要求的犯罪人必须具有一定的资格条件。案例中王某年满18周岁,精神正常,完全具有行为能力,符合犯罪主体条件。

2. 主观方面是犯罪嫌疑人对犯罪结果的主观认识或追求的心理状态,如犯罪目的、动机;分为故意和过失两大类。案例中王某具有故意剥夺他人生命的主观目的动机。

3. 客观方面是犯罪实际所表现出来的可以由外界判断的,多指犯罪行为或犯罪结果。即案例中王某实施了刺死李某的行为。

4. 客体是犯罪所侵犯的由法律所保护的社会关系。案例中王某侵犯了李某的生命权。

王某的杀人行为中同时具备了四个条件,因此再结合具体法条,王某的行为构成故意杀人罪。

两种犯罪构成模式基本功能的同一性,表明了两者之间存在着可比性,特别是当我们对一些常见性的杀人、放火、抢劫等犯罪行为,放在这两种不同的犯罪构成模式中去衡量认定,其结果却是惊人的相似,都不会出现有罪变为无罪、无罪变为有罪或此罪变为彼罪的令人担心的结果。这种殊途同归的结果,使我们能够清醒地认识到,这两种犯罪构成在解读刑法的一般性的犯罪规定和在司法实践认定一般性犯罪时,确实存在着暗合之处(当然四要件犯罪构成对客体的概括纯属画蛇添足,本文会在后面加以指出和批评)。比较的方法有时让我们获得了一个观察事物的新角度,从而能够使人获得新启示,产生新结论。两种几乎不同的犯罪构成模式对同一种行为的认定为什么会得出如此惊人相似的结果?原因何在?实际上,这种殊途同归、异曲同工的现象表明这两种犯罪构成模式结构中必定存在同向共生、共通共有的内容。只要我们对这两种构成模式进行比较时,将两者重叠起来加以考察就会发现,在这两种模式中,四要件说中的犯罪的客观方面与三阶层说中的符合性(该当性)完全是如出一辙(不过大陆法系中已开始有人将符合性视为已包含了心理罪过,但还没有形成主流观点),而四要件说中犯罪的主观要件与三阶层说中的有责性(当然大陆法系中的有责性要件蕴含的内容比较丰富,在某种意义和程度上,它还包括了主体的资格条件的因素成分在内。但是从严格的意义上说,大陆法系的有责性是建立在行为人已达到一定刑事责任年龄因而具有刑事责任能力的基础上的)别无二致。这就告诉我们,任何一种犯罪构成的建立,都必须以犯罪的主观罪过与犯罪的客观行为作为各自模式的核心内容,它们对任何犯罪的认定都是不可缺少的,缺少其中任一要件,犯罪构成就不成为犯罪构成,在解决如何定罪的问题面前将变得一事无成。正是这种暗合,让这两种表面形式上不同的犯罪构成完成了对刑法规范的基本性解读和在实践中对犯罪的一般性认定。这种比较的结果同时还告诉我们,两者完全重叠之外的所有其他要件,对于任何一种构成模式来说,都是可有可无的。本无变有,反而变得累赘拖沓,影响犯罪构成本身的科学性。

也正是通过这一比较,还让我们看到了"苏式的四要件犯罪构成"模式中并没有违法性这一要件,而大陆法系三阶层犯罪构成模式中也没有犯罪客体这一要件。这就是两者的根本性差异。这就需要我们如何看待和评价犯罪客体与违法性要件在犯罪构成中的地位作用了。

对于犯罪客体的反思、批评甚至批判,刑法学界已有过太多的叙述,这也是犯罪构成中最具争论性的问题之一,批评者主要认为,犯罪客体的概念与理论既不符合哲学的一般原理,也不符合唯物主义的一般认识规律,其本身是意识形态影响下讲政治不讲法治别出心裁却又生搬硬套的臆造产物,在涉及各种疑难案件处理时,通过犯罪客体的提炼,容易进入到有罪认定的轨道,使入罪变得顺理成章,振振有词,正像孙悟空跳进了如来佛的手掌就别再想跳出去。本人也从政治与法治、立法与司法、规范与价值等相互关系中对犯罪客体理论作过多方面、多层次的辨别与批评,这里不再赘述。㊶但时至今日仍有学者认为:"没有犯罪客体要件必然会影响到许多犯罪之罪与非罪、此罪与彼罪界限的区分。第一,犯罪客体对罪与非罪的区分具有重要意义。对正当防卫、紧急避险等正当行为、自杀和自伤、毁损本人财物等行为之所以不以犯罪论处,就是因为这类行为没有侵犯刑法所保护的社会关系,不符合犯罪客体要件……第二,犯罪客体对区分此罪与彼罪也具有重要意义。比如,扔手榴弹杀人,到底是定故意杀人罪还是定爆炸罪,这就要看侵犯的客体是公共安全还是特定人的生命权利。需要指出的是,我们并不反对将法益这一外国刑法理论中的重要概念引入中国刑法学的犯罪客体理论中,即将犯罪客体修正为刑法所保护的法益也未尝不可。"㊷

此谬也算大矣!这种仍然停留在特拉伊宁、皮昂特科夫斯基时代的言说方式"至今已觉不新鲜"了,笔者直到现在依然没有搞清楚也没人能说清楚,罪与非罪、此罪与彼罪的区别,我们为什么不从犯罪的客观行为上、犯罪的主观罪过中或者犯罪的主体资格上甚至犯罪的对象中去加以区别,偏偏要从看不见、摸不着的所谓体现社会关系的"犯罪客体"当中去区别?正当防卫、紧急避险等犯罪阻却行为、自杀和自伤、毁损本人财物等行为之所以不以犯罪论处,不就是因为刑法已经明文规定了不以犯罪论处的吗?在司法的层面与所谓的"社会关系"或者"法益"何干?与犯罪客体对区分此罪与彼罪也具有重要意义何干?比如,扔手榴弹杀人,到底是定故意杀人罪还是定爆炸罪,我们为什么不从侵犯的是特定的个人还是不特定的多数人这一对象标准中去区分?当然,这还是离不开刑法是怎样明文规定的。当有一天刑法规定所有杀死人的行为都规定在故意杀人罪中后,正像原先的"反革

㊶ 参见杨兴培:《犯罪构成的反思与重构》,载《政法论坛》1999年第1、2期连载;杨兴培:《论我国传统犯罪客体理论的缺陷》,载《华东政法学院学报》1999年第1期;杨兴培:《再论我国传统犯罪客体理论的弊端》,载《法学》2001年第9期;杨兴培:《犯罪客体:一个巨大而空洞的价值符号——从价值与规范的相互关系中重新审视"犯罪客体理论"》,载《中国刑事法杂志》2006年第6期。

㊷ 赵秉志:《犯罪构成理论不宜动摇——解析犯罪构成体系及其要素之争》,载《人民法院报》2009年6月28日。

命杀人罪"并入普通杀人罪一样,难道还有什么公共安全还是特定人的生命权利的区别吗?而所谓将"社会关系"改变为"法益",殊不知"法益"不过是社会利益的总和,在具体的司法层面同样根本无法起到区别行为性质的作用。一种行为到底侵犯和损害什么法益,作为价值评价的产物,就看评价人站在什么立场上、以什么样的价值标准去评价了,而不是简单地把犯罪客体用一个"法益"加以替代一下就行了[43],这实际上纯粹是一种不知就里换汤不换药的简单做法。即使我们今天不以社会关系而以所谓"法益"来研究,也可以知道为什么在大陆法系中不把它作为一个构成要件的缘由了。

对传统犯罪客体理论的进一步反思与批评,让我们更加清晰地认识到,对传统"苏式犯罪客体"理论的批评,实际上就是对我国刑法理论中的那些空洞无实的理论现象批评的开始;对传统"苏式犯罪客体"理论的批评,也是对那些偏离法治目标而喜欢依附人治的理论现象批评的开始;对传统"苏式犯罪客体"理论的批评,更是对刑法学界中至今没有形成独立品格只有政治依附的理论现象批评的开始。传统的"苏式犯罪客体"理论一经证伪方法的质疑而在刑法理论上被驳倒,它在刑法的理论体系中和犯罪构成体系中的生存就陷入了窘境;传统"苏式犯罪客体"理论一经实证方法的运用而在刑事司法实践中无法加以证实,它在司法实践中的命运就没有必要再延续。

当然,大陆法系的犯罪构成也给我们留下了很多困惑:大陆法系三要件中违法性要件到底起什么作用?在刑法规范与司法实践中到底有多少犯罪阻却事由的存在?大陆法系的犯罪构成实际上并不仅仅是一个犯罪的模型形式,它是一个包含了行为事实、违法判断和归责理由等三个递进过程的认定犯罪成立的系统方法和评价过程。"行为之违法性与行为之侵害性同属犯罪成立要件而其性质有异,侵害性乃行为所具侵害法益之情状,而违法性则系侵害法以行为所示之消极的价值。"[44]如果说该当性是一种犯罪的行为构成(该当性纯属于客观的行为事实表现,还是包括了主观罪过在内的集合体,在大陆法系内也是有争议的,一般以客观属性为主),有责性是一种集主体资格和以

---

[43] 参见张明楷:《刑法学》,北京大学出版社2006年版,第50页。
[44] 韩忠谟:《刑法原理》,台北雨利美术印刷公司1981年版,第137页。

主观精神状态为内容的刑事责任能力为一体的主观归责要件，违法性作为犯罪成立的一种规范要件多少显得有点牵强。何谓违法性，简而言之，就是指行为人的行为违反了刑法的禁止性规定，从而使该行为具有了社会危害性的负价值从而不能为法律阻却成立犯罪的属性，进而为认定行为构成犯罪提供了刑法上的依据。从理论的角度而言，刑事违法性是犯罪概念的必要内容，可以说是犯罪的最本质特征所在，任何犯罪都必定是违反刑法的行为，从而都具有刑事违法性的属性。但违法性本身不是一种行为事实，而是一种行为性质。日本刑法学者小野清一郎曾指出："要想就它们（指违法性和道义责任）与构成要件的关系简要地叙述一下我的观点，就可以说，违法性和道义责任同时属于伦理的、规范的判断。"[45]该当性的行为是否具有违法特征，主要是通过法律评价而得出结论的。德国刑法学者威尔采尔指出："如果行为满足了构成要件该当性且无违法阻却事由，行为即能认定违法。"[46]而刑法作为一种禁止性法律，犯罪作为违反刑法的禁止性规定具有普遍性，而具有犯罪阻却情形的只是一种例外。尽管违法性当中存在着规范的内容，但它不是一个事实要件，它主要是一种评价（包括了规范评价和价值评价）的产物，从这一意义上说，在犯罪构成结构中有一个违法性的要件，就变得多余了。当然这一要件在大陆法系的犯罪构成中出现，从理解大陆法系犯罪构成形成的过程来看也并非偶然，它能够提醒评价者时时牢记罪刑法定这一法治国的崇高要求，也可以说它同样起到了价值观念的提示作用。然而，正因为违法性既受制于规范内容又受制于价值观念，所以有一个正确的政治观念和政治环境对于犯罪构成的运用是至关重要的，但它确实不是行为事实与心理事实的一个组成部分。在我们看来，行为的刑事违法性与行为的社会危害性一样，也是犯罪概念揭示的内容，是犯罪的基本特征、属性特征，而不是犯罪行为本身的事实特征。因为违法性实质上是一种规范评价，它同样是在犯罪构成的事实之外。因此，将违法性作为犯罪构成的一个具体要件，实际上降低了违法性在刑法中的地位和意义。

---

[45]〔日〕小野清一郎：《犯罪构成要件理论》，王泰译，中国人民公安大学出版社1991年版，第16—17页。

[46] 刘艳红：《开放的犯罪构成要件理论研究》，中国政法大学出版社2002年版，第1页。

第五章　中国刑法学犯罪构成本土化发展的反思与选择

当然我们在这里也需要指出,在偏好大陆法系"三阶层犯罪构成"理论与模式的某些学者那里,有一个问题没有得到正确的阐述与厘清。一些学者一方面对社会危害性的理论提出要进行清理、批评和批判,另一方面又提出了要引进实质违法性的概念[47],从而使自己的理论处于十分混乱和矛盾之中。对于实质违法性,有学者解释道:"我国刑法学中的刑事违法性实际上是形式的违法性,大陆法系刑法学中实质的违法性的功能在我国刑法学中主要由社会危害性这个概念承担的。因此,社会危害性概念是可以转换为实质的违法性概念的……无论是实质的违法性还是社会危害性,都是一种实质的判断。"为了解决这个问题,该学者提出:"违法性判断的任务是对具备构成要件的行为进行实质违法性的判断,缺乏实质违法性的行为被排除在犯罪之外。"[48]因此把实质性违法(笔者理解为就相当于社会危害性)作为一个要件引入犯罪构成模式之中来。了解了这种理论研究过程和解读了这种理论结论,让人感慨良多:这种通过实质违法性概念消解社会危害性的理论,不就是犯罪客体理论所要说的话吗?两者不是如出一辙吗?而犯罪客体在"苏式犯罪构成"结构模式中不就是一个构成要件吗?兜了一大圈又回到了原先的出发点?接受这种理论一不小心就会掉进自相矛盾的沼泽而不能自拔。联想到发生在广州的"许霆 ATM 机疯狂取钱案",本来这一极有争议的案件正好是这两种具有不同价值取向、表现为两种不同技术操作手段的犯罪构成模式显示自己优越性的"兵家必争之地"。然而,不论是倡导犯罪客体理论的还是希望引进法益观念的、不论是主张"苏式四要件犯罪构成"模式的还是主张"三阶层犯罪构成"模式的学者,却高度一致地得出行为人已经构成盗窃罪的结论,不能不让人产生"惊讶"之感。"苏式四要件犯罪构成"模式以犯罪客体所体现的国家本位、社会本位观念为先导,以社会危害性评判为入罪的价值旨归,通过四要件相互联系的技术操作认定为构成盗窃罪已在意料之中。然而主张"三阶层犯罪构成模式"的学者在这里既不发挥"法益"本是以人为本位、以"出罪"为旨归的理论特色,因

---

[47] 参见陈兴良:《违法性理论:一个反思性检讨》,载贾宇主编:《刑事违法性理论研究》,北京大学出版社 2008 年版,第 56 页。

[48] 同上书,第 57 页。

而在价值取向上使其自己与犯罪客体理论已经没有什么区别;又不坚守该当性要件作为体现罪刑法定原则的前沿阵地,并且将有责性要件中的罪过心态与该当性要件混合起来赋予行为的主观色彩后,使主观的有责性要件取代客观的该当性要件,忘却了"三阶层犯罪构成模式"的该当性要件与有责性要件是作为两个具有前后依次渐进意义的要件置于同一个模式之中的原理,从而使自己主动地向"苏式四要件犯罪构成"模式靠拢,轻而易举地放弃了"三阶层犯罪构成"模式所具有的本是一种立足于以出罪为旨归的循序渐进的技术操作原理。[49] 其实,在这一案件中,只要我们按照"三阶层犯罪构成"模式的技术操作原理,将许霆的取钱行为用"电视慢镜头"再回放一下,就会发现在客观方面,根据银行卡使用规定,许霆作为持卡(真卡)人可以自由使用该卡的行为,并不具有任何客观上的违法性,而如果将该当性要件看成已经包括了有责性的主观罪过在内的一个要件,必然使人产生疑问:有责性要件在"三阶层犯罪构成模式"中的心理罪过意义还有什么?"三阶层犯罪构成"模式拥有的罪刑法定原则的意义体现在哪里?进而"三阶层犯罪构成"模式还有什么用?也正是这种所谓的实质性违法性的分析,使得某些学者倡导的应当引进"三阶层犯罪构成"模式的理论努力,被坚持"苏式四要件犯罪构成"模式的学者所不屑一顾地视为是一种理论上的虚妄,其中的理论破绽值得这些学者深思并需要加以重新调整。

五、旧模式的必然终结与新模式的无尽探索

有学者曾分析自从中国人与西方人邂逅相遇吃了大亏以后,一个半世纪以来,中国人好像掉了魂似的,再也直不起腰来。西方的学者一直痴迷于对自然、宇宙奥秘的探索,进而延伸到对人类社会与人的利害关系无关的真理的研究,甚至为之献身。而中国的知识分子直到现在还缺乏这种求知求真的精神——超越于"经世致用"的"傻劲"。于是乎近百年来,各种人文主义的观念、概念甚至各种命题都来自于西方,不是这个阵营就是那个集团,不是这个流派就是那个体系,就是

---

[49] 参见陈兴良:《利用柜员机故障恶意取款行为之定性研究》,载 wuchunjiang.com/xiangxi.asp?id=1121&lbid=36,访问日期:2009年8月12日。

第五章 中国刑法学犯罪构成本土化发展的反思与选择

不能从自己的"脑子"里蹦出来,以致在犯罪构成这样一个不要说涉及观念、概念甚至其本身还涉及技术运用的问题上,中国刑法学就是不会发出自己的声音,就不能有自己的话题。拥有五千年灿烂文明、聪明智慧的中国人,实在没有必要以一种集体自虐的方式,彻底臣服于要么是这一个"西方人"的,要么是那一个"国家阵营或法系"的刑法体系或者犯罪构成体系。我们为什么有时总变得那么极端和偏执,其实世界上的事很多本不是那么非此即彼的单一和极端。联系到直至今天所有涉及犯罪构成的观念、观点甚至命题都来自于不是这个国家就是那个法系,这注定了中国刑法学在这个问题上是无所作为的,无法能有自己的应有理论体系的,以致让中国一代又一代、一个又一个的刑法学者仅仅成为某一种外国刑法理论体系的翻译者、演绎者、辩护者、传播者和喝彩者,这正常吗?

尽管"苏式四要件犯罪构成"模式在解决定罪问题方面已经包含诸多实质内容,在某种意义上已开始起到定罪的规格和模型作用。但是,这一犯罪构成理论是以犯罪概念为基础,以论证行为的社会危害性为己任的,从而使犯罪构成成为从属于政治概念和犯罪概念的附属品,不过是揭示犯罪本质特征的犯罪概念的具体化。同时,由于这个犯罪构成体系存在着机械、僵化等缺陷,在许多问题上并没有明确具体划清罪与非罪的界限,以至于这一犯罪构成理论面临着必然被终结或被重新改造的命运。但中国的犯罪构成理论究竟往何处去?这是任何一个高度重视中国刑法学发展的学者都不应当回避的问题。

通过我们在前面对"苏式四要件犯罪构成"模式和大陆法系三阶层犯罪构成模式的分析批评中可以看出,今天我国的刑法学在对待这一问题上有时有点情绪化了。"苏式四要件犯罪构成"模式不是说它一无是处,以致对评价犯罪毫无用场,而是说在关键之时,它是以国家本位、社会本位的价值评价为先导,以法治服务于政治需要为目的,以社会危害性的入罪判断为旨归,所以它的要害实质是缺乏法治社会必须要有的法律规定所应当起到的"定海神针"式的稳定作用和规范作用。因为有了一个犯罪客体要件,就使得在司法实践中容易背离法治社会必须要遵循的"规范先行、价值随后"的司法原则,反而是在价值先行、规范随后的意气用事下,使得所有无法无天、违法乱纪的行为在一个宏大主题叙事下获得了一个"冠冕堂皇、理直气壮"的理论支持。应该说近年来,我国刑法学者对它进行了反思、批评甚至批判,其剑锋所指主要在于此。而根本不是什么它仅仅是一种平面式的封闭结构、没有反映定罪的思维逻辑过程等一些枝节问题。而大陆法系国家的三阶层犯罪构成模式虽然是递进式的逻辑结构,先是构成要件的该当性,解决事实上行为是否具备构成要件的问题;在此基础上,进一步进行法律上的评价,解决违法性问题;进而再考察行为人的责任能力,如果没有责任能力,犯罪仍然不能成立。仔细想想,除了观念上的一些区别,如我们前面所说到两者在犯罪客体与违法性要件上的差异之外,如果我们不是先入为主、对其中的一方抱有什么成见的话,两者又有多少区别呢? 所谓三阶层犯罪构成模式是层层递进的,开放式的,为被告人辩护提供了余地,反映了定罪的逻辑思维过程,是动态的。而四要件犯罪构成模式是平面的,互相之间是依附的,没有反映认定犯罪的逻辑思维过程,是静态的理论说法,只不过是一些学者在情绪化以后寻找到的"恰当的语言表述方式"而已。正因为如此,所以有人主张坚守"苏式四要件犯罪构成"模式会遭到很多的批评,而有人主张用大陆法系的"三阶层犯罪构成"模式来替代现行的四要件理论与模式,同样也遭到了激烈的反对。在这场理论争论中,我们看到了很多学者有的是对自己不认同的观点进行简单粗糙的批评和否定,看到了有的是将犯罪构成理论演绎得纷繁复杂、晦涩难懂,让人难以接受,就是很难看到中国自己的刑法学者能够站在价值中立的立场上说出具有自己文化传承、能够体现自己风格、在理论具有充分说理性、在司法实践中又能够对照法典简便易行的犯罪构成新模式。

其实在我们对犯罪构成进行重新选择或重构时,我们应当先想一下犯罪构成的最基本功能作用是什么? 我们认为,犯罪构成理论的基本功能在于促使刑事立法更加明确地规定出犯罪的成立条件和表现特征,在于使刑事司法在解决犯罪行为的法律评价时拥有更加科学的技术操作手段,在于使刑法理论在解读法律规范时将一些容易使人产生疑惑或误解的内容分析得更加精细化、精确化。因此,犯罪构成的内容(要件)都应该为这一基本功能服务。基此道理任何事实特征也只有符合这一基本功能的需要才能成为犯罪构成的内容(要件)。犯罪构成既然具有设罪的规格、定罪的模式的基本功能,我们如果侧重于刑事司法,犯罪构成在重构时就必须受定罪的原则所制约,也就是说,我们在对犯罪构成重新选择或者重构时,就必须以犯罪构成应有的基本功能为出发点,以主客观相一致的定罪原则为指导,以能够在司法实践中解决危害行为能否构成、是否构成犯罪为归宿。主客观相一致的定罪原则作为我国刑法司法的一个基本原则,其本身表明一个人的行为要构成犯罪并欲追究其刑事责任,必须认定行为人不但在客观上实施了危害社会、符合刑法该当性的行为,而且在主观上存在犯罪的主观罪过,同时其罪过的内容与行为的形式具有一致性。这两个方面的内容缺一不可,否则就不能认定行为构成犯罪,进而就不能追究行为人的刑事责任(犯罪阻却事由毕竟是极少数的例外)。犯罪构成不但应当受主客观相一致的定罪原则的制约,而且其内容(要件)也应当体现这一原则的应有内容,即只有能够反映行为人主观罪过的心理事实和客观表现的行为事实的内容,才是犯罪构成的要件。

从这一基本立场出发,犯罪构成无论是在刑事立法过程中还是在刑事司法过程中,它主要是对犯罪事实的规范设计与技术运用。在刑事立法过程中,对于犯罪构成的规格和模型设计和在刑事司法过程中对于犯罪构成的运用,需要在一定的价值观念支配和指导下进行,对此,我们应当先进行价值观念的更新和变革,将传统的一味提倡国家本位、社会本位的观念发展为国家本位与个人本位并举的时代新观念。但这种价值观念本身,既不能也不应该直接进入犯罪构成规格之中,所以,所谓的"犯罪客体"也好还是所谓的"法益"也罢,都不是犯罪构成的应有要件,这是因为规范本身与价值观念存在一定的区别。刑法根据预设的、虚拟的犯罪事实设置了一定的犯罪构成,这是一种法律规范;行为人实施一定的行为(包括加上直接指向、施加影响或者发生作用的犯罪对象及其由此导致的损害结果),这是一个客观事实。这一客观事实一旦符合法律规范,就变成了法律事实。法律事实就其本身来说,依然是一种客观事实。在这个事实当中,本身没有价值的存在,但人们可以给它一个价值,于是价值评价出现了。但即使这样,价值仍然不是事实。刑法规定的犯罪构成作为一种犯罪的规格标准,实质上是对行为事实的规定,它提出了一个符合犯罪构成要件的事实应当是什么行为,而现实生活中所出现的能够符合犯罪构成要件的事实,首先"是一个什么行为"、"是在什么样心理状态支配下实施的行为"的问题,所以犯罪构成只能涉及心理事实和行为事实,它是价值评价的对象和基础,但不是价值本身。因此不但苏式犯罪构成中"犯罪客体或法益"不能成为犯罪构成的要件内容,而且大陆法系犯罪构成中带有价值评判或规范评价的"违法性"要件也不能成为犯罪构成的要件内容。由此,原先十分复杂的问题就变得简单了,当今世界上不同的犯罪构成模式都离不开对心理事实和行为事实的描述和规定。大陆法系的犯罪构成模式是如此,"苏式犯罪构成"模式也如此,即使我们再扯上沙俄时代季斯甲科夫斯基和塔甘采夫的犯罪构成理论也不过如此。[50] 所以我们认为,犯罪构成是指在主观罪过支配下的客观行为构成某一犯罪时所应当具备的主客观要件的统一整体。

同时我们还得进一步指出,作为"苏式犯罪构成"中的犯罪主体要件,由于它本身不是客观行为事实的组成部分,而仅仅是一种先于行为事实的客观存在,所以犯罪主体也不能成为犯罪构成的一个必要要件。其实在我国刑法中,行为人是否达到刑事责任年龄和是否具备刑事责任能力,作为任何实施犯罪的人的前提条件被规定在法律规范中,犯罪主体的成立不过是行为已经符合犯罪构成之后得出的身份确认,这就表明,犯罪主体是独立于行为是否符合犯罪构成之外的因素。也许本着"总量不变、能量守恒"的原理,把犯罪主体拉进犯罪构成之中,不会产生明显的负面影响。但是从更深的刑法理论上来说,要解决犯罪主体在犯罪构成理论结构中的地位与作用,必须先界定实施犯罪行为的这一主体的含义与属性。行为的主体永远先于行为而存在,犯罪的主体永远先于犯罪而存在。但一定的人要成为犯罪主体进入刑事法律关系领域,必须事先要取得一定的资格,犯罪主体实际上是以这一主体事先达到刑事责任年龄,具有刑事责任能力,取得进入刑事法律关系领域的"入场券"为前提,以所实施的行为被确认为已经构成犯罪并被认为需要承担刑事责任后的身份。从这一意义上说,刑法所涉及的犯罪主体实际上包含两重含义:一是指犯罪主体的资格;二是指犯罪主体的身份。犯罪的主体资格与犯罪的主体身份各有其自

---

[50] 19世纪末20世纪初,沙俄时代很具影响力的刑法学者塔甘采夫认为犯罪构成具有三个要件:(1) 行为人——犯罪人;(2) 犯罪人的行为所指向的事物——犯罪客体;(3) 从内部和外部研究的行为本身。这里的犯罪人是指具有正常心智活动和具有刑事责任能力的人,这里已经涉及犯罪主观要件的应有内容;这里的行为与犯罪对象(客体)都属于犯罪客观要件的应有内容。

身的特征,两者存在着严格的区别。

首先,犯罪的主体资格具有客观性,是否具有这一资格不以人的意志为转移;而犯罪的主体身份则具有主观性,一个人具有犯罪的主体资格后,是否要实施犯罪,则由其意志所决定。

其次,犯罪的主体资格具有普遍性,社会成员只要达到刑事责任年龄,具备刑事责任能力,就具备这一资格;而犯罪的主体身份则具有特定性,取得犯罪资格的人只有实施了犯罪行为,才能成为特定犯罪的主体。

再次,犯罪的主体资格具有稳定性,一个人取得犯罪资格后,除非发生病变等原因,其资格终身有效,固定不变;而犯罪的主体身份则可以因刑罚已执行,走出刑事法律关系的领域而消灭。

将刑法所涉及的犯罪主体划分成犯罪的主体资格和犯罪的主体身份,就为我们重新评价犯罪主体是否为犯罪构成的必要要件提供了新的思路。由此我们可以得出结论,犯罪的主体资格是犯罪构成得以成立的前提,而作为犯罪的主体身份,则是行为已经符合犯罪构成后的必然现象。因此无论哪一种意义上的犯罪主体都不可能是,也不应该是犯罪构成的必要要件。犯罪构成的基本功能在于解决行为事实是否构成犯罪问题,犯罪主体并不能帮助我们确定行为是否构成犯罪以及构成什么罪。即使是特殊主体,在犯罪构成中也同样没有其应有的地位,这是因为对特殊犯罪的认定,重要的仍不是行为人是否具有特殊的犯罪主体资格,而是行为人是否利用其特殊身份的便利条件而实施特殊的客观行为。特殊的犯罪需要特殊的犯罪构成予以评价,而特殊的罪犯主体身份不过是这一评价的产物。因此,特殊的犯罪主体与一般的犯罪主体一样,也不能成为某种特殊犯罪构成的一个必要要件。[51]

综上所述,中国刑法学完全可以在借鉴和吸收域外犯罪构成理论体系和犯罪构成规格模型之后,博采众长,走自己的路,形成中国自己的犯罪构成理论体系和构建自己的犯罪构成规格模式,服务于我国的刑事司法实践。我们既没有必要闭门造车,拒他人于千里之外;也没

---

[51] 关于犯罪主体在犯罪构成理论结构中的意义与地位,本人另有专门文章。参见杨兴培:《犯罪主体的重新认识》,载《法学研究》1997年第5期。

有必要妄自菲薄,以为只能采用域外某一种犯罪构成模式才是中国刑法的唯一正道。当然笔者还在想,天上只有一个太阳,地上的中国自从秦始皇建立了统一的中央集权的政权体制以来就只能有一个法典。对于整个社会成员特别是司法工作人员来说,法典就是"圣经",法典的内容非经立法程序是不能更改的,更不允许篡改。随着罪刑法定原则在我国刑法中"安家落户",并辅之以以人为本的和谐社会先进理念,通过紧缩的解读方法推进司法实践工作。但刑法理论本身不是法典,它既可以为解读法典进行必要的演绎,也可以为法律的制定与运用提供观念、方法上的参考。正因为如此,刑法理论可以以其多元化的形式表现出来,只要言之有据、言之有理、言之有物,都可以成为一家之说。或曰:这种多元化的刑法理论何以能指导司法实践?我们的回答是:"刑法理论即使在为司法实践提供参考的过程中,也应该让司法工作人员懂得杂交才能产生优良品种的生物原理、吃五谷杂粮更有利于健康发育的生活常识。"正是通过这些多元刑法理论的相互作用,让我们的司法工作人员在解决各种疑难杂症时,多一个参考,多一个心眼,多一种证伪的手段,从而使自己的结论尽可能建立在经得起质疑的基础上。

其实,同一事物在不同的人面前,具有不同的价值联系,因而会出现不同的语言表达系统,这是一种正常的现象,犯罪构成的理论概念和理论体系本身也可以呈现多元化形式。人们站在多维的角度审视犯罪构成这一理论现象,形成不同的概念内容和结构体系,都将使完整和严密的犯罪构成体系遭受到冲击。每一个刑法学者越是想要建立自己永恒不变或固守某一种犯罪构成体系,就越会暴露出捉襟见肘的窘境。所以,哈耶克说道:人们由于经历不同而产生不同看法的讨论和批评被认为有望最大限度地接近或发现真理。正像春秋战国时期诸子百家不同流派的争鸣,恰恰是繁荣中国古代文化的重要推动力一样。笔者认为,在犯罪构成的理论发展过程中,我们完全可以放开心态,迎接各种各样、各具特色的犯罪构成理论模式的出现与到来,并通过它们之间的交流、讨论与辨析来发现其中的真伪,寻找出或形成更好的模式,以此作为中国刑法学自己的发展方向。

第六章　刑事古典学派理论现代复兴的思考①

某种刑法理论如果不能以其不可磨灭的价值魅力、充满逻辑的理性魅力和在司法实践中既能够合乎规范又能以合理服人的实用魅力处理好各类刑事案件为基础的话,就很难建立起任何持久的优势。刑事古典学派是大陆法系早期刑法思想的主要代表,它是欧洲大陆随着商品经济的发展,随着资产阶级在政治上的崛起,通过反对封建专制野蛮制度和罪刑擅断的司法黑暗现象而形成的一种刑法思想和一种理论体系,是近现代刑法学的开端。但面对资产阶级获得政权后在发展经济过程中出现的无序竞争的加剧和贫富差异的增大,居高不下的犯罪率和新的犯罪现象的激增,刑事古典学派的理论显得有点力不从心,这为刑事实证学派的产生提供了现实基础。面对刑事实证学派的颠覆性批判和对刑法理论的重构,刑事古典学派浴火重生,在坚持原有基本价值取向的前提下对刑法理论进行了创新,刑事古典学派由此焕发了新的生命力。可以说,近代西方刑法学思想就是在刑事古典学派与刑事实证学派的相互博弈中不断进步和发展的,刑事古典学派以其雄厚的理论基础、前卫的价值取向和规范的法律技术而呈现出持久的生命力,从而为整个世界范围内的刑法理论与刑法实践所关注。因此,刑事古典学派的理论在今天仍然具有复兴的历史必然性和现实必要性。

一、刑事古典学派的主要理论内容及其思想成就

刑事古典学派也称旧派刑法学,它产生于18世纪的中后期,是资本主义上升时期反映资产阶级刑法思想和刑事政策的刑法学派。它以贝卡利亚、边沁、费尔巴哈、康德、黑格尔、宾丁、贝林格和迈耶尔等

---

① 本章与罗健合撰。罗健,华东政法大学刑法研究生。

人为主要代表人物,理论界将贝卡利亚、费尔巴哈、康德和黑格尔等人称为前期古典学派,将宾丁、贝林格和迈耶尔等人称为后期古典学派。② 古典刑法学派以自然法理论和民主进步观念作为其主要思想基础,以法国卢梭的《社会契约论》、意大利贝卡利亚的《论犯罪与刑罚》、英国洛克的《政府论》、法国孟德斯鸠的《论法的精神》、德国费尔巴哈的《德国刑法教科书》作为其主要刑法理论的载体。

  刑事古典学派在文艺复兴运动和人文主义思潮的影响下,接受了"理性人"的假设从而提出了"意志自由"理论。比如康德指出:"我们必须承认每个具有意志的有理性的东西都是自由的,并且依从自由观念而行动。"③在黑格尔那里,刑事责任的根据是构成他的整个法哲学体系的核心内容——意志自由。黑格尔认为,作为正常人,人人都有自己的意志自由,这种自由是不受任何力量所干涉和强制的,虽然作为生物的人可以被强制,即他的身体和他的外在方面都可被置于他人的暴力之下,但是他的意志自由是绝对不可能被强制的。④ 正是根据"意志自由"的假设,刑事古典学派提出了道义责任论,认为行为人在意志上是自由的,实施犯罪行为是由其自由意志选择恶的结果,因此从道义的角度应当对犯罪人进行非难与惩罚具有充分的道德根据,刑罚就是为了惩恶扬善。根据道义责任理论,刑事古典学派认为,犯罪人承担刑事责任的条件是主观上的意志自由,故其具有犯罪的故意或者过失之分,并在客观上实施了刑法规定禁止的行为。定罪量刑应当以行为人客观上的行为为根据,"什么是衡量犯罪的真正标尺,即犯罪对社会的危害"。⑤ 贝卡利亚提出的这一著名论断,是以此来防止罪刑擅断的,这也是刑事古典学派提倡的以行为为中心的主要理论根据。但由于行为人的主观恶性深浅各不相同,所以当犯罪人基于不同的主观罪过犯下同样罪行时,对其适用的刑罚种类和刑度应有所区

---

② 参见马克昌主编:《近代西方刑法学说史略》,中国检察出版社2004年版,第37页。
③ 〔德〕康德:《道德形而上学原理》,苗力田译,上海人民出版社1986年版,第102页。转引自马克昌:《近代西方刑法学说史》,中国人民公安大学出版社2008年版,第115页。
④ 参见马克昌:《近代西方刑法学说史》,中国人民公安大学出版社2008年版,第133页。
⑤ 〔意〕贝卡利亚:《论犯罪与刑法》,黄风译,中国大百科全书出版社1993年版,第67页。

别,以此达到罪刑相适应的要求。因此黑格尔认为"刑罚既包含着犯罪人自己的法,所以处罚他,正是尊敬他理性的存在"。⑥ 正因为刑事古典学派认为犯罪是行为人自由意志的产物,由此论证了刑罚的正当性。对行为人因犯罪而追究刑事责任并处以刑罚,实际上是对犯罪人理性的尊重,由此进行罪刑相适应的处罚也是天经地义的。

刑事古典学派总结和吸取了封建专制野蛮制度下罪刑擅断造成的社会恶果和教训,在刑罚目的报应主义和功利主义的双重影响下,主张制定一部完善的刑法典,以此规范人的外在行为,并实行罪刑法定原则,这一原则反映了资产阶级的"自由"、"民主"的思想;为了防止封建专制野蛮制度下罪刑擅断现象的再现,主张实行罪刑相适应原则,提出惩罚犯罪的尺度必须与所犯罪行在价值上相等,才具有正当性,这一原则反映了资产阶级的"公平"、"正义"思想;为了防止封建专制野蛮制度下的酷刑死灰复燃,主张实行刑罚人道主义,倡导刑罚的节俭性和人性化,并主张对行为人判处刑罚的程度应当与其犯罪行为的社会危害性相当,并以人道主义作为检验的标准,这一原则反映了资产阶级的"博爱"、"宽容"的思想。这一原则的基本内容是:废除肉刑,建立以自由刑为中心的刑罚体系,适用轻刑,改良监狱,甚至提出了废除死刑的主张,从而体现了人类社会进步的超时代价值倾向。

刑事古典学派作为资产阶级在反封建专制过程中出现的顺应时代要求的进步理论,尊重人作为人存在的独立价值,侧重对公民个人权利的保护,体现着多重的时代进步价值。

首先,从刑事古典学派产生的历史背景看,其刑法理论是为了反对封建专制野蛮制度下的罪刑擅断,坚持人本思想,其根本目的在于限制国家公权力的滥用和专横,以此保护公民个人权利。

其次,刑事古典学派坚持法律在治理国家和维护社会秩序的规范作用,反对单纯的思想归罪,主张思想并不能对社会产生危害,只有行为才能对社会有害,强调了危害行为在定罪量刑中的决定性作用,以此主张罪刑法定,明确了行为入罪的客观标准。

再次,刑事古典学派基于其保障人权的目的,反对酷刑和死刑的主张,代表了人类在对待犯罪问题上具有划时代意义的远大理想和人

---

⑥ 〔德〕黑格尔:《法哲学原理》,范扬、张企泰译,商务印书馆1996年版,第103页。

性理念。正因为如此,作为近代刑法学的开端,刑事古典学派的一系列刑法思想和理念,无不闪烁着人性的光辉,所以刑事古典学派在人类的刑法制度史和刑法思想史上备受尊崇。

1810年在拿破仑时代制定的《法国刑法典》,是当时最精密、最完备的一部刑法典,为以后资本主义各国的刑事立法提供了典范。比利时、荷兰等国曾直接采用它作为本国的刑法典。西班牙、葡萄牙、土耳其等国,则以它作为起草本国刑法典的蓝本,这些法律的精髓,至今依然在有效地发挥着其应有的作用。这部刑法的精神,日后也传到了亚洲,为当时的中国、日本、韩国等国家所借鉴。当然刑事古典学派的观点和理论也有其不足之处,主要体现在以下几个方面:

首先,其具有思辨性理论假设的"意志自由"备受刑事实证学派的质疑和诟病。刑事古典学派为了从哲学上寻找其理论根基,同时保证其理论体系在逻辑上的自洽性,提出了"意志自由"理论,以该假设为前提提出了道义责任论,进而提出了一系列具有进步意义的刑法学思想。可以说,"意志自由"是整个刑事古典学派学说体系的理论出发点。但是这种先验性的假设无法用实证的方法进行验证,这就导致刑事实证学派学者们对其理论体系的怀疑,诚如刑事实证学派指出的:"实证心理学已经表明所谓的意志自由不过是一种纯粹的主观幻想,'意志自由'不仅是背离科学的杜撰,而且是有害于社会安全的形而上学的概念,它实际上使社会在危险的罪犯面前束手无策。"[7]

其次,随着社会的发展,社会的复杂因素越来越多,各种潜在的社会危险因素也随之出现,新型犯罪层出不穷,青少年犯罪、累犯居高不下。面对这种严峻的社会治安状况,刑事古典学派显得有点无能为力。在面对新的社会环境,刑事古典学派面临着理论和现实的双重困境,理论体系上和价值追求上的自我完美与现实犯罪无法证实的无奈,让刑事古典学派一时进退维谷,这给刑事实证学派的产生提供了空间。

最后,刑事古典学派过分强调犯罪是行为的社会危害性而忽视行为人的人身危险性,使得刑事古典学派的理论无法适应诸多累犯、重犯和一些人格残缺不健全的社会成员必须给予适当重罚的需要。而

---

[7] 马克昌:《近代西方刑法学说史》,中国人民公安大学出版社2008年版,第216页。

第六章　刑事古典学派理论现代复兴的思考

当龙勃罗梭、菲利等人试图通过实证手段证明某些犯罪人先天性具有犯罪倾向的实验在欧洲风靡一时时,刑事实证学派就轻而易举地推翻了刑事古典学派意志自由的理论。

刑事实证学派是在批判刑事古典学派的基础上逐渐形成的,通过实证的研究方法得出犯罪的原因不在于行为人的"意志自由",而是人类的生物因素、自然因素和社会因素。菲利认为:"无论哪种犯罪,从最轻微的到最残忍的,都不外乎是犯罪者的生理状态,其所处的自然条件和其出生、生活或者工作于其中的社会环境三种因素相互作用的结果。"[8]在对犯罪原因基本判定的基础上提出了犯罪的本质在于反社会,因此在刑事责任论上力主社会责任论从而否定道义责任论。"人为什么要对犯罪负责的唯一实证解答,即由于人生活在社会之中,在此范围内,他对所做的一切违反法律的行为总是有责任的,这是社会责任代替道义责任的根本原则。根据实证的责任论,人的行为能够归属于他,其理由在于'他生活在社会中'。"[9]为了实现社会防卫的目的,刑事实证学派提出了人身危险性理论,主张行为人主义,宣称"处罚的应当是行为人而非行为"。"刑事责任的根据是行为人反社会的危险性格,应受社会防卫处分的是行为者,而不是行为。使人们不再拘泥于犯罪是否有责任、相对有责任或全无责任的朦胧概念之中,而是考虑罪犯是否最危险、危险、相对危险和不危险。"[10]基于人身危险性理论在刑罚论中提出了刑罚个别化理论。如李斯特主张,刑罚轻重不能仅仅根据犯罪的客观危害事实,而应以人的性格、恶性、反社会性或者危险性的强弱为标准对犯人进行分类,并据此实行所谓刑罚个别化,以期达到防卫社会的目的。据此对于轻微犯罪也有长期剥夺自由的需要。[11]

但刑事实证学派自身同样也存在着不可克服的缺陷,又为刑事古典学派的复兴创造了机会。刑事实证学派过分强调社会责任,在改造

---

[8] 〔意〕菲利:《实证派犯罪学》,郭建安译,中国人民公安大学出版社2004年版,第159页。

[9] 〔日〕木村龟二:《刑法学入门》,有斐阁1957年版,第250页。转引自马克昌:《近代西方刑法学说史》,中国人民公安大学出版社2008年版,第216—217页。

[10] 马克昌:《近代西方刑法学说史》,中国人民公安大学出版社2008年版,第216页。

[11] 同上书,第236页。

刑事古典学派刑法理论时忽视了人权保障，最终导致刑事专横，特别是认为人有犯罪的先天决定因素，由此进一步发展到人群、种群、种族有优劣之分，从而使法西斯主义通过国家暴力消灭特定人群的行为找到了理论根据，其流毒极为严重。同时刑事实证学派的理论缺乏必要的规范性，因此在现实生活中的个案处理上很难公正，如人身危险性理论在定罪和量刑时很难有量化的标准，这导致该理论所谓预防犯罪的目的无法实现。由此使得更多学者在痛定思痛、反复比较权衡中发现，刑事古典学派的理论无疑具有更大的理论优势和坚实的人性基础，这是刑事古典学派理论指导下的司法实践具有更加充分的说服力的重要原因，也是刑事古典学派的理论在资本主义上升时期为资产阶级刑事立法广泛采用的重要依据。第二次世界大战之后，随着刑事古典学派理论不断吸收各种具有合理性营养的内容，刑事古典学派理论的发展日益趋向完善。

二、刑事古典学派理论复兴的历史必然性

正是由于刑事实证学派的种种弊端和现代民主思潮的兴起，社会秩序和公民权利、保障人权和保卫社会的两种价值取向经常相互碰撞，此消彼长，互相影响。但人类进入20世纪后，无数由于人类自身引发的社会灾难使人类明白控制野蛮专制、独裁专横的必要性。第二次世界大战民主力量最终战胜了专横野蛮力量，也使得人类进一步看到了充分发扬自由民主的政治价值在刑事法律领域中的作用，把保障人权日益作为现代国家的主要价值定位日益成为不争的事实。这无疑为刑事古典学派的理论复兴创造了理论前提和奠定了现实基础。

首先，刑事古典学派具有坚持伸张正义与公民自由的法律价值，而刑事实证学派主张社会秩序价值，两者相比较，从法的价值位阶和现实正义的维度来说，伸张正义和保障公民自由更具有人类追求的价值性，理当作为优先的法律定位。具体而言，刑事古典学派在刑事责任论上主张道义责任论，体现了道义正义观，符合"善恶相报"的朴素正义观。为了防止过度报复，刑事古典学派在刑罚适用上主张报应刑而否定报复刑，并且严格区分了报应刑和原始形态的同态复仇之间的应有界限，将私力救济转换为公力救济，将具体的、客观外化的危害行为作为定罪量刑的基础与标准。同时刑事古典学派坚持罪刑法定原

则,主张刑罚的科处应当与犯罪行为的社会危害性相一致,充分体现了法的公平正义价值。因为行为主义中心理论和罪刑相适应原则为刑罚权的正确行使划定了一个清晰明确的边界,将权力的行使者先关进"笼子里"再允许他行使刑罚权,体现了法律保护公民自由和保障公民人权的价值取向。我们可以看出,刑事古典学派在追求正义价值的基础上,根据优先保护公民自由和保障公民人权的价值观念,实行了目的和手段上的统一。反观刑事社会学派,主张刑法的功能在于预防犯罪,其所提出的刑法理论,不论是社会责任论、行为人中心主义还是人身危险性理论,都体现了对预防犯罪这种功利性目标的追求。在终极的价值目标上,刑事社会学派对秩序价值的追求是以牺牲人类个体权利和公民的自由价值为代价的,同时由于刑事社会学派提出的理论很难具有规范的约束性,容易导致在对社会秩序保护的过程中产生各种有违法律规定的随意性。所以,从法的价值基础和价值取向来看,刑事古典学派都有其压倒性的优势所在和不可替代的进步作用。

其次,刑事古典学派提出了罪刑法定和罪刑相应的两大基本原则。其中,罪刑法定原则的经典表述是"法无明文规定不为罪,法无明文规定不处罚",由罪刑法定原则引申出四个派生原则,即:法律必须以成文的形式加以表现;法律不得溯及既往;禁止类推制度的适用;禁止不定期刑的存在和运用。所有这些派生原则其本质都是为了有效地约束国家公权力的滥用,从而有利于保护社会成员应有的合法权益。刑事古典学派在犯罪认定中坚持行为中心主义,认为行为是定罪和量刑的标准。这是因为行为是人思想客观外化的表现,行为属于存在于客观外部的既有事实,能为人见,能为人识,能为人记忆,能为人复原,也只有行为才能改变客观世界,单纯主观上的"恶"是不可罚的。同时,行为的形式具有外在表现性,相对说其认定的标准具有类型化的特征,这样在司法实践中在罪刑法定原则的牵引和制约下不容易随意出入人罪,从而为正确定罪各设定了规范化标准,有利于人权保障。罪刑相适应原则要求对行为的处罚应当与其社会危害性相当,这就可以有效地遏制过度要求"以牙还牙、以血还血"的民粹主义复仇心理,使刑罚在道义上和功能上成为正义和正当的处罚方法。总之,刑事古典学派的思想在价值取向和具体理论构建中坚持公民个人为本位,在历史上是带有超越时代价值的,在今天依然具有现实的普世价值,是值得肯定的。虽然刑事古典学派的理论在现实生活中面对复杂的犯罪状况过于理想化有时显得无能为力,但这并非是刑事古典学派理论本身的过错。犯罪作为一种社会现象,其产生具有复杂的社会原因。犯罪的泛滥与刑法的"打击不力"到底存在多大程度的关联性?连刑事实证学派的代表人物李斯特都由衷地说道:"最好的社会政策就是最好的刑事政策。"⑫涉及刑法在预防犯罪各种措施体系中的地位问题以及我们应当在多大程度依赖刑罚预防犯罪的问题很值得思考。我们认为,对于犯罪来说,刑法是社会防卫自身生存条件的最后一道防线。所以一个文明和健康的社会不应主要依赖刑法预防犯罪,在预防犯罪的社会政策多元化的现代社会,要摒弃"以刑立威"的落后思想。

最后,尽管刑事社会学派在惩罚与预防犯罪的过程中也曾发挥过重大作用,但刑事社会学派的理论并不具有规范的特征,主张通过改造刑事古典学派的理论达到防卫社会的目的,容易导致统治者的专权,纳粹德国的刑法实践已经给了人们很大的教训。一方面,刑事社会学派用实证的方法将犯罪作为一种社会现象研究,通过对犯罪原因的实证研究,提出预防犯罪的各种措施以实现社会的良性运转。可以看出,刑事社会学派关注的是作为自然意义上的犯罪事实而非规范意义上的犯罪事实,正如有学者指出的:"刑事实证学派反对立足于规范对犯罪进行法律分析,而是主张对犯罪进行直接的事实分析。"⑬所以,刑事社会学派更具有犯罪社会学的理论成分而缺少刑法规范的严肃性。从研究方法和研究对象上看,刑事社会学派是社会学范畴,是犯罪学领域,与规范刑法学有一定的区别。刑法学主要是一种规范法学,刑法规范既是刑事立法设定犯罪的出发点,也是刑事司法认定犯罪的落脚点。所以刑事古典学派关注的罪刑法定和规范犯罪的构成要件仍然具有不可替代的法治价值。另一方面,刑事社会学派提出的社会防卫目的本身虽无可厚非,但是其设想通过刑法手段实现这一目的就值得怀疑了。人类漫长的历史已经证明并还将证明,由于刑法在整个社会预防体系中的作用不仅极为有限,因而不能取得持久的社会

---

⑫ 马克昌主编:《中国刑事政策学》,武汉大学出版社1992年版,第2页。
⑬ 陈兴良:《犯罪:规范与事实的双重视角》,载《北大法律评论》2000年第2期。

效果,所以刑法应当坚持其节俭、内敛的本色,应当退守到最后一道防线上,而且更重要的是,过分依赖刑罚手段还会导致侵犯人权、恶化社会观念的严重后果。比如刑事实证学派中的社会责任论、人身危险性理论、行为人主义等没有客观的标准进行限制,往往导致在预防犯罪的旗帜下对行为人任意认定犯罪采用刑罚措施。正如有学者指出的那样:"社会防卫论从行为功利主义的立场出发,认为既然社会有用刑罚进行防卫的必要性,对即使尚未犯罪的人,只要他具有人身危险性,有危害社会的犯罪倾向,也应该对其实行强制隔离和强制矫正,以消除其人身危险性,使社会免遭其害。在这里,社会防卫论提出的刑罚之社会防卫目的虽然本身具有一定的正当性,但其为实现这一目的而构思的刑及无辜,置人的权利与尊严于不顾的手段是不正当的。"[14]再说,刑事社会学派的刑法思想有混淆政治和法律之嫌。众所周知,法律本质上是一种社会规范,其特点是通过调整人的行为来达到调节社会秩序的目的,行为是法律作用的对象。刑事古典学派立足犯罪行为,以行为作为定罪量刑的标准。反观刑事实证学派的刑法学理论都是围绕"防卫社会"这一根本目的的,我们看到的是在这种政治口号的宣传下提出的一系列防卫社会的刑法理论,充满着侵犯公民权利的成分。由此我们可以将刑事社会学派的刑法理论比喻成"毒树之果",如果一个国家的统治者、管理者为了达到预防犯罪的目的就可以饥不择食,吞下毒果或许可以暂解饥渴,但这无疑是饮鸩止渴必然导致死亡。

通过对刑事古典学派刑法理论的解读和对刑事社会学派刑法理论的批评,我们有理由认为现代社会应当坚持刑事古典学派的理论,其所提倡的公民本位的价值取向以及与其相配套的刑法制度对现代刑法学的发展所具有的重要指导意义,至今仍然没有过时。我们认为,随着社会的发展,刑事古典学派的有关理论可以作部分的调整以适应新的社会发展要求,但是从刑法发展史的角度看,其限制国家公权力、保护公民个人利益以此达到保障人权的基本价值理念不应改变。

---

[14] 陈兴良:《刑法哲学》,中国政法大学出版社1992年版,第665页。

三、刑事古典学派理论在中国复兴的现实必要性

中国社会进入历史的新时期后,作为执政阶层历尽了艰辛和苦难,已经明确提出了依法治国的战略方针,法律的规范性和明确性在立法过程中得到了一定的强调和体现。在司法实践中做到有法必依、执法必严、违法必究已成为执法的座右铭逐渐被司法工作人员所接受和贯彻。然而,作为一个现代国家,以什么政治观念作为社会的前进引导力量,以什么样的刑法观念作为现代刑事司法的理论基础,以什么样的技术操作要求作为刑事司法的规范要求,在今天的中国依然是一个有争议的问题。

我们应当要看到,我国目前处于法治建设的初创阶段,由于司法工作人员和大多数社会成员的法治观念还有待提高,法治的规范意识尚未完全确立,司法工作人员的整体素质还不是很高的情况下,潜规则还在四处游荡、法律虚无主义的思想并不愿意自动退出历史舞台,这些现象的危害性远远要比"法律教条主义"的危害来得更大。在此情况下,提倡刑事古典学派的理论观点,宣示刑事古典学派的价值观念、坚持刑事古典学派的技术操作要求,在今天的中国依然有着不可轻视的重要意义。严格恪守法律规范,大力弘扬规范主义,也是当前我国进行法治建设必要的路径选择。而在这一时代进程中,刑事古典主义的理论依然可以发挥其客观规范优先的价值效应。

首先,在 2012 年我国《刑事诉讼法》修改过程中,尊重和保障人权在继宪法之后又一次被庄严地写进了新法典。这一新规定与刑事古典学派保障人权优先于保卫社会的思想一脉相承、完全契合。我国刑事法典能够引进刑事古典学派的以公民个人为本位、尊重和保障人权虽然有点姗姗来迟,但毕竟人间正道是沧桑,这是谁也无法忽视的时代先进观念,由此也证明了刑事古典学派的价值理念、理论观点虽经几百年历史风雨的侵蚀,时代岁月的风化,依然是现代社会必不可少的价值元素,是文明社会的进步标志。这是因为,一方面,人类社会的进步需要共赢,要求每个人都应享受公平、正义、平等、人道的法治待遇,所以刑法注重对公民个人权利的保障应当是法治国家建设的主要任务。公民个人本位观念在国家法治建设中的地位举足轻重,使得现代国家的主要任务是处理好国家权力和私人权利的关系,国家的基本

价值取向就是要保障公民权利,限制国家权力。众所周知,刑事古典学派反对封建时代罪刑擅断的同时,其实将批判的锋芒直接指向其背后的恶制度。即使到了现代社会,其实对公民权利威胁最大的仍然是来自于社会的公权力。所以通过法律的制定对权力进行必要的限制,将"权力"关进"笼子"里,依然是现代刑事法治建设进程中的一个重要任务。可以说,公民个人权利保障的程度代表了一个国家进步的程度,"平等、自由、博爱"体现了人类历史的进步和现实社会的提升,是人类应当共同追求的普世价值。另一方面,我国市场经济体制的确立必然要求打破宗法专制时代的人身依附性,将个体从集体中解放出来,充分发挥每个个体的能力。经济的发展和政治的进步要求个体的觉醒,在人类社会发展的过程中法律作为行为规范起着很重要的引领作用,其中刑事法律作为保障法的作用尤为重要。由此我们有理由认为,作为社会公法的刑法应当秉承个人本位的法治理念,把立足于个人权利的保护作为其立法的观念基础。在近代西方刑法学理论和刑事立法例的发展过程中,罪刑法定原则经历了绝对的罪刑法定向相对的罪刑法定转变,但是罪刑法定原则限制国家公权力、有利于保护被告人的价值取向的核心观念并没有发生改变。正如有学者指出的:"罪刑法定原则的基本内容从原则的形成一直发展到今天,虽然期间在其派生原则的内容上发生了不少变化,但作为罪刑法定原则的基本内容却始终是有侧重面和偏向性的,即'不定罪、不处罚',这集中反映了罪刑法定原则所要体现的根本精神就是有利于被告人。"[15]我国刑法制定几经周折、几经争论,在 1997 年刑法修订过程中最终明确规定了罪刑法定原则,清楚地反映了我国刑法跟上时代潮流的价值取向。立法上的进步倾向可以促进罪刑法定原则在司法上的实现,可以这么说,在今天多方位、大剂量引进刑事古典学派的罪刑法定思想,坚守规范主义的理念,严格依法办事的技术操作要求,对于我们这个仍然正在向法治国家慢慢移动的国家来说,依然具有很大的时代现实意义。我国刑法对罪刑法定原则的规定以及进一步落实,可以看做是刑事古典学派思想的具体体现,也是我国刑法现代化发展的必然趋势和努力方向。

---

[15] 刘宪权、杨兴培:《刑法学专论》,北京大学出版社 2007 年版,第 31 页。

其次,刑事社会学派注重犯罪人的人格缺陷,看重人的恶性在犯罪中的作用有其一定的合理性,这是它得以兴起和在一定历史时期发挥重要作用的主要原因。但随着社会各领域的迅速发展,人们的生活节奏日益加快;随着现代社会生活内容的不断增加,人们的思想日益复杂多变;随着社会现代科学技术知识的普及,人们的行为日益可以随时变易。因此以挖掘人的心灵深处的"恶"为己任的刑事实证理论,日益面临着无法克服的巨大证明障碍,而以行为为中心的犯罪理论则具有更加明显从容应对的现实性。如前所述,刑事古典学派在犯罪论上主张人的意志是自由的,除非是精神病患者,其行为中心主义的理论建立在人与社会的联系完全取决于行为的表现,正如马克思所说的那样:"批判的武器不能代替武器的批判,物质力量只能用物质力量来摧毁。"[16]因此行为中心主义理论将危害行为作为定罪和量刑的主要基础具有了现实可能性。这是因为,一方面,主观和客观是一对哲学范畴,而行为是主观见之于客观的一种社会实践,是主观心理在客观上的反映,主观的心里意图只能通过行为才能变成客观事实,所以司法实践在认定主观心态时,只能由客观行为反向追溯,根据客观行为来推定主观心态。正如有学者指出的:"主观罪过是支配行为人实施危害行为的内在动力,这种内在动力已不是指人的单纯的思想活动,而是与行为人随之而来的客观行为在意识上发生了密切联系。因此我们在认定行为人主观罪过时,必须根据和借助行为人所实施的全部客观行为并结合实施这一行为时的全部情况加以全面分析、判断,以确定行为人主观罪过的性质,并测定其主观罪过的深浅。"[17]另一方面,刑事社会学派以"刑罚惩罚的不是犯罪行为,而是犯罪人"的观念主张刑法的理论基础应当由行为转向行为人。但是,法律规范作为一种调整社会关系的手段,是通过直接作用于行为达到调整社会关系目的的,这是法律规范与道德规范、宗教信仰不同之处。所以,刑事社会学派的理论注定无法贯彻到底。更何况在现实生活中,有时候甚至很多时候人主观的内心世界,他人是很难了解和猜测的,在很多犯罪中,连行为人自己都不知道自己真正的追求到底是什么,在现实的社会生

---

[16] 《马克思恩格斯选集》(第1卷),第9页。
[17] 刘宪权、杨兴培:《刑法学专论》,北京大学出版社2007年版,第164页。

活中,无目的、无动机的违法犯罪时有发生,或者即使本人十分清楚,但由于刑事诉讼过程中现代国家普遍严禁刑讯逼供,犯罪人既不可能被逼招供也不可能倾心相诉、和盘托出,或者很难将自己主观的想法与刑法中主观罪过对应起来,这些现象都可说明主观心理活动的难以琢磨,很难准确认定。所以刑事古典学派假定人具有正常的精神状态后,将认定犯罪的基础放在客观的危害行为上,既有充足的理论基础,也能够经受得起实证的质疑。我国《刑法修正案(八)》将醉酒驾驶作为危险驾驶罪的一个行为形式进行刑事规制,从规定形式上看,只要行为人自己在精神状态正常的条件下醉酒驾车的,即构成犯罪。不管行为人具有怎样的心理活动,一概不问,司法实践中也正是根据刑事古典学派的行为中心主义的理论对此加以认定的,只要是醉酒驾车就构成危险驾驶罪。可以看出,这种犯罪的规定模式充分体现了刑事古典学派所主张的行为中心主义理论的持久生命力性和在当前社会条件下复活的必要性。类似的规定在我国刑法中的有关"持有型"犯罪中也有充分的表现,只要行为人在明知的状态下持有法定的禁止物,即使司法机关无法了解到行为人内心到底想要干什么,对于定罪来说可以在所"不问"而不影响犯罪的成立。可以这么说,随着现代社会生活节奏的日益加快,类似的具有类型化的犯罪形式在现代刑法中不断增加具有必然的趋势。

最后,刑事古典学派的刑法思想是在西方启蒙运动中孕育产生的,其中的价值理念对目前的中国具有特殊的借鉴意义。从西方社会发展的历史来看,在文艺复兴中真正复兴的不是罗马的经典文艺,而是隐含在经典文艺中的人文主义思想,人文主义在社会价值取向上倾向于对人性的个体关怀,注重维护人性的尊严,提倡宽容,反对暴力,主张自由平等和自我价值。人文主义思潮是对中世纪欧洲社会思想的解放,强调对个人自由、平等,社会公平、正义价值的追求。从我国的近代史看,我国的近代史就是一部反专制反压迫的历史,在价值上也是追求人民的解放,这里的解放不仅指物质上的富足,同样也指精神上的独立和自由。公平正义、平等自由是人类社会追求的永恒价值,建立国家或者建立某种团体、某种集体只是为了更好地追求这种价值。在政治学史上,虽然政府的角色从"守夜人"转向了承担更多的社会职能,更加积极地参与社会的管理等活动,但是建立在市民社会基础上的公民社会——国家根本的任务就是为了人们生活得更加幸福。美国《独立宣言》宣称:"人人生而平等,造物者赋予他们若干不可剥夺的权利,其中包括生命权、自由权和追求幸福的权利。为了保障这些权利,人类才在他们之间建立政府,而政府之正当权力,是经被治理者的同意而产生的。"所以刑事古典学派倡导的罪刑法定原则,意味着刑法禁止规定之外都是公民自由的天地。可以说,刑事古典学派理论对上述价值理念的追求贯穿在人类社会的发展过程中,对我国社会具有特殊借鉴意义并没有过时。众所周知,我国有着五千年的悠久历史,同时也具有五千年根深蒂固的宗法专制思想,对个人自由、平等等价值观念的保护尤显重要和艰难。改革开放三十余年来,一方面,我国在经济上取得了有目共睹的成就,另一方面,在价值观领域我国对公平、正义、平等、自由等价值的保护仍有继续提升的空间。随着社会经济的发展,人们在物质方面获得满足后,肯定会要求实现更多领域和更高层次的满足。刑法由于其具有生杀予夺的特殊社会属性,在社会中的影响很大,近年来一些大要案的审理和处理都撩动了社会公众的神经,刑事法治的发展进程时时牵涉到人们对上述价值观念的关注,一些重大刑事案件不断受到社会公众的关注和质疑。这一现象的发生与存在,一方面体现了我国民众对公平正义价值的渴望;另一方面也体现了我国刑事法治的建设仍然任重而道远。所以我们有理由认为,在我国的刑事法领域复兴刑事古典学派的理论,具有现实的必要性和紧迫性。

第七章　刑法实质解释论与形式解释论的透析与批评

在当今中国的刑法学领域中,刑法的解释是一个热闹的话题。其实刑法学就其基本的浅层次本义而言,不过就是一个刑法解释学。刑法解释是一个非常复杂而又艰难的司法活动和学术活动,这是因为,刑事立法一旦完成立法活动,立法者就退居于幕后,刑法中每一个词语和每一个条文究竟蕴含着什么意思,只能由司法者和研究者根据司法实践状况进行挖掘和整理。然而让人感到不可思议的是,今天的中国刑法学界被到底应当采取形式解释好,还是应当采取实质解释好折腾得晕头转向。由此使得如何看待这一场刑法理论界的争论,理清形式解释与实质解释之间的相互关系变得十分重要。

一、实质解释论和形式解释论的概览与问题的提出

刑法一经制定、颁布就具有凝固的特性,而社会现实是一个流动的过程,所以刑法规定与社会现实之间存在差异或者矛盾是必然的。不用说刑法制定时立法者总是以高度原则、高度简洁、高度抽象的语言文字规定着各种抽象的原则和犯罪,即使刑事立法者使用更加详尽周到、具体细致的语言制定刑法,也不管刑事立法者设置多少个罪名和设定怎样的构成要件要素,总是无法穷尽整个社会现实复杂多变的生活情形和司法实践复杂多样的犯罪案件。正如哈罗德·伯尔曼所言:"人类的深谋远虑程度和文字论理能力不足以替一个广大社会的错综复杂情形作详尽的规定。"[1]刑法由于是立法者的一种预先设计,所以法律本身并没有问题,真正的问题总是在

---

[1] 〔美〕哈罗德·伯尔曼:《美国法律讲话》,陈若桓译,三联书店1988年版,第20页。

刑法在适用时与现实案件进行对接匹配的过程中发生。就刑法规范运用的过程而言,撇开对案件证据的分析、事实的认定和法律与案件对接匹配的技术要求不说,其本身首先就是一个文本认识、条文解读和词意解释的过程。因此从刑法理论上来说,刑法学的本体就是刑法解释学,因此没有人怀疑刑法解释的必要性。刑法人根据自己对法律的研究和理解,结合自己的生活经验和学识水平,尽可能站在价值中立的立场上,在刑法理论的层面上,通过对刑法的既有规定进行必要的解读和诠释,是刑法解释的基本要求和基本表现形式。这样,刑法的解释自然成为刑法理论与司法实践面对的一个重要问题,近年来,刑法理论界为此展开的热烈讨论,足以证明这一问题的重要性与必然性。

　　刑法的解释涉及众多问题,比如说由谁来解释才能有效?什么文本才需要解释?依据什么观念进行解释?是主观主义解释观还是客观主义解释观?坚持什么立场进行解释?是持严格解释的立场还是扩大解释的立场?以什么方法进行解释?是文理解释还是论理解释?但观念和立场只有落实到具体的方法上才有实际意义,无疑,众多有关刑法解释的问题最终都要落实在通过什么方法解释才能领悟刑法文本的应有含义,因为这里涉及刑法所设定的立法意思边界和规范文义射程的重大问题。

　　有关刑法解释的理论争论和实践困惑本长期存在,然而近年来,在刑法理论界出现的以实质解释论与形式解释论为代表的观点之争渐渐形成了不同的理论风格。《中国法学》2010年第4期发表的张明楷教授所撰的《实质解释论的再提倡》和陈兴良教授所撰的《形式解释论的再宣示》,将这两种不同的观点讨论与争论推向了一个高潮。这在刑法理论界如同在快要寂静的湖面上投掷了一块小小的瓦片立刻激起了阵阵涟漪,甚至被人解读为中国刑法学的流派之争。当中国刑法学的"增量理论"无法继续生产时,"存量理论"就会不断上台表演。当时也许不过是几个基本的观点,没想到会演绎成"流派之争"。尽管这种所谓实质解释论与形式解释论的争论远远不如主观解释论或客观解释论来得立场明了、方法明确和对司法实践的影响来得明显,比如刑法明确规定贪污受贿的起刑点数额为5 000元,随着通货膨胀的加剧,物价的上涨,货币含金量的降低,今天的5 000元与立法规定时的5 000元已不可同日而语。按主观解释方法论,满5 000元当然得定罪;按客观解释论,今天的5 000元的含金量已大打折扣,那就有可能不应当定罪。再有聚众淫乱案,就刑事立法当时而言,中国的性观念还相对保守。但随着当前性观念的日益更新,像南京马尧海聚众淫乱的案件放在主观解释论与客观解释论面前,就有可能得出不同的结论。②

面对这一情形,以张明楷教授为代表的实质解释论提出:对刑法中犯罪构成要件的解释不能停留在法条的字面含义上,必须以保护法益为指导,使行为的违法性与有责性达到值得科处刑罚的程度;在遵循罪刑法定原则的前提下,可以作出扩大解释,以实现处罚的妥当性。对违法构成要件的解释,必须使行为的违法性达到值得科处刑罚的程度;对责任构成要件的解释,必须使行为的有责性达到值得科处刑罚的程度。③ 以陈兴良教授为代表的形式解释论基于罪刑法定原则所倡导的形式理性,认为刑法解释应当通过形式要件,将实质上值得科处刑罚但缺乏刑法规定的行为排斥在犯罪范围之外。陈兴良教授认为,形式解释论与实质解释论之争,是罪刑法定原则与社会危害性理论之争,也是形式刑法观与实质刑法观之争。④

的确,从现象上看,这两派学者有意就刑法解释提出不同的观点、坚持不同的立场,以此推动刑法理论的争论与繁荣,因此有它积极的一面。但当我们仔细研读、细致观察、深入品味这种现象时就会发现,由于罪刑法定原则是现代刑法的基石,无论是实质解释论者还是形式

---

② 南京某高校副教授马尧海建立了倡导"同好游戏"的QQ群,组织了数次所谓的"同好游戏"。22名被告人通过马尧海建立的QQ群结识,结伙进行聚众淫乱活动。2010年5月20日,江苏省南京市秦淮区人民法院一审认定22名被告人均犯有聚众淫乱罪。其中,马尧海被判处有期徒刑3年零6个月,其余21名被告人分别被判处2年零6个月以下不等的有期徒刑,或免于刑事处罚。马尧海对公诉机关指控其聚众淫乱的基本事实不持异议,但他对这种成年人之间自愿参加的性聚会是否构成犯罪,持有异议。一审判决后马尧海提出上诉,江苏省高级人民法院经审理作出二审裁定,依法维持原判。

③ 参见张明楷:《实质解释论的再提倡》,载《中国法学》2010年第4期。张明楷教授并且认为:如果认为社会危害性是客观危害与主观恶性的统一,也可以说对构成要件的解释,必须使符合构成要件的行为具有应受刑罚处罚程度的社会危害性。如果认为构成要件只是违法类型,对构成要件的解释,就必须使符合构成要件的行为具有值得科处刑罚的违法性。

④ 参见陈兴良:《形式解释论的再宣示》,载《中国法学》2010年第4期。

解释论者,谁也不敢在这个原则问题上有所怠慢,因此都旗帜鲜明地打着坚持罪刑法定原则的旗号,并且二者都强调实质解释与形式解释在某些方面的统一,都声明争论的目的是为了加强刑事法治建设。所不同的是两者只是观察问题的各自角度不同,进而体现了各自的立场不同。正像有学者指出的那样:"实质解释论强调对刑法的解释,不仅要形式解释,更要实质解释,当然最好能够将形式解释与实质解释同时结合起来,体现在犯罪论领域,就是将构成要件符合性的形式判断与违法性的实质判断结合起来……而形式解释论强调对刑法的解释,首先应当进行形式解释,只有在符合形式解释结论的情况下,才需要进一步作实质解释,如果行为不符合形式解释的结论,就不需要再进一步作实质解释,即形式解释与实质解释之间有时间上的先后顺序,体现在犯罪论领域,就是坚持构成要件符合性的形式判断与违法性的实质判断在时间步骤上的相分离。"⑤因此可以将两者的理论分歧描述为是将社会危害性视为犯罪的第一要件,还是刑事违法性为犯罪的第一要件上。

这种不同刑法解释方法背后的立场,在刑法理论上又可以上升为如何理解刑法机能的问题。实质解释论强调了刑法的保护机能,属于国家为本位刑法观的拓展;而形式解释论则强调了刑法的保障机能,属于个人为本位刑法观的延伸。然而就一般而言,一部现代刑法基本上是既会充分考虑保护社会利益和社会秩序,也会充分保障公民权利和个人利益。平心而论,在民主、法治和人权的本质就是有效地控制国家公权力的现代价值观前面,无疑优先保障公民权利和个人利益是现代刑法发展的必然趋势。日本刑法学者西原春夫曾指出:"虽然刑法是为处罚人而设立的规范,但国家没有刑法而要科以刑罚,照样可行。"⑥西原春夫的言下之意是,刑法就是为了制止国家随意处罚人而制定的。正是在这一刑法观念牵引下,现代法治社会的核心内容不过就是讲规矩,讲规矩就是首先讲符合形式要件,其次讲规范意识,名正才能言顺。其实即使在中国古代讲到法的时候,管子也曾有言:何谓

---

⑤ 吴情树:《实质解释还是形式解释》,载《检察日报》2011年6月9日。
⑥ 〔日〕西原春夫:《刑法的根基与哲学》,顾肖荣等译,上海三联书店出版社1991年版,第33页。

法?"尺寸也、绳墨也、规矩也、衡石也、斗斛也、角量也,谓之法。"⑦所有这些法的象征都是以其有形的形式存在于社会之中而被人遵守和适用的。而所谓背离了法的形式规范进行的考量,管子称为心术:"实也、诚也、厚也、施也、度也、恕也,谓之心术。"⑧所以我们今天想要讲法治,今天真要想建设法治社会,我们不能不首先讲规矩,不能不上下讲规矩,不能不坚持讲规矩,不能不始终讲规矩,不能不处处讲规矩。于是在实质解释与形式解释发生冲突过程中,主张以坚守既定的法律规范形式为底线,不符合法律的形式规定,不允许进行实质解释的形式解释论就占领了现代法治意义上的制高点,在刑法理论上先胜一筹。

坚持讲形式要件守规矩,会不会是走向法律教条主义?这又涉及法教义学对司法实践的指导甚至约束作用问题上。"法学是教义学的,因为它必须建立在理论约定的基础上,必须具有约束力的理论规则,否则法学就不能成为一门系统的、独立的、实践的学问。没有教义学指导的法律实践是混乱的。"⑨我们说刑法学的本体是刑法解释学,这又何尝不是刑法的教义学?而刑法的教义学本身又是一种规范的知识体系,刑法教义学能够为刑法实践提供明确的评价标准和判断标准,也就是提供了尺寸、绳墨、规矩、衡石、斗斛、角量等具体的标准工具和使用手段,因此它当然具有教条的意蕴。法律的规范主义本身就是"教条主义"。只是在中国,由于没有区别理论的教条主义与法律的"教条主义"的界限,使法律的"教条主义"也一直作为一种贬义的词汇饱受诟病,以致在中国要想建立法律的权威也备受艰难,使当下的中国人直到现在还没有建立对法律的信仰,贻害了一代又一代的中国人。哈罗德·伯尔曼在其著作《法律与宗教》一书中曾经提到,法律必须被信仰,否则它将形同虚设。⑩法治社会的一个重要标志就是全社会都能养成对法律的"信仰",这里包含着对法律观念、法律文本和规定形式的尊重和遵守。在我国的法治建设进程中,由于众多或明或暗

---

⑦ 《管子·七法》。
⑧ 同上注。
⑨ 舒国滢:《法哲学沉思录》,北京大学出版社2010年版,第37—38页。
⑩ 参见[美]哈罗德·伯尔曼:《法律与宗教》,梁治平译,生活·读书·新知三联书店1991年版,第28页。

的社会因素存在,中国社会的法治观念还没有得到根本性的提高,法律规则意识还有待加强,特别在某些权大于法、集团利益大于国家利益、各路人马开始迷信各种潜规则的背景下,时下法律虚无主义的现象还时有存在。用不着刻意掩饰与隐瞒,事实上人们已经看到了法律虚无主义的危害要比法律"教条主义"的危害来得更大。

尽管实质解释论与形式解释论针锋相对,竖起旗帜各占一个山头,但我们还是不得不严肃地加以指出:实质解释与形式解释作为一个对立的理论问题本身是一个伪命题,而且实质解释论在司法实践中是十分有害的。

二、实质解释论的剖析与批评

在一个比较民主的社会里,法律实际上是由多个社会利益主体在分配和分享各种社会利益时的一种协调或者是一种妥协的产物。这种协调与妥协的结果表现在法律语言文字上就是字斟句酌,字字已经铁定,句句便是规范。在成文法的国家里,立法意图不通过语言文字是无法体现的。立法主体的意志需要一定的形式加以固定和体现才能有效,才能被执行。在法治化的时代,这一形式就是通过一定的语言文字加以体现的法律。因为,此时所谓的"立法精神"必须通过一定的物质载体才能有所依附,而法律的精神就是通过法律的语言文字加以反映的。法律需要补充修改,是社会利益主体又一次协调和妥协的过程和产物,在形式上又一次体现在法律的语言文字中。尽管同一个法律条文放在不同的解读主体面前,会有不同的理解,这是正常的。正因为如此,法官的"自由认定度"和"自由裁量权"就成了古今中外司法实践中无法回避的一个事实。

已如前述,实质解释论是从实质刑法观发展而来的。所谓的实质刑法观,又称刑法的实质合理性:是指"法律的正义、公平等价值理性内涵……在法律规则不够透明时,可以依据这些人类理性在形式和理性的范围内对法律进行目的价值的解释,以保证法律的形式合理性能得到最大限度的维护和遵守,使法律的形式合理性具有长久的价值"。[11] 由此看出,坚持实质刑法解释论者首先也承认罪刑法定原则,

---

[11] 刘艳红:《实质刑法观》,中国人民大学出版社2009年版,第47页。

承认形式合理性的首要价值,是作为形式合理性原则的补充形式出现的。但是如何理解实质解释的所谓公平、正义等抽象性词语,恐怕又要见仁见智了,因此实质解释的命题就值得商榷了。

(一) 在中国的语言文字上进行分析

"实质"一词今天已经大行其道,可以在多种场合使用,有时它跟程序相对应,有时它跟表象相对应,有时它又跟形式相对应。在这里,当我们开始讨论实质解释论的时候,我们不能不先了解什么是实质?实质的标准是什么?实质的"实质"是什么?从现代汉语的词语组织结构来说,实质一词是由实(事实)与质(本质)两种意义上的字组成的。从现代汉语的语词基本意义上来说,实质一词,相当于本质,是指事物、问题或观点的本质所在。从中国的语言文字使用领域而言,实质又可以作两种理解:一是指事物的材料或者质地,实际上指事物的实体而言;二是指事物的本质,即观察者或言说者对事物本质属性的认识。就第一种实质而言,就是指在一种名称之下的物品所具有的自然属性、物理属性,因此这一实质具有物理层面的含义。就第二种关系而言,它说的是某个人或某类人实际上对某一事物质的规定性认识和概括抽象,因此它不属于非物理层面而属于精神层面和思想范畴。今天所谓实质解释论所使用的"实质"二字,主要是就第二种意义上使用的,是使用者、言说者对法律规范的某种看法或者质的规定性认识。但是当实质一旦进入某人对某种事物本质的认识和概括抽象,就必然发生一千个读者眼里就有一千个哈姆雷特的现象。这里就会涉及观察者观察事物所选择的角度、所持有的立场、所采用的根据。在现代成文法的民主国度里,刑法是由一个社会大多数成员的意志体现并通过以语言文字为表现形式的法律专有名词加以表现的,每一个法律专有名词本身就是某一现象的概念表现形式,而概念本身又是人们对于某一事物的观察思考后得出能够反映事物本质属性的高度概括的思维形式。由于"谷堆悖论"[12],语义学想要重建"巴别塔"的努力最终都

---

[12] 古代希腊的诡辩论者曾经提出过一个著名的悖论:如果1粒谷子落地不能形成谷堆,2粒谷子落地不能形成谷堆,3粒谷子落地也不能形成谷堆。依此类推,无论多少粒谷子落地都不能形成谷堆。这个著名的"谷堆悖论"告诉我们,从没有堆到有堆中间,并没有一个明确的界限,任何概念都无法实现精确性而只是模糊的"类型"。

以失败告终,是因为语言的意义是流动的而不是凝固的。"概念的精确性一直是人类思维的美丽乡愁,人们一直梦想着实现却永远无法达至,正因为语言的模糊性与不确定性,人类就像推巨石上山的西西弗斯一直行进在思考的途中。"[13]因此,即使某人得出了某种所谓"实质性"的结论,这种结论在社会领域也许是不确定的、不固定的。这是因为在对待事物本质方面,人人都会说只有自己才真正认识了事物的本质,发现了真理,掌握了真谛。这样,"实质"一词的使用就会变得"实质上"没有标准,实质只能通过意味才能获取,因此实质很难成为规范性的形式存在。

(二) 从现代哲学意义上进行分析

当实质解释论者采用实质作为其观念表达时,也许未能深刻领会实质的"实质"是什么。我们不妨先回到汉字和词语的本源,以便理解实质解释的"实质"到底应当有什么含义。

就基本的词语使用而言,事物的实质不过是对事物本质抽象后的概念确定。何谓"实质"?在哲学当中,又称为"本质",是指某一对象或事物本身所固有的属性。从根本上说,使该对象或事物成为该对象或事物,否则该对象或事物就会失去其自身的特定属性。在日常用语中,实质即为本质的意思,是指事物、论点或问题的实在内容。如闻一多《说舞》:"舞是生命情调最直接、最实质、最强烈、最尖锐、最单纯而又最充足的表现。"王西彦《古屋》第五部二:"要紧的不是名词,而是实质。"在古汉语中,与"实"相对的是"名"。名,指名称、形式。实,指实际存在的事物、内容。作为中国古代哲学范畴的一个重要概念,中国古代哲学家们有着不同的解读,经过长期争论,形成了中国古代哲学的名辩思潮,由此推动了中国哲学的认识论、辩证法和逻辑的发展。

但是在现代哲学范畴意义上而言,事物的本质是与事物的现象组成一对哲学范畴,共同揭示自然、社会和思维发展过程中本质和最普遍的联系。所谓实质解释论的"实质",是指事物实际上的本质,因此与它相对应的一定是事物的现象,并从这一现象中揭示其本质的关系所在。实质不可能与形式结成一对范畴,形式只能与内容结成一对哲

---

[13] 王彬:《法官为什么不能"依法判案"》,载《法制日报》2011年3月19日。

第七章　刑法实质解释论与形式解释论的透析与批评　141

学范畴,自有它们所关注、讨论的独特对象。因此实质解释论与形式解释论相对应,同时也意味着形式解释论与实质解释论相比拼实在是一种理论上的误解,经不起证伪的质疑。这是因为形式解释中的形式,不过是一种事物存在的方式,它在中国古代属于"名"的范畴。当一种事物以一定名的形式出现或者存在时,其本身就已经是一定概念的存在形式,也许定义可以各不相同,所涉内容有多有少,但"形式"以相对稳定的形式存在却是不容怀疑的。这在中国古代的"名实论"中得到了充分的反映。荀子说过:"名也者,所以其累实也。"⑭中国古代的"循名责实"和"以实定名"讲的都是这种形式与内容的关系。孔子也说过:"必先正名乎!……名不正则言不顺;言不顺则事不成;事不成则礼乐不兴;礼乐不兴则刑罚不中;刑罚不中则民无所措手足。故君子名之必可言也,言之必可行也。君子于其言,无所苟而已矣。"⑮形式本身就是许多具有内在联系的事物集中反映的存在表象,通过本质的确定可以划定内容的边界。荀子肯定了名的意义和对实的关系:名,一是对事实(指单一事实)的反映;二是对许许多多事实的反映,名就是反映了许许多多事物本质的一种存在形式,名也就具有了抽象性、概括性的特点,这就从更深层面揭示了"名"的本质。⑯ 正是从这一意义上,代表许许多多事实内容的形式的"名"与某一现象的本质有共同之处,一种事物的存在形式就是对其本质的肯定。例如"杀人"这一名词形式正好揭示了行为的本质在于剥夺他人的性命,"盗窃"这一名词形式正好揭示了非法秘密占有他人财物的行为性质。如果说形式是与内容结成的一对哲学范畴,现象是与本质结成的一对哲学范畴,而在共同揭示自然、社会和思维发展过程本质和最普遍的联系过程中,形式与本质就具有共通性,内容与现象就具有共通性。当然我们在这里十分明白实质解释论与形式解释论的理论分歧,即认定法律条文带有一些模糊性规定的时候,实践操作到底是应当坚持罪刑法定原则下的刑事违法性优先还是社会危害性优先的问题。但本着循名责实的哲学思维,让实质解释与形式解释作为现代刑法学上的一个命

---

⑭ 《荀子·正名》。
⑮ 《孔子·论语》。
⑯ 参见周云之、刘培育:《先秦逻辑史》,中国社会科学院出版社1984年版,第195页。

题,还是缺乏坚实的哲学和法学的理论基础。

(三) 从理论应用于实践的进路上进行分析

刑法解释一般是在刑法运用中进行,此时刑法作为一种规范形式已在客观世界中固定下来,成为一种独立的客观现象,正像婴儿出生后与母体是两个独立的存在一样,与原先生产它的母体不再有生存意义上的联系(是指刑事立法制定以后的现象而言的)。人类社会为什么要有刑法这种社会规范,无非是为了打击犯罪,保护社会利益与既定秩序,两者是一个硬币的两个侧面,两者相辅相承,同时存在。但一个人不能在同一时间和同一空间同时看到硬币的两面,因此两者孰轻孰重经常会成为理论争议的话题,见智见仁的理论观点多得是。但事实上,打击了犯罪自然保护了社会利益,要保护社会利益又必须打击犯罪,一旦使用辩证法的理论,只是理论上仅仅是多说几句与少说几句的吊诡而已,在这个问题上,真正需要关注的是犯罪圈的大小是如何设定的。突出强调保护社会利益与社会秩序,犯罪圈就势必放大;突出强调公民权利和个人利益,犯罪圈就相应缩小,但犯罪圈或大或小是由立法者而不是司法者解决的。刑法解释只是出现在和只能存在于司法实践中,只能是技术意义上的解释而不是进行立法补充规定,所以刑法解释必须对现有法律要保持谦逊和尊重的态度。对法律的尊重就是对法律文本的尊重,对法律文本的尊重就是要对法律规范形式的尊重,对法律形式的尊重就是对法律规定文字的尊重。刑法解释只是为司法实践提供一个可供操作的技术标准,既定的法律就像"圣经"一样只能尊重不能改动。中国是一个成文法国家,从正宗的法治意义上说,在法律规定的条款文字之外没有法律。因此对于立法者来说,创造比守望更重要;而对于司法者来说,守望比创造更重要。从这一意义上说,形式解释论强调以刑事违法性作为认定行为是否构成犯罪的切入点和归宿点,对于刑法保持了一种谦逊的姿态。而所谓实质解释论对法律以居高临下的姿态,以社会危害性作为认定行为是否构成犯罪的切入点就具有了机会主义和过于实用主义的特性,由此可以反映出实质解释论往往没有逻辑规则加以遵守的诡异。尽管实质解释论也会提到要遵守罪刑法定原则,但这不过是一种技术性的套话表述,其"实质"是"在遵循罪刑法定原则的前提下,可以作出扩大解释,以实现处罚的妥当性。对违法构成要件的解释,必须使(着重号为笔者所加)行为的违法性达到值得科处刑罚的程度;对责任构成要件的解释,必须使(着重号为笔者所加)行为的有责性达到值得科处刑罚的程度"。⑰ 这是在把行为先"套进来"后,再作创造性的解释,使该行为符合法律的规定,这种理论与实质解释论倡导者曾经倡导学习的大陆法系三阶层构成模式应当以该当性为第一要件的原理发生了严重的冲突,从中我们也看到了倡导者在这里所表现出来的无规则思维轨迹,毫无逻辑性可言。

其实罪刑法定原则下的犯罪明确规定,其本身就是对犯罪主体资格、犯罪的主客观要件及其要素的明确规定。一个行为是否符合具体的犯罪构成要件,首先是一个"有没有"的问题,而不是"有多少"的问题。不然"皮之不存,毛将焉附"? 也许受语言文字的多义性、歧义性和模糊性的影响,人们对某一具体犯罪构成的解读有所差异,但对于司法实践来说,必须先对犯罪构成要件及其要素作出解读和诠释,然后要么"按图索骥",要么"来料加工"。而不是如实质解释论所说的:"必须以保护法益为指导,使行为的违法性与有责性(的解释)达到值得科处刑罚的程度;在遵循罪刑法定原则的前提下,可以作出扩大解释,以实现处罚的妥当性……在遇到法律疑问时,不能将有利于被告人作为解释原则。"⑱本来法律的一些观念、原则本身就不是法律具体规范或者说不是设定行为的规范,因此不能直接作为评判行为的理由,只能起一种方向性补充调节的作用。保护所谓的"法益"不过是换了一个名称的保护"客体"的说辞而已,"法益"既没有任何新的理论意义,也没有规范价值,它只是对立法制定选择刑法的保护方向才具有指导意义。把保护"法益"作为所谓实质解释的理论根据,注定了这种解释往往是在没有具体明确的概念情形下,只凭着所谓的"公平、正义"之类的观念在崎岖山路上进行信马由缰的奔走驰骋。

---

⑰ 张明楷:《实质解释论的再提倡》,载《中国法学》2010 年第 4 期。张明楷教授并且认为:如果认为社会危害性是客观危害与主观恶性的统一,也可以说对构成要件的解释,必须使符合构成要件的行为具有应受刑罚处罚程度的社会危害性。如果认为构成要件只是违法类型,对构成要件的解释,就必须使符合构成要件的行为具有值得科处刑罚的违法性。

⑱ 张明楷:《实质解释论的再提倡》,载《中国法学》2010 年第 4 期。

(四) 从司法实践的效果上进行分析

刑法是社会公器,它涉及公民生杀予夺的根本利益,现代社会不得不对此加以明文规定。罪刑法定,有言在先,让社会成员对自己的行为有一个预测的效应。由于实质解释论以保护法益和社会危害性作为评价行为的切入点,往往会混淆刑事立法与刑事司法、刑事法律与刑事政策之间诸多界限。同时更由于法益、社会正义、人间善恶本身都不是一种规范性名词、规范性现象和规范性理论,因此以所谓社会正义、人间善恶为出发点、以保护社会利益作为归宿点的观念决定刑罚的运用,其认定犯罪的结果就可能是不稳定的,在与他人发生联系时也会因人而异、因时而异、因地而异,司法实践中很多创造性的解释现象正是从这里开始启程的。上海肖永灵投放虚假"炭疽病菌"案[19]、北京龚建平"足球黑哨"案[20]以某种犯罪认定处罚后,后来的立法一旦加以明确规定,就意味着原先的认定,是在当时背离了罪刑法定原则下规定的。[21] 但由于法律判决既判力的作用,已经判定的案件已不可能轻易更改,不知公民的权利和个人利益不受法外随意追究是不是所谓社会正义和"法益"的一个必要组成部分? 所以实质解释以社会正义、人间善恶为出发点、以保护社会利益作为归宿点的观念,实际上以是非、善恶、爱憎等"心术"标准替代法律的规范要求和评价标准,违背了起码的法律规定和逻辑思维,这是它的要害所在。作为一个法治的基本要求,坚持依法办事,严格按照法律规定就是不要随意超越法定的边界,这是谁都可以明白的道理,怎么在实质解释论那里就变

---

[19] 2001年10月间,被告人肖永灵通过新闻得知炭疽杆菌是一种白色粉末的病菌,国外已经发生因接触夹有炭疽杆菌的邮件而致人死亡的事件,因此,认为社会公众对收到类似的邮件会产生恐慌心理。同年10月18日,肖永灵将家中粉末状的食品干燥剂装入两只信封内,在收件人一栏书写了"上海市政府"和"东方路2000号"(上海东方电视台)后,乘车至本市(即上海市)闵行区莘庄镇,将上述信件分别邮寄给上海市人民政府某领导和上海东方电视台新闻中心某领导收。

[20] 2000年至2001年,龚建平在受中国足球协会指派担任全国足球甲级队A组、B组联赛主裁判员职务期间,先后9次收受他人给予的财物,共计人民币37万元。法院审理认为,被告人龚建平利用担任裁判员职务之便,接受请托,多次收受他人给予的财物,且数额巨大,构成受贿罪。

[21] 在这两个案件以危害公共安全罪和受贿罪下判以后,刑法修正案增加了投放虚假危险物质罪和非国家工作人员受贿罪的罪名。

得如此复杂难懂？据学者统计,支持实质解释论的学者要远远超过形式解释论的学者,这些学者自以为只有他们才能一眼望穿迷雾直达苍穹而把握了刑法的真谛。[22]而在刑法的理论研究和司法实践过程中,是刑法人但还不能树立起牢固的"规范先行、价值在后"的意识时,就意味着是一个时代的悲哀。

(五) 从现代法治观念上进行剖析

进一步去挖掘实质解释论与形式解释论之争的问题所在,实际上还是一个合法性与合理性之争的问题,合法性总是存在着相对明确的标准,而合理性没有绝对固定明确的标准。当一种理论缺乏明确的评价标准和判断标准时,就往往变得自说自话。法治社会一个最基本的要求是,罪与非罪的界线和国家权力的运用都应在法律上加以明文规定,国家权力不能因为拥有暴力而超越自己所制定的法律规范去行动。在中国古代的非法治时代,有一段对白泄露了两千余年来非法治的秘密。汉时有客责备杜周说:"君为天子决平,不循三尺法,专以人主意指为狱。狱者固如是乎?"杜周回答说:"三尺安出哉？前主所是著为律,后主所是疏为令,当时为是,何古之法乎!"[23]所谓"当时为是",就是以当时统治者之是为是,以当时司法者个人之是为是,所谓律令不过是体现统治者意志的一种形塑工具,无法为是,律令最终不过沦落为一种玩具。

当然,我们在这里也不会忘记"枪口抬高一厘米"的法治故事,但如在东德政权制度下,还算不算违法？还会不会受到审判？因为这是法律规定的制度。当东德卫兵英格·亨里奇因射杀了20岁的攀爬柏林墙企图逃向西德的克利斯被判3年半徒刑,已不是司法的问题,而是一种社会制度发生变更以后另一个法律出现后的另一种司法活动了?[24]此时运用的已不是东德的国家法律了,所以跟原有的法律形式无关。

---

[22] 参见胡月军:《简评实质刑法观与形式刑法观之争》,载《中国图书评论》2010年第9期。
[23] 《史记·酷吏列传·杜周传》。
[24] 1991年9月,统一后的柏林围墙守卫士兵枪杀平民案宣判,不予假释。他的律师辩称,士兵仅仅是执行命令的人,根本没有选择的权利,罪不在己。法官当庭指出:"东德的法律要你杀人,可是你明明知道这些唾弃暴政而逃亡的人是无辜的,明知他无辜而杀他,就是有罪。作为警察不执行上级命令是有罪的,但是打不准是无罪。作为一个心智健全的人,此时此刻你有把枪口抬高一厘米的主权,这是你应当主动承担的良心义务。"

三、形式解释论的批评与补正

形式是指某种事物的样子和构造,以区别于该事物构成的材料,也即为事物存在于一定时间与空间的外形。刑法中,任何法条的设置都是形式与内容的统一。形式解释实际上是要对法条的存在形式进行解释,是对其应有内容的挖掘。形式解释坚守法条形式为底线,这是对法律的谨慎和克制,是对法律的谦虚和尊重。但形式解释论将刑法解释看成是一种案件事实与法律条文匹配过程中,"将实质上值得科处刑罚但缺乏刑法规定的行为排斥在犯罪范围之外"㉕的活动,也有错误解释之嫌,因为缺乏了刑事违法性的形式条件何来可罚性内容?刑罚的可罚性是紧紧依附于刑事违法性这一犯罪的本质特征上的。

从哲学层面而言,亚里士多德认为,形式、质料和具体事物都是实体,有时甚至说只有形式才是实体。㉖培根则认为,物质性的事物才是实体,形式则是物质的结构。他坚持形式与事物的性质不可分。他在《新工具论》中明确指出:形式"不是别的,正是支配和构造简单性质的那些绝对现实的规律和规定性"。㉗培根认为,形式是物体性质的内在基础和根据,是物质内部所固有的、活生生的、本质的力量。物质之所以具有自己的个性,形成各种特殊的差异,都是由于物质内部所固有的本质力量,即形式所决定的,比如人和其他动物的区别。人们只要认识和掌握了形式,就可以在极不相同的实体中抓住自然的统一性,就可以在认识上获得真理,在行动上得到自由,他把发现和认识形式看做是人类的认识目的。这与中国古代"循名责实"和"以实定名"的名家思想有暗合之处,讲的都是这种形式与内容的关系。所以将中国古代名家思想方法和现代哲学关于形式与内容的逻辑关系理论,一并纳入现代刑法研究的范畴,人们才能获得更全面的认识和知识。

任何具体思维都有它的内容,也有它的形式。没有思维形式的存在,就没有思维内容的被人认知。刑法条文在某种意义上也是思维的

㉕ 陈兴良:《形式解释论的再宣示》,载《中国法学》2010年第4期。
㉖ 参见刘玉鹏:《论形式在亚里士多德实体学说中的地位》,载《云南大学学报》2008年第2期。
㉗ 〔英〕培根:《新工具论》,陈伟功译,北京大学出版社2008年版,第8页。

第七章 刑法实质解释论与形式解释论的透析与批评

结果,刑法条文不仅仅是一种形式,条文的文字表述和意思含义就是它的内容。内容指构成事物的一切内在要素的总和,包括事物各种内在矛盾以及由这些矛盾所决定的事物特征、运动过程和发展趋势等。形式解释就是根据已然的法律规定形式,确定其基本概念,挖掘其构成条文形式的一切内在要素的应有内容,并划分出其文意字义射程的边界,然后对指涉事物进行判断。

从立法的过程来看,由客观社会现象引导的主观意志决定了立法的内容。而从司法的过程来看,又是体现立法者主观意志的法律条文决定着客观事物的命运走向。形式总有一定的内容作为承载量,若内容超过了形式所能承受的限度,原有的形式就会崩坏,随之而来的是新的与内容相适应的形式。正是从这一意义上说,形式解释虽然卑微,但却本质性地抓住了刑法解释的要领。

但我们要说,刑法解释关键在于对刑法条文的文字规定要作出一个相对确切的概念,以此作为意思边界和与它事物的分界线。其实,任何一个现代成文刑法,一般都以最普通的语言文字加以规定,这是由刑法本身就是一部大众化的法律所决定的。从立法的层面上说,立法意图是通过语言文字反映出来而落实在法条上的。因此在实际生活中,人们只能通过法条的语言文字形式理解法律的内部含义。"一定的语言文字是一个国家、一个民族、一个社会传统文化的集中反映,具有约定俗成的、基本固定的内涵,不然,社会之间的交流就无法进行和展开。"[28]上海肖永灵投放虚假"炭疽病菌"案、北京龚建平足球黑哨案、南京李宁"鸭吧卖淫"案[29],之所以在刑法理论上和司法实践中发生如此大的争论,就是因为存在着案件的结论在理解犯罪构成时发生了偏离犯罪构成原有的语言文字规定要求,最后不得不借助于所谓"实质的解释"揭示的社会危害性理论所引起的。

当我们承认一种名词的规定形式本身就是一种事物质的规定的反映,这意味着形式已经等同于本质的规定性体现,尽管人们对于一

---

[28] 杨兴培:《犯罪构成的三个层面分析》,载《法学》2005 年第 5 期。
[29] 2003 年元旦以来,李宁先后伙同刘某、冷某等人经预谋后,采取张贴广告、登报招聘"公关"的手段,招募、组织多名男青年在南京其原经营的"金麒麟"、"廊桥"及"正麒"酒吧内与男性消费者从事同性卖淫嫖娼活动,从中牟利。

种事物的质的规定性是有不同看法的。理论上对刑法的形式解释实际上是一种演绎式的解释,通过解释揭示其应当包含的内容,这是一种证实的无穷过程。而实践中对刑法的形式解释实际上遇到了具体问题,此时的解释实际上是一种归纳式的解释。但两种解释都以明确概念、确定标准为要求。比如说故意杀人罪当中的人指什么?得出概念以后才可以确定胎儿是不是人、"狼孩"是不是人的结论[30];盗窃罪当中的财物指什么?得出概念后才可以确定虚拟财产、知识产权的产品是不是财物的结论;还有在贿赂罪当中才可以确定"财产性利益"和"女色与性"是不是贿赂罪财产内容的结论。在行为符合法律形式规定的情况下,意味着也同时具有了某种犯罪的本质特性(法律另有规定的犯罪阻却事由除外),接下来需要考察的是行为的社会危害性大小,并以此决定是否需要适用刑法犯罪概念中的但书规定。"形而上为道,形而下为器"[31]。没有形而上的概念作标准,什么问题都会变得自说自话,法律的严肃性就会被消解和流失。

事实上,在一般性的刑事案件中,在严格依法办事的国度与年代里,对刑法的解释不会发生太大的争议。哈特也曾指出过这一点:"在通常的案件处理过程中,对一部制定法的适用是以基本上没有摩擦的方式受控于条文语句的通常含义或词典含义的。在这些寻常的或者常规的案件中,不存在对法律所欲推动的政策或者立法者意图作出推测的必要。只有在偶尔发生的临界性或边缘性情形中,探测立法目的的尝试才显得必要。"[32]我国也有学者说过:"法治社会中刑法不过是认定'犯罪'的一个象征性符号(象征法律之权威而非国王之权威),而理论正是对这一符号的放大与深化;在真实运作之意义上,它们都

---

[30] 1920年9月19日,在印度加尔各答西面约1000千米的丛林中,发现两个被狼哺育的女孩。年长的估计8岁,年幼的一岁半。大概都是在出生半年后被狼衔去的。两人回到人类世界后,都在孤儿院里养育,分别取名为卡玛拉与阿玛拉。她们的言语、动作姿势、情绪反应等方面都能看出很明显的狼的生活痕迹。她们不会说话,发音独特,不是人的声音。不会用手,也不会直立行走,只能依靠两手、两脚或两手、两膝爬行。她们惧怕人,对于狗、猫似乎特别有亲近感。白天她们一动也不动,一到夜间,到处乱窜,像狼一样号叫,人的行为和习惯几乎没有,而具有不完全的狼的习性。

[31] 《晋书·刑法志》。

[32] 〔美〕富勒:《法律的道德性》,郑戈译,商务印书馆2005年版,第260页。

只是解决'边缘'与'疑难'。"㉝这些话语从一个侧面告诉我们,涉及刑法解释问题的案件往往是一些不具有常规性类别的疑难案件。实质解释论与形式解释论之争的背后,说到底不过是两者之间的观念不同,实际上是人道主义与泛刑主义的分野。实质解释论者强调刑法的保护功能,其观念的核心是国家本位主义刑法观。形式解释论者强调刑法的保护功能,其观念的核心是个体主义本位刑法观。但由于现代成文刑法是一种对行为类别的规定形式,也就是对一种具有普遍性意义的行为进行规范,因此被立法所遗漏的行为就不具有普遍性。对一两个另类独特的行为,立法时已经给予了宽容,不作为打击的对象,司法又何必要超越这一界限越界打击呢?而因制度的不足和执法的不公,放纵或漏网的又何止一两个处在边缘模糊地带的疑难案件?

罪刑法定主义毕竟是个原则,当它落实在刑法之中的确会有挂一漏万之处,但面对这种法律规定的困境产生的欠缺,有学者已经指出应当以人道主义加以补足,"在平衡国家刑罚权与被告人权利之间的关系、落实法律的公平正义和尊重、保障人权的刑事叙事主题中,对于人道主义的弘扬无疑是重要选项"。㉞这无疑是值得赞许的。

四、刑法解释的价值审视与路径选择

实质解释与形式解释违背了形式逻辑要求的同一律的规则要求,作为一对理论范畴本不应当成为刑法问题,今天当实质解释与形式解释被人误读为刑法理论流派之争时,我们有必要指出其内部的流弊,以期正本而清源。但刑法毕竟是需要解释的,如何解释才能更好地体现出法律的生命力和理论如何服务于司法实践依然是个大问题,所以揭示其背后反映出的刑法的条文意思边界,也依然是一个重大的刑法问题。

长期以来,在理解刑法规定的问题上,一直有太多的观点认为应当从刑法的立法意图上理解。但何谓立法意图?人们往往脱离了刑法本身的规定各抒己见,由此使得刑法的立法意图成了看不见、摸不着可以任意诉说的一种精神现象,以致公说公有理,婆说婆有理,究竟

㉝ 冯亚东:《犯罪概念与犯罪客体之功能辨析——以司法客观过程视角的分析》,载《中外法学》2008年第6期。

㉞ 孙万怀:《罪刑关系法定化困境与人道主义补足》,载《政法论坛》2012年第1期。

谁说了算,就看谁的话语威力大,谁的话语权力大,这样法律往往被权威所替代,崇尚法律最终变成了崇尚权威。这正是中国社会长期以来很难建立起"法治观念"的一个重要原因。

从最基本的现实来看,社会不但是流动的生活过程,而且也是一个复杂多层的结构形式。刑法不过是社会现实生活的真实写照,刑法所规定的犯罪涉及社会生活的各个领域各个层次,面对如此复杂多样的生活所进行的被动式的刑法规定,想要用一个基本观念支配下的一个绝对的刑法解释方法解释刑法,注定是行不通的。这也是为什么实质解释论和形式解释论在相互讨论、争论和商榷过程中经常被对方抓住纰漏进行攻击的主要原因。但如果使用多元化的解释方法会不会产生多标准等于无标准的悖论呢?我们认为,对同一个事物采用多元标准肯定是悖论,但不同质的物品无法进行比较参照,就不同的对象采用不同的标准本身并不矛盾。只是任何人的任何结论都必须接受证伪方法的检验。

现代刑法注重法治、民主、人权的价值取向,刑法的现代特质应当是内敛、节俭、谦抑、紧缩和尽可能低成本。面对刑法规定存在模糊性地带、边缘性地带所产生的困惑,是本着国家主义本位原则还是本着公民主义本位原则的确是个大问题,但属于观念的东西又不能进行绝对性的强求统一,法官的自由心证和自由裁量就是从中产生的。当代日本刑法学者西原春夫在《刑法的根基与哲学》一书中说道:"国家制定刑罚法规的必要性,是以对刑罚及刑罚法规所一般具有的机能寄予期望为前提的。"㉟西原春夫在提到刑法具有的规制犯罪、制止犯罪、惩罚犯罪等一般功能以后还特别提到:"刑罚还有保障功能,即行使保护犯罪行为者的权利及利益,避免因国家权力的滥用而使其受害的机能。对司法有关者来说,刑法作为一种制裁的规范是妥当的,这就意味着当一定的条件具备时,才可命令实施科刑;条件不具备时,就禁止科刑。虽然刑法是为处罚人而设立的规范,但国家没有刑法而要科以刑罚,照样可行。从这一点看,可以说刑法是无用的,是一种为不处罚人而设立的规范。人们之所以把刑法称为犯人的大宪章,其原因就在于此。"㊱斯言诚

㉟ 〔日〕西原春夫:《刑法的根基与哲学》,顾肖荣等译,上海三联书店出版社1991年版,第30页。

㊱ 同上书,第33页。

第七章 刑法实质解释论与形式解释论的透析与批评

哉! 一个国家想要建设法治社会,制定刑法,事实上已经明确了哪些社会行为属于犯罪必须加以惩罚,这是罪刑法定原则的基本要求;哪些社会行为是否要加以惩罚还犹疑不决而故意作出模糊性规定,这是刑法罪刑法定原则下的"软肋"。刑法理论只能解决普遍性的东西,模糊性地带、边缘性地带的行为,是否要加以处罚? 只能由法官通过自由心证和自由裁量加以解决。所以今天我们即使把刑事法律关系看成是国家与公民个人之间的关系㉚,在国家与公民个人相互对决的过程中,"国家"要学会照顾"顾客",勇于接受"亏本的买卖",学会"让利于民"的现代民主观念。有了刑法,在古代皇帝杀人也得问个罪过、定个罪名。现代社会在罪刑法定原则牵引下,法无明文规定就是不得为罪。如果"国家"对一些违法行为已到了不可原谅宽恕的程度,随时可以启动刑法的立法程序进行补充规定。如果允许法官和刑法人可以超出法律规定的限度和罪刑法定原则的约束进行超法规的法律适用解释,请神容易送神难,法度则易坏不易补。

在较狭隘的层面,刑法解释往往集中在刑法分则犯罪构成要件的解释方面,犯罪构成要件的解释又往往集中在对客观要件的解释。中国是个成文法国家,刑法是以文字语言的形式表现出来的。但文字也有它自己的特性。就像涟漪的波纹一样,中心意思明显、明确,人们容易取得共识。意思射程越向边远地方延伸,意思明确度越弱,而且一旦遇上另一涟漪的波纹,中间会发生相互交叉碰撞的现象,此时人们的共识性就会受到挑战。因此在这一问题上,人们反而会取得另一种共识,越是向模糊边缘的延伸,语言文字的客观性越是衰弱;越趋向于模糊性的边缘地带,他人评判的主观能动性选择就越大。此时在不改变"规范在前、价值在后"的司法原则之下,适当放大价值评价的作用是必要的,法官的自由裁量权就会起决定性的作用。但是规范与价值之间先后次序不能变,彼此的作用不能变,价值评价必须在规范评价

㉚ 笔者一直将刑事法律关系看成是一种国家刑事法律规定的由被害人与加害人因违法犯罪行为事实而引起的为解决犯罪构成和刑事责任形成的一定权利与义务的相互关系。只是在我国干预主义的原则下,被害人的权利除一小部分自诉罪以外,已通过国家法律将加害人的追诉权让渡给国家有关机关行使。参见杨兴培:《论刑事法律关系》,载《法学》1998年第2期;《刑事法律关系评析》,载《法律科学》1999年第1期;《建立公平公正的刑事法律新概念》,载《华东政法学院学报》2000年第3期。

的"堤坝"内运行才能保证法治的平安。不然没有规范评价作保证,价值评价就会惊涛拍岸洪水滔天,历史的经验与教训已经给我们提供了足够的启示和警示。所以出现当某种疑难行为是否在刑法文字语言规定的最大可能"含义之内"的问题时,我们必须明确指出,即使人们想要通过"应不应当"来解决"是不是"的问题,也必须先拥有一个标准尺度,而在涉及刑法分则的具体犯罪方面,这个标准尺度就是犯罪构成。

犯罪构成作为一个"犯罪"入门的检验标准,相当于行为人能否进入刑事法律关系的一张"入场券"。这里首先有一个"有没有",而不是"有多少"的问题。行为符合了罪刑法定条件下的形式规定,其行为的本质特征也就具备了进入刑事法律关系领域"入场券"的性质与式样(极少数犯罪阻却的事由除外)。一般来说,犯罪构成的符合性解决了,行为的社会危害性问题本身也就解决了,剩下的是社会危害性大小的问题了,而不是什么边界问题。有学者为实质解释论作了以下辩护:"实质解释论事实上也是坚持罪刑法定主义的。只不过在实质解释论者眼里的罪刑法定,不仅具有形式的侧面,而且还具有实质的侧面。刑法在适用的过程中,不仅仅能实现形式正义,还必须实现实质正义。"㊳这种辩护实在是误解了大陆法系三阶层构成模式中构成要件该当性和违法性的本质所在。因此,在德国刑法学界独树一帜的慕尼黑大学的许内曼教授在其最新的理论中,干脆将该当性与违法性合为一体称为"不法"。㊴这意味着任何一种行为的客观方面符合了法律该当性规定的情形,其本身就具有了犯罪的本质属性。这是因为刑法的任何一个犯罪的法条形式规定,本身就包含了行为违法性的内容。而当这种行为作为一种客观现象存在于社会现实生活时,本身又具有了犯罪的本质属性(犯罪阻却事由仅仅是个别的例外)。在形式符合的情况下,意味着也同时符合了犯罪的本质要求,接下来需要考察的是行为的社会危害性大小问题,以此决定是否需要适用我国《刑

㊳ 李立众、吴学斌主编:《刑法新思潮——张明楷教授学术观点探究》,北京大学出版社2008年版,第67页。

㊴ 参见2011年9月26日班德·许内曼在北京大学法学院主办的"当代刑法思潮特别论坛——'刑法知识转型与犯罪论体系的去苏俄化'"论坛上的主题报告——"中国刑法理论的去苏俄化——以构成要件理论为例的分析"。

法》第 13 条的"但书"规定。

由此可以断定,任何刑法解释主要在于对法律规定形式的质的再抽象,而这种质的抽象又必须通过语言文字的形式,成为一种"法律"规范形式并以此作为一个标准再挖掘其应有的全部内容。问题是当对某一个规范形式解释后能否形成一个固定的概念？能否经得起证伪的质疑？从来没有一成不变、密如凝脂和一网打尽天下"鱼"的刑法,天网恢恢也有漏鱼,但如果漏的是"小鱼"或不属于具有类的属性的"另类鱼",司法机关和刑法人要有这个雅量对这些"鱼"学会放生。更何况刑法本身的"废、立、改",随时可以匡正刑法的欠缺,执法者本身不是立法者,不能越俎代庖。

五、刑法解释可取的方法选择和理想展望

通过上述的分析与批评,我们已经看出由于社会科学本身具有的不同于自然科学的模糊特点,对社会科学不能采取迷信绝对、非此即彼的观念。因此在涉及刑法解释方法的具体运用过程中,完全可以本着罪刑法定主义原则、公民本位主义立场和人道必要主义观念,遵循这样一些基本的解释要求。

(一) 无论是主观解释还是客观解释、文义解释还是论理解释都应当坚守严格解释的边界

由于我国刑法已明文规定了罪刑法定原则,受这一原则的支配和约束,"刑法文本的解释必须采用以文义解释为基本方法的严格解释,应当尽可能根据对该刑法语词的通常字面含义进行不违背社会情理的解释,除非根据立法原意不得不进行不同的解释,严格解释规则是罪刑法定原则的当然要求"。[40] 作为世界上第一个规定罪刑法定原则的《法国刑法典》通则第 111-4 条就明确规定:"刑法典应严格解释之。"依据这一严格解释规则,"负责适用刑法的法官无权将其扩张至立法者并未指明的情况。凡是法律没有明文规定的行为均不受惩处。即使某一相类似的行为,情节甚至可能还要轻一些,但因为有规定而受到惩处,对法律没有规定的行为(情节甚至可能还要重一些——此

---

[40] 梁根林:《刑法适用解释规则论》,载《法学》2003 年第 12 期。

意为笔者所加)仍不得惩处"。㊶ 即使是强调法官自由裁量和适用解释的英美法系同样坚持"刑事法律必须被严格加以解释,以排除刑事法网适用上的不公正"。㊷ 罪刑法定原则不仅意味着对立法权已有所限制,更意味着对刑事司法权的全面限制。罪刑法定原则通过对犯罪的法定化,为公民提供了行为模式,也使公民对自己的行为具有预见性。因此对刑法规定进行严格的解释应当是任何解释者恪守的准则,由此必须本着价值中立的立场首先对刑法进行形而上的解释,确定一个标准后对所涉案件进行规范评价,是任何一个刑法解释者应有的思维模式,而不是为了"实现处罚的妥当性,可以作出扩大解释"。㊸ 比如,故意杀人罪的对象必须是人,在解释"人"的时候,就必须根据中国人的观念和基于中国的国情已确立的始于出生终于大脑死亡的严格要求,将胎儿和已脑死亡的人排除出去,在现阶段这是一个约定也是一个标准,不能随意更改,不然,将具有人的形状而未出生的胎儿也算"人"的话,那胎儿的成形时间又是一个十分复杂的问题了。同样对于已经脑死亡的"人",首先需要解释还是不是"人"的问题,然后才有有无社会危害性的问题,我们不能颠倒次序。㊹ 再如财物,我们必须首先对财物的法律属性和物理属性进行严格的界定。因为在这里,一旦守不住严格的解释边界,就会产生虚拟财产是否可以纳入"财物"范畴的疑问? 知识产品是否也可以算作财物,知识产权的产品是否也可以算作侵犯财产罪对象的一系列问题? 又如,传统的卖淫概念是指以男女性器官交媾为形式的钱色交易行为,如果守不住这一边界,将只要具有"钱与性"、"钱与性器官"相联系的同性"交媾"也包括进去,进一步的问题就是同性或者异性间的"口奸"、"指奸"算不算卖淫,同性或异性间的性器官玩弄算不算卖淫,更进一步的问题是异性间"性按摩"或者异性间的肌肤相亲算不算卖淫的问题? 如果"在解释构成要件时,不能脱离案件事实;在遇到法律疑问时,不能将有利于被告人作为解

㊶ 〔法〕卡斯东·斯特法尼等:《法国刑法总论精义》,罗结珍译,中国政法大学出版社1998年版,第140页。
㊷ 储槐植:《美国刑法》,北京大学出版社1996年版,第45页。
㊸ 参见张明楷:《实质解释论的再提倡》,载《中国法学》2010年第4期。
㊹ 类似的问题同样可以发生在一些接连发现"狼孩"的情况下。

释原则"而可以作扩大解释⑮,因具体案件的需要,放了一步,那第二步、第三步怎么办?此时再强调所谓的罪刑法定原则,必定是一个口是心非的理论玩具和实践中随意把玩的形塑工具。

(二)刑法已有精确性的规定时,刑法解释应当采取主观解释的方法

刑法属于社会科学的范畴,通过一定的语言文字加以规定,肯定存在着一定的模糊性和歧义性。但是现代刑法因为涉及社会生活的各个方面,其中不乏有些规定具有数字化的内容。由于数字具有精确性的特点,对此刑法解释必须采取主观解释的方法加以解决。比如刑法明确规定贪污受贿的起刑点数额为5 000元,随着通货膨胀的加剧,物价的上涨,货币含金量的降低,今天的5 000元与立法规定时的5 000元已不可同日而语。按主观解释方法论,满5 000元当然得定罪;按客观解释论,今天的5 000元与当时的价值已不可同日而语,就有可能不应当定罪。再如《刑法》第201条逃税罪关于"纳税人采取欺骗、隐瞒手段进行虚假纳税申报或者不申报,逃避缴纳税款数额较大并且占应纳税额百分之十以上的"规定,这里的数额较大可以因具体案件的情况而有所不同,但10%的比例确是十分明确的规定。又如《刑法》第203条逃避追缴欠税罪中"纳税人欠缴应纳税款,采取转移或者隐匿财产的手段,致使税务机关无法追缴欠缴的税款,数额在一万元以上不满十万元的"规定。我们完全可以想象,尽管随着社会经济生活的发展,这些规定迟早会与社会现实发生脱节。但在法律作出新的规定之前,除了立法解释外,不管采用什么解释方法,其他任何解释都不应该改变这些规定。法律落后于现实的问题应当由立法的"废、立、改"加以解决,刑法解释不应当随意改变法律已有的精确性数字规定的内容与标准。

(三)刑法已经通过确切的语言文字加以规定的内容不能随意增减

总体而言,今天的刑法基本上是采用大众化的语言文字加以规定的,有些语言文字已经具有凝固的特点,其内涵已经约定俗成,比如

---

⑮ 参见张明楷:《实质解释论的再提倡》,载《中国法学》2010年第4期。

"人",由于我国实行较为严格的计划生育政策,胎儿只有出生以后才能获得独立的"人"的资格,这已成为一个社会常识。因此对胎儿的伤害只能看做是对母体伤害的表现形式。也正是根据这一基本原理,像非法行医犯罪中的刑法解释(是指司法解释㊻)背离了刑法明确的文字规定,以致出现了远远超出法律规定边界的现象,这是值得商榷的。最高人民法院《关于审理非法行医刑事案件具体应用法律若干问题的解释》第1条规定:"具有下列情形之一的,应认定为刑法第三百三十六条第一款规定的'未取得医生执业资格的人非法行医':(一)未取得或者以非法手段取得医师资格从事医疗活动的;(二)个人未取得《医疗机构执业许可证》开办医疗机构的;(三)被依法吊销医师执业证书期间从事医疗活动的;(四)未取得乡村医生执业证书,从事乡村医疗活动的;(五)家庭接生员实施家庭接生以外的医疗行为的。"从刑法的基本规定来看,没有合法取得医生执业资格而行医,必定会危及他人健康,因此刑法才加以干涉。而已经合法取得医生执业资格只是在其他方面没有合法行医,应当是行政法规加以取缔或者处罚的问题,而现在全部纳入刑法范围,是否有超越法律规定边界之嫌呢? 为此对法律应当言而有信深有体会的学者曾指出:司法造法乃是不正义的,因为它是一种溯及既往或事后的造法,而溯及既往的立法当然通常被认为是不正义的,之所以是不正义的,是因为这违反了人在当时的合理期望,这个期望就是行为的法律后果乃是按照行为当时已经存在并被知悉的法律决定的。㊼此言当为实质解释论者深思与足戒。

(四)刑法的前置性法规发生了变动变更,刑法解释应当"跟着走",随时进行必要的调整

从最基本的现代立法原理而言,刑法属于"第二次性违法规定"的表现形式。中国古代实行的是"出于礼而入于法"的立法原则,今天这一原则已逐渐演变成"出于他法而入于刑法"的立法原则,由此刑法在整个法律体系中获得了保障法的特殊地位,刑法的违法性特征必须借助于它的前置法才能够获得清晰认定。比如刑法中的醉酒驾车犯罪

㊻ 最高人民法院《关于审理非法行医刑事案件具体应用法律若干问题的解释》,2008年4月28日由最高人民法院审判委员会第1446次会议通过。

㊼ 参见[英]哈特:《法律的概念》,许家馨、李冠宜译,法律出版社2006年版,第257页。

中的在道路上醉酒驾车的规定,何为"醉酒"？根据国家质量监督检查检疫总局、国家标准化管理委员会制定的《车辆驾驶人员血液、呼气酒精含量阈值与检验》的规定,车辆驾驶人员血液中的酒精含量大于或者等于 20 mg/100 ml,小于 80 mg/100 ml 的驾驶行为为饮酒驾车；车辆驾驶人员血液中的酒精含量大于或者等于 80 mg/100 ml 的驾驶行为为醉酒驾车。何为"机动车"？《中华人民共和国道路交通安全法》第 119 条第 3 项规定："机动车",是指以动力装置驱动或者牵引,上道路行驶的供人员乘用或者用于运送物品以及进行工程专项作业的轮式车辆。何为"道路"？《中华人民共和国道路交通安全法》第 119 条第 1 项规定："道路",是指公路、城市道路和虽在单位管辖范围但允许社会机动车通行的地方,包括广场、公共停车场等用于公众通行的场所。这是一个行政法的规定,它全面适用于行政执法过程中,同时也是刑事违法性的前置性法规基础,认定行为人是否构成醉酒驾车的危险驾驶罪,对该罪的刑法解释须臾不能离开刑法前置性法规的约束和制约。再如信用卡诈骗犯罪中的"超过规定限额或者规定期限透支并且经发卡银行催收后仍不归还的行为",这里的规定数额、规定期限和如何催收都是由发卡银行自行规定和可以随时进行补充修正的,因此行为人是否构成信用卡诈骗罪,其行为的违法性首先要从前置性的银行法规中寻找和以此作为解释。

（五）随着自然科学发展引发的社会变化,刑法解释应当采取客观解释的方法

当今社会,自然科学日新月异一日千里,而刑法具有的凝固性特点,使得刑法规定涉及自然科学方面的内容总是落后于社会生活。对此,刑法解释应当与时俱进不能固步不前,而应当与自然科学的发展进步实行近距离的连接。比如刑法中破坏交通工具罪的犯罪对象以火车、汽车、电车、船只、航空器为内容。可以肯定,刑法在制定之时,我国还没有"磁悬浮"这一概念,但随着科学技术的发展,"磁悬浮"列车可能成为一种常见的交通工具,此时就应当将"磁悬浮"纳入到火车的概念中。类似的问题就像汽车一样,今天的柴油车、燃气车甚至太阳能车都可以视为汽车家族的应有成员一样,汽车绝不应当仅仅看做是以汽油为燃料的运输工具。再比如,由于建筑技术的迅猛发展,今

天的"桥",早已突破了以竹木原料为建筑材料的单一模式,只要在两个陆地基点上构建的供人车共行的空中通道都可称之为桥。因此破坏交通设备的桥梁不能仅仅是为以竹木桥梁为犯罪对象。在这里我们应当把中国传统刑法文化中具有合理性的出入罪原理采用的"入罪者,举轻以明重;出罪者,举重以明轻"的标准运用到现代的刑法解释和刑法实践中。

(六) 社会主流观念意识发生了重大变化,刑法解释也要与时俱进

今天的社会是各种观念相互并存、互相交杂,彼此影响,传统与时尚、历史与现实、激进与保守之间时时发生着冲突与碰撞,学会彼此容忍和宽容是社会得以和谐并存共同前进的重要条件。比如涉及性事问题,中国曾是一个谈性色变的社会,就我国刑法立法当时而言,中国的性观念还相对保守。随着对外开放和人文观念的与时俱进,当前性观念日益更新,今天反而有点"谈性成趣"的倾向,像南京马尧海聚众淫乱的犯罪案件之所以发生如此大的争议,原因就在于此。我们如果不是一味站在传统理学的高度进行纯粹道德的批判,当今社会的确有点"两岸猿声啼不住,轻舟已过万重山"的意味,对某些在刑法明文规定的边缘地带的行为,我们学会适当的容忍和宽容也是时代进步的体现。再如聚众赌博之类的犯罪在刑法没有作出修改的情况下,该行为当然仍可以构成犯罪,但是随着钱币含金量的变异,一些人财富急剧增长后产生的玩玩心理,赌博数额本是一个法律没有明文规定只能通过解释才能定罪的数字,对参与者涉案的数额作与时俱进的解释,是任何一个刑法解释者无法回避的问题。又如涉及淫书淫画等淫秽物品的犯罪,过去曾发生过在文艺作品中存在一定比例或一定露骨成分的性事描写,就会被认定为"涉淫"物品的现象,涉案行为就有可能被认定为"涉淫"犯罪。今天这一观念已发生了重大变化,因此这一标准也必须进行重新评估,由此产生新的解释结论就不足为奇了。当然在另一方面,比如家庭暴力和家庭成员之间的虐待行为,随着人权观念的增强和家庭成员平等要求的进一步提高,家庭暴力和家庭成员之间的虐待行为进入犯罪的门槛理应适当放低,与此相联系的刑法解释也必须重新确定标准。但所有这些解释,都离不开法律已有的规范形式,都是对法律规范形式本质的进一步认识而已。

（七）刑法解释必须照顾到地区差异和民族风俗习惯

俗话说,三里不同风,十里不同雨,百里不同俗。中国是一个幅员辽阔、多民族聚居的大国,而在当今世界所有大国范围内,像中国这样一个依然实行单一制中央集权政体的国家已不多见,这是由秦始皇自一统中国以后形成的历史"依赖路径"的惯性所决定的。因此中国自上到下、从东到西、由南到北只有一部刑法[48],以一部有限之法,不管刑法如何制定,在如此纷繁复杂的国情面前总是会显得"情无限而法有限"的尴尬。所以在刑法的实践中,刑法人学会能动地解释刑法才是一个有效解决问题的途径,特别是具体的司法工作者处在案件发生的具体环境中,对与案件发生的时空环境有密切联系、对案件所在地的社会氛围、风俗习惯有着切身的感受,对于那种处于刑法规定文字意思边界的模糊地带,根据地区差异和民族风俗习惯对刑法进行解释,也是刑法实践因地制宜、实事求是的一种必然要求。比如在一些地区恋爱分手后为索还聘礼或因怀孕索要必要的补偿费用而进行的"绑架"案,对此是认定为绑架罪还是为索取债务的非法拘禁罪？就需要根据当地一般的社情民俗、人情习惯加以考察,当这种"人情之债"可以被认定为本质上也是一种"财产之债"时,对这种以"绑架"形式的讨债行为认定为非法拘禁罪有何不可。但这种法律解释仍然是在法律规定的形式范围之内对应有内容的揭示。我们反对实用主义立场的"刑法解释的最终目标是要使刑法适用于具体案件,解决具体问题"[49],提倡应当使具体的案件能够严格按照解释时本身带有价值中立的标准进行。实用主义当然是为了解决问题、解决案件,但人们应当知道依照一定的标准对案件进行规范评价定罪处罚是一种解决,是一种处理,将一定的疑难案件排除在经过价值中立的严格意义上的法律标准之外,同样是一种解决、同样是一种处理。不过这种刑法解释依然是一种属于严格的法律规范主义的形式解释。

---

[48] 宪法规定少数民族自治区域可以制定与本民族相适应的某些特殊规定。
[49] 许浩:《刑法解释的基本立场——对实用主义法律解释观的论证》,载《东方法学》2008年第6期。

六、结语

刑法解释是必要的,但强调刑法解释方法必须高度统一也会使得刑法解释显得捉襟见肘,然而这不是实质解释与形式解释的矛盾与冲突,而是如何在形式解释下进行本质抽象、确定概念和内涵的挖掘。在中国由于功利主义影响和责任逃避主义观念的多重作用,法官的个人责任担当和社会荣誉评价受到严峻的挑战,严谨的逻辑思维和面对不同个案仍然忠于法律的精神长期受到压制,法官对法律的娴熟解读、严格解释常常让位于功利主义的入罪思维,所以经常出现一些不是问题变成问题的伪问题就不稀奇了。因此,国家如果不从长远和更高的要求上提高各种刑法人对法律的忠诚度和对法律进行严格解释的素质培养,刑法人就不能甚至也不敢运用自己的专业学识在罪刑法定原则下坚守刑法规范的规定形式,其结果就有可能造就一个刑法解释虽时时讲究所谓的"实质解释",但刑法的底线阵地却可能会在"为了某种法益"而遭受机会主义和实用主义的双重影响下,不断被蚕食鲸吞。这对刑法的解释来说,绝对不是什么福音。

第八章 期待可能性的理论反思与中国实践的批评

期待可能性理论滥觞于"法律不能强人所难"的古老名言,但是其理论的形成与发展实际上是思辨的产物,它是否经得起实践的检验,至少在目前还没有获得肯定的答案。期待可能性理论虽然蕴含着仁和宽容的精神品质,因为它从法律理论和司法实践的角度承认了人性中普遍存在脆弱的一面,并认为法律如果不能对人性脆弱的成分表现出应有的尊重,便会丧失人类应有的怜悯之心。因此在今天的中国研究期待可能性的理论,对于丰富中国刑法学的内容,提高中国刑法学的研究品位,并且能够与世界特别是大陆法系的刑法文化进行对话,是有着一定积极意义的。但是我们应当清醒地认识到,期待可能性的理论只能作为价值观念在刑事司法领域加以引导和推广,并且要受一定程度的限制;同时,期待可能性理论由于缺乏必要的技术支持,没有必要作为规范内容直接进入刑事立法层面。

一、中国刑法学期待可能性理论的研究概览

英美刑法的理论好实证,大陆刑法的理论好思辨。第一个被人认为体现期待可能性观念的"癖马案"却是一个个案。1897年德意志帝国法院第四刑事部所作的"癖马案"判决,为期待可能性理论的产生提供了契机。该案案情如下:被告受雇于马车店以驭马为生。因马有以尾绕缰的恶癖,极其危险。被告要求雇主换掉该马,雇主不允,反以解雇相威胁。一日,被告在街头营业,马之恶癖发作,被告无法控制,致使马匹狂奔,将一路人撞伤。检察官以过失伤害罪提起公诉,但原审法院宣告被告无罪,德意志帝国法院也维持原判,驳回抗诉。其理由是:违反义务的过失责任,不仅在于被告是否认识到危险的存在,而且在于能否期待被告排除这种危险。被告因生计所逼,很难期待其放弃

职业拒绝驾驭该马,故被告不负过失伤害罪的刑事责任。"癖马案"判决,意味着行为人在无条件选择合法行为时,即使实施了违法行为,而且存在过失(着重号为笔者所加),也不负刑事责任。该判决引起了德国刑法学者的极大兴趣。1901 年,梅耶尔(M. E. Mayer)发表《有责行为与其种类》一文,认为故意与过失作为有责行为,都是违反义务的意思活动,至于认识违法性与否问题,只是区分责任种类的标准而已,主张责任除了心理要素外,尚须有非难可能性的存在。梅耶尔揭开了研究期待可能性理论的序幕。1907 年弗兰克(Frank)在《论责任概念的构成》一文中,反对将心理要素作为责任的本质,认为责任的本质是非难可能性,这种非难可能性不像过去那样仅依据行为人的心理内容(故意、过失)认定,同时还应依据责任能力及附随情状正常性认定。弗氏所言的附随情状的正常性,实际上就是期待行为人施行合法行为的可能性。弗兰克迈出了研究期待可能性理论的重要一步。质言之,如行为时违反义务的违法行为是出于不可能避免,不可能期待时,对行为人不能归责。这样,合法行为的期待可能性是应受非难的责任界限,期待不可能则无责任。[①] 虽然"癖马案"只是一个个案,中间经过德国一些著名刑法学者的阐述发挥,逐渐形成了一个系统性的理论,但是我们从中还是可以看出期待可能性理论的形成与发展实际上是思辨性的产物。德意志民族作为一个喜好思辨的民族,对一个充满着感性色彩的案例通过理性思维的开发与整理,创造出一个系统性的理论,应当说这是刑法理论成熟的一种表现。正因为如此,期待可能性理论只能形成、发展和存在于喜好思辨的德国。而日本由于其"明治维新"在向西方学习的过程中所选择的典范标本是德国,因此德国的整个刑法理论也一直影响着日本,期待可能性的理论在东瀛日本也随之风靡开来。而由于文化的相近,早先以中国法律文化作为自己学习典范标本的日本,随着其向西方学习的成功和国家的日益强盛,开始反过来不断地影响中国。期待可能性理论在中国台湾地区得到强有力的支持,并在其刑法理论中据有极为重要的地位就是一个明证。而在中国大陆,由于过去一段众所周知的历史原因中断了对刑法的研

[①] 期待可能性理论来自 1897 年德意志帝国法院第四刑事部所作的"癖马案"判决。参见甘雨沛、何鹏:《外国刑法学》(上),北京大学出版社 1984 年版,第 344 页。

第八章 期待可能性的理论反思与中国实践的批评

究,当我们跨越了那个动乱岁月重新想要回归法治的道路时,人们才发现中国的刑法文化既丧失了对传统中华刑法文化的承继关系,又丧失了自我革新和创新能力,所以缺乏自信而处在迷茫之中的中国刑法学,需要并且一直在寻找刑法理论发展的突破口。于是经过名家的介绍和引入[2],期待可能性理论在今天的中国刑法学领域便获得了相当高的承认度。这对于中国今天的刑法理论界来说,大有给点阳光就灿烂、给点水珠就波澜的景象。当然这对于丰富中国刑法理论的内容,提高中国刑法学的研究品位,并且能够与世界、特别是大陆法系的刑法文化进行对话,是有着一定积极意义的。

但是任何一种理论研究都应当明确表明其目的所在,同时这种理论本身也应该体现其实现目的的应有功能。对于刑法的理论研究,我们应当有足够的胸怀允许其试错,但同样在研究过程中如果我们已经发现或者已经认为出错时,我们同样有必要并且应当有足够的勇气指出这种错误所在。

德国的卡西尔曾说过:人是符号动物,也是唯一使用语言文字符号的动物。[3] 尽管"与概念语言并列的同时还有情感语言,与逻辑的或科学的语言并列的还有诗意想象的语言",但"语言常常被看成是等同于理性的,甚或就等同于理性的源泉"。[4] 在中国的语言环境中,由于汉字的造型结构使然,见字起意,望文生义,循名责实是一种基本的思维方式。尽管在人类的各项科学研究中,会有各种特定的语言文字符号系统表达特定的意思指向,自然科学尤甚。然而在社会科学的研究中,各种特定的语言文字符号总是与特定的社会生活以及通用的语言文字符号相统一并相适应。这是因为在任何社会中,必然存在着多结构、多层次、多体系、多价值的生活现象,不管一个社会中存在怎样复杂多样的价值观念、利益群体和规范现象,在对一个客观性社会现象和人的行为进行描述,总是存在着一个基本的语言文字符号系统。不然,就不会有特定范围内的人的社会存在,甚至就不会有人类文明史的存在。

---

[2] 参见甘雨沛、何鹏:《外国刑法学》(上),北京大学出版社1984年版;陈兴良的《刑法哲学》一书(中国政法大学出版社1992年版),是国内较早介绍期待可能性的著作。

[3] 参见〔德〕恩斯特·卡西尔:《人伦》,甘阳译,上海译文出版社1985年版,第34页。

[4] 同上注。

何谓期待可能性,尽管各家具体的表述有所不同,但各家的大体说法都是指从行为时的具体情况看,可以期待行为人不为违法行为,而实施适法行为的情形。也就是说,只有当一个人具有期待可能性时,才有可能对行为人作出刑法上的谴责。如果不能期待行为人实施妥当的行为,也就不存在对其加以谴责的可能性。期待可能性是就一个人的意志而言的,意志是人选择自己行为的能力,这种选择只有在具有期待可能性的情况下,才能体现行为人的违法意志。有无期待可能性是可否阻却责任的事由,它不是由法律明确规定的,所以也被称为"超法规的阻却责任事由",其是否存在"超法规的阻却责任事由",需要由法官具体判断。这种蕴含着仁和宽容精神品质的理论,从法律理论和司法实践的角度承认了人性中普遍存在脆弱的一面,并认为法律如果不能对人性脆弱的成分表现出应有的尊重,便会丧失人类应有的怜悯之心。"期待可能性正是对在强有力的国家法律规范面前喘息不已的国民脆弱人性倾注刑法同情之类的理论。"⑤毫无疑问,期待可能性理论所表现出的对社会底层弱势民众的同情作为一种价值观念,充满着人文关怀的时代精神,这是它的闪光之处,也是值得人们称赞、备受欣赏的理由所在。

其实从汉语的习惯表述上对上述基本概念和产生这一基本概念的癖马案判决意见加以分析解读,所谓的"期待可能性"恰恰是一种期待的不可能性或者是不可能期待,即人们不可能期待行为人能够有条件和有能力实施合乎一般法律规定的行为,因此这种不可能的行为是作为一种可以阻却刑事责任的事由加以辩护的。由于日本刑法理论从德国借鉴过程中将这一现象翻译成"期待可能性",我国的刑法理论界未加词义思考、未作语言转换直接引入进来,以致在解读这一名词和概念时显得特别拗口和费解,这是我们在引进时未曾注意到的。

但是期待可能性的理论引入中国以后,我国众多的刑法学者对其所作的研究,其言语表达和理论阐述已有不断呈现出过分复杂繁琐的倾向,这是我国刑法理论界在引入这一理论时所没有预料到的。期待可能性的理论就其实质而言,不过就是法外用情。为何?因为情有可原。既然犯罪情有可原,原谅宽恕就应当在情理之中。其实这也不是

---

⑤ 〔日〕大塚仁:《刑法论集》(1),有斐阁1978年日文版,第240页。转引自冯军:《刑事责任论》,法律出版社1996年版,第245页。

什么深奥的理论。这是因为刑法是利器,利器必能伤人损人,正所谓"身怀利器,必生杀心"。所以面对那些轻微犯罪或者存在可宥之情的犯罪,通过宽容之心能轻则轻,能缓则缓,也在情理之中,不失为一种便宜处事的方法。正所谓能攻心则反侧自消,自古知兵非好战(也即从古知法非好罚),不审世即宽严皆误,后来治国当深思。所以期待可能性理论与中国自古就有的法外用情具有异曲同工之妙,其实践效果也是殊途同归。

然而在中国对期待可能性的研究过程中,许多学者一直有一种情结,即如何将这种体现着人文关怀的价值观念和司法文明的理论不断引向深入和繁杂的同时,极力希冀将这种理论转化为刑法上的一种制度、一种实在的规范规定,由此完成一次飞跃,进而落实在具体的技术运用之中。这种努力是否具有可行性?至少在笔者看来,依然存在着许多需要重新考虑的问题。

二、中国刑法是否已有期待可能性的规定

我国刑法理论界有人提出,现行刑法,虽无任何"期待可能性"的字样,却是包含了丰富的期待可能性思想。……《刑法》第14条、第15条关于故意犯罪与过失犯罪的规定体现了有期待可能性的思想,换言之,《刑法》第14条、第15条以有期待可能性从积极的方面肯定了罪过的存在。与刑事司法中期待可能性是否存在尚须确认不同,刑事立法中的故意与过失体现了期待可能性思想。……可见,犯罪故意、犯罪过失都体现出了期待可能性思想。《刑法》第16条体现了无期待可能性的思想,以无期待可能性从消极方面否定了罪过的存在。行为人虽然认识到了行为将会导致损害结果的发生,但由于不可抗力使得行为人失去了行为的可选择性,阻却了罪过,因而不是犯罪,不负刑事责任。《刑法》第17条、第18条、第19条规定了期待可能性的对象与期待可能性的程度。期待可能性的对象是年满16周岁的人或虽然不满16周岁但已满14周岁实施了故意杀人、故意伤害致人重伤或者死亡、强奸、抢劫、贩卖毒品、放火、爆炸、投毒行为的人,但不能辨认或者不能控制自己行为的精神病人除外。对于已满14周岁不满18周岁而犯罪的未成年人、尚未完全丧失辨认或者控制能力时而犯罪的精神病人、犯罪的又聋又哑人或盲人,或由于年龄的缘故或由于生理的缘故,局限了他们接受教育的能力从而使他们的行为选择能力相对低于正常人,故其刑事责任相对轻于正常人犯同样罪的刑事责任。《刑法》第20条包含了防卫过当存在一定期待可能性的思想。《刑法》第21条包含了紧急避险无期待可能性、避险过当存在一定期待可能性的思想。紧急避险是"不得不"的行为,是典型的无期待可能性的行为。《刑法》第28条关于胁从犯刑事责任的规定,体现了期待可能性程度高低与刑事责任大小成正比的思想。……其他一些刑法条文也体现了期待可能性思想,不再一一赘述。⑥也有许多人指出,我国《刑法》第20条、第21条有关正当防卫、紧急避险等犯罪阻却事由的规定,本身也是期待可能性的反映。

如果用循名责实的方法检视这些理论观点,我们认为这种理论结论,太有点牵强附会了,近似乎无源之水,无本之木。历史的发展在时间方面总是呈一维性的特征。检索回放我国当代刑法理论发展的历史进程,我们轻而易举地知道,上述刑法条文的基本内容是在1979年制定的刑法中就已存在。在1979年《刑法》制定之时,在中国的刑法理论中还根本不存在期待可能性的概念与理论,甚至还不知道期待可能性为何物。甘雨沛、何鹏著的《外国刑法学》(上)(北京大学出版社1984年版)、陈兴良所著的《刑法哲学》一书(中国政法大学出版社1992年版),是国内较早介绍期待可能性理论的著作。从此以后,期待可能性的概念与理论才在中国的刑法理论研究中获得了一席之地。不管期待可能性的观点与理论在刑法学上将以什么样的命运在发展,我们也得实事求是、客观地评价它在中国刑法理论中的影响作用,而不能以为期待可能性具有一定的合理性,就不顾客观事实,将我们刑法的某些规定穿凿附会在期待可能性的理论上,把诸多好处都归结于期待可能性之上,以此说明中国刑法的科学性与前瞻性。甚至相当多的学者将中国古代的某些宽缓处理的事例也看做是期待可能性理论的渊源,却有意无意地忘记了时间具有的一维性这一千古不变的特征,以此看出某些理论的肤浅与虚妄。事实表明,我国许多刑法学者极力呼吁,要让期待可能性的理论转化为刑法上的规范内容,让其服

---

⑥ 资料来源:http://lwship.cn/Criminal_Law/1203335252006_3.html,访问日期:2008年4月10日。

务于我国当今和今后的刑事司法实践,正说明我国刑法本身还没有期待可能性的规定内容。

其实,从以前中国刑法有关类似规定的理论解释上,对于《刑法》第14条、第15条关于故意犯罪与过失犯罪的规定,我们一直是用罪过理论加以解释的;对于《刑法》第20条、第21条有关正当防卫、紧急避险的规定,我们一直是用犯罪阻却事由或者用排除社会危害性的行为、排除犯罪性的行为、正当性的行为、合法损害的行为加以解释的。而在一些情节显著轻微,不需要动用刑罚加以处置时,刑法理论与司法实践是适用《刑法》第13条犯罪概念中的"但书"规定加以解释和适用的。在进行这种规范解读和规范评价时,并没有发生过什么误解和重大的理论和技术障碍。这反过来说明,在期待可能性理论被介绍到中国大陆之前,中国刑法理论界根本不存在期待可能性的刑法观念和刑法规定。如果误将我国刑法中的某些规定视为是期待可能性的反映,可能会混淆价值观念与规范形式的界限。

三、期待可能性理论的本质是什么?

通过前面的介绍,我们已经看到和想到期待可能性实际上是一种基于法律并没有实在的明文规定,而根据案情的具体情形,行为人确实存在可宽恕的情由。因此法官可以本着宽容仁和的人文关怀精神,对具体案件作出合乎人情的宽大处理。比如2012年12月7日在北京市东城区法院作出一审判决,而被告人也未提起上诉一度引发热议的北京男子廖丹"刻章救妻案"。法院判决廖丹以诈骗罪获刑3年,缓刑4年,这意味着廖丹在缓刑期间可以在家照顾患尿毒症的妻子。⑦许多学者指出,运用期待可能性理论的好处在于:考虑行为人本身的

---

⑦ 5年前,廖丹的妻子因患上尿毒症,在透析半年之后,他花光了所有积蓄。为了让妻子活下去,他通过私刻医院公章给妻子做了近4年的"免费"透析治疗。检方指控,2007年11月至2011年9月间,廖丹为给患尿毒症的妻子治病,在医院使用伪造的收费单,骗取医药费17.2万余元。检方因此建议判处其有期徒刑3到10年。对于检方的指控,廖丹称只是出于让妻子活下来才做出这种行为,并表示愿意卖房退赔。此案经媒体披露后,引发社会舆论广泛关注。广东珠海市政协常委陈利浩、投资人薛蛮子等人发起了慈善捐助,筹集善款达50多万元。7月16日,廖丹先后分两次向法院退赔了全部案款。北京市东城区人民法院综合廖丹的认罪态度及积极退赔案款、受害医院谅解、家庭的特殊情况等,作出上述从轻处罚的判决。

情况,不向被告人提出过高的要求,以保持处罚结论的合情合理,不给其附加多余的义务。

由此可以看出,被期待可能性理论所涉及的行为在法律的规范评价上认定犯罪本不存在任何技术上的障碍,只是考虑行为人所实施的行为具有某些特殊的原因存在,所以需要通过特别的期待可能性的价值评价,在刑事责任上予以特别的处理。如果说此时的期待可能性仅仅作为一种价值评价,在服从于规范评价的基础上,实现"对在强有力的国家法律规范面前喘息不已的国民脆弱人性倾注刑法同情"的人文关怀,本无可非议。而且在我国现行的刑法规范中已经有着某些类似的规范规定(世界上许多国家都有类似的规范规定)。我国《刑法》第13条的"但书"规定和许多有关刑法减免性规定本身也反映了这种要求。同时我国刑法中有关酌定情节的某些规定,似乎也已包括了类似中国自古就有的法外用情的一些内容。从这一意义上说,期待可能性不过是酌定情节的一个分支和组成部分,这里充满着价值评价的成分,运用期待可能性理论的过程本身也是一个价值评价的过程。在一个不断向着文明方向发展的社会来说,在不违背法律基本精神的前提下,运用所谓"期待可能性"的理论给予那些可以博得人们同情和理解的案件当事人以一定宽缓的处理结果,并非是根本不可能的事。当今世界的大多数刑法都会保留一些让法官自由操作的空间。但对于这种充满着人情关怀价值内容的成分是否需要并能否进入刑法成为一种具体的规范形式,却已不再是观念是否正确的问题,关键在于是否能够获得技术上的支持。所以今天当我们看到在中国进行的期待可能性理论的研究,相当多的研究结论开始超越价值评价,把它视为规范的内容希望能够直接进入司法领域作为规范评价使用,此谬大矣。同样,当我们看到还有许多学人在没有进行足够的理论分析和技术准备之前,就开始进入规范设计的层面,提出将期待可能性进行规范化,着实有点操之过急。

我们知道,在任何一个法治社会里,对各种违法犯罪行为的评价与认定,应当坚持"规范在前、价值随后"的基本原则,而不是颠倒。所以期待可能性作为一种价值观念有其本身的合理性,因为期待可能性更多地涉及价值评价问题。如果期待可能性理论仅仅停留在价值服从于规范的层面,本无错误。而将这种即使具有价值评价的期待可能性理论转化为技术规范规定在刑法之中,我们也有必要先弄清楚期待可能性的本质属性问题。期待可能性的本质属性是什么?对此问题,目前国外的刑法理论主要有以下三种观点:

(一) 并列说

把期待可能性理解为与责任能力、故意及过失并列的第三责任要素。期待可能性虽然是指向行为人的主观心理状态,是对行为人主观选择的期待。但是,与故意或过失不同,它不是行为人主观心理内容的本身,而是从法规范的角度对处于具体状况下的行为人主观选择的评价。期待可能性判断必须考虑行为当时的实际情况、有无特殊事由存在等情由。可以说,故意、过失是主观性归责要素,而期待可能性是客观性归责要素,期待可能性是独立于故意、过失之外的归责要素之一。[8]

(二) 构成要素说

把期待可能性理解为故意与过失的构成要素。其面临最大的批评是:故意、过失是对基本事实的认识,期待可能性则不涉及基本的行为事实之有无;期待可能性并不具有区分故意、过失的功能。[9]

(三) 责任阻却说

期待可能性既不是与责任能力、故意及过失并列的第三责任要素,也不是故意过失的构成要素,而应当将不存在期待可能性的情形,理解为一种责任阻却事由。[10]

在上述三说中,并列说与构成要素说直接对立,并列说将期待可能性看做是独立于故意与过失之外的责任要素,具有故意与过失,不存在期待可能性仍然不能归责。而构成要素说则将期待可能性视为故意与过失的构成要素,不存在期待可能性则不成立故意与过失。责任阻却说在适用上有充分的妥当之处,但其只对期待可能性作消极的理解,而不是对责任要素作积极的研究。在此问题上,刑法理论界比

---

[8] 参见马克昌:《德、日刑法理论中的期待可能性》,载《武汉大学学报》(社科版)2002年第1期。
[9] 同上注。
[10] 同上注。

较流行的观点是并列说。这种观点提出在实际处理案件时,需要注意:只要存在以行为人的内心要素为基础的故意、过失,一般就可以认为行为人有责任,没有期待可能性的事态只是例外。期待可能性是与行为人的内心态度明显不同的所谓客观的责任要素,把它解释为与故意、过失不同的责任要素,在理论上更为简明易懂。

笔者认为,如果以并列说为标准,实际上已经承认所涉行为按照一般规范要求构成犯罪没有什么问题,只是在处理过程中应当法外用情、格外用情而已。此时的期待可能性已经是构成要件之外的因素了。但问题是,此时期待可能性问题的标准呢?把这种价值评价通过量化的标准在进入刑法之中时,在刑事立法上又会面临着期待可能性的标准是什么的问题。即使按照赞同期待可能性理论的学者的观点,根据期待可能性设计的情形无所不包但又无法预定,只能由具体的案件加以反映,这就意味着期待可能性只能运用抽象的语言加以表述。而这一抽象的规定能抽象到什么程度,又难以说清楚。这样,即使刑法规定期待可能性这样几个文字,也只能起到价值观念的提示作用,仍然无法起到规范的标准作用。说到底,期待可能性只能作为一种提升人们人文关怀精神高度的价值体现。

当我们把问题放在更高的理论层面上加以思考,中国目前刚刚处在法治建设起步阶段。在这个关键时期,到底首先是严格依法办事,以致在全体社会成员中间,特别是执法人员中间养成一种法律高于天的法律观念,还是认可"超法规的阻却责任事由",作实事求是、具体问题具体分析的执法机会主义、执法实用主义的观念选择?实在是中国进行法治建设过程无法回避的重大路径选择。其实,被"期待可能性"理论所涉及的行为在法律的规范评价上认定犯罪本不存在任何技术上的障碍,只是考虑到行为人所实施的行为具有某些特殊的情由,所以需要通过价值评价借用"期待可能性"的理论,在刑事责任处理上予以特别的豁免。进一步说,遵循价值服从于规范的原则,不借用"期待可能性"的理论,已如前述,这种现象在我国《刑法》第13条的"但书"规定和许多有关刑法减免性规定中也有所反映。这种处理结果与"期待可能性理论"所要追求的结果完全是殊途同归,而且在刑法理论上不存在"超法规"的嫌疑。由于"超法规的阻却责任事由"的"期待可能性"不是刑法的规范内容,所以让价值评价时时处处依附于规范评价,而不是相反,这是我们在今天日益强调要依法办事的社会环境中应当时时遵守的司法原则。由此我们对"期待可能性"理论所具有的"超法规运作",应当抱有一定的警惕性。其实对德国的"癖马案"判决,我们也得有一个警惕,即如果此案中的癖马实际情况致人重伤、死亡或者致多人重伤、死亡,难道此时也会以期待可能性的理论加以解决,也会出现一个癖马案的判决吗?或者在现代交通的条件下,癖马行为已经危及公共安全时该怎么办?难道此时仍然有一个"期待可能性"的事由吗?

四、期待可能性理论在中国的命运发展

我们已经注意到,在我国目前的刑法理论研究中,有关期待可能性的研究已达到一定的繁荣程度。其实期待可能性理论在提出的初期就受到了责难,如认为该理论偏重犯罪人的立场,轻视了国家的整体立场,使刑事司法弱化,减低了刑法的功能,超越了刑法解释的界限,等等。然而,期待可能性作为一种理论并没有被驳倒,在大陆法系的某些国家内已成为时髦的责任理论。期待可能性理论之所以具有强大的生命力,因为其自身具有一定的合理性,这就是其具有的对那些本身并无多少大恶甚至善良而又生活得十分无奈、迫不得已实施某些刑法禁止行为的人们以人文关怀的同情,这就是它的价值所在。但是,我们不能以为期待可能性的理论具有人文关怀精神就可以直接运用于司法实践,有人说,"期待可能性理论将因其能够科学检验行为人罪过的有无而对我国刑事司法作出重要贡献",因而在我国,没有必要主张无期待可能性是超法规的阻却责任事由。[11] 我们认为这种观点将期待可能性理论作为一种法律规范直接运用于司法实践中,在今天不断提倡严格依法办事的今天,是不合时宜的,并且与犯罪构成理论与法律规范相冲突。

同时我们也应该明白,任何一种事物的合理性并不必然能够转化为合法的规范性。在刑事立法过程中还存在三个我们无法忽视的问题:

1. 这种合理性的事物是否为刑事立法者所看重,从而在刑事规

---

[11] 参见甘雨沛、何鹏:《外国刑法学》(上),北京大学出版社1984年版,第345页。

范加以体现。当然这属于政治范畴内的问题,不在我们的讨论之中,我们姑且不谈。

2. 这种合理性的事物在现行的刑法规范中是否已有相类似的同类物或替代物。这属于制度层面的内容。前文我们已指出,我国刑法已有类似的规定。这意味着没有期待可能性的理论与实践运用,在我们的司法实践中也已无伤大雅。现有的刑法资源还没用尽,又去挖掘新的资源,有浪费之嫌。

3. 这种合理性的事物是否能转化为一定规范形式加以体现。这是技术层面的事,这正是我们需要进一步讨论的问题,否则例如公平、公正、正义等诱人眼球的词汇尽管也可以进入刑法,但它们最终也只能起着观念提示的修养作用,而不可能凭它们本身就可以直接体现公平、公正、正义的内涵本身。正因为如此,期待可能性理论也只能像公平、公正、正义一样可以时时提醒人们,在评价刑事案件时应当考虑到行为人实施刑法禁止的行为时所面临的诸多无奈和不幸之情形,应当给以必要的人性关怀。有的时候,我们必须承认有些东西虽不能言传却能够意味。因此,日常生活条件下就一般人而言已处于无法想象的尴尬或艰难境地,无论其他任何人如果处于与行为人相同的境地除了违心地实施违法行为而别无他法时,期待行为人牺牲较大的价值乃至生命去遵守法律,是很难做到的。因为人的本能会对他说:"如果我不做,我马上就会丧生;如果我做的话,就可以到以后才死亡,所以做这一桩事情就可以多活一些时候。"⑫因此在这种情况下不加任何区别追究行为人的刑事责任,无疑与情理相悖。因而在严格依法办事的基础上适当用情,给予必要的同情与宽缓处理,是符合人性恻隐之心的应有要求的。但此时的期待可能性理论仅仅是一种价值观念,是一种理论提示,而不是必须考虑的情形。因为一旦期待可能性成为一种必须考虑的情形,任何犯罪的行为人都会找到其自以为合理的理由,即使以一般人的认识水平为标准,也会是对法律的权威性与稳定性以一个致命的伤害。但愿这不是杞人忧天。

当然进一步需要思考的问题是,目前刑法理论界有众多的观点要求将"期待可能性"理论转化为法律的规范内容。"期待可能性"是否

---

⑫ 〔英〕霍布斯:《利维坦》,黎思复等译,商务印书馆1985年版,第234页。

需要转化为规范内容? 作为一种理论命题是可以继续讨论的。但通过上述的分析比较,我们认为期待可能性理论作为价值观念,可以在刑事司法领域加以引导和推广,以此提高法官的人文关怀价值观念与修养程度,但是要受到一定程度的限制;同时,由于缺乏必要的技术支持,因而期待可能性还没有必要让其进入刑事立法的层面而成为一种规范规定。

第九章　危险犯理论与实践的反思与批判

在丰富的刑法理论盛宴上,危险犯理论无疑是一道引人注目的"大菜"。在各种刑法教科书和众多的刑法论著中,刑法学者们对于危险犯的理论并不陌生。然而,危险犯在法律上的本质是什么?危险本身又如何加以界定?危险犯对定罪量刑的作用与影响到底有多大?却可以极大地引起人们对它深深的理性思考,并通过实践检验证明它是否具有科学性。当前,我国的刑法理论正面临着多元化体系的构造和多层次的确立。刑法理论体系的多元化,即刑法理论可以像其他学科一样有不同的体系和可以进行多侧面的思考方式,目的只有一个:探索刑法的真理性和科学性。条条大道通罗马,只要能到达光辉的顶点,无论是捷径还是曲径,不必强求一致。而刑法理论的多层次,即刑法理论可以划分为注释刑法学、法理刑法学和哲理刑法学,决定每一个层面的刑法理论都有其自身的任务。注释刑法学是实定刑法的忠实追随者,甚至可以是盲从者,法云亦云。但因为有实定法的支撑,是非无可非议;法理刑法学是实定刑法的客观评论者,为了探求科学刑法的内在规律性,有必要对实定法的得失进行公允的评价,甚至是必要的批评;哲理刑法学则是实定刑法的深刻剖析者,它从刑法理论的科学性角度探求刑法的真理性所在,以追求公正、正义和公平在刑法中的回归。审视已有的危险犯理论,我们可以看出它是介于注释刑法学和法理刑法学之间的一种刑法理论现象。当它证明这一理论的合法性时,往往引用既有刑法的规定作为法律的支撑。当它证明这一理论的合理性时,又往往冲破现有刑法的某些框框,指出现有刑法对危险犯规定的不周全之处。然而,笔者在这里想要明确指出并且试图加以努力证明,危险犯的理论既不合理也不合法,更不科学,值得商榷。

一、危险犯的理论透视与概念质疑

何谓危险犯,目前持危险犯理论的观点者较为一致的看法是:行为人实施的行为足以造成某种实害结果的发生,但实害结果尚未发生即构成既遂的犯罪,或者说,是以行为人实施的危害行为造成的危险结果作为犯罪构成条件的犯罪。① 这一概念的提出,一般认为我国刑法已明确规定了危险犯的内容,如危害公共安全犯罪中的破坏交通工具罪、破坏交通设备罪、危险驾驶罪,等等;破坏社会主义市场经济秩序罪中的生产、销售假药罪,生产、销售有毒、有害食品罪,等等;妨害社会管理秩序犯罪中的传播检疫传染病罪,等等。这一理论的提出,一般认为具有坚实的实践基础和充足的理论根据,因为在现代社会里,由于科学技术的迅猛发展和工业社会的日益发达,许多违法行为对于社会公共安全、公共秩序造成的危害越来越大,对于这些危险性十分严重的行为,我们不能等到行为发生结果时才动用刑罚。为了进行预防,有必要对具有危险性的行为,即使尚未发生实害结果,也应当作犯罪处理。然而,危险犯在刑法理论上能否站得住脚跟,在我们看来大可质疑。

(一)危险犯的本质

危险犯是被认为相对于实害犯而提出的一种理论,并且是与行为犯和结果犯有所区别的一种犯罪形式。何为实害犯?一般教科书认为,是指已出现刑法规定的实害结果为构成要件的犯罪,实害结果就是指实际存在的危害结果。② 如把人杀死,把他人之物非法地置于自己的控制之下,把列车炸翻,把铁轨拆毁,等等。把危险犯视为实害犯相对立的一种犯罪,是一种处于产生结果之前的危险状态,是一种可能的状态。传统的过失犯罪均为实害犯,即以过失行为造成一定的实害结果为必要要件。③ 从实害犯的这些理论中,我们可以推导出危险犯实际上是一种危险的行为犯,这种危险的行为并不要求它必须造成实际的危害结果才可以构成犯罪。同时,我们从实害犯的基本概念中

---

① 参见鲜铁可:《新刑法与危险犯理论研究》,载《法学研究》1998 年第 5 期。
② 参见苏惠渔主编:《刑法学》,中国政法大学出版社 1997 年版,第 83 页。
③ 参见刘仁文:《过失危险犯研究》,载《法学研究》1998 年第 3 期。

又可以推导出实害犯等于结果犯。因为结果犯本身就是指以侵害行为产生了相应的法定结果为构成要件的犯罪,或者是指以侵害结果的出现而成立犯罪既遂状态的犯罪。④ 这样,相对于实害犯而出现的危险犯,实际上又属于相对于结果犯而成立的一种行为犯,危险犯实际上属于危险的行为犯无疑。当我们把危险犯界定在危险的行为犯的范畴之内,就可以得出这样一个结论,危险犯是指只要实施了具有危险性质的行为,即使没有造成实在的危害结果也可以构成犯罪的情形。这样危险犯就暴露出它的第一个矛盾之处,即危险的本质在于其行为的危险,而行为的危险是否可以直接构成犯罪?现代刑法中的犯罪构成理论表明,犯罪构成是行为主客观相统一的整体。行为具有危险性,并不必然构成犯罪。危险的行为是否可以构成犯罪,我们还必须借助于行为人在主观上是否具有罪过为条件。如果行为人在主观上仅仅有过失的罪过,根据过失犯罪的通识,只有当危险行为造成了实害结果才能构成犯罪。如果行为人在主观上存有故意(这里主要指直接故意)的罪过,行为人构成犯罪已无问题,接下来的问题是仅仅属于犯罪的既遂还是犯罪的未遂。行为具有危险性,实际上就等于行为具有社会危害性。行为具有社会危害性,是一切犯罪的必要特征。刑事立法正是基于行为的社会危害性,才会把某种行为规定为犯罪。但行为的社会危害性必须借助于行为人在主观上存有罪过来支持,才具有刑法上的意义。因此,当我们要讨论危险犯这一现象时,必须把它放在行为人基于何种罪过支配下实施的行为才有理论意义和实践价值。从一般的危险犯理论来看,主张者是把危险犯限制在故意犯罪中加以研究的。而故意犯罪(这里主要指直接故意犯罪)的理论本身表明,只要行为人主观上有罪过,客观上有行为,其行为本身就可以构成犯罪。通过危险犯的理论,想要证明行为只要具有危险性质就可以作为犯罪构成的要件而认定犯罪的成立,其本身纯属多余。

面对这样的矛盾,危险犯理论开始修正其观点,认为危险犯的本质不在于其危险的行为,而在于其行为已经造成了某种危险状态。有观点提出:根据《刑法》分则的特别规定,行为人着手实施的某种犯罪行为,只要具备了某种客观危险状态,不要求形成实际损害结果发生

---

④ 参见苏惠渔主编:《刑法学》,中国政法大学出版社1997年版,第83页。

就告既遂。⑤ 这里危险犯的理论把危险犯看成是介于犯罪行为与实害结果之间的一种状态。状态在哲学上可以说是一种客观现象、一种客观情形,是一种行为现象引起的结果现象。但由于这里的危险犯理论是把它看成与实害结果相对立的一种现象,我们只能把它看成是一种可能的结果,而非实在的结果。社会危害性的行为在与社会发生联系、接触过程中,必然会对既存的社会秩序、法制秩序和社会利益产生危害,这一危害既可以是实在的,也可以是可能的,这一危害性是行为的本质所在。然而问题是,这一危险性是属于行为状态的内容,还是属于结果状态的内容? 由于一般的危险犯理论把危险状态看成是与实害结果相对立的一种状态加以阐述的,危险状态与实害结果还存在着时间和空间上的距离,危险是指具有发生某种实际危害结果的可能性,可能性相对于现实性而言的。现实危害是事物现象与本质的统一,形式与内容的统一。可能危害是事物在发展过程中成为现实危害之前的一种趋势。现实危害结果可见可摸、可计可数,一切存在着一个客观的标准,如杀人,人是否已死亡;盗窃,偷到了多少东西;列车是否倾覆,铁轨是否炸毁。可能危害并非是现实危害,危险有多大,危害会多重,还得依赖于人们的主观评价,主观评价须臾不能脱离客观基础。这样,对危险的评价又得借助于行为本身,危险状态的实质在于行为性质的危险。把危险状态看成是介于危险行为与危害结果之间的一种特殊状态,实质上仍然没有超越危险行为状态的范畴,由此可见,危险犯属于一种危险的行为犯或者是行为危险犯。行为没有造成实际危害,并不等于行为没有危害。从逻辑说辞上来说,危害的概念大于危险的概念。两者可以被看成是有程度上的差异,但在本质上还是一致的。危害是种概念,反映了行为的本质所在;危险是属概念,反映了行为属于一种更为严重程度的表现形式,但仍属于危害的范畴。犯罪的本质特征表明,任何犯罪都是对社会有危害的,因而危险的行为当然也是具有社会危害性的。当我国刑法借助于主观罪过把一切危害社会的(指达到可罚的严重程度)行为都规定为犯罪,具有危险性的行为当然也已在犯罪之列。这样,在危害行为之外再提出危险行为

---

⑤ 参见叶高峰主编:《故意犯罪过程中的犯罪形态论》,河南大学出版社1989年版,第34—35页。

又有多大的理论价值和实践意义？这是危险犯理论的第二个矛盾之处。

面对危险犯的第二个矛盾,危险犯理论又开始进行第三次修正改造,认为危险状态不属于行为范畴,而是属于结果范畴。有学者提出:"危险犯不是行为犯,而与实害犯同是结果犯。因为危险犯也要求一定的结果,只是它要求的结果是某种危险状态,实害犯要求的结果则是实际的损害。"⑥也有学者提出:"我国刑法的犯罪结果不应局限于现实性损害,还应该包括危险状态。犯罪行为使刑法所保护的社会关系(应为社会利益——笔者注)处在即将受到实际损害的危险状态时就是危险结果。"⑦这种观点一反我国传统刑法关于"结果犯的危害结果指行为人的危害行为给犯罪客体——我国刑法所保护的社会主义社会关系造成的实际损害,所以结果犯也称实害犯"的观点⑧,直接把危险状态视为结果犯的一种形式。然而,这一理论的修改必然产生诸多无法自圆其说的矛盾。

1. 把危险状态视为危害结果的内容,并以行为人实施的危害行为造成的危险结果作为犯罪构成必要条件的犯罪,是否可以得出逻辑上的结论,危害行为还没有造成危险结果,就视为不具备犯罪构成的必要条件。如是,行为人故意实施危险的行为但还没有造成危险的状态(笔者认为这实在无法科学界定),这种行为是否还被认为不具备犯罪构成的必要条件而不构成犯罪？如不是,把这样的危险状态引入危害结果中,它的理论意义和实践价值何在？

2. 把危险状态视为危害结果的内容,并与危险行为相对应,这个已属危害结果的危险状态的评价标准是什么？已如前述,危险是一种可能,而非现实。这样对可能的评价又得转向危险行为的本身,但这与危险犯理论竭力把危险结果犯放在相对于危险行为犯对立面的观点相矛盾,却又无法否认。然而,脱离了行为的危险本质所在,作为结果犯的危险状态从何而来？同时我们在这里也必须要指出,把危险状态作为危害的结果内容加以认定,这一结果如何与行为人实施犯罪行

---

⑥ 高铭暄主编:《中国刑法学》,中国人民大学出版社1988年版,第169页。
⑦ 鲜铁可:《危险犯研究》,武汉大学出版社1995年版,第27页。
⑧ 参见姜伟:《犯罪形态通论》,法律出版社1994年版,第119页。

为时的意识内容和意志内容相统一？故意犯罪的行为人必定先识其行为结果的性质，然后追求其行为结果的发生。把危险状态视为就是犯罪结果，势必认定为行为人只知其行为结果的危险（可能）性，而不追求其行为结果的现实性。这里暂且不说这种观点只是臆想的产物，而不可能是实际的反映。而且这种观点的错误还在于把危险状态看成是一种静止的现象。试想一个欲实施破坏交通工具犯罪的行为人把炸药置放在铁路上，这一现象被危险犯理论视为已造成了危险状态，结果已经出现。然而这一炸药置放在铁路上，是否就是犯罪过程的终结，这一状态是否不再向前延伸发展？当然不是，而一旦发生炸药爆炸，我们无论如何不会从炸药置放在铁路上就把这种状态视为犯罪的终结完成。而行为人之所以要把炸药置放在铁路上，绝不会以创造某种危险状态为满足。

3. 把危险状态视为结果的内容，并以这一结果作为犯罪既遂的认定标准，实际上已经与危险犯理论的初衷发生了严重的冲突。结果犯的传统理论认为只有出现了属于行为人目的内容并为犯罪构成所要求的结果时，才属于犯罪的既遂。而危险犯理论的提出，本来就是想否认这一既遂标准的合理性，指出犯罪既遂标准的多元化。但是当他们把危险状态引入犯罪结果内容中，反而为结果犯既遂标准作了最好的注解，同时又反过来宣告自身理论大厦的垮塌。

我们认为，只要危险犯的理论不把自己从危险状态就是危害结果的旋涡中挣扎出来，它永远是结果犯理论的附属品。而当它能从危险状态就是危害结果的旋涡中挣扎出来，又必然会被行为犯的理论洪流所湮没。危险犯的理论实在没有独立性。

我们认为，概念的统一、定义的确切，是我们进行理论思考和科学研究的基础，当我们面对各种危险犯不同的概念和不同的理解时，我们不得不得出这样一个结论，危险犯的理论不科学，在行为犯和结果犯之外，再提出危险犯的理论是画蛇添足，纯属多余。因为它不具有理论上的独立性，无论被视为危险行为的必要内容，还是被视为危害结果的必要内容，都得最终依附于行为犯或者结果犯。而当我们通过对危险犯概念和危险犯理论的透视，我们更愿意把危险犯看成是行为犯的一个组成部分。因为危险犯的理论基础是奠基在与实害犯相对应、相对立的基点上的。

(二) 危险犯是法定的吗?

提出这一理论质疑,实际上我们要暂时回到注释刑法学的理论层面加以讨论了。提出危险犯观点和危险犯理论的主张者有一个自视为十分重要的理由,就是在我国《刑法》分则的特别规定中,有着众多的危险犯的犯罪存在。例如,典型的有《刑法》第 116 条的破坏交通工具罪、第 117 条的破坏交通设备罪、第 118 条的破坏电力设备罪、破坏易燃易爆设备罪,等等。还有人提出,《刑法》第 330 条的妨害传染病防治罪、第 332 条的妨害国境卫生检疫罪也是危险犯。⑨ 注释刑法学既是简单的,又是复杂的。它的简单性在于注释者只要按图索骥,法云亦云罢了。它的复杂性在于一旦注释者偏离刑法的原意,谁来定夺? 当刑事立法者不通过立法解释澄清是非,或未授权司法解释进行确认,注释刑法学的注释仍然是一种理论的见解。涉及危险犯的理论时,当我们打开刑法就会发现,它是一种理论的概括和一种理论的见解。查《刑法》第 116 条的规定:"破坏火车、汽车、电车、船只、航空器,足以使火车、汽车、电车、船只、航空器发生倾覆、毁坏危险,尚未造成严重后果的处……"第 119 条规定:"破坏交通工具、交通设施、电力设备、燃气设备、易燃易爆设备,造成严重后果的,处……"持危险犯理论的观点者据此认为,前一种情形属于危险犯,后一种情形属于实害犯。危险犯的性质根据来自于法律本身有"危险"两字的规定,并有着独立的法定刑。我们注意到,这里的"危险"是跟"尚未造成严重后果"的表述是一致的。危险表明可以造成严重后果,但尚未造成严重后果。根据危险犯的理论,造成严重后果的是实害犯,尚未造成严重后果的就是危险犯。由于危险犯的理论来自于法律的"危险"规定,所以危险犯的理论试图把危险犯局限于法律的"危险"规定,从而得出我国《刑法》第 116 条、第 117 条、第 330 条、第 332 条的规定都是危险犯。然而,根据危险犯的理论,危险等同于尚未造成严重后果的,并与已经造成严重后果相对应,因此似乎又可以得出这样一个结论,凡《刑法》分则条文中已有"尚未造成严重后果的"规定的,例如《刑法》第 118 条的破坏电力设备罪、破坏易燃易爆设备罪,都可以视为危险犯。由此

---

⑨ 参见刘仁文:《过失危险犯研究》,载《法学研究》1998 年第 3 期。

及彼,《刑法》第 114 条的放火罪、决水罪、爆炸罪、投毒罪,第 123 条的暴力危及飞行安全罪等,都可以视为危险犯。但是在这方面,危险犯的理论很少把它们视为危险犯加以论述。危险犯的理论更愿意把危险犯局限于法律本身有"危险"规定的范围内。然而问题在于,如果把危险犯仅仅局限于法律本身已有的"危险"规定,《刑法》第 114 条"放火、决水、爆炸以及投放毒害性、放射性、传染病病原体等物质或者以其他危险方法危害公共安全,尚未造成严重后果的"犯罪,必然就是危险犯,而《刑法》第 118 条"破坏电力、燃气或者其他易燃易爆设备,危害公共安全,尚未造成严重后果的"犯罪,未必就是危险犯。但这里的《刑法》第 114 条关于"危险"的规定,究竟是指行为而言,还是指结果而言,理论不无疑问。而如果把危险犯的基础着眼于"尚未造成严重后果的"规定,《刑法》分则中凡与"造成严重后果的"相对应的"尚未造成严重后果的"犯罪,又都是危险犯。但是在这方面,我们却看不到危险犯的更多论述。由此我们可以看出,危险犯理论把危险犯归结于法律的明确规定,显然缺乏充足的根据。看来问题还得要求我们跳出注释刑法学的圈子,回到理论刑法学的层面上讨论危险犯的性质和范围。危险犯的理论把危险犯的性质视为可以造成严重后果,但尚未造成严重后果。已如前述,尚未造成严重后果是与已经造成严重后果相对应。根据刑法原理和司法实践,已经造成严重后果都是从可以造成严重后果的危险发展过渡而来。在已经造成严重后果状态之前,犯罪都有一个足以造成严重后果的危险状态,这样,任何一个已经造成严重后果状态的犯罪,都有一个危险犯的存在。即使是一个故意杀人既遂的犯罪,在既遂之前,也同样存在一个足以造成既遂的危险状态。这样,故意杀人罪也有一个危险犯的问题。面对这样的问题,恐怕危险犯的理论已是难圆其说了。

其实,危险犯的理论错误来源于它力图从注释刑法学的角度出发,通过刑法本身具有的"危险"规定解释危险犯的法律根据,但却在法理刑法学的角度,无力否定危险等同于足以造成严重后果的含义,因此又把危险犯界定于尚未造成严重后果的基础上。然而正是在法理刑法学的层面上,尚未造成严重后果和已经造成严重后果,在同一个犯罪过程中,并不是两个截然不发生联系的独立阶段,它们完全可以随着犯罪进程的深入发展,从尚未造成严重后果向造成严重后果的状态发展。一旦出现已经造成严重后果的状态,尚未造成严重后果的状态就不可能是一个独立的状态。这样,危险犯理论把尚未造成严重后果视为一个独立的犯罪形态,认定为是危险犯就丧失了它的现实基础。而任何一个在造成严重后果的犯罪之前,都有一个足以造成严重后果的可能状态,从而把危险犯扩大到所有这些犯罪,危险犯又必然丧失它的理论基础。面对这种尴尬,危险犯的理论只好又回过头来认定,危险犯的实质在于行为人实施的行为是足以造成某种实害结果的发生,但实害结果尚未发生,或者说,是以行为人实施的危害行为造成的危险结果作为犯罪构成必要条件的犯罪。然而,恰恰在这一问题上,危险犯的理论把危险犯的法定形式与犯罪既遂的法定形式(危险犯是否是法定的既遂形式,后文将详细论述)混为一谈了。因为危险犯的主张者认为,在危险犯的法定形式上,什么行为是危险犯,什么行为不是危险犯,应当由法律明文规定,正像在罪刑法定原则制约下,什么是犯罪,什么行为不是犯罪,都由刑法明文规定一样,不允许由人任意概括和扩大。而在犯罪的既遂、未遂的法定形式上,只有犯罪已经得逞了,才可认定为犯罪的既遂。而故意犯罪的既遂、未遂并不影响犯罪的法定形式。犯罪的直接故意只要通过行为付诸实施,见之于客观外化,犯罪便已成立,所谓的危险犯当然也不例外。

刑法理论的任务在于用科学的理论解释刑法、评判刑法,而不是用不科学的法律规定解释刑法理论的不科学性。危险犯的理论正是把断断续续、零零碎碎的刑法规定,作为建立危险犯理论的根基。然而当我们用系统的刑法原理对现有的刑法规定加以深刻的透视就会发现,所谓的危险犯既不是什么法定的,也不是合理的。所以我们得出的结论是,危险犯不是法定的犯罪形态,危险犯的理论也不是对刑法规定的科学概括。所谓的危险犯不外乎是一种有危险或有危害的行为,而有危害的行为是犯罪的本质所在。所以,刑法中只有危害行为的法定形式,而不存在危险犯的法定形式,因为刑法中不存在没有危害的危险行为。

二、危险状态是犯罪构成的必要要件吗?

危险犯理论的一个显著特点就是把危险状态看成是犯罪构成的必要要件,认为没有危险状态,该罪的犯罪构成就不能具备,或曰就不

第九章 危险犯理论与实践的反思与批判

能齐备。综观危险犯的理论,主张者是把危险状态看成是犯罪构成的齐备条件加以认定的,进而把危险状态视为犯罪既遂的一种形式。这里我们需要指出,犯罪构成的具备与犯罪构成的齐备在不同主观罪过的犯罪构成中具有不同的含义。在直接故意的犯罪构成中,行为人只要具有客观的行为(包括不作为),就已经具备了某罪的犯罪构成,不问有无结果,不问得逞与否,构成犯罪已不发生问题。在过失罪过的犯罪构成中,行为人不但要有客观行为,而且必须有法定的结果(持过失危险犯观点者也不否认),才被视为具备了某罪的犯罪构成,并已属犯罪构成的齐备。然而,危险犯的基本理论是把危险犯放在故意犯罪中加以考察并加以阐述的,这样,危险状态被视为与危险行为相对应的一种状态现象,只有危险的行为而没有危险的状态,被认为还不具备危险犯的犯罪构成。这样就产生了一个无法圆说的问题,一个决意用炸药炸毁交通工具的行为人,在他购买炸药时被擒获,这算不算已具备了破坏交通工具罪的犯罪构成?如果在他携带炸药接近交通工具时被擒获,此时算不算已具备了破坏交通工具罪的犯罪构成而被认定为已构成犯罪。说此时也已具备了破坏交通工具罪的犯罪构成,提出只有存在了危险状态才可认定具备危险犯的构成要件,岂不是纯属多余又自相矛盾?而如果此时把危险状态看成是与危险行为相对应的一种结果,提出只有存在了危险状态才可认定具备了危险犯的犯罪构成,不过是把犯罪构成的具备看做犯罪的既遂,其概念和理论已发生了错位。这是因为根据犯罪构成的基本理论,犯罪构成是主客观要件的统一体,犯罪的既遂、未遂同存于一个犯罪构成之中,它们不过是同一种犯罪构成的两种不同表现形态。对于所谓的危险犯来说,只要具备了危险行为,就已具备了某种犯罪的犯罪构成,即使诸如炸药还未放在交通工具上,当然仍不影响破坏交通工具罪的成立。而已把炸药放进交通工具,视为才具备破坏交通工具罪的犯罪构成,不过是把这一犯罪构成具备看成一种犯罪结果而视为犯罪构成的齐备,即认为已构成犯罪既遂。然而这种既遂现象又如何解释行为人进一步点燃导火线、炸毁交通工具的行为现象呢?我们至今不得而知。但要危险犯理论彻底否认点燃导火线、炸毁交通工具在犯罪既遂中的意义,恐也难圆其说。于是在危险犯犯罪构成的解释中,出现了有炸毁结果和无炸毁结果在犯罪既遂中具有同一价值,无炸毁结果可以等同于有炸毁结果,进而可以引申出同一种犯罪有两种不同的既遂形式。这样,危险犯理论的提出,意味着我国刑法理论的本身不完善。然而问题还在于,危险犯的主张者把危险状态看成是一种结果形式,而不是一种行为内容,犯罪构成的基本理论并没有错误,只要具有危险行为,犯罪构成仍然成立无疑。而只要出现危险状态才属犯罪既遂,犯罪既遂在直接故意犯罪中,仍然是一种以结果为条件的犯罪,它与犯罪构成的具备不发生影响。这样,要完善的不是犯罪构成的基本理论,而是危险犯的自身理论。危险犯理论把危险状态看成是一种结果形式,显然又把这种结果看成是行为人明知的内容和希望的对象,如何解释这种犯罪构成的内容,值得危险犯理论的主张者深思。把危险状态看成是一种静止的现象,不再向前发展,不会向前延伸,不可能是运动的,是否属于一种静止性的思维定式?

为了说明问题,我们再回到一下注释刑法学的层面上考察刑法的规定。《刑法》第116条规定:"破坏火车……足以使火车……发生倾覆、毁坏危险,尚未造成严重后果的,处……"《刑法》第119条规定:"破坏交通工具……造成严重后果的,处……过失犯前款罪的,处……"从这一规定中,我们可以看出,《刑法》第119条规定的"造成严重后果的",是一种有犯罪结果的犯罪。虽有过失行为,但未造成严重后果的,不处罚。这一"造成严重后果的"结果是过失犯罪的必要构成要件,无此结果,过失犯罪不成立。然而,当我们把"尚未造成严重后果的",也看成是一种结果,就必然意味着过失行为也已有了犯罪结果,仍不是犯罪,仍不要处罚。这样过失犯罪的理论基础便发生了动摇(这也许正是提出过失危险犯的理论基础,后文将加以详细评述)。但是从犯罪构成的理论出发,尚未造成严重后果的,并非指还没有"尚未造成严重后果"的行为。有故意,有行为,当然已具备了构成法定犯罪的犯罪构成。这里我们丝毫看不出为什么只把"尚未造成严重后果的"危险状态看成是一种结果形式,让其充足法定犯罪的犯罪构成进而视为既遂?也许危险犯理论的深层含义在于把"尚未造成严重后果的"看成是一种结果,进而可以把这种犯罪提高到既遂状态可动用重刑。然而刑罚的轻重是与行为的社会危害性程度成正比的,而不是简单地与是否构成犯罪或者犯罪既遂、未遂的状态相联系的。根据最高人民法院、最高人民检察院关于罪名的司法解释,《刑法》第116条与

第119条的破坏交通工具行为同属于一个犯罪。同属于一个犯罪,即具有同一个犯罪构成。

以危险状态作为危险犯的构成必要要件,既在理论上无法获得支撑,又在法律上无法寻得根据。把危险状态看成是行为的内容而作为犯罪构成的必要要件,在犯罪的成立上,故意犯罪便都是法定的行为犯,有行为就已具备犯罪构成的原理已经揭示了所谓危险犯主张的理由。把危险状态看成是结果的内容而作为犯罪既遂的必要内容,在犯罪的既遂上,故意犯罪便都是以出现犯罪的结果(指符合行为人目的内容,并为某一犯罪构成客观要件要求的结果)为条件的犯罪既遂理论,也已揭示了所谓危险犯的理由。而把危险状态作为与实害状态相对应的一种结果形式,我们至今还没有看到评价这一危险可供操作的主客观标准。在我们看来,在犯罪的成立上,所有故意犯罪都是行为犯,有行为就已成立犯罪;在犯罪的既遂上,所有故意犯罪都是结果犯。只是在犯罪结果的划分上,有的结果内容属于物质性的结果,可以看得见摸得着,能计之以数;有的结果内容属于非物质性的结果,无法见之以形、摸之以物、计之以数。所以刑法理论一般都是以物质性的结果作为评判犯罪既遂与否的一个标准。而以非物质性内容为结果的犯罪一般以行为的实施终了为既遂的评价标准。但有结果才是既遂,这一与行为人的目的性质相一致,与某一具体犯罪构成客观要件所要求的结果内容多少,在客观方面所出现的时间长短,对犯罪既遂的成立均不发生影响。因此无论在行为犯中划分出危险行为犯和非危险犯、还是在结果犯中划分出危险结果犯和实害结果犯,既没有理论意义,也无实践价值。当危险犯的理论在犯罪构成的具备(即犯罪的成立)与犯罪构成的齐备(即犯罪的既遂)方面不能作出明确的划分时,危险犯理论本身就很难体现其科学性。

三、危险犯对定罪的作用与意义质疑

危险犯理论的提出,首先是一个如何对危险犯定罪的问题,即对某些虽然尚未造成严重后果,但已有足以造成严重后果危险可能的行为如何定罪的问题。从危险犯理论认为危险犯是以行为人实施的危害行为造成的危险结果作为犯罪构成必要条件的犯罪基本观点来看,可以清楚地看出其关于危险犯对定罪的作用与意义所在。定罪是人

们根据违法行为的各种事实,依据法律的规定,作出是否构成犯罪、构成什么犯罪的一种评价活动(人民法院的定罪评价在法律上具有最高和最后的效力)。定罪的事实依据在于行为人的罪过和行为,定罪的法律依据在于法定的犯罪构成。犯罪在法律上可以划分为故意犯罪、过失犯罪,不同的犯罪形式有着不同的构成要求。犯罪构成的评价机制不但决定着行为是否构成犯罪,而且还决定着行为构成什么犯罪。根据犯罪构成的基本原理,故意犯罪(指直接故意犯罪)本质上是不以结果为条件的犯罪,在犯罪故意的支配下,行为人只要在客观上将犯罪主观罪过付诸实践,即可构成犯罪。故意犯罪一经成立,是预备、未遂,还是既遂,对于已经成立的故意犯罪性质来说,是不发生影响的。所以,故意杀人的预备是杀人,故意杀人的未遂也是杀人,故意杀人的既遂在犯罪性质上还是杀人。这是因为在故意犯罪中,犯罪的性质是由行为人的主观罪过性质所决定的。只是在过失犯罪中,犯罪的成立,除了行为人在主观上具有过失的罪过之外,在客观方面还必须要求具有结果的存在。当我们把危险犯局限于故意犯罪中加以考察时,无论是把危险状态看成是行为的性质还是结果的内容,它们对于行为已经构成犯罪均不发生影响。所以危险犯的理论无论怎样强调危险犯对于定罪的作用与意义,最终还是归结于危险犯实际上是对行为是否构成既遂发生影响。然而当危险犯的理论最终强调实害结果尚未发生,也即构成犯罪既遂,抽象地认为危险犯对于定罪的作用与意义就不具有理论价值了。把危险状态界定于是一种行为的表现状态,所有故意犯罪都是行为犯的理论已经解决了定罪问题。把危险状态界定于是一种结果内容,至多解决了犯罪是处于既遂状态还是未遂状态,它们不再具有犯罪性质的区别。这样,危险犯的理论再复杂、体系再完整,都无法起到对定罪的作用。

然而,近来在刑法理论中出现了过失危险犯的观点与理论。[10] 这种观点提出我国刑法实际存在着过失危险犯的规定,并进一步提出应当根据过失危险犯的理论,在刑法中扩大对过失危险犯的规定。这样,危险犯的定罪作用与意义被凸显出来了。何谓过失危险犯,根据过失危险犯的理论是指行为人由于过失而使行为引起危险状态,因而

---

[10] 参见刘仁文:《过失危险犯研究》,载《法学研究》1998年第3期。

构成犯罪并给予处罚的情形。⑪ 提出过失危险犯的理论根据与提出一般危险犯的理论根据一样,就是要求将预防犯罪的时间阶段向前延伸,这种理论指出,过失危险犯在国外的立法例并不鲜见。国外刑法如何规定,我们暂且不论,就我国《刑法》而言,有两个问题必须直面。

(一) 我国刑法是否已有了过失危险犯的实在规定?

主张过失危险犯观点者认为,我国《刑法》第330条妨害传染病防治罪、第332条妨害国境卫生检疫罪就是两个典型的例子。⑫ 我们先考察《刑法》第330条的规定:违反传染病防治法的规定:(1) 供水单位供应的饮用水不符合国家规定的卫生标准的;(2) 拒绝按照卫生防疫机构提出的卫生要求,对传染病病原体污染的污水、污物、粪便进行消毒处理的;(3) 准许或者纵容传染病病人、病原携带者和疑似传染病病人从事国务院卫生行政部门规定禁止从事的易使该传染病扩散工作的;(4) 拒绝执行卫生防疫机构依照传染病防治法提出的预防、控制措施的,引起甲类传染病传播或者有传播严重危险的,处……刑罚。我们首先需要指出,刑法的这一条规定是从《中华人民共和国传染病防治法》(以下简称《传染病防治法》)中一字不漏地移植过来的,刑事立法与行政立法完全重合,这在立法技术上是否科学合理,值得思考。其次,根据《传染病防治法》的规定,原先这种行为构成犯罪是依照1979年《刑法》分则第六章"妨害社会管理秩序罪"中的第178条妨害国境卫生检疫罪的规定追究刑事责任的,也就是说该罪与妨害国境卫生检疫罪属于同一性质的犯罪。而根据旧《刑法》分则第六章"妨害社会管理秩序罪"的立法规定和刑法理论的通论,该章犯罪是不存在过失犯罪的。主张过失危险犯的观点者,首先先验地认为本罪的主观罪过是过失性质,然后把传播危险视为一种结果形式,这样验证了过失危险犯也是以结果为条件的犯罪。然而,这种过失的结论来自于立法的规定,还是来自于对立法表述的理论推敲,抑或来自于对司法实例的考察,令人费思费解。立法规定并没有明确本罪的罪过性质,过失的结论只能来自于理论概括。问题是该条规定中的"拒绝"、"准许"、"纵容"的表述,很难认定行为人还处在疏忽大意和轻信避免的状

---

⑪ 参见刘仁文:《过失危险犯研究》,载《法学研究》1998年第3期。
⑫ 同上注。

态之下。何谓拒绝，是指经再三说明、再三劝说下仍不顺从。这样，拒绝的行为不可能是过失的。从司法实例考察，如果行为人明知故犯怎么办？如以危害公共安全罪论处，同一种类的犯罪，因主观罪过的性质不同就可以认定刑法保护的社会利益性质的不同，这样根本无法解释危害公共安全罪中的诸多犯罪。从我国《刑法》分则的具体犯罪规定来看，除了刑法已明文规定和刑法理论已趋于一致的认定以外，刑法没有明文规定犯罪的主观罪过性质，是故意还是过失，还需要我们从犯罪的具体情况出发加以考察，更何况在具体的同一个条文的犯罪中，立法有时也同时规定可以是故意，也可以是过失。例如《刑法》第397条的滥用职权罪和玩忽职守罪，第398条的泄露国家秘密罪等。根据刑事立法的原则，某一种犯罪规定为故意是通例，规定过失是例外。所以，《刑法》第330条的犯罪，当立法者没有明文规定是故意还是过失时，对其主观罪过性质的认定原则是有规定按规定，无规定按司法解释，无司法解释须按理论解释，而理论解释不能脱离实际情况与固有原则。为此我们认为，《刑法》第330条的犯罪，既可以是故意，也可以是过失。是过失时，须以造成实际危害结果为条件；是故意时，只要有行为（当然是有危险，也就是有危害的行为）就可构成犯罪。不通过对实践的考察，就断言该条犯罪的主观罪过只能是过失，无法令人信服。立法的不科学再也不能用不科学的理论去解释。主张《刑法》第330条是过失危险犯的观点，实际上是主观先验地把该条犯罪界定在过失罪过内提出的，但这既得不到法律的支持，也得不到理论和实践的支持。同此原理，《刑法》第332条的犯罪，同样也是一个既可故意也可过失的犯罪，是故意时，只要行为有危险即可构成犯罪；是过失时，只有行为引起检疫传染病传播才可构成犯罪。也正是从这一意义上说，我们认为，我国刑法不但根本不存在过失的危险犯，而且持过失危险犯的观点最终没有解决好危险到底属于行为性质还是结果内容，因为行为抽掉了危险属性，何以能产生危险的结果？脱离了对危险性质的正确揭示，仅仅想从刑法的个别条文中寻找某种结论的合法性，进而想证明其合理性，无异于缘木求鱼。看得出来，提出过失危险犯的出发点和归宿点，就是想把危险行为同时也看做危险结果，进而说明过失危险犯实际上已是有结果的犯罪，而当危险结果还没有成为实害结果时，实际上又是在惩罚过失的行为。而过失的行为也可成为惩罚的对象,整个过失犯罪理论的根基就会发生动摇,这又是过失危险犯理论根本无力匡正的。

(二) 我国刑法是否有必要设立过失危险犯？

持过失危险犯的观点者不但认为我国刑法已有了过失危险犯的规定,而且还乘机提出应当扩大过失危险犯的规定范围。[13] 这一观点的理论根据是刑法为了护卫社会,对过失危险行为应当提前介入预防;过失危险行为的主观方面已具有了可责性根据,即主观恶性;扩大过失危险犯可以震慑负有特殊义务者更加谨慎行事。持过失危险犯论者还作了众多具体的犯罪设计,例如"严重违反规定引起重大交通肇事罪",有严重的超速行驶;严重的超载;明知交通工具有肇事隐患仍继续行驶;其他严重的违章行为"的,就可构成这一过失危险犯。然而我们需要指出的是,这种观点已把行为人对结果的过失与对行为的故意混为一谈了。正像持这种观点者自己承认的,对过失危险行为的犯罪化,相应要求将具有较大社会危害性的故意危险行为予以犯罪化,以此保证整个刑法典的统一和协调。[14] 这里所提到的故意危险行为,是指行为人故意实施某些具有社会危害性的行为应以犯罪论处。而过失危险行为是指行为人过失实施具有社会危害性的行为。众所周知,我国刑法中的过失犯罪,并不排除行为人对违章行为的故意性。行为人对违章行为的故意性并不等于对违章结果的故意性。而提出过失危险犯的观点者在这里把行为人对违章行为的故意性,看成是违章行为状态的过失性。这种故意如何转变为过失呢？过失危险犯论者没有揭示。但是当我们从明知是"三超"现象、"明知交通工具有隐患仍继续行驶"的设计中,只能看到行为人对违章结果可能持有过失,却丝毫看不出行为人对违章行为的过失。立法者能否将故意违规行为作为一种犯罪加以规定进行惩罚？回答是肯定的。立法者完全可以根据自己的需要,"任意"地规定某种行为为犯罪。我们甚至可以设想,将来也可以把在公共场所随地污染环境的行为都看成是一种犯罪行为。但是,立法者的这种规定却不能任意改变行为人实施这种行为的主观心态。任何一个从事交通运输的人,不可能不知醉酒状态不能

---

[13] 参见刘仁文:《过失危险犯研究》,载《法学研究》1998 年第 3 期。
[14] 同上注。

驾驶,更不可能不知道有"三超"现象、有肇事隐患的交通工具不能行驶的简单道理。既明知就不可能有疏忽过失,已明知仍为之,其行为已属故意当然无疑。"过失危险犯"的本质就在于其本身就是故意行为犯。不管这种行为是否会实际造成实害结果,立法者通过立法禁止无可非议。但把故意行为犯偷梁换柱为过失危险犯,其根据是什么,实在难以推导。而把过失危险犯界定在已知违章行为的危险性上,只是对违章结果仍持轻信避免的心理状态,无违章结果的发生也已构成犯罪。对违章结果的危险性和违章结果的现实性,行为人轻信避免的是哪一个结果呢?若是前者,行为人难道不能直接避免违章行为的实施?若是后者,不是又掉进了过失犯罪要以实害结果为条件的结论中了吗?当过失危险犯论者无法正确区分行为人对违章行为的故意性和对违章结果的过失性之间的应有界限,就提出设立过失危险犯,无疑是要把负有特殊注意义务的人的不注意行为都视为一种犯罪,不管这种观点给过失危险犯添上多少限制性的条件,都无法消除犯罪的无限扩大化。因为可能的危险并不等于现实的危害。可能的危险转变为现实的危害,还得取决于诸多客观的因素。而把过失危险犯的认定最终寄托在行为人自身主客观因素之外的其他因素,这种定罪的准确性和科学性就值得怀疑。

当然问题还得回到行为人对于危险的心理状态是故意的还是过失的上面来。行为人不但对违章行为是明知故犯的,而且对违章结果也是故意追求或者放任,此时的犯罪性质已是故意犯罪了。而行为人对违章行为是明知故犯的,但对违章结果是否定的,此时作为犯罪认定,还是在故意犯罪的范畴之内。对违章的结果已持过失心理状态,仍然将其拖进过失危险犯的范畴内,那脱离了故意违章的行为,违章结果的危险性何以立足?由此我们可以得出这样一个结论,过失危险犯的"危险结果"是虚拟的,不现实的,因而在理论上是没有价值意义的。

在这里我们还需要进一步指出,提出设立过失危险犯理论根据的还有一个错误在于它自始至终把危险看成是一种结果,是介于行为与实害结果之间的一种独立状态加以固定下来,其逻辑结构是:危险行为→危险状态→实害结果。在这种逻辑结构中,危险状态的危险性质来自于危险行为,危险状态的危险程度来自于实害结果。然而就在这种逻辑结构中,危险状态的性质依赖于危险行为,危险状态的程度依赖于实害结果。当实害结果还没有成为现实,危险程度就丧失了现实基础。当危险行为已经实施,危险性质已先于危险的状态而存在,这样危险状态就不可能是一种独立的状态。既然危险不可能是一种独立的状态,也就不可能成为结果的一个组成部分。这样行为人也就不可能对危险状态有独立的心理态度,由此,过失危险犯想以可能的结果作为危险犯得以成立的主客观基础也就不存在了。

四、危险犯对量刑的作用与意义质疑

危险犯对于量刑的作用与意义,是持危险犯理论的一个核心内容。因为一种犯罪一旦被认定为属于危险犯,就可以视为不要犯罪结果而认定犯罪既遂。而把危险状态看成是既遂的标准,不可能再是未遂,实际上就是想提高量刑的严厉程度。

我们认为,要解决危险犯在量刑中的作用与意义,首先应解决危险状态对犯罪既遂、未遂的作用与影响。而解决危险状态对犯罪既遂、未遂的作用与影响,又必须先期解决犯罪既遂、未遂的区别标准问题,即刑法规定的"未得逞"的含义和认定标准是什么。

诚然,在刑法的基本理论中,犯罪未遂的"未得逞"含义及其认定标准一直是一个极有争议的难题。对此有关的"犯罪目的说"、"犯罪结果说"和"犯罪构成说"长期以来各抒己见,可谓见仁见智。"犯罪目的说"认为,"犯罪未得逞"的含义是指行为人没有实现其犯罪目的,犯罪目的是否实现应是犯罪既遂、未遂相区别的主要标志。"犯罪结果说"认为,"犯罪未得逞"的含义是指犯罪行为没有造成法律规定的犯罪结果,犯罪结果是否发生应是犯罪既遂、未遂相区别的主要标志。"犯罪构成说"认为,"犯罪未得逞"的含义是指犯罪行为没有齐备具体犯罪构成的全部要件,犯罪构成是否齐备应是犯罪既遂、未遂相区别的主要标志。

然而,这些观点本身的标准怎样认定,又如何将这一标准运用到各种具体犯罪之中,这些观点虽各尽其详,却又常常难圆其说。比如犯罪目的说首先认为犯罪未遂只能发生在以物质结果为内容的直接故意犯罪中,非物质性结果的犯罪不存在犯罪的未遂。这样,犯罪目的说就有意无意地否定了所有直接故意的犯罪必定具有犯罪目的,必

定具有希望的内容这一基本原理。其次,即使在物质性结果的犯罪中,行为人预想盗窃1万元,结果只盗得2000元;张三本欲杀死李四,结果却错杀了王五。这里如何评价行为人是否实现了其犯罪目的,犯罪目的说仅仅从犯罪目的的角度已无法提出充足的理由而得出正确的结论。犯罪结果说同样认为,犯罪未遂只存在于物质性结果的直接故意犯罪中,非物质性的犯罪不存在犯罪结果,因此无所谓以犯罪结果发生与否来认定犯罪的既遂与未遂。这样,犯罪结果说又有意无意地否定了直接故意的行为人其"希望"必定具有实在内容这一客观事实。同时,即使在物质性的犯罪中,行为人预想盗窃1万元,结果只盗得100元;张三本想杀死李四,结果只造成了重伤。此时如何评价这些物质结果在法律上的意义,犯罪结果说试图仅仅从犯罪结果的角度来说明犯罪的既遂与未遂的区别,又常常变得无能为力。犯罪构成说虽然认定犯罪未遂既可以存在于以物质性结果为内容的直接故意犯罪中,也可以存在于非物质性的直接故意犯罪中,然而此说在"犯罪结果出现的既遂"之外,又提出犯罪既遂还有"法定行为的既遂"和"危险状态的既遂"这两种情形(本书下面仅仅涉及危险状态,即危险犯的既遂),并以犯罪行为达到一定程度的危险状态为标准予以认定。然而,此说对于危险状态到底属于行为内容还是属于结果内容,未能作出令人信服的说明和论证,于是犯罪构成是否齐备就成了因人而异、可作随意解释的现象。上述三种观点在努力证明自己正确性的同时,却又无法避免地留下了足以商榷的明显缺陷。

  面对这些似是而非、似非又是的理论观点,我们只有回到犯罪未遂只能存在于直接故意犯罪中这一刑法原理的出发点,才会发现上述观点虽有各自的缺陷,但它们却并不是决然对立,互相排斥的,它们本身有着可以重叠复合之处。犯罪未遂只能存在于直接故意犯罪过程中,而直接故意表明,它是指行为人明知自己的行为会发生危害社会的结果,并且希望和追求这一结果发生所持有的一种主观心理状态。直接故意的行为人必定具有犯罪目的,并追求着预想的犯罪结果。直接故意的希望就是行为人的目的所在,这一希望又以行为人追求的预想结果为内容,并将表现在客观世界的变化中,从而满足行为人的主观需要。犯罪目的、犯罪行为、犯罪结果,无一不是立法者设立某一具体的直接故意犯罪构成所需要的构成内容,它们在同一个直接故意的犯罪构成中互相依存、紧密结合,构成一个完整的统一体,它们在犯罪构成的齐备中都起着重要的、不可缺少的作用。这样,我们可以看出,所谓"犯罪得逞"就是指行为人基于一定的犯罪目的,通过犯罪行为追求预想的犯罪结果,以希望造成客观世界的变化而满足自身的主观需要。而"犯罪未得逞"恰恰表现为由于行为人意志以外的原因而使犯罪行为未能完成,或行为虽已完成但犯罪目的所包含的结果内容未能出现,因而没有齐备犯罪构成的全部要件。我国刑法所有犯罪构成的设立,都是以主客观相一致的内容为构成要件。直接故意的犯罪构成更不能脱离犯罪目的与犯罪结果、犯罪行为的实施和犯罪结果的形成的相互关系而孤立地存在于刑法之中。当然,通过犯罪行为的实施,只要支配行为实施的犯罪目的、行为导致的为犯罪目的内容所包含的结果已在犯罪构成的规定之中,则犯罪目的内容的多少,犯罪结果出现的时间长短,已不能再影响犯罪既遂的成立。因此,我国刑法对犯罪未遂规定的"未得逞"含义,必然包括了犯罪行为的未完成和犯罪目的所包含的结果内容未出现这两个方面的情形。同时,犯罪行为的未完成必须最终体现在犯罪结果的未出现基础上,才有犯罪未遂的性质,犯罪结果的未出现必须最终体现在不符合犯罪目的性质基础上,才有犯罪未遂的意义。从我国刑法对犯罪未遂强调"由于犯罪分子意志以外的原因而未得逞的"这一规定来看,可以清楚地看出"犯罪未得逞"的内在含义。

我们解决了犯罪未遂中"未得逞"的内在含义后,将这一基本原理运用到以物质结果为内容的直接故意犯罪中,以此解决犯罪既遂与未遂的区分已不发生问题。行为人预想盗窃1万元,实际只盗得3 000元。这3 000元既是行为人的目的的内容之物,又是盗窃罪犯罪构成的条件内容,其行为当然构成既遂。张三本欲杀死李四,结果却错杀了王五,这里的死亡结果一方面与行为人想要剥夺人的生命的犯罪目的性质相一致,死亡结果正是目的内容所在,另一方面又与刑法设立的故意杀人罪犯罪构成的结果内容相吻合,这就不能再影响既遂的成立。而行为人预想盗窃1万元,实际只盗得100元。这里的100元虽也属于行为人的目的内容,但这100元不但与行为人预想盗窃数额较大的目的内容不相统一,更在于这一结果并不属于盗窃犯罪构成所要求的结果内容。因此,这种盗窃只能属于犯罪未遂。张三本想杀死李四,结果只造成了重伤,这里的重伤结果既不属于行为人的目的内容,也不符合故意杀人罪的结果要求,因而只能是犯罪未遂。基于上述原理,我们也可以进一步看出,犯罪目的说的缺陷在于单纯地从行为人的主观目的出发,忽视了犯罪目的与犯罪结果在本质上相联系、相一致的特点,以致会在犯罪结果已经出现,并且已充足了某一犯罪构成的情况下,仍然得出犯罪目的还未实现而应认定犯罪未遂的错误结论。犯罪结果说的缺陷在于单纯地从客观角度出发,忽视了在直接故意犯罪中,犯罪结果只有和犯罪目的的性质以及犯罪构成的内容要求相一致时,才具有法律意义的属性,以致脱离了主客观相一致的原理,得出了凡是已出现损害结果都可以认定犯罪既遂的结论,并又错误地认为非物质性的犯罪中不要求犯罪结果便可成立犯罪既遂的结论。而犯罪构成说则又把犯罪构成看成是可以脱离犯罪目的和犯罪结果而单独存在的单纯行为的法律规定,以致得出即使没有出现为犯罪目的所包容的结果和没有实现行为人的犯罪目的,仍然可以构成犯罪既遂的错误结论。在这方面,危险犯的既遂理论正好是一个典型的例子。

我们看到传统的危险犯理论通常是被置于直接故意犯罪之中论述的,并被认为它不要求犯罪结果即可构成既遂。[15] 但这种危险犯既遂理论却始终回避着作为直接故意的危险犯的目的所在和危险犯本身完全有可能导致实害结果发生的客观事实,于是要么把危险状态看成依附行为,而这种行为已不要求犯罪结果;要么把危险状态看成就是一种犯罪结果,危险犯既遂也是以结果(可能的结果)为条件的既遂。我们认为,诸如破坏交通工具、破坏交通设备等所谓的危险犯,同样应受直接故意犯罪既遂、未遂原理的制约。为了更好地认识所谓危险犯的既遂、未遂,以便最终解决所谓危险犯是否对量刑有意义的问题,我们还有必要先解决两个问题。

1. 评定"犯罪未得逞"的标准,对于立法者、司法者,甚至对于理论评价者来说,到底属于主观内容,还是属于客观内容。提出"危险犯既遂理论"的观点者,实际上是把怎样评定"犯罪的得逞"与否看成是立法者等的主观内容,可以随着立法者等的主观意志转移而转移,无

---

[15] 参见陈兴良:《刑法哲学》,中国政法大学出版社1992年版,第191页。

需以犯罪行为人是否"得逞"为考察对象。我们认为,作为直接故意犯罪,虽然对于行为人来说,总是基于一定的犯罪目的,通过一定的行为实施,追求预想的犯罪结果。行为人基于什么样的目的,所实施的行为追求什么样的犯罪结果,是受行为人的意志支配的,并随着其意志的转移而转移。从这一意义上说,要犯什么罪,要追求什么结果,怎样才算得逞,对于行为人来说属于主观,但所有这一切对于立法者来说却是客观存在。同时,刑法设立何种犯罪以保护何种既存的社会利益,什么样的行为可以犯罪论处,虽然都可以依立法者的意志所决定,可以随着其意志的转移而转移。但是,犯罪行为造成了什么样的犯罪结果,什么样的结果属于行为人的目的内容,进而以此规定在犯罪构成之中,对于立法者来说同样也是客观存在的,不能随意以自己的主观意志转移为转移的。因此,当直接故意的犯罪目的内容和作为目的内容的结果要求被纳入到犯罪构成后,这一目的是否达到,属于目的内容的结果是否出现,不能为立法者的意志所决定,也不能随立法者的意志转移而转移。这样,对"犯罪得逞"与否的评定标准,就不能以立法者等的主观意志为转移,而应当以属于犯罪目的内容的结果出现与否的客观状态为标准。立法者既没有也不可能对同是直接故意的犯罪,一部分强调必须以出现犯罪结果为既遂标准,而另一部分又强调不需要出现犯罪结果、只要具有危险行为或依附于危险行为的危险状态就可以认定为犯罪得逞而成立犯罪既遂的。须知,我国刑法对于"犯罪得逞未得逞",只是在总则中作总的原则规定,在分则并没有另设得逞未得逞的具体形式与种类。这样所有犯罪的得逞与否的评定,都必须接受刑法总则原理的制约。因此我们认为,对于"犯罪得逞"与否的评价标准,对于立法者等来说,只能是客观的。只有对"犯罪未得逞"采取什么样的处罚原则才可以由立法者主观决定,刑法规定"对于未遂犯,可以比照既遂犯从轻、减轻处罚",才正反映了立法者对犯罪未遂如何量刑的主观要求。

2. 犯罪的成立与犯罪的既遂、犯罪构成的具备与犯罪构成的齐备是否属于同一概念?提出"危险犯既遂理论"的观点,把只有危险行为而还没有出现犯罪结果就视为犯罪既遂,或者把危险状态看成是犯罪结果而视为犯罪既遂,实际上是把犯罪的成立与犯罪的既遂视为同一概念,把犯罪构成的具备与犯罪构成的齐备混为一谈。其实,根据故意犯罪的原理,就犯罪的成立而言,只有具备故意支配下的行为,就视为已具备了犯罪构成的主客观要件,犯罪得以成立。而就犯罪的既遂而言,则在行为具备犯罪构成的基础上,在以行为是否齐备犯罪构成的要件(在客观要件的齐备中,当然要包含犯罪的结果)的高度上加以衡量的。所以,在认定犯罪既遂时,我们不能只重行为而不重结果,也不能把犯罪目的与犯罪结果相割裂,更不能否认犯罪目的内容所包含的结果出现与否、犯罪目的所包含的内容实现与否在"犯罪得逞"和犯罪构成要件"齐备"中的决定性作用,也不能把犯罪呈现的社会危害性大小与犯罪结果的有无等量齐观,把行为的完成视为犯罪既遂。

这样,当我们回过头来再讨论所谓"危险犯的既遂理论"时,就可以发现:

首先,作为直接故意犯罪的危险犯,行为人必定也具有某种具体的犯罪目的,追求着某种具体的结果。如果抽掉了行为人的犯罪目的,就无法解释行为人为什么要实施如此危险的行为;而如果抽掉了行为人要追求的犯罪结果,行为人直接故意的"明知"和"希望"就成了没有实际内容的空洞概念。认为行为人一实施法定的危险行为(应当指出,刑法中所有的犯罪行为实际上都是法定行为)或一出现某种危险性,就可以认定为犯罪既遂,实际上就等于抽掉了行为人的犯罪目的内容和希望、追求的结果内容来评定犯罪的既遂。这就不可避免地会钻进把犯罪构成的具备视同于齐备犯罪构成,把犯罪成立等同于犯罪既遂的观点所设定的框框而无法超越。但我们如果把不可能造成物质性危害结果的危险犯看成是一种行为犯,行为人一旦实施法定行为,就不再关注其结果的存在形式即以犯罪既遂认定处罚,如《刑法修正案(八)》新增设的醉酒驾车犯罪,就可以解决危险犯理论长期困惑的这一难题。

其次,危险犯本身也有其自身造成的犯罪结果,这一结果一方面受行为人犯罪目的的制约,另一方面又受犯罪构成客观要件内容的制约。所谓危险犯的行为人也是在一定的犯罪目的支配下,为了追求一定的犯罪结果才实施犯罪的。例如破坏交通工具、破坏交通设备的所谓危险犯,行为人永远不可能只希望自己的行为仅仅造成某种危险状态为满足,而不去追求实际的损害结果。司法实践中哪有实施如此危险行为的犯罪,行为人明知自己的行为性质、行为指向的对象和可能发生的实际结果,却仅仅把行为引起的某种危险状态作为其行为的出发点和归宿点,仅仅以此吓唬吓唬社会。如果仅以出现某种危险状态作为既遂的认定标准,其后又出现实际的危害结果又将作何解释？例如,1999年2月4日,河北邢台县司法局局长李某因为泄愤解恨,在京广铁路邢台段的铁路上置放炸药,并引爆炸毁了一段铁轨,造成京广铁路长时间的运输中断。按照"危险犯既遂理论",李某将炸药置放于铁路上已具有了危险状态,因而就是破坏交通设施罪的既遂。其后的炸药引爆,当如何评价？恐怕还是破坏交通设施罪的既遂。我国刑法只有一个破坏交通工具设施罪的构成设置。然而,就在这种既遂结论中,危险状态与实害结果变成同一价值的现象。就凭这一点,我们就可以清楚地看出即使危险犯的理论想把危险状态看成是与实害结果相对应的独立结果形式的努力,也注定是要失败的。而一种犯罪构成可以有两种截然不同的既遂形式,最起码至今还难以得到理论的论证和实践的说明。说到底,"危险犯既遂的理论"无非就是人为地并主观地把本属于犯罪未遂的犯罪提高到既遂的程度,从而为从重处罚这种犯罪奠定一个可以任意想象的基础。而如果把李某的行为认定为破坏交通设施罪,那么发生爆炸结果而认定为既遂,这已是结果犯的范畴了。

最后,我们不能把认定犯罪未遂标准的统一性与对危险犯未遂状态处罚的灵活性对立起来或者相互混淆。持所谓危险犯理论的观点者必然担心,对所谓危险犯也坚持以犯罪目的与犯罪结果相统一、犯罪行为的实施与犯罪结果的出现相吻合的主客观相一致的犯罪构成齐备标准来认定危险犯的既遂与未遂,势必会出现预防和打击危险犯不力的现象。我们认为,这种担心毫无必要。我国《刑法》对犯罪未遂的处罚原则明确规定为"比照既遂犯可以从轻……处罚"。可以从轻绝非是应当从轻,要不要从轻,可以视具体情况而定,刑罚的轻重,应当与犯罪所呈现的社会危害性大小相适应,是我国罪刑相应等衡原则的应有内涵。犯罪未遂的这种量刑灵活性与犯罪未遂的复杂性以及特定犯罪所呈现的社会危害性大小相适应,犯罪未遂的本质正是寓于这一辩证关系之中,须知我国《刑法》的量刑要求始终贯穿着罪刑相适应等衡这一原则。我们绝不能因为某种犯罪未遂的社会危害性特别严重,需要从重处罚,可以不比照既遂犯从轻处罚,就否认其未遂状态的客观事实。例如行为人出于十分卑劣的动机杀人,手段特别残忍,挖双眼、断四肢,欲使被害人在极度痛苦中死去。但由于得到现代医疗技术的及时抢救和精心护理,被害人却奇迹般地得以生存。此时,对于这种杀人未遂的犯罪,我们根本不必死抱着犯罪未遂的社会危害性相对小于犯罪既遂的理论框框,大谈特谈刑法对犯罪未遂量刑要求的倾向性规定。但是,我们也绝不能因为这种犯罪未遂的社会危害性特别严重,而对行为人虽有必要有法可依、有理可据也进行从严惩罚,否认其杀人行为毕竟还处于未遂状态的客观事实。同此原理,当危险犯没有出现行为人主观目的内容所包含的并为犯罪构成客观要件所规定的犯罪结果而处于未遂状态时,只要其行为已呈现严重的社会危害性,例如用大量的炸药想炸毁满载旅客的列车或军用专列,我们就可以不必从轻处罚。但我们也不能把对这种犯罪未遂的量刑要求用来否认犯罪本身还处于未遂状态的客观事实。

当然,我们也注意到危险犯理论常常提及所谓危险犯的典型例子,如《刑法》第116条破坏交通工具罪,第117条破坏交通设施罪,与第119条分成两个条文加以分别规定。如果我们只把第119条的规定才算既遂的形式,第116条、第117条的犯罪是否就只能是未遂了?我们的回答是:是的。这是因为:(1)《刑法》第116条、第117条与第119条实际同属于一个犯罪构成。如果第119条明确规定已经造成严重后果的是既遂,则不符合这一既遂标准的第116条、第117条当然只能是未遂。如果把第116条、第117条的所谓危险状态也看成是既遂,就等于把危险状态等同于实害结果。这是危险犯理论自己所不愿意看到的。(2)《刑法》第116条、第117条只是规定尚未造成严重后果,应当怎样处罚,而根本没有规定危险状态就是既遂。也正因这样,一旦造成严重后果,还得按第119条的法定刑处罚。(3)正是从同一个犯罪用两个条款加以分别规定,可以看出我国刑事立法技术的不成熟。此次历经反复斟酌、推敲、研究后的刑法修订,其中存在的瑕疵仍随处可见,可以说实在令刑法学界大失所望。一时的赞美之词恐怕替代不了长期的理性反思和诘问。然而,即使为了维护实定刑法的权威,我们对此不能轻易质疑,不科学的刑法规定可以成为注释刑法学的立足基点,但它不应当成为理性刑法学值得自信的归宿点。当我们看到危险犯的理论在山重水复疑无路之时,总喜欢在刑法条文中寻找又一村,此时的危险犯理论难道真的把注释刑法时的僵化观念视为刑法理论中的皇冠吗？面对本不科学的刑法规定,我们有时甚至设想,如果有一天《刑法》第116条被修改成:"破坏火车……等交通工具的,处三年以上十年以下有期徒刑;情节严重的,处十年以上有期徒刑;情节特别严重的,处无期徒刑或者死刑。"这样的"规定"实质上与现在的《刑法》第116条、第119条规定并没有多大本质和程度的区别。果真如此的话,危险犯的理论将作何注解和诠释？同此设想,当《刑法》第232条故意杀人罪有一天被修改成:"故意杀人造成严重后果或者情节严重的,处死刑、无期徒刑或者十年以上有期徒刑;尚未造成严重后果或者情节较轻的,处三年以上十年以下有期徒刑。"这样的"修改"在理解和适用上与现在的《刑法》第232条规定并没有多大的差异。而此时,危险犯的理论是否又可以得出结论,故意杀人罪也是危险犯,并可认为尚未造成严重后果的杀人也是危险犯的既遂？

我们不赞成刑法研究中把深刻的理论思考停留在表面的感性认识上,一见到刑法中有"危险"的规定,就提出危险犯的概念,一见到刑法中有"情节"的规定,就提出情节犯的概念。以此类推,刑法中有"后果严重的"规定,就可以是后果犯？刑法中有"造成重大损害的"规定,就可以是损害犯？但所有这些"犯",与犯罪的行为与结果究竟是一种怎样的关系？它们与行为犯与结果犯究竟又如何区别？如果赞同者不从理论上作出明确的、令人信服的分析研究结论,就很难说这些观点和理论具有科学性和理论价值。

综上所述,探讨过程中的诚惶诚恐不改结论的自信:危险犯的理论不科学。

第十章　共同犯罪的正犯、帮助犯理论的反思与批评

在当今的中国刑法理论领域,由于增量理论的艰难生产,使得存量理论不断发酵。共同犯罪中的正犯、帮助犯理论就是这一发酵的产物,一提及共同犯罪,就会到处看到正犯、帮助犯的影子。今天中国刑法理论面临诸多犹豫彷徨、踯躅不前的状态,能否先正本清源,扫清障碍,放下包袱,也是我国刑法理论应当要做的一件事,故本章试为之。

一、共同犯罪人的分类方法分歧与分类价值所在

犯罪是社会的副产品,几乎伴随着人类的诞生而产生。人类天生就是一个喜欢抱团结伙的群居动物,人类具有的这一特性,从正面的意义上说是人多势众力量大,人心齐,泰山移;但反面的副作用是犯罪人一旦抱团结伙实施共同犯罪,其影响力之大,破坏性之强,甚至整个社会会为之震动。所以社会成员抱团结伙的行为格外受人关注,例如"陈涉,瓮牖绳枢之子,氓隶之人,而迁徙之徒也。才能不及中人,非有仲尼、墨翟之贤,陶朱、猗顿之富,蹑足行伍之间,而崛起阡陌之中,率疲敝之卒,将数百之众,转而攻秦。斩木为兵,揭竿为旗,天下云集响应,赢粮而景从。山东豪俊遂并起而亡秦矣"。① 这样自古以来,当政者对共同犯罪格外警惕,施以重刑。战国时期魏国之相李悝所撰《法经》律书,其中"杂律篇"就有禁城之规定:"越城,一人则诛;自十人以上夷其乡及族,曰禁城。"秦汉时期已有共同犯罪加重处罚之规定,湖北云梦县睡虎地秦墓竹简《法律问答》有记载:"五人盗,赃一钱以上,斩左趾,又黥为城旦;不盈五人,盗过六百六十钱,黥劓以为城旦。"《汉书·主父偃传》记载:"偃本首恶,非诛偃无以谢天下,乃遂族偃。"并

---

① 贾谊:《过秦论》(上)。

且汉时已有"造意犯"一说,表明秦汉之时已经开始关注共同犯罪中的教唆犯,这对后世共同犯罪的刑事立法产生了重大的影响。

在刑法上,对于共同犯罪人进行怎样的分类,这是由一国的刑法传承所决定并与其刑法文化相联系的。制度有好坏,文化无高低,所以有关共同犯罪人的分类,只有放在特定的历史刑法文化中考察与分析,才具有刑法上的意义。在古今中外的刑事立法史上,曾有过三种规定划分共同犯罪人的立法例:

(一)以各共同犯罪人的分工形式为标准的分类法

这是当今欧洲国家比较普遍采用的分类方法。比如1810年的《法国刑法典》,依据分工分类法对共同犯罪人分为正犯与从犯两类,从犯又包括教唆犯与帮助犯。1871年的《德国刑法典》在继承1810年的《法国刑法典》的基础上,又有所发展与完善。该法典为了解决各共同犯罪人定罪的法律依据问题,依据分工分类法对共同犯罪人分为正犯、教唆犯与帮助犯三类。1958年的《苏联和各加盟共和国刑事立法纲要》,在1919年的《苏俄刑法指导原则》将共同犯罪人分为实行犯、教唆犯和帮助犯的基础上,增加了组织犯,并对其从重处罚,这就形成了共同犯罪人分类的四分法,即组织犯、实行犯、教唆犯和帮助犯。

(二)以各共同犯罪人的作用地位为标准的分类法

这是中国古代传统的刑法规定形式,例如在中国古代起承前启后、影响外域的《唐律》第42条就有这样的规定:"诸共犯罪者,以造意者为首,随从者减一等。"由此看来,唐朝法律根据各共同犯罪人在共同犯罪中的地位作用,把为首者、造意者、组织者规定为一类重要的共犯种类——首犯(现代意义上的主犯),其余跟随者称为从犯,以解决量刑的法律依据问题。这一分类法发轫于《唐律》,为其后的宋、明、清各代律例相袭而基本未变。

(三)以各共同犯罪人的作用地位为主要标准、以各共同犯罪人的分工形式为辅助标准的混合分类法

就目前立法实践来看,主要是指1979年制定的《中华人民共和国刑法》所采取的分类形式,该法将各共同犯罪人分为主犯(即使刑法规定的犯罪集团的首要分子,在中国的刑法中仍然是主犯的一种形式)、从犯、胁从犯和教唆犯。1997年修订的《中华人民共和国刑法》仍然采取这一分类形式。

如何看待这些不同分类标准的优缺点,是中国刑法理论的一个热门话题。有人认为,分工形式的分类方法的最大优点在于能够较好地解决各共同犯罪人定罪中的事实问题;作用地位分类方法的最大优点在于能够较好地评价各共同犯罪人在同一共同犯罪中的作用,以此较好地评定其社会危害性的大小,从而为恰当解决各个犯罪人刑事责任的轻重奠定基础。正是由于认为单独采用分工分类法或作用分类法均不能圆满地解决共同犯罪人的定罪与量刑问题,因此有刑法学者提出了分工分类法与作用分类法并存的二元论立法结构②,即共同犯罪人的定罪,按分工分类法,对实行犯、组织犯、教唆犯和帮助犯的定罪问题加以明确;共同犯罪人的量刑,按作用分类法,将共犯人分为主犯与从犯,对主犯从重处罚,从犯比照主犯从轻处罚,从而解决其量刑问题。至于胁从犯,则不将其作为一种独立的共犯人,而是作为一种法定减轻或者免除处罚的情节。但这种在中国刑法理论饱经创伤后刚恢复时早已出现而至今仍然有较大理论市场的观点,在我们看来却大有商榷之处。

1. 混合型的分类方法在承认地位作用分类方法合理性的基础上,又不恰当地引入了分工形式的分类方法,并将两者机械生硬地糅合在一起,让我们看到了在中国刑法文化由于没有经历过严谨、严密的逻辑思维的熏陶,以至于在共同犯罪人分类这一简单但充满逻辑挑战问题上存在着自相矛盾的冲突。在逻辑学的意义上,每一个社会生活的领域或者每一个专业知识的层面,当我们为了进行社会管理或者为了知识掌握进行各种分类时,站在一个特定的角度,只能按照一个标准进行分类才有意义。在同一个领域或者层面,采用两个或多个标准进行分类时,必然产生相互矛盾、相互抵牾甚至混乱,多中心论等于无中心。其实,在共同犯罪的理论或者实践中,我们首先需要解决的是多个行为人之间是否或者能否构成共同犯罪,这是由犯罪构成要件规格和各行为人之间有无共同故意的问题,这与各行为人之间有无分

---

② 参见陈兴良:《历史的误读与逻辑的误导——评关于共同犯罪的修订》,载陈兴良主编:《刑事法评论》(第2卷),中国政法大学出版社1998年版。

工没有必然联系。在行为人已经构成共同犯罪的基础上,才有如何分配刑事责任大小的问题,此时才有进行各共同犯罪人的划分必要。正是从这个意义上说,作用分类方法自然有它的合理性所在,在共同犯罪中划分各共同犯罪人的种类,就是为了解决共同犯罪人的刑事责任。有人说:作用地位分类法只解决量刑而没有解决定罪问题,因而也是不科学的。③ 然而这种观点本身是指共同犯罪人的分类,而不是指共同犯罪行为的分类。在司法实践中,先有共同犯罪的存在,再有共同犯罪人的认定和分类问题;先有共同犯罪的犯罪性质认定,再有共同犯罪人的刑事责任确定。既然共同犯罪人的多寡和分工形式并不影响共同犯罪的成立,将共同犯罪人的分工形式引入共犯的分类就显得没有任何意义。

2. 我们进一步分析分工分类法对所谓定罪问题的影响。有人说,分工分类方法可以解决共同犯罪人的定罪问题,不然立法上没有解决定罪问题,量刑也就是一句空话。④ 我们认为,这种观点既无事实根据也无法律依据。我国《刑法》第 25 条第 1 款规定:"共同犯罪是指二人以上共同故意犯罪。"当我们把共同犯罪人的定罪问题放在我国刑法中考察就会发现,我国刑法对共同犯罪的认定,既不是以共同犯罪人的多寡(二人是必要的)为标准,也不是以共同犯罪人的分工为标准,而是以各行为人之间有无主观上的犯意通谋为纽带,以各行为人之间的行为是否受同一个共同犯罪故意支配为要求加以衡量认定的。以河南省原副省长吕德彬杀人案为例。原新乡市副市长尚玉和知道吕与妻不和的窘境后,多次撺掇吕德彬杀妻,并设计了多种"杀妻"方案。吕德彬提出了两个谋杀方案,尚玉和则提出了三个谋杀方案。最后在夫妻俩又一次大吵之后,吕终于失去理智启动了杀人计划。他给尚玉和打电话,让尚为其雇请杀手,尚委托了新乡市公安局一名副局长,这名副局长后来从尚的老家唐河县找来两个无业游民——张松雪和徐小桐。这两人搭乘尚玉和的专车,以带吕妻买车为名,将吕妻骗上车,车出省府大院不到一公里,两名杀手即用绳子将吕妻勒死,随后将其碎尸包裹,伪装成绑架撕票案,丢弃在唐河县的一个水塘中。这

---

③ 参见陈兴良:《共同犯罪论》,中国社会科学出版社 1992 年版,第 185 页。
④ 同上书,第 186 页。

是一起较为典型的如分工分类法所言的各共同犯罪人兼具的杀人案件,后四人均被判处死刑。其实当前较多的雇凶杀人案大都具有如此情节。在这一起杀人案件中,吕德彬无疑属于组织犯,尚玉和属于教唆犯,张松雪和徐小桐属于实行犯,那个公安局副局长属于帮助犯。但他们的分工对于这起杀人案来说有什么决定性作用?他们构成一起共同的杀人罪,并不在于他们之间如何分工,而在于他们有无共同杀人的故意,这应该是一个最基本的刑法问题。但即使这样一个简单的刑法问题,竟被人搅得如此繁琐和混乱,实在没有必要。各行为人之间的分工形式,最多属于一种客观的事实存在,但是客观事实不经过规范评价是没有刑法上的意义的。共同犯罪是相对单独犯罪而言的。一人犯罪是以一人为单位,一人犯罪一人承担刑事责任。共同犯罪是以多人为一个犯罪单位,但在罪数上依然是一个犯罪。所以一人杀人为一个杀人罪,多人在一个共同故意支配下杀人也是一个杀人罪。多人参与犯罪只是增加了行为人和行为的量的内容,并没有改变行为质的属性。各行为人之间虽然有分工,组织、策划、教唆、指使抑或实施帮助,都是一种现象的存在形式,这种现象无法改变在一个主观罪过支配下的犯罪性质。通过这种证伪方法,我们就可以完全、彻底否定那种分工形式,可以认定犯罪的错误观点。

3. 其实,在我们对共同犯罪人进行分类时,应当先想一下共同犯罪人分类形式最基本的功能作用是什么?当我们通过证实的方法认定在刑法中划分各共同犯罪人不过是为了解决各行为人之间的刑事责任问题,而刑事责任的轻重又是与行为人主观的人身危险性深浅和客观的社会危害性大小相对应的,所以主犯与从犯的划分,基本上解决了大多数共同犯罪中各行为人的刑事责任。因此,借助于在共同犯罪中各共同犯罪人分工的客观事实,或许这种现象不但为我们认定各共同犯罪如何构成共同犯罪提供了事实基础,同样也为我们认定他们之间的刑事责任大小提供了事实基础(当然作为一种纯客观事实,可能还包括那些无关紧要的边缘人),但认定有各种各样关系的人是否构成共同犯罪,必须进行规范评价。然而在我国的刑法规范中却根本无法寻找到正犯、实行犯、帮助犯等这些规范规定。我们实在不能理解,放着我国刑法中首要分子、主犯、从犯等规范性名词不用,甚至放着"次要、辅助"的规范词汇不用,偏偏要用那些在我国刑法中根本找不到的名称、用语来命名各共同犯罪人。如果说我们学习刑法、研究刑法,却不能规范地使用规范内容,只能说明有些中国刑法学者的规范意识不强,更是一种中国刑法学在某些方面依然是一种幼稚的表现。如果说这种理论仅仅作为一种研究为将来的刑法在这方面的完善做准备,就应通过实证案例证实说明现有刑法在这方面的欠缺。不然:隔空遥喊打水去,竹篮回来一场空。

二、对正犯理论的反思与批评

中国刑法理论中的"正犯"一词,应当来源于日本对德国刑法中主要共同犯罪人的翻译,我们从民国早年的一些刑法教科书中就已发现"正犯"一词的影子和理论痕迹。笔者在这里做一个大胆的揣测,这与中国近代晚清的沈家本主持刑法改革是邀请日本的岗田朝太郎作为观念参谋和技师指导而展开进行的过程有关,而民国的刑法基本上又是继承晚清刑法演变过来的,晚清和民国的刑法身上出现日本刑法的影子并不奇怪,所以在清代《大清律例·刑律篇》中已见"正犯"这个用语,民国时期北洋政府的《暂行新刑律》和国民党政府1935年刑法都沿用了这个用语,这反映了当时中国刑法学界的不自信。日本自有它向西方学习的理由,原来中国的影响已荡然无存,转而向西方学习,这是它的正确选择,问题是我们还有无自己的文化和理论立场。新中国政权建立以后,由于众所周知的历史缘由,中国的刑事法制建设属于"半路出家",先天准备不足,现实的思想更新失调,在中断了中国传统刑法观念传承和废止了传统的刑法典本之后,新的中国刑法学研究一开始就寻找外部的资源开发,在一段时间对苏联的一套理论产生信任危机以后,大陆法系的德、日一套刑法理论就乘虚而入了,正犯概念和正犯理论就是这一历史和现实背景下的产物。然而我们始所未料的是,正犯像一只双螯向空的螃蟹,竟可以喷发出大量的泡沫。以致正犯、单一正犯、共同正犯、共谋共同正犯、片面共同正犯、实质正犯、扩张正犯、限制正犯、单独正犯、直接正犯、间接正犯、过失正犯、共同过失正犯等一系列的名词、词汇,都开始登堂入室,简直已经形成一个庞大的"正犯家族"。

然而到底什么是正犯?英文是 principal offender(注意:在英文中

主犯的词语也叫做 principal offender），一般是指亲自实施犯罪的人。[5] 共同正犯被称为 joint principal offender or Common Principal Offender，是指共同犯罪人中直接参加实施犯罪行为的罪犯；片面共同正犯被称之为 one-side joint principal offender or partial principal joint crime，是指单方面帮助他人实施犯罪的人。何为正犯？事实上在德国刑法和日本刑法乃至刑法学界也是众说纷纭、莫衷一是。如《德国刑法》第 25 条规定："自己实施犯罪或通过他人实施犯罪的，以正犯论处。数人共同实施犯罪的，均以正犯论处。"第 26 条规定："对教唆犯的处罚与正犯相同。"德文没有"正犯"这一汉语词汇，正犯一词是由日本翻译过来的。日本 1974 年的《修正刑法草案》第 26 条规定："亲自实行犯罪的，是正犯。"第 27 条规定："二人以上共同实行犯罪的，都是正犯。"第 28 条规定："教唆犯，按正犯的规定论处。"《日本刑法》第 60 条规定："二人以上共同实行犯罪的，皆为正犯。"第 61 条规定："教唆他人实行犯罪的，判处正犯的刑罚。"《韩国刑法典》第 30 条规定："二人以上共同犯罪的，各以该罪的正犯处罚。"第 31 条规定："教唆他人犯罪者与实行犯者，处罚相同。"从这样一些大陆法系的刑法规定中可以看出，正犯包含着两层含义：（1）正犯就是实行犯；（2）正犯就等于主犯。大体而言，我国刑法理论通说也认为正犯就是实行犯，但一般又放在共同犯罪中加以阐述，很少有人说正犯就是主犯。我国刑法学者马克昌教授指出："二人以上共同故意实行某一具体犯罪客观要件的行为，在刑法理论上叫共同正犯。"[6] 陈兴良教授认为："共同正犯是二人以上共同故意实施犯罪构成客观方面行为的实行犯。"[7] 但由此我们可以得出结论，正犯即为实行犯。[8] 但是把正犯放在中国刑法学的语境

---

[5] 本人不懂德文，故只得以英文代之。尽管英文属于盎格鲁语系，德语属于日耳曼语系，但因为同属于欧洲语言，很多的词根相同。

[6] 马克昌：《犯罪通论》，武汉大学出版社 1999 年版，第 525 页。

[7] 陈兴良：《论我国刑法中的共同正犯》，载《法学研究》1987 年第 4 期。

[8] 笔者在阅读吴天准教授撰写的长文《重建巴别塔——论社会主义》一文时，看到该作者曾写到：一千个人眼中就有一千个哈姆雷特，某些现象会有多种概念并不稀奇，仅据英国学者格里菲斯在 1924 年出版的《什么是社会主义》统计，竟有 260 多种对"社会主义"的解释，引自 wtz98@mails.tsinghua.edu.cn。突然感悟到：引用太多一些概念简直是多余，总不能把对 260 多种"社会主义"概念意义的全部引用才叫做面面俱到。所以在不伤大雅的前提下，对一些主要概念作一简单的介绍即可。

第十章 共同犯罪的正犯、帮助犯理论的反思与批评 207

中加以考察,我们认为还是有许多问题值得探讨与商榷。

第一,我们认定大陆法系刑法中正犯包含着两层含义之一就是正犯等于主犯。如何评价大陆法系刑法的正犯规定,既不是本文甚至不应该是中国刑法学界的主题,也轮不到我们说三道四。但从国外大陆法系的刑法文本的解读来看,"正犯"一词是通过翻译转化为汉语的,因此我们有必要从汉语的词义中解读"正犯"的含义。正犯就是实行犯,很容易理解。实行犯是一种行为现象,甚至说是一种分工现象(如何进行进一步的思辨理解,后文将专门讨论)。但就正犯也就是主犯而言,主犯反映的是一种作用与地位,但这里把"正犯"看成是正犯却大有错误可纠。胡适先生说过:科学是一个大胆假设、小心求证的过程。我们在这里不妨做一个假设,将所有大陆法系刑法中的"正犯"一词改变为"主犯",看看会不会发生词义学的理解错误?一个本来很简单的问题,现在被搅得如此复杂,这是德国刑法学界根本不可想象的,也应该是日本刑法学界想不到的。可以说德国、日本刑法规定没错,错的是我们的再次翻译出了问题。拿日本带有中国文字含义的片假名不经过转换直接使用,这多少反映了中国刑法学界的不较真。如果说在晚清、民国时期由于历史的原因还多少能给予历史的宽宥,而今天呢?现实呢?想宽宥应该说也是理由不充分的。真是差之毫厘,失之千里,还在教训我们这一代的刑法学者!1934年公布的《中华苏维埃共和国惩治反革命条例》中规定:藏匿者和帮助犯与实行者负同样的责任;附和者可以减轻刑事责任;被胁迫者可以减轻或免除刑事责任。1939年《陕甘宁边区抗战时期惩治汉奸条例》把共同犯罪人分为实行犯、教唆犯、从犯(帮助犯或协助犯)三类。1948年《晋冀鲁豫边区惩治贪污条例》第5条、第6条规定:"教唆他人贪污,照正犯治罪;帮助他人贪污,照从犯治罪。"在这大前提下,"集体贪污以其负责人为主犯,其余依情节分别照正犯或从犯治罪"。这就是说把共同犯罪人分为主犯、正犯、从犯三类。这里的正犯不过是实行犯,实行犯是主犯的一种形式也无大的疑义。

其实,我们从汉语、汉字的基本语词结构和语词意义上说,将主犯翻译成"正犯"对于日本来说是没错的,这是他们的理解和文字用法,问题是我们在翻译日语"正犯"时没有转换适用是有错误的。何为正?辞海曰:正,正中,不偏不倚;正面,相对于负面、背面、反面而言;正宗,体系正统纯洁;正直,正当正派;正职,相对于副职而言。在上述这么多词汇中,唯一可作牵强解释的正职一词的词义,稍稍可与正犯相关联,其他的我们实在看不到"正"可以与犯罪相联系,然后可以创造出一个叫做"正犯"的名词来,从汉语的纯词语角度来说,真不知这一"正犯"与什么词相对应组成一对理论范畴?而我们中国刑法学界误将别人错误的东西当作宝贝,实在是在以讹传讹而又不自知,真是情何以堪哪!

第二,正犯就是实行犯,也很容易理解。但夹杂着对欧洲分工分类方法的赞许声,在对共同犯罪的理论争论和实例分析中不时地出现正犯的影子(一般意义上与实行犯同义使用)成了当下涉及共同犯罪时的一个显见现象。毫无疑问,实行犯是相对于教唆犯而言的。但我们把实行犯放在正犯之中进行讨论时,在同一个层面上与主犯是不能兼容的。实行犯讲的是分工现象,主犯讲的是行为人在共同犯罪中的作用地位。我们在讨论一个问题时,只能侧重于一个方面而言,不能说正犯的两个属性在一个问题层面上同时存在。正像"变性人"一样,尽管他同时兼有男女两种属性,但在最终的归类上,我们要么把它看成是变性后的男性或者要么把它看成是变性后的女性,而不能说"他"是一个不男不女的第三种人或者什么都不是。正犯是实行犯,对于大陆法系国家的刑法来说,就意味着要求作为正犯的实行犯必须亲自实施符合犯罪构成的行为,所以实行犯属于动手的,而教唆犯是动嘴的。尽管在大陆法系的刑法理论中,教唆犯具有的犯罪属性——即到底是具有独立性还是具有从属性,是一个极有争议的复杂问题,但根据我们上面所列的有关国家刑法的实定规定来看,教唆犯具有独立性的属性更明显一点。所以才有《德国刑法》第26条的规定:"对教唆犯的处罚与正犯相同。"《日本刑法》第61条规定:"教唆他人实行犯罪的,判处正犯的刑罚。"《韩国刑法》第31条规定:"教唆他人犯罪者与实行犯者,处罚相同"等明定规范形式。在我们中国这个东方古国的刑法文化传承中,由于"诛心"政策使然,教唆犯一向被认为是首恶,一部《唐律》"诸共犯罪者,以造意者为首"的规定,足可以反映出这一刑法思想。

但是我们还是需要指出,在现代社会生活中,实行犯与教唆犯是否属于主犯并不是必然和绝对的,所以视实行犯为"正犯"的理论结论就大有问题了。教唆犯为何不能成为"正犯"？上述大陆法系国家的刑法不正是将教唆犯视为正犯加以处罚的吗？由此看出，想通过实行犯、帮助犯和教唆犯的划分，有助于正确认定各共同犯罪人的作用与地位，这些价值与意义完全存在于论者的头脑之中，想问一下：经得起证伪的质疑吗？在前述吕德彬雇凶杀妻一案中，尚玉和的作用与地位与吕德彬的作用可谓是半斤与八两的关系。如果尚玉和能晓之以理、动之以情、警之以害，吕德彬也许会放弃杀心的。所以只有把实行犯看成是"正犯"，把教唆犯看成是独立于"正犯"之外的一类共同犯罪人，真不知从何说起。所以实行犯这一概念在解决行为人之间是否构成共同犯罪中根本不起什么作用，同样，在解决共同犯罪人的作用与地位中也不起什么根本性的作用。甚至我们还可以说，即使帮助行为、教唆行为也要靠行为人实施和实行。有人说："教唆犯与主犯、从犯并列并不存在违反分类重叠的逻辑错误的问题。"⑨这说明，教唆犯既可以是正犯（即主犯），又可以是从犯，正说明教唆犯在共犯分类上没有什么独立性可言。只是在中国由于刑法的硬性规定，教唆犯才是一种共犯的种类，所以是否合理，这里不想加以讨论。但是在中国，不以刑法为规范评价的依据，离开刑法规定随意作讨论，此缪大矣。而以正犯就是实行犯并以此排斥教唆犯，我们再一次设问：经得起证伪的质疑吗？即使我们退一步说，实行犯与教唆犯是一种共同犯罪的分工现象，对事实的认定与利用规范进行评价有必然联系，但并不必然是一回事。事实的认定只有经过规范评价后才能具有法律上的意义，这是刑法学人应该具有的最起码的常识。

三、对帮助犯的反思与批评

"帮助"一词太平常了，不作任何解释人人都能懂。因为在共同犯罪中，各行为人的作用肯定不会绝对同一，有人为主，就会有人为次；有人杀人投毒，就会有人递刀买药；有人要雇凶杀人，就会有人穿针引线，这是社会现实生活中常有听闻的现象。从汉语的词义学上说，何为帮助，何为次要，何为辅助？都是一些事实认定与价值评价混合在一起的客观现象。社会学意义上的人的行为有它的模糊性，根据"按

---

⑨ 陈兴良：《共同犯罪论》，中国社会科学出版社1992年版，第187页。

实定名"的哲学原理,就看一个国家的刑法规范是如何规定的。《德国刑法》第 27 条规定:"对他人故意实施的违法行为故意予以帮助的,是帮助犯。"《日本刑法》第 62 条规定:"帮助正犯的,是从犯。"《韩国刑法》第 32 条规定:"帮助他人犯罪的,以从犯处罚。"于是我们知道,在德国刑法中有专门的帮助犯的规定形式,在日本刑法和韩国刑法中,有对帮助行为的事实描述,但是法律对此命名为从犯。而我国《刑法》第 27 条第 1 款规定:"在共同犯罪中起次要或者辅助作用的,是从犯。"所以我国刑法有从犯但无帮助犯的规定,从犯包括了次要和辅助两种行为方式。有学者认为:"从犯的概念中如果不把帮助犯包括进去,帮助犯就没有定罪的根据。"⑩按照这种观点,先要在刑法中规定一种共同犯罪人叫"帮助犯",然后将帮助与辅助有效地区别开来,然后再一起放进从犯的概念中。相对于主犯而言,在共同犯罪人的分类层次上,从犯总低于主犯。然而在从犯的层面上,在我们看来,帮助与辅助、帮助的主与次仅仅是一种文字使用形式的区别,其意蕴并无多大差异,我们很难说它们之间有什么本质的区别。帮助犯还不像正犯那样,既可以作为主犯的形式出现,又可以作为实行犯的形式出现。帮助犯只能作为从犯的形式出现。由于德国刑法没有从犯的概念,所以帮助犯只好与实行犯、教唆犯相对应而存在于刑法中。而日本刑法、韩国刑法已经有明确的从犯概念,所以即使行为人以帮助的行为形式出现,在法律的规范评价上只能归结于从犯的种类形式。联系到我国刑法规定,有次要的行为形式、有辅助的行为形式而无帮助的形式,但是正犯作为主犯与实行犯在法律上有规定形式,与此相对应,帮助犯只能作为从犯认定,这种认定即使在德国刑法中也是如此,更不要说在日本和韩国的刑法规定中了。在我国刑法中没有帮助犯的规定形式,对于刑法理论无伤大雅,对于司法实践无甚大碍。

通过上述研究可以表明,在共同犯罪人的分类上,除前面提及的教唆犯作为一种分工形式置于我国刑法共犯分类中有不妥之处,甚至主犯包含的内容过于宽泛,完全可以分列出一个集团犯罪的首犯类型,甚至还可以认为胁从犯本身的地位与作用并不是固定不变的,完全可以取消外,在主犯与从犯的规定上并没有什么突兀和不足。所以

---

⑩ 陈兴良:《共同犯罪论》,中国社会科学出版社 1992 年版,第 185 页。

在中国刑法中研究帮助犯的概念还缺乏法律依据,在中国刑法学上谈及帮助犯的概念并没有必要,在中国的司法实践中引入帮助犯的概念也没有帮助。

四、并不多余的再思考

由于受一段曲折历史的影响,中国刑法学的发展极不正常。很多的基本概念都来自苏联或其他一些外部区域,这是中国刑法学的短板和无奈。但中国人不傻,只要我们奋起,我们就能建立起让我们自信的刑法学体系来。美国前总统罗纳德·里根在初任总统时曾说到:"我们并不必然走向衰落,尽管有人想让我们相信我们命该如此。我不相信我们无论做什么我们只能命该如此;但我相信,如果我们什么也不做,我们的确将真的命该如此。"[11]在中国刑法学的研究方面我想我们也该有这样的态度,这样我们才能穿越历史与现实的暗淡岁月,重建中国刑法学的自信。在对待共同犯罪人的分类及如何理性地看待正犯、帮助犯,是否要引入到我国刑法典和刑法学体系中的问题上,我们在进行学术构建和学术论证过程中,不能只有外部关照而没有内在的逻辑思考,不能只有他人、他国却反而没有我们自己。自从陈兴良教授1992年出版了他的博士论文改编的专著——《共同犯罪论》[12],在我国第一次较为系统地研究了共同犯罪人的分类及提出应当引进正犯和帮助犯的概念后,在许多学者的心目中留下了很深的印象。该作者从比较研究的角度提出自己的观点和理由有他自己的前卫性思考和些许理论创新的可取之处,但时至今日,正犯、帮助犯变成了一个"家族集团",也许这是该作者没有想到的事。但对年轻人具有的这种无限扩张的思维模式的无意义性,我们已经发现其不足就需要也有责任加以温情提醒和及时指出,殊不知这种分类太经不起规范的评价和理论的质疑了。

我们完全可以想象,受时代和历史的局限,我们这一代学者生涯在早年刚起步的时候,都会有思考不周之处。所以历史上有少年诗

---

[11] 岳西宽、张卫星译:《美国总统就职演说》,中央编译出版社2002年版,第334页;另参见刘德强主编:《世界演讲名篇鉴赏辞典》,上海辞书出版社2000年版,第774页。

[12] 参见陈兴良:《共同犯罪论》,中国社会科学出版社1992年版。

人、作家、数学家、物理学家,但没有少年哲学家,更没有少年法学家,韩寒的一篇稚嫩的刑法文章就是一个例证。台湾地区刑法学者韩忠谟老先生著鸿篇、留弁言、作反思及检讨有数语,其言曰:"昔遽伯玉年五十而知四十九年之非,不佞行能无似,早逾伯玉之年,所积之非,又远过之,今之所谓是者,安知他日不更以为非耶,而末学浅尝,今非而不自知,犹以为是者,又不知凡几也。"⑬笔者初阅其言,触动心弦,自谓略有获其真谛之感。今爰缀于此,以为毕文,当为自己并与学界共勉。

---

⑬ 韩忠谟:《刑法原理》,台北雨利美术印刷公司 1987 年版,最新增订版弁言。

第十一章　身份犯与非身份犯的共同受贿定罪问题的理性思考

已有一段时期了,在与研究生和博士生讨论到受贿犯罪中身份犯与非身份犯从理论的逻辑思维层面能否构成共同犯罪时,经常发生观点的对立、观念的冲撞和理论的冲突。本人曾在《法学》2001年第12期发表文章[1],就受贿犯罪中的身份犯与非身份犯能否构成共同犯罪提出了否定的观点,这种否定的观点在刑法理论上也受到了新的否定。[2] 甚至连自己的学生也认为这一问题由于司法惯例和司法解释的介入在司法实践中已经解决了,特别是司法解释已有明文规定的情况下,在理论上讨论不构成共犯是很难说得过去的。否定的理由大致概括如下:君不见当今的贪污受贿很多都是"夫妻老婆店的买卖"[3];据调查,在当前的受贿案件中,由家属参与的比例高达81%~90%,家属参与而形成国家工作人员与家属共同受贿故意的近100%。[4] 我国刑法不是已经明文规定非国家工作人员可以构成贪污罪的共犯吗?国外大陆法系国家的刑法都有非身份犯与身份犯在共同犯罪时可以通过"加功"而构成共同犯罪的。由此很多人就想当然地认为实践问题

---

[1] 参见杨兴培、何萍:《非特殊身份人员能否构成贪污罪的共犯》,载《法学》2001年第12期。该文题目本为《非特殊身份人员与特殊身份人员共同参与犯罪的行为性质探讨》,文中涉及对非特殊主体与特殊主体共同参与的贪污罪、受贿罪、强奸罪等犯罪能否构成共犯罪,从刑法理论的应然性上作了深入的思考与探讨,并得出了否定的结论。后编辑考虑排版之需要,将该题目改为文中的题目。另参见杨兴培:《犯罪构成原论》,中国检察出版社2004年版。

[2] 参见杨春洗、杨敦先主编:《中国刑法论》,北京大学出版社2001年版,第97页;刘宪权:《共同证券、期货犯罪疑难问题探析》,载《华东政法学院学报》2004年第4期。

[3] 参见邹志宏:《受贿案的司法调查》,载《上海检察调研》2001年第2期。

[4] 参见谢闻波:《家属参与受贿共同犯罪的认定与处理》,载《华东政法学院学报》2005年第3期。

的解决本身可以等于理论问题的解决。原本以为这些问题自己在有关文章和专著当中已经基本讲清楚了,原本以为没有什么话需要再多说了。然而面对这一问题在理论和实践中的是是非非,本人觉得实在还有必要从刑法的基本理论上进行深入的基础性思考,以求得理论的进一步澄清。

一、如何理解刑法关于受贿罪的共犯规定?

在执法的技术层面,由于我国刑法对贪污罪中一般主体与特殊主体能否构成共同犯罪已经作出了明确规定,不管这一规定在理论上是否合理或存在欠缺,我们在司法实践中必须毫不犹疑地加以贯彻执行,"恶法亦法"的司法原则来不得半点的含糊。然而问题是,类似贪污罪的规定在与贪污罪十分相似的受贿罪中并没有相应的规定。但常有人认为,贪污罪的规定是一个照应性的规定,贪污罪的法律规定精神对于受贿罪具有同样的价值。⑤

非国家工作人员与国家工作人员相互勾结,共同受贿,能否构成只有国家工作人员才能构成的受贿罪?这一问题在 1997 年《刑法》修订之前,并不成为问题。因为全国人大常委会在 1988 年 1 月 21 日《关于惩治贪污贿赂罪补充规定》中具有明确的规定:"与国家工作人员、集体经济组织或者其他从事公务的人员勾结,伙同受贿的,以共犯论处。"因此非国家工作人员与国家工作人员相互勾结,共同受贿,构成共犯是完全可以的。随着 1997 年 3 月 14 日《刑法》的修订,原先贪污罪的规定不变,而受贿罪的规定取消了。问题由此而产生,肯定说与否定说经常发生着观点对立和理论冲突。肯定说认为,1997 年《刑法》虽未明确保留这一规定,但根据共同犯罪的基本原理,该规定的精神显然是有效的。⑥ 而肯定说又是比较走俏的。面对如此对立的理论观点,笔者已无意也无法再提出更新的观点和理由,只是觉得刑事立法在法律上增加一个内容与取消一个内容可以被人轻而易举地说成并没有发生什么,并且被这么多人所接受和认可,实在不是一种滋味。

---

⑤ 参见陈兴良:《受贿罪研究》,载陈兴良主编:《刑事法判例》(第 3 卷),法律出版社 2001 年版,第 70 页。

⑥ 同上注。

如果是为了遏制日益猖獗的非国家工作人员与国家工作人员的共同受贿行为,从实际的需要出发,从实际的刑事政策的基本要求出发,对此认定为共同犯罪,也是可以理解的。⑦ 但是这些刑事政策已无需刑法理论进一步进行亦步亦趋的注释。这种刚性的规定在司法实践中执行就是了,甚至无需解释。但刑法理论脱离了其本身的发展轨道,为了实用的需要,跟在法律与法规甚至司法解释的后面作亦步亦趋的理论注释和由此得出理论结论,实在是理论的悲哀。如果说通过近距离的观察而得出对所谓法律精神的理解,太监对皇上的揣摩就在情理之中了。其实在1997年修订《刑法》之时,非国家工作人员伙同国家工作人员共同受贿的案例也是司空见惯的,比非国家工作人员伙同国家工作人员共同贪污的案件有过之而无不及。刑事立法者保留了贪污罪的共同犯罪,但却取消了受贿罪的共同犯罪规定,其中的奥妙真让人费解。在一般的理论理解层面上,总则与分则的关系是制约与被制约的关系,总则的规定对于分则条文来说都具有约束力;而分则条文之间是一种平等的并列关系,"一个萝卜一个坑",彼此之间不发生相互影响。如果刑事立法需要在分则条文中进行彼此间的相互借鉴引用,就必须作出必要的拟制性规定。就现实的腐败犯罪的情形来看,刑事立法者更应该保留受贿罪的共同犯罪,而应该取消贪污罪的共同犯罪规定,或者应该同时保留,或者应当明文规定受贿罪的共犯问题像受贿罪的法定刑一样应当参照贪污罪。对于现在的刑法规定,立法者的意图何为只能由立法者来解释。立法者不解释(我们的立法解释实在是少之又少),只能以现行的法律为依据,不能妄加揣摩。法官眼里除了有法律、法规,可能还有各种有权解释和刑事政策,甚至还有各种上级指示精神。而法学家眼里应当只有法律和法理,甚至只有好的法律才能被称为法律,不好的法律可以作为批评的对象。当然这不影响现行有效的法律在司法实践中的应有效力。

笔者在咀嚼了很多肯定说的理论之后,总觉得这些观点和理由是多么的似曾相识,它们跟原先阐述类推制度的理由几乎是一脉相承。

---

⑦ 2003年11月,最高人民法院发布的《全国法院审理经济犯罪案件工作座谈会纪要》在关于"共同受贿犯罪的认定"中明确指出:"根据刑法共同犯罪的规定,非国家工作人员与国家工作人员勾结,伙同受贿的,应当以受贿罪的共犯追究刑事责任。"

透过这些理论的争论,笔者想到了这里是否还有一个更深层面的问题。

曾记得,当我国1997年《刑法》第一次明确规定罪刑法定原则的时候,刑法理论界有多少人在欢呼赞美,长期等待的愿望终于实现了。检索一下已有的文章与专著,连篇累牍,何止千百。然而当这一原则如何被具体落实在司法实践时,又有多少人对此原则奉为神明?视而不见的有之,有意无意曲解的有之,为了现实的需要刻意肢解的有之。于是在非国家工作人员与国家工作人员相互勾结,共同受贿,能否构成只有国家工作人员才能构成的受贿罪问题上,罪刑法定原则成了一个美丽而空洞的彩虹和符号,尽管可以放射出迷人的色彩,一旦"太阳"的光芒出现,彩虹的光环就随之消失。司法实践有时为了迎合某些需要,不得不然,这可能由中国特定的司法环境所决定,因而也是可以理解的。但我们的刑法理论应当保持自己的清醒和独立的理论品性,总不能忙着为现实的司法实践作着总是"合理"的解释。这就使我们不得不想到难道我们的刑法理论真像一个永远长不大的孩子,口中唱着歌谣却并不知道其中的意蕴?难道我们的理论工作者真成了"好龙叶公"?当真正的龙身显现时,又觉得是那么的不可理解和难以接受?由此看来,在中国,真正要将法律看成是法律,罪刑法定原则真正要成为一个刑法上的基本原则,所有法律规定都是算数的,注定还得走上一段很遥远的路程。

当然,在如何理解和贯彻执行罪刑法定原则,这里还有一个是入罪还是出罪的问题。其实,罪刑法定原则并不是我们中国的"土产品",经过多少年风风雨雨之后,我国刑法终于将它移植在自己的土壤中,在中国的刑法史上,不能不说是一个重大的里程碑。但移植之后能不能顺利地茁壮成长就很难说了。在中国,"南橘北枳",移植的东西"水土不服"的事是常有的。但是我们应当看到,罪刑法定原则的内涵,经过民主与法治进程的多少洗礼,基本上已经确定了。在涉及是扩张解释还是限制解释,是采取有利于还是不利于被告人的方法和原则,在法律不甚明了的情况下是应当采取出罪还是入罪的态度,这些问题在实行罪刑法定原则的民主与法治建设搞得比较好的国家里,基本上已经解决了。当然,"面对公众们愤怒的制恶情绪,稍有正义感的法官都会想方设法加以满足以将社区恢复平静"。⑧"所有国家的法官有办法从束缚他的条文中解脱出来,如果正义要求这样做的话。为这个目的,有各种方法可供使用。"⑨但是我们完全可以根据中国的国情,暂时不要引进这种"劳什子"原则,等条件成熟了以后再说也不迟。同时,一国的立法也可以是不讲道理的,要怎么立、怎么规定都可以,但需要明文规定。立好了,规定好了,就应当说话算数。我想所谓的罪刑法定,不管理论上说得怎样"花好桃好",实际的道理不过如此简单而已。然而当我们一旦真正引进了罪刑法定原则,既然罪刑法定原则在我国刑法中已经"安家落户"了,我们就应当善待"它"。任何一种好的制度的移植和引进,都是要付出一定代价的。不付出一定代价,就想买好东西,天下没有这么便宜的买卖和好事。对于罪刑法定原则,不要以为"它"不会说话,就欺负"它",甚至虐待"它"。不然,即使有一天,我们想起了"它"的好处,真正想把"它"扶正,恐怕也得费上成倍的代价。中国当今法治建设的进程,一个很大的影响因素就在于往往说的跟实际做的不一样,理论与实践不一样,主观愿望和客观效果不一样。时至今日,我们也该总结一下其中的经验与教训了。

在一次讨论中,有人提到电视剧《国家公诉》,该剧反映了省委常委、常务副省长王长恭伙同其情妇周秀丽大肆收受贿赂的情节,由于周秀丽也是国家工作人员,因此不发生是否构成共同犯罪的问题。但如果周秀丽不是国家工作人员,是否能构成共同受贿罪?有人就提出我国最高人民法院对成克杰、李平共同受贿一案的判决,实际上就是认可了非身份犯与身份犯可以构成共同受贿,这个案例应当要对我国的刑事司法实践起着约束作用。我们认为,从实际的功效来看,最高人民法院的判决总是最有效的,权威也是最高的。但我们认为,最高人民法院的判决并不一定是最有理或者最合理。不然最高人民法院就完成了"权力等于真理"命题的最后历史诠释。应当看到,最高人民法院对成克杰、李平一案的判决,并没有通过审判委员会以司法解释的方式发布,因此这一判决仅仅对该案发生法律效力,在法律上和理

---

⑧ 冯亚东:《理性主义与刑法模式》,中国政法大学出版社1998年版,第184页。
⑨ 〔法〕勒内·达维德:《当代主要法律体系》,漆竹生译,上海译文出版社1984年版,第110页。

论上对其他相类似的案件并没有约束力。我们应当清楚中国至今仍不是一个判例法的国家,上级法院的判决对下级法院的司法实践在法律上并没有拘束力(司法实践中的惯例我们当然也很清楚)。因此以最高人民法院的判例作为理论的诠释,是刑法理论不自信的表现。我们当然知道,在中国,对权力的高度尊重和绝对服从已成了中华文化的一个传承。但是人们必须明白,在现代社会中,实现正义的途径应当局限在法律的规范评价之中。对某种行为的社会危害性的价值评价也只有局限在法律的规范评价之中,才不至于对社会产生另一种负面影响。不然,当对某种行为社会危害性的评价失去了法律的规范评价堤坝的拦截,必然会引起洪水滔天。而实现正义的途径选择了通过权力加以进行,就会在社会上形成对权力权威产生超越法律的崇拜,这样势必又会杀伤对法律权威的崇拜。这也是中国社会至今仍然还没有很好建立起法治权威的重要原因。这应当引起人们的深思。

二、如何理解一般主体与特殊主体的相互关系?

有人说现代社会就是一个民主社会和法治社会,有人说市场经济就是自由经济和法治经济。法治社会也好,法治经济也罢,落实到法律上首先是如何制定一种规则,以规范各种参与社会活动的社会成员如何有序地进入或者走出某一特定的社会活动领域。而在所有的有关法治社会和市场经济的法律规范中,社会活动主体的资格是一个带有基础性的问题。现代社会十分重视行为主体的资格,其既深刻又浅显的原因就在于社会成员的资格是使其行为能否获得法律认可,进而具有法律效力的一个前提条件。没有行为人的资格存在,行为人的行为就不会发生法律效力,因此,这里首先有一个社会成员进入某种特定社会领域的资格问题。比如在民事法律关系中,一个人必须首先具有民事法律关系主体的资格,才能与他人进行某种具有法律意义的民事行为。在选举法律关系中,选举人必须首先取得选举资格,才能凭借着资格——这张"入场券"进入选举场所,不然其所进行的投票行为就没有法律效力。犯罪虽然是一种反社会的行为,但是其行为原理跟正常的社会行为是一样的。行为人要进入社会进行反社会的行为,也必须首先具有一种犯罪的资格。正因为如此,刑法对犯罪主体的资格才有了严格的规定。

犯罪主体资格问题作为一个十分重要的法律问题,这涉及刑法的基础构造与基本原理。我国《刑法》规定,只有年满14周岁或者16周岁的人实施刑法规定的犯罪才能负刑事责任。于是刑法中有了一般主体的概念。行为人不具有相应的年龄条件,就意味着行为人不具备实施犯罪的资格,所以,即使具有社会危害性的行为,在法律上也不能构成任何犯罪,不能追究刑事责任。发生在2003年北京的"蓝极速"网吧案件,就是一个有力的说明。⑩ 刑法中的一般主体是特殊主体的基础。特殊主体是指行为人除了具备一般主体具有的刑事责任年龄和刑事责任能力这两个基本资格以外,还必须具备一定的社会身份条件的犯罪行为人。与一般主体具有的资格条件在一般犯罪中的基础作用一样,特殊主体具有的社会身份条件对于特殊犯罪来说,同样具有基础作用。就刑法理论的一般意义而言,一般主体能构成的犯罪,特殊主体都能构成,例如杀人、放火之类的犯罪。但是特殊主体能构成的犯罪,一般主体是不能构成的。一般主体要表示什么,特殊主体又要表示什么,本来这是很清楚的事,也是刑法基本理论本应该已经解决了的事。

　　刑法在设立一个犯罪时,完全可以不设定行为人的特定身份资格,从而可以把犯罪主体的资格扩大到所有的社会成员。如果某种犯罪需要扩大到一定刑事责任年龄的其他社会成员,就必须在刑法中加以明确规定,例如《刑法》第382条的贪污罪、《刑法》第398条的泄露国家秘密罪。但是任何一个社会、任何一个国家都不可能这么做。在有法律规定的条件下,处在不同社会层面和地位的人,总是有着不同的权利和义务规定,权利与义务在法治条件下,又总是要向着一致的方向靠拢。于是在刑法中,特殊主体的身份资格从一般主体的无特别要求的身份资格中裂变出来。特殊主体享有的权利,社会的普通成员不能享用;反之,特殊主体应当承担的义务,社会的普通成员也不能承担。在以特殊主体为基础的共同犯罪中,缺少特殊主体的身份条件也可以构成只有特殊主体才能构成的犯罪,就意味着这种特殊主体的身

---

⑩　在该案中,3个未成年人因为怨恨"蓝极速"网吧工作人员不让他们进入网吧游戏,于是放火烧毁了该网吧,导致多人死伤。经审理,该案3个未成年人中,有两个未成年人因未满14周岁,未被追究刑事责任。

份条件已变得毫无疑义。剩下的只是刑法需要禁止和惩罚某种行为,而不是需要禁止和惩罚利用某种身份条件而实施的某种行为。

诚然,一般主体与特殊主体共同实施的犯罪行为,在客观上已经形成一个有机的整体,行为彼此不可分。这也许是许多大陆法系国家只能通过"加功"的刑法理论加以解决的重要原因。⑪ 但是一般主体与特殊主体共同实施的行为在客观上具有一个行为整体,仅仅是一座浮露于地层表面的一幢建筑而已,这种建筑的坚固性如何,还得依赖地层下面的基础坚固性如何。受贿罪是属于国家工作人员才能构成的犯罪,如果受贿罪也有类似于贪污罪的法律硬性规定,司法实践中依法办事就行了。然而当我们的刑法还并没有类似的规定时,理论上就不无问题了。浮露于地层表面的建筑人人都能看得到,所以人人都可以说三道四。然而埋藏于地下深层的基础,既不是人人都看得见,也不是人人可以说三道四的,只有通过专业人员的测量才能知其所以然。受贿犯罪很多都是"夫妻老婆店的买卖",是人人都能看见的现象。但是国家工作人员的受贿犯罪,为什么其作为非国家工作人员的家属也能参与其中?重要的一个原因就是作为非国家工作人员的家属也在利用国家工作人员才具有的职务之便。然而问题是,国家工作人员才具有的职务之便能否为他人分享利用?如果能被分享利用,这种分享利用在法律上是否被承认有效?不可否认,在我国,由于各种有效的监督制度没有形成,各种有效的监督措施没能跟上,"一人当官,全家光荣;一人有权,全家享用"的现象是客观存在的。问题是,这种分享是否合理?是否被法律所认可?在这类国家工作人员出事以后,我们应当对他们采取"一锅端"的方法,还是只处理具有职务之便的国家工作人员的责任?这实际上就是一个地下基础与上层建筑的关系问题。在上层建筑,同质的事物固然可以相互融合交杂在一起,水乳交融是自然现象比较容易理解,红土与黑土也可以交杂而搅和在一起。但是在基础问题上,不同质的东西能否相互融合呢?水油是无法交融在一起的,泥土与钢铁是永远搅和不到一块的。国家工作人员的近亲属并不等于国家工作人员本身,他们本身并没有领取到只有国家工作人员才能进入特定区域的"入场券"。因此在法律层面上,国家

---

⑪ 参见杨兴培:《犯罪构成原论》,中国检察出版社 2004 年版,第 375 页。

工作人员与非国家工作人员的近亲属是不能同日而语的。

　　法律是人为制定的,要宽要严,全在植根于人们意识观念之中而又高于一般意识观念的法律是如何规定的。不讲基础理由,一人犯罪,所有牵连,在中国古代社会"满门抄斩"的现象并不稀罕。要讲法治,一人做事一人当,有权人做事有权人担当,就在情理之中了。要讲依法办事,如果我们的法律已经这样规定了,非国家工作人员可以和国家工作人员构成共同犯罪,那就本不该发生如此大的意见分歧,司法实践照办就是了。然而在法律没有规定的情况下,此时就变得不这么简单了,就得给上一个经得起理论质疑的理由。其实在现有的法律框架内,对于诸如国家工作人员的近亲属伙同国家工作人员一起"受贿",不让他们从中获得好处和逃脱法律的制裁,我们的司法实践并非是束手无策而只能背离罪刑法定的既定原则和明确的法律规定,动用所谓"共同犯罪"的理论,以受贿罪论处才能达到目的,类似的案件,按照窝赃、移赃罪处理未尝不可,按照窝藏、包庇罪处理也未尝不可。又何须动用受贿罪才能将此等"重要人犯"绳之以法呢?如果说以这些罪处理太便宜了他们,只能说明中国的重刑思想实在是太根深蒂固了,这不是罪不罪的问题了,而是刑不刑、如何用刑、如何用重刑的问题了。如果说非国家工作人员与国家工作人员的共同受贿与一般的窝赃、窝藏不一样,这些人在事前就已经参与实施一定的行为了,那还得回到这些人在法律上是否有资格实施这些行为的问题上?

　　在一般主体与特殊主体的相互关系问题上,在下层基础与上层建筑的相互关系上,在防止权力异化与权力被借用、分享与惩治借用、分享权力的相互关系问题上,我们为什么不看到基础的重要性,而只看到上层建筑的问题,恐怕与我们的法理与法律浅薄有关,与我们现实整个社会的浅薄有关吧。默认权力被借用、分享的事实,即使在犯罪问题上实行严惩,不过是春天割韭菜一样,割了一茬又长出一茬。只有在预防的根本上下工夫,方能釜底抽薪,防患于未然。在这方面,有的国家为我们提供了某些启示,据有关报道,德国总理施罗德在刚当选为德国总理之时,曾带着他的新婚燕尔的再婚妻子和新岳母一起乘着德国总理因公才能乘坐的高级防弹车去黑森州度周末,不想正好被好事的新闻记者逮个正着,在新闻媒体上曝光后,识相的施罗德只好赶快道歉,并及时支付为此花费的3700马克才算了事。意大利南部一个省的省长在上班时,其妻不时"搭便车"图省事,此事被曝光后,被当地法院判处6个月的劳役。这表明,在一个法治国家里,一个国家工作人员的权力和资格是不能被他的家人分享的,出现差处,必须由国家工作人员承担,或者由不具有国家工作人员资格和享受国家工作人员权力的他人按照其他规定承担责任。基于同一基本道理,因国家工作人员的职务而构成的犯罪,也必须由国家工作人员承担,他的近亲属是没有这个资格承担这个责任的,即使因为有共同的行为需要承担法律责任,也必须按照其他的法律规定处理。

在谈到非身份犯与身份犯能否构成共同犯罪的问题上,很多理论观点总是以大陆法系国家刑法都有"加功"的例子说明可以构成的合理性和合法性。问题还是,人家国家有规定,那是别国之事,跟我们国家有什么关系。我们已规定了罪刑法定原则,我们就得实行我国的刑法。如果认为别人的规定有道理,我们在规定共同犯罪时,也可作相应的修改与补充,但在修改与补充之前,还得坚持罪刑法定原则。大陆法系国家都有"加功"的规定,但是英美法系国家却很少有类似的规定(可能自己孤陋寡闻,未能收集到有关的事例),倒也值得引起我们的思考。难道非国家工作人员伙同国家工作人员共同受贿的实例在这些国家并不存在与发生,恐怕没有这么简单,关键还是罪责谁负的问题。即使大陆法系国家已有类似"加功"之类的规定,但它们也明确规定了没有某种身份条件的行为人是不能与具有某种身份条件的行为人同等处罚的。这里倒也有一个公平的理由在。而在我国刑法中,由于没有这样的规定,非国家工作人员也可以构成受贿罪,就意味着也可以判处死刑这样的重刑。尽管在司法实践中未必真这样处理,但其中的所谓"合理性"已值得人们好好思考了。

三、如何理解自由与秩序、权利与义务的相互关系?

把问题再往深处想一下,这里还有一个秩序与自由、权利与义务的相互关系问题。这一问题已经引起了无数哲人和社会成员的兴趣和深深的思考,竞相为之而折腰。"秩序,意味着事物存在和发展的稳定性、连续性和一致性……社会秩序不仅是一种事实,而且还是一种价值。这是因为,人们遵守社会所普遍承认和接受的社会规范而行动便形成了社会秩序,而客观存在的社会秩序作为一种社会事实,同时也必定蕴藏着对人们有益的东西,从而满足人们的需要,成为人们所共同追求的价值。"[12]自由,意味着无拘无束。拉丁文 Libertas 的原意是从束缚中解放出来。"自由,就是有权行动。所以政治的目的就是在人类中实现自由。使人自由,就是使人生存,换言之,就是使人能表现自己。"[13]权利,是指法律规定一定的社会成员依法享有的某种利益。[14] 义务,是指法律规定一定的社会成员依法应当履行某种行为的责任,表现为要求负有某种义务的社会成员必须做出一定行为或者禁止其做出一定行为,以保证其他社会成员的权利的实现。[15] 有关秩序与自由,权利与义务的论述,人们虽然各有各的说法,但大体上都有类似的含义。

现行刑法规定受贿罪只能由国家工作人员构成,意味着对于国家工作人员来说,这是一个秩序规范,这里有一个对于国家工作人员来说是不自由的问题;这也是一个国家工作人员应尽的义务,这里有一个与国家工作人员享有的权利相适应的义务要求。这样,对于国家工作人员来说,在要不要收受贿赂的行为中,他是不自由的,他必须遵守社会已经设定的规范秩序要求。他没有收受贿赂的权利,只有不收受贿赂的义务。这既是从国家工作人员从政的一般廉洁要求出发得出的结论,也是国家已经为国家工作人员从政付出了相应的代价这一现实所决定的。所以对于国家工作人员来说,吃了"皇粮"就不能再吃"杂粮"了。而对于非国家工作人员来说,由于他们并没有吃"皇粮",则不存在法律规定他有没有收受贿赂的权利和要不要收受贿赂的秩序要求,所以他就有一个可以自由的蕴含。法无明文规定不为罪的背后,就是法无明文规定不禁止。当然由于非国家工作人员不具有职务上的便利,在理论上也不发生有人向他行

---

[12] 曲新久:《刑法的精神与范畴》,中国政法大学出版社 2000 年版,第 1—3 页。
[13] 〔法〕皮埃尔·勒鲁:《论平等》,王允道译,商务出版社 1996 年版,第 12 页。
[14] 参见《法学词典》,上海辞书出版社 1980 年版,第 226 页。
[15] 同上书,第 40 页。

贿的可能性,虽然现实社会的情形并非如此简单。

也许非国家工作人员与国家工作人员共同受贿的情形下,非国家工作人员也可以获得受贿的机会。这是事实,谁也无法回避。但问题是,行贿人是在向谁行贿。一个简单的道理使人可以明了,行贿人是在向"权力"行贿。受贿,说到底,不是"人"在受贿,而是"权力"在受贿。人们的行贿是在向权力行贿,而不是向哪个人行贿,所以在预防和惩治受贿犯罪的过程中,我们看不到权力在这里所起的作用,而只看到受贿人在这里所起的作用,真正是张冠李戴了,看错了原因看走了眼。行贿人知道,人们也知道,向国家工作人员行贿以后,国家工作人员不利用他的权力为行贿人谋利益,行贿的价值是不存在的。所以,刑法规定受贿罪、惩罚受贿罪,实际上是要禁止"权力"受贿,要惩罚"权力"受贿。谁受贿,法律就要惩罚谁。权力是不能分享的,因而义务也是不能强加的。没有权力的人,不管他是否是国家工作人员的亲属,在法律上他是没有权力受贿的。所以在法律上,他就没有义务接受法律的惩罚。之所以能向国家工作人员的这些近亲属行贿,是因为他能够借助于国家工作人员手中的权力,这是国家公权力发生异化的结果。对此法律完全可以通过立法规定,对这种已经异化的行为也给予应有的惩罚,为此现行刑法已有利用影响力受贿罪的规定。但这已经属于"以恶制恶"的恶性循环的怪圈现象。所以,要跳出这一怪圈,还需要法律进一步规范权力的运行,从权力运行的源头做起,从权力运行的基础做起。

当然我们都生活在现实社会中,对当前的各种受贿现象也是熟谙于胸。在非国家工作人员与国家工作人员的共同受贿现象中,有国家工作人员唆使、指使近亲属收受贿赂的,也有国家工作人员的近亲属唆使、帮助国家工作人员收受贿赂的。国家工作人员与非国家工作人员的近亲属相勾结中的受贿犯罪,非国家工作人员也能构成受贿罪的共犯,这里不但存在身份资格问题,而且还存在更深层面上作为非国家工作人员的这些近亲属是否有权力为他人谋取利益的问题(不管这一规定是否合理,在法律层面上它还是有效的)。不通过国家工作人员的权力活动,近亲属的行为是不可能办到为他人谋利的任何事情的。在非国家工作人员与国家工作人员相勾结的受贿现象中,国家工作人员始终处于核心地位。把国家工作人员的近亲属也纳入受贿罪的共犯范围之中,表面的直接意义在于预防国家工作人员的近亲属在受贿犯罪中的教唆、帮助作用,但深层的问题仍然无法阻止国家工作人员为什么要利用职务之便收受贿赂?为什么要利用职务之便为他人谋取利益?他怎么能够利用权力收受贿赂?他怎么能够利用权力为他人谋取利益?看来关键还是要对权力进行监督,让所有的国家工作人员明白,在我国,一个国家工作人员的权力被剥夺了以后,他就成了一个普通的社会成员,就跟其他的社会普通成员没什么两样了,别人也就不会再向他行贿了。而在我国,权力是属于全体人民的,所以应当要接受全体人民的监督和制约,权力只能由全体人民分享,而不能与其近亲属分享。而一旦权力时时能受到监督和制约了,行贿和受贿这种只能在黑暗中才能运行的行为,自然会大大收敛甚至会消失。这样,国家工作人员在遵守既有法律秩序的同时,本身就意味着他没有收受贿赂的自由。而在他享受国家工作人员的各种权利的同时,也同时担负着他应当遵守的义务。不然,法律会拿他是问。而对于非国家工作人员的那些近亲属来说,他虽然有随便收受他人财物的自由,但法律制度和社会秩序的安排,意味着不可能有人随随便便就给他送上财物的。他即使有权利收受他人的所谓"礼物",但当他没有权力,也是没有人随随便便就给他送上财物的。这样也就意味着他当然没有义务去接受法律没有安排的惩罚了。当然在理想层面上,国家工作人员如果管住其非国家工作人员的近亲属,像现在许多纪律、政策所要求的那样,那实在是国家之幸事,国民之幸事,也是国家工作人员及其近亲属之幸事。许多国家工作人员及其非国家工作人员的近亲属在"东窗事发"之后,面临法律的严惩,悔恨不已,都有一种"早知今日,何必当初"之感,颇能说明问题。

在当前受贿犯罪盛行之时,许多国家工作人员的近亲属伙同国家工作人员的共同受贿行为,早已激起了天怨人怒,已是人神共愤了。平心而论,从感情上说,对国家工作人员的近亲属而言,在他们吃惯了好处之后,做了助纣为虐的事,在法律上也让他们承担一定的惩罚,绝对是大快人心的。但理性告诉我们,这种一时之快,并不能从根本上消除产生这种大量的国家工作人员与非国家工作人员共同收受贿赂的行为的土壤,我们依然还要付出很大的代价。这又岂是杀几个、抓几个非国家工作人员的所谓近亲属平平民愤所能够解决的。历史一再告诉我们,时重时轻的刑事政策能够起一时之效,但总不是长久之计。

　　也许我们的结论过于理想化了一点,但是我们确信,理性的思考只能通过理性的形式表现出来,理性的法律应当引导人们理性地向前看。

第十二章　刑民交叉案件法理分析的逻辑进路

天下熙熙,皆为利去;天下攘攘,皆为利来。我们正生活在一个过分讲究物质的经济社会中,经济生活与我们一切行为密切相关,于是刑事与民事交叉、经济与刑事混杂的犯罪案件层出不穷。正如自然界是一个普遍联系的世界一样,人类社会也是一个普遍联系的世界。所以,人的行为一旦与社会发生联系,就往往会在多个领域、多个方面和多个层次产生影响作用,形成多重社会关系。当这些社会关系一旦被某种法律所规定、所调整,就会形成多重法律关系,从而产生多重法律后果。犯罪是一种反社会的行为,但其行为原理与正常的社会行为一样,同样也会产生多重社会关系并形成多重复杂的法律关系,这一现象在刑民交叉混杂的案件中表现得尤为突出。作为当前一种常见的犯罪现象并且往往属于疑难复杂的案例形式,如果我们从法律技术运用的层面上进行分类,就会发现,这种刑事与民事交叉、经济与刑事混杂的犯罪案件一般存在着三种类型:

1. 案件在外形上具有刑事与民事交叉或经济与刑事混杂的形式,但就其内容而言,其行为性质并未超出民法或经济法的调整范围。

2. 案件在外形上具有刑事与民事交叉或经济与刑事混杂的形式,但就其内容而言,刑事与民事交叉或经济与刑事混杂的法律关系是一种纵向的包容重合关系。

3. 案件在外形上具有刑事与民事交叉或经济与刑事混杂的形式,但就其内容而言,刑事与民事交叉或经济与刑事混杂的法律关系是一种横向的同位并列关系(以下简称刑民交叉案件)。

应当承认,刑民交叉案件在刑事、民事法律领域中涉及面较为广泛,有人身侵权的,有财产侵权的,还有涉及其他方面的,但其中涉财的案件居多。在目前的司法实践中,是坚持传统的"先刑后民"的操作观念与操作技术,还是一概采用"先民后刑"的操作调整,抑或首先理顺和确认刑民法律关系的联系和区别,然后正确认定这种刑民交叉案件中的罪与非罪或此罪与他罪的区别,应当是刑法理论与司法实践面临的一个重要课题。

　　刑法学是论理的,但刑法还是用来操作的。刑事案例分析更是具有举一反三的功能作用,故此我们在这里选择一些具有代表性的案例进行分门别类的样本分析,试图提供破解这一难题的逻辑分析进路。我们认为在经典与时尚、历史与现实的相互关系中,属于经典的案例永远是隽永而不会过时的,其中折射的法学原理在现实的司法实践中会起到触类旁通的引领作用。

一、刑民交叉案件属于单一民事法律关系的法理分析路径

　　在这类案件中,刑民交叉关系仅仅是一种形式表现,其内容上属于单一的民事法律关系的行为性质并未超出民法调整范围时应当采取依据前置法加以处理的法理分析路径。

　　例如2008年4月的某日晚上,被告人甲与乙下班后走到一家铝锭厂旁,见有人从里边把铝锭往外扔到围墙外,他们也隐隐约约看到路旁树丛中还有人影晃动,看得出这是一桩内外勾结的偷盗犯罪。于是他俩大喝一声"干什么的?"里边的小偷一听就不再往外扔铝锭了,外面的小偷也吓得逃走了。这时两人又叫喊了一阵,工厂内也没人回应。于是两人一商量,一人留下看护铝锭,一人回去骑来三轮车。两人将铝锭装车运回去出售,获款4 000多元后两人平分享用。这一行为是否构成犯罪?如果构成犯罪应当构成什么罪?如不构成犯罪,这一行为应当如何处理?对此案的处理,一时间形成多种观点,理论的说理性也各以为是。

　　本案从表面形式上看,甲、乙两人在贪欲钱财的心思支配下运走了铝锭,出售后又获得了钱款,即使不构成抢劫,也构成盗窃,起码也应当认定为侵占罪,这是当时的主要观点。本案甲、乙以见义勇为开始,却以涉嫌犯罪而案发。本案看起来也属于刑民交叉的一种类型,但是否必须进入到刑法评价的领域,在理论上不无问题。

　　从事物发展的进程来看,时间是一维性的。这里首先有一个问题

需要提出来,那就是甲、乙两人的非法占有的主观犯意何时产生？如果我们不抱任何有罪推定和先入为主的低级思维观念,都会坦率地承认甲、乙两人在一开始有一种见义勇为的心思与举动。如果工厂有人闻声及时赶到,将赃物及时收归工厂所有,一切皆在皆大欢喜之中,甲、乙两人也会获得见义勇为的美誉称号。然而人,一半属于天使、一半属于魔鬼的魔咒宿命也会时时折腾和支配着人性的发展。正是在小偷撂下铝锭不管落荒逃走,工厂又因无人值班前来认领赃物,甲、乙两人并未如圣贤一样将好事进行到底,瞬息之间,贪欲占了上风:我们不偷不抢,此时不发个顺水之财岂不太傻？于是乎,英雄、狗熊顷刻间发生了角色变换。但是我们从时间的一维性上说,甲、乙两人的贪欲念头肯定产生于小偷撂下铝锭落荒逃走,工厂又无人前来认领赃物之后这样一个特定时间内。我们无法想象甲、乙两人在下班之际或者在偶遇小偷之前已经想到有这样的奇遇,以致先行具有非法占有的念头,"守株待兔"似的等待着"好事"的降临。对于涉罪行为人心理事实的认定,我们需要有一种推己及人的思维观念,需要用一种常情、常理和常识的平常之心加以分析认定,在这方面,英美法系的陪审团在解决这一难题时所遵循的社会普通大众所拥有的心态常理与认识标准,使得我们也算获得了一种他山之石的参考尺度。我们总不能说甲、乙两人把铝锭交给厂方,那就是见义勇为;现在把铝锭运回出售就是犯罪,两者之间总是非此即彼地走向极端。从对犯罪构成模式要求的理解和对时间一维性的解读当中,我们必须回答,甲、乙两人的非法占有的目的从哪里开始？这里的答案应当是明确的。

由此又产生第二个问题,在甲、乙两人产生非法占有念头之时,被偷的铝锭在民法上处在谁的控制之下？占有不仅是民法中的根本概念,也是刑法特别是侵犯财产类犯罪中的基础概念,我们应当要承认,刑法中的非法占有学说完全是建立在民法占有制度基础之上的。尽管"占有"具有什么样的属性在民法理论上也存在着多重理论争论,但是首先承认占有是一种事实状态属于基本的主流观点。[①] 如果铝锭此

---

① 《法国民法典》规定,在自主占有的情况下,占有是一种事实;在他主占有的情况下,所有权是虚权,财产的实际占有者是实体权者,从而可以行使一定的权利。从我国法律规定上看,现行《物权法》并没有明确提出占有权的概念,而是专设第五编,将占有独立成编,学者普遍认为,我国民法在立法上更倾向于事实说的标准。

时处在无人占有的状态,就意味着这种物品谁捡到谁就可以占有。我们并不认为这样的占有在法律上应得到认可,因此进而可以获得合法的所有权。但如果我们能认定甲、乙两人非法占有的目的产生于小偷落荒而逃,工厂无人认领赃物之后的这样一个特定时间内,此时甲、乙两人即使已经具有了非法占有的主观目的,然而他们的行为很难具有非法侵占的法定属性。从刑法的犯罪构成的既遂标准理论分析,小偷把铝锭偷出工厂围墙之外时,铝锭已经脱离了工厂的控制领域,小偷的盗窃犯罪实际上已经属于犯罪既遂的状态,意味着工厂对铝锭已经失去了控制。小偷听到他人的叫喊声而逃,又意味着小偷对铝锭已经弃之不管了,实际上已经放弃或者丧失了对铝锭的占有状态。当此时铝锭处在无人占有的状态,谁占有当然就属于民法上的不当得利。当厂家发现自己合法的财产被他人无权占有时,完全可以适用民法的不当得利规定进行索还加以解决。

当然也有人提出类似的案例也可以用隐瞒、掩饰犯罪所得罪加以认定和处理。但刑法规定的隐瞒、掩饰犯罪所得罪是以行为人明知他人犯罪所得并与他人发生接触,为其窝藏、转移、收购、代为销售或者以其他方法掩饰隐瞒的行为而形成的一种法律关系为基础的。本案中两被告人在小偷逃走后才产生非法贪欲,当然无法与小偷发生为法律调整的相互关系。当这里不存在一种新的法律关系时,要认定构成隐瞒、掩饰犯罪所得罪就会存在法律上的障碍。

刑事案例本无疑难不疑难之分。疑难与否,皆在于人心所设的价值取向如何,皆在于法律规定的明确度如何,皆在于评价者的知识水平、生活经历、法理学识如何。在人类社会生活中,一切社会行为都是人为的,对于这种人为行为的认识和评价也是人为的,凡是人为的认识和评价(特别是在社会科学领域)就无所谓绝对的正确和不正确,所谓的俗世无圣人,说的就是这样的道理。俗世无圣人,但人间有法律。当某种刑民交叉案件所涉行为并没有超出刑法前置性法律的边界,我们就不要人为地轻易拔高到刑法领域。刑法对犯罪的规制是一种对类型化行为的规定形式,某些介于多重法律关系之中的行为,我们应当学会由低到高、由轻到重的递升式的处理方法。但是在当今司法实践对刑民交叉案件的处理过程中,总让人容易看到有太多的人喜欢先用刑法标准去衡量,先刑后民的思想观念总是畅通无阻,以致中国刑事疑难性案件"入刑容易出刑难"的司法局面。中国社会的刑事案件如此多发,不知是否与我们目前的司法观念扩大刑事管辖领域或多或少有关系,还是与国家刑法权力没有学会自我自省、自我内敛有关系,也不知是否与直至今天"刑法万能"观念的余孽没有得到彻底地清理有关系?

其实从中国古代倡导的"出乎礼而入于法"的礼法关系演变到今天的"出乎他法而入于刑法"诸法关系,我们应当要坚守这样的司法准则:刑法不过是社会防卫自身生存条件的最后一道防线而已,能以刑法的前置法处理的,就不以刑法评价处理。这是因为,正如德国刑法学者耶林所言:"刑罚乃一把双刃之剑,用之不当,则国家和个人两受其害。"②

正是通过上述案例的分析认定,笔者又想起了另外一个极有争议的案例。说某旅游胜地游客如云,所以寺庙里面的和尚突发奇想,在外面的公共地带挖了一个水池,然后建造基座,上面供奉一个菩萨。游客们当然既可能觉得好玩,也可能是出于信仰,游览间不断向佛像抛钱扔币。钱币当然是积少成多聚沙成塔,所以和尚们每隔几天就下水捞钱,其乐融融。由于本是公共地带遮拦不严,所以有两个小偷也由此效仿,潜入水池抢先一步捞钱。结果捞了以后,和尚生疑了:钱到哪儿去了?然后开始守夜,两个小偷被和尚们逮个正着。对此当如何处理?盗窃、侵占,什么意见都有,但是说有罪的多。但从民法的意义上来分析,游客的这些钱扔给谁的呀?当然是扔给菩萨的,游客由此而放弃了所有权。但能否说菩萨由此就获得了所有权,由此实现了对这种钱财的控制?从唯物主义的角度而言,菩萨不要钱,佛像不要钱。这就意味着一方已经把钱扔出去,丧失了控制权,放弃了所有权,而另一方却拒绝占有,不要所有权,这样钱币就处在无人占有的状态。有人说是和尚挖了水池,是和尚建造了基座,是和尚供奉了菩萨,这钱的所有权应该归和尚所有。但根据法律规定和事实现象,和尚们是在公共地带建造的水池和安置的菩萨,这与和尚们在寺庙中设置功德箱让人投钱于内的性质截然不同。游客们投钱于寺庙内的功德箱,实际上是一种委托关系,即委托和尚们用这个钱购买金粉重塑佛身。但是外

---

② 参见林山田:《刑罚学》,台北商务印书馆1985年版,第127页。

面的公共地带并不能自然地建立起这种委托关系。没有这样的委托代理关系在,此时遗落在公共地带的钱币就属于无人占有的物品。因此,一看行为形式就认为可以简单定罪的观点就大有问题了。他山之石可以攻玉,20世纪60年代,意大利罗马广场也曾有过类似的案件,警察将小偷逮住了告到法院,法院询问了证人,问:是你扔的钱吗?答:是我扔的钱。问:扔给谁的? 答:扔给上帝的呀。听完证言,主持审理的一个女法官当庭敲下法槌,说此案已经审结,宣判无罪。理由是,这钱既然是游客扔给上帝的,那请上帝来主持审判,这就意味着这个案件在人间是无罪的。这虽然是审理中的一种幽默,一种诙谐,但由此得出的结论与我们上述讨论的结果有异曲同工之妙,这一类的刑民交叉案件,不需要通过刑法的评价就可以得到化解。

其实近几年所发生的在刑法理论与司法实践中引起极大争议的诸如北京黄静华硕电脑"天价索赔案"、一些地方"捉奸巨额索赔案",甚至像北京海淀农民偷吃"天价葡萄案"等,都存在没有超出刑法前置法的规定而具有需要进入刑法领域进行评价的必要性。以北京的黄静华硕电脑"天价索赔案"为例,店家存在欺诈,顾客因此索赔是民法赋予的权利,索赔多少是"我"的权利,只要法律没有限制,都是"我"权利自由行使的天空。但赔不赔、赔多少也是"你"的权利。我想要,你不赔,你我都可以到法院去告,求得司法机关的居中审理定夺,这些都是民事法律加以明文规定的内容,无需由刑法"横刀夺爱"来处理方显公正和威力。同样类似"捉奸巨额索赔"的案例也应当如此。通奸是一种对他人婚姻关系的侵权行为,受侵害的一方理所当然可以提出让他人对此进行赔偿或补偿的要求。他人可以答应,也可以不答应,双方都可以在法律规定的范围内行使权利,不行"我们"法庭上见。但如果捉奸一方在他人拒绝的情况下不是告至人民法院,而是用"当心你的小命"、"敲断你的狗腿"、"不交上钱财就不得离开此屋"之类的话语进行威胁或者直接动手了事,那就涉及了他人的生命安全、身体健康、人身自由等为刑法保护的人身利益,此时敲诈勒索的行为已超出民法的规定领域,形成新的法律关系。在我国由于刑事法律的特别规定,受害人的追诉权是由有权指控和提起诉讼的国家特定司法机关代为行使(即国家公诉,自诉犯罪除外)的。所以此时的敲诈勒索自当由国家司法机关来处理,以此认定犯罪就完全符合刑法规定。

二、刑民交叉案件具有多层法律关系的法理分析路径

在这类案件中,刑民交叉具有多层法律关系,但它们是一种纵向的重合包容关系,其包容民事法律关系的行为已经超出民法调整范围而进入刑法评价领域时,应当采取刑法评价的法理分析路径。

例如 2007 年 4 月 16 日,骆某在拖欠他人巨额债务无力归还的情况下,向民生银行信用卡营销中心申请办理白金信用卡。在向银行提交证明其资产状况的房屋买卖置换合同等文件后,银行向骆某核发了一张白金信用卡。在随后的几个月中,骆某分别通过刷卡消费、ATM 机取现及向他人支付费用后在特约商户处刷卡套取现金等方式,使用民生银行的白金信用卡透支近 30 万元,使用招商银行的信用卡透支 15 万余元。骆某将这些钱一部分用于归还债务和日常消费使用,另一部分用以偿还先期的透支。但是随着透支如雪球般越滚越大,骆某渐渐无力偿还。银行多次催收,骆某仍不及时归还透支的款项,并化名潜逃至外地躲避债务。直至 2008 年 11 月被公安机关抓获。

信用卡是我国银行系统经批准发行的,为资信可靠的单位和个人消费、购物及存取款提供服务的信用凭证。其功能在于持卡人外出旅行、购物时便于携带,在急需时允许善意透支,但透支的款额不能超过一定的数量,且要求持卡人必须在透支后及时将透支款存入其存款账户,并按规定支付利息。利用信用卡透支不仅是持卡人合理使用信用卡的一种重要方式,更是银行行政规章赋予信用卡持卡人的一项重要权利。每种信用卡对允许透支的数额都作了必要的限制性规定,且要求持卡人支付的利息都相当高,有时甚至高于银行利息的几倍、十几倍。其目的一是防止恶意透支,损害发卡银行利益;二是持卡人在急需时持卡透支后,督促其及时归还透支款。

从金融领域规制以恶意透支为形式的信用卡诈骗行为的法律体系来看,涉及银行行政规章、民事法律和刑事法律三个不同的法律层面。对于金融领域中的恶意透支行为,如何寻找到准确的法律根据进行依法正确的处理,是刑法理论与刑事司法在当前新形势下为应对这一金融违法行为面临的重要课题。由于信用卡本身具有透支功能,因此所有的恶意透支行为最初都起始于信用卡可以透支的合规约定,只是由于之后这种透支行为超过了银行规定的透支数额或者透支期限

（这是更主要的违规），合约透支逐渐演变为违规透支，之后再经过银行催收后仍不归还，往往就可推断出持卡人在主观上具有恶意性质并延伸为非法占有目的，从而由一般的民事违规透支最终演变成为恶意透支转化为刑事违法犯罪。从我国刑法对于恶意透支构成信用卡诈骗罪规定的构成要件来看，成立恶意透支的信用卡诈骗罪不仅要求持卡人主观上具有非法占有的目的，而且在客观行为上还必须具备两个必要的构成要素：一是持卡人的透支行为超过了银行规定的透支数额或者透支期限；二是经过发卡银行催收仍不归还的。这两个方面的要素不仅反映了恶意透支的客观行为特征，要求在成立恶意透支时必须同时具备，而且也表明了在恶意透支行为的最终成立之前实质上经历了一个透支行为性质不断向"恶"演变的过程。从上述透支行为性质向"恶"演变的同时，规制其行为的法律属性也发生着不断的变化。从违规透支到恶意透支的转变，其背后蕴藏的法律评价也开始由民法上的违约侵权性质评价转化为刑法上的犯罪构成评价。因此当我们在认定恶意透支时，必须沿着这条演变的主线，对其进行多重法律行为性质的分析认定，以便从中清理出各种法律的适用界限，把握刑法中恶意透支构成信用卡诈骗罪的内涵与外延，这样才能最终正确认定持卡人透支行为的法律责任。正是由于这种刑民交叉案件中包括刑民两种法律关系，而它们却是一种纵向的重合包容关系，即已经形成的刑事法律关系中已经包含了民事侵权法律关系，正像一个杀人犯罪中可以包含或者已经包含微伤、轻伤、重伤内容一样，其社会危害性已超出刑法前置法的量的限制性和已具有刑事违法性的质的规定性，包容了民事法律关系的行为已经超出民法调整范围而进入刑法评价领域，此时法律的评价自然应当以行为的结局形式作为法律评价的对象，目前司法实践形成的"先刑后民"和刑事附带民事诉讼的操作模式也就有了合理合法的路径依赖理由。

　　信用卡诈骗犯罪中的恶意透支行为具有普通民事违约与金融违法侵权的双重属性，因此刑法中必须通过规定"非法占有为目的"和"经发卡银行催收后仍不归还"这两个主客观要件来划清刑民的界限。从本案恶意透支的行为表现形式来看，不但行为的社会危害性达到了需要用刑法惩罚的程度，而且行为的形式已经具有了刑事违法性的特征，因此本案骆某的恶意透支行为就超出了民法调整的范围而进入刑法评价的领域。所以当这种透支行为一旦超出银行法规和民事法规的约定,具有银行法规和民事法规的违法性时,此时就要看刑法有无特别的规范规定了。被近代刑法奉为圭臬的刑事违法性就是以行为是否触犯刑法规范而成为犯罪与否的重要分界线。根据我国《刑法》第196条第2款的规定,恶意透支的信用卡诈骗罪就是指信用卡的持卡人以非法占有为目的,超过规定限额或者规定期限透支并且经发卡银行催收后仍不归还的行为。2009年11月12日最高人民法院、最高人民检察院《关于办理妨害信用卡管理刑事案件具体应用法律若干问题的解释》第6条规定:"持卡人以非法占有为目的,超过规定限额或者规定期限透支,并且经发卡银行两次催收后超过3个月仍不归还的,应当认定为刑法第一百九十六条规定的'恶意透支'……恶意透支,数额在1万元以上不满10万元的,应当认定为刑法第一百九十六条规定的'数额较大'……恶意透支的数额,是指在第一款规定的条件下持卡人拒不归还的数额或者尚未归还的数额。不包括复利、滞纳金、手续费等发卡银行收取的费用……"

　　法律本为人所设,如果刑法对恶意透支的行为并没有作出制约性规定,信用卡透支包括恶意透支就仅仅是一种行政法和民事法上的违法行为和侵权行为。但由于恶意透支行为所带来的社会危害性日益严重,特别是当中国社会由传统的计划经济模式向市场经济模式转变的过程中,金融工具在其中所起的作用越来越大。而根据作用与反作用相等的物理原理,利用金融工具进行犯罪的行为其社会危害性也就越大,所以现代刑法对恶意透支的行为当然不会坐视不管。在我国刑法中,从原先没有规定信用卡诈骗罪到规定这一犯罪是个水到渠成的过程,这说明了在现代法治意义上,刑法被视为社会公平正义的最后一道防线,作为社会利益保护的最后一种手段,刑法规范就具有了第二次规范形式的特征。③ 遵循着"出于他法而入于刑法"的立法基本原则,在司法实践中,一种行为构成犯罪,实际上就是这种行为已经超

---

③ 参见杨兴培:《犯罪的两次性违法理论探究》,载《社会转型时期的刑事法理论》,法律出版社2004年版,第415页。

越了他法而进入刑法之后,进而触犯了刑法的规定。④ 尤其是恶意透支行为本身起始于合法合约的信用卡透支,在行为性质转变的过程中还涉及民事上的违约和侵权行为。此时已进入到刑法评价领域的恶意透支行为,已经包含着银行法规的违法性和民事法规的违约性,因此,当我们在分析刑法中的恶意透支行为时,应该着眼于整个法律体系,从民法的侵权角度着眼,从银行行政法规规定的透支规定着手,理顺刑法在规制恶意透支行为时与前置法律的联系与彼此界限,这样不仅能为刑法介入恶意透支行为的规制提供充足的理论依据,也为司法实践正确适用刑罚打击恶意透支的犯罪提供了规范尺度。

三、刑民交叉案件具有多元法律关系的法理分析路径

在刑民交叉案件中,刑民交叉具有多元法律关系,但它们是一种横向的同位并列关系,对这种同位并列的法律关系应当采取接受刑民多重分别评价的法理分析路径。

例如2011年7月中旬,犯罪嫌疑人姜某与被害人孙某所在的服饰公司签订了服装加工合同,以每件衣服加工费人民币10元的价格承接16 000件外销服装的加工业务,在加工过程中,姜某认为,10元一件的加工利润太低,便利用被害人一旦延误交货就必须承担巨额违约金(对外贸易合同中违约金的比例比较高)的害怕心理,向孙某提出将服装加工费由每件10元提高至每件30元,增加费用共计达人民币32万余元。并以不同意加价就不交付到期的成品衣服为手段(中间还不断采用扣押货物、停止加工、转移面料、拒不交货等多种手段)予以要挟。由于交货日期临近,为保证货物及时履约,孙某通过讨价还价还是违心同意了提高加工费,被迫支付了28万元加工费。事后孙某报了案。对本案有罪无罪,此罪彼罪的争议,颇为激烈。

从民法的角度来看,合同是平等主体之间的双方当事人为确立、变更、终止民事法律关系而签订的一种协议。本案是一个由民事合同纠纷引发的一起刑民交叉案件。本来服装加工承揽合同在履行过程中,由于加工成本的提高,适当提出加价要求并不违法,也是合同一方

---

④ 参见杨兴培:《犯罪的两次性违法理论探究》,载《社会转型时期的刑事法理论》,法律出版社2004年版,第415页。

当事人的权利。但本案能否因为姜某有权提出改变合同要求增加加工费可以认定为属于民法上的一种权利行使,进而可以认定本案中后期的以采用扣押货物、停止加工、转移面料、拒不交货等多种要挟手段都必然不会构成犯罪,从而得出刑法语境下的"敲诈勒索"行为与民事法律中的"合理合法提出要求"必然发生冲突而必居其一的结论来?

本案的焦点问题究竟在哪儿,我们对本案进行法律分析的逻辑起点又在哪儿?在中国,由于人们长期以来一直经受着"天人合一"的文化思想浸润和我国刑事司法实践中一直喜欢重"实质"、轻"形式"的操作方法影响,稍有疏忽就会将本案简单化地认为这不过是一起刑民交杂、可以合二为一的案件而已。但基本的法学原理告诉我们,其实同一个案件是否包含着刑民交杂的两个法律关系,就看某一法律事实是否为两种法律规范加以规定并为两种法律规范加以调整。法律本身就是为规定和调整一定的社会关系而设定一定条件的专门规范。法律与法律之间的区别就是以法律调整的社会关系的性质与范围为分水岭的。我国《民法通则》第2条规定:"中华人民共和国民法调整平等主体的公民之间、法人之间、公民和法人之间的财产关系和人身关系。"而刑法调整的是犯罪受害人与犯罪行为人之间为是否追究刑事责任和如何追究刑事责任而结成的一种相互关系(只是在我国,绝大多数刑事法律关系由国家的某个特定法律机关为一方当事人,代行追究刑事责任)。一般意义上的刑民交杂案件往往包括两种刑民相关的事实关系:一是案件中包括刑民两种法律关系,但它们是一种纵向的重合包容关系;二是案件中同样包括刑民两种法律关系,但他们是一种横向的同位并列关系。当一个案件中包括刑民两种法律关系,但它们是一种纵向的重合包容关系时,司法实践应当采取"先刑后民"的操作方式;但当一个案件中同样包括刑民两种法律关系,而它们是一种横向的同位并列关系时,在司法实践中应当是一种"桥归桥、路归路"的事实现象,它们应当也有必要接受两种不同的法律规范的分别评价。

这样当我们仔细分析研究本案事实时,就必然会发现本案存在着两个同位并列的法律关系。一是姜某意欲通过改变合同内容提高加工费用,这里有一个民事法律关系。二是姜某以强行攫取为目的,通过非法的要挟手段迫使孙某违心地接受加价要求,这一行为形式与平等主体之间的合同行为有着本质的区别。因此我们有必要通过已经还原的行为事实作深入的分析评定,应当将"姜某"还原为两个不同法律关系中的一方"当事人",再来认定其行为性质。

就第一个法律关系而言,合同一经订立就发生法律效力,改变合同内容必须经合同双方当事人的同意方可进行。合同的修改又是一次合同的签订和协商的过程,双方当事人必须本着平等、协商、意思表示真实一致等基本原则对原有合同进行补充修改,形成一个新的合同文本。合同修改不成,原有的合同依然有效。一方如果违反合同约定,依然要承担相应的法律责任。如果原有合同确有显失公平之处,经过协商、谈判依然无法解决双方的争议与分歧,合同一方完全可以通过司法途径予以解决。刑法的内敛性原则要求我们在处理案件时,如果民事或行政手段足以解决,刑事手段就不应介入,本案属于加工合同,双方当事人因加工费用产生的纠纷,加工方出于自身的利益考虑,提出加价要求,这应当属于民事经济纠纷的范畴。被害人一方可以接受加价要求,也可以拒绝要求,这也是他的权利。双方协商不成,理当通过民事诉讼解决,刑法当然不应当介入。

本案的争论问题出在第二个法律关系上。在本案中,合同的加工方凭借合同已经签订,服装加工承揽已经进行所具有的优势,采取极不光明磊落的要挟手段提出加价要求,迫使对方同意加价。如不同意,其后果的严重性双方心知肚明,这就明显超越了民法设定的合同签订双方必须遵守的法律边界。这种严重的违法性既没有在民事法律规定的轨道中发生,也没有求得在民事诉讼过程中加以解决,而是在私下通过威胁、要挟的方法进行,使合同的另一方没有讨价还价的平等自主权:我不答应,即面临巨额违约金的支付。这种行为已经远远超出等价交换的范畴,已经属于刑法有关破坏市场经济秩序的调整范围,其行为的本质在于通过迫使被害人在难以承受巨额违约金损失的心理压力为要挟,想要强行非法占有双方原来在合同中没有约定的被害人的合法财产,当刑法已经有明文规定禁止社会成员采取任何非法手段强行勒索占有他人合法财产的规范时,本案构成敲诈勒索罪就变得十分顺理成章。这里既有一个社会危害性的价值评价问题,也有一个刑事违法性的规范评价问题。我们认为,当刑民交叉案件在要不要由民事侵权进入刑事评价领域,社会危害性的价值评价绝对是一个引领,但是当刑法没有相应的刑事违法性的规范设定,根据罪刑法定原则,也就无法再进行是否构成犯罪的评价。尽管这类民刑交叉的案件,执法尺度的宽严很有可能导致罪与非罪的不同结果,我们遇到这一类刑民交叉案件时应当如何确定行为人的行为已经具有刑法意义上的社会危害性?如何判定刑事手段应当及时介入以修复受到损害的社会关系和社会利益?在刑法具有违法性规范的前提下自当以社会危害性作为向导。但是社会危害性又是一个没有具体明确的规范界定。此时大到一个国家、小到一个地区的一个社会群体的共同认识,可能是一个重要依据,也许一个社会行为是否具有社会危害性往两端延伸总是十分清晰的,而中间地带总是模糊的,越往中间越是模糊,这时法定评价者的自由裁量既是不可避免的,也是可以发挥其主观能动作用的,但以刑事违法性为评价标准却是十分必要的。而刑事违法性的评价本身又是以犯罪的"二次性违法"特征作为切入点的。所以,民法不评价行为是否构成犯罪,而刑法在民法不能评价多余的超出民法范围的行为时,就应当及时介入。

当然在这一案件的讨论过程中,也有人提出应当以强迫交易罪认定论处。理由是犯罪嫌疑人利用被害人担心承担巨额违约损失的心理,以扣押货物要挟被害人,行为符合强迫交易罪的犯罪构成,行为人不但给被害人造成了额外损失,也具有破坏市场经济秩序的严重社会危害性,不属于民事手段可以解决的经济纠纷,只有运用刑事手段方可修复被破坏的社会关系。但就犯罪性质而言,应当以强迫交易罪追究刑事责任更为妥当。

尽管在已经构成犯罪的基础上再认定应当构成何罪,已超越了我们的议题。但作为一个附带的问题在这里也作一并探讨。我们知道,强迫交易罪中的暴力、胁迫手段含义较为笼统,一般来讲是直接利用暴力、滋扰手段或以此威胁来干扰对方正常的工作、营业,迫使对方当场接受交易,本案的特殊之处在于,犯罪嫌疑人利用不交货、延期交货必定会造成对方支付巨额违约金的利害关系来要挟对方提高加工费,这种行为看上去并未使用暴力,也没有影响被害人一方正常经营,只是其不及时履行合同的行为必然导致对方违约遭受巨额损失,有人认为这也可以视为强迫交易罪所要求的"胁迫手段"。笔者认为,强迫交易罪的手段行为属于法定的行为形式,强迫交易罪的手段行为应当作严格解释,如暴力、威胁,我们一旦与抢劫、强奸、强迫卖淫、强制猥亵作必要的比较,强迫交易罪的威胁就应以当场为必要的时空条件,这一行为是交易前的手段表现,具有当场进行交易的前缀性质。由于本案中不存在当场交易的行为属性,正好符合敲诈勒索罪的构成要件,所以应当以敲诈勒索罪认定,具有更强的合法性和更大的合理性。

第十三章　索取非法"债务"拘押他人行为性质的理性思考

在现行法律层面上,非法拘禁罪和敲诈勒索罪应当是泾渭分明,各有其明确的构成特征。当这两者有内在联系结合在一起时,就成为一个相对的结合犯,即绑架罪。这样,绑架罪与非法拘禁罪及敲诈勒索罪就有必然联系地纠缠在一起了。如果行为人出于非法占有的目的实施拘押行为,两者因内在的必然联系而构成绑架罪固应无问题,但如果行为人为索取高利贷、赌债等不受法律保护的债务,非法扣押、拘禁他人,问题就复杂化了,对此,司法解释作了统一的规定。但非法"债务"的本质是什么?这一规定是否具有合理性?刑法到底需要怎样的价值导向?这就是本章极力想要探讨的内容。

一、问题的提出:绑架罪、非法拘禁罪和敲诈勒索罪的基本界限在哪里?

我国《刑法》第238条是对非法拘禁罪的专门规定:非法拘禁罪是指行为人使用暴力、胁迫或者以其他方法强行将他人置于自己的控制之下,非法剥夺他人人身自由的行为。在我国刑法体系中,非法拘禁罪被安排在侵犯公民人身权利罪一章之中,这意味着行为人实施非法拘禁行为,其对象是单一的他人人身,目的在于针对他人的人身自由权利。因此如果在非法拘禁过程中兼有殴打、侮辱情节的,应当从重处罚。如果有致人重伤、死亡的,则按照结果加重犯的原则加重处罚。如果使用暴力致人伤残、死亡的,则依照转化犯的原则以《刑法》第234条的故意伤害罪或者《刑法》第232条的故意杀人罪定罪处刑。

从这些法律明文规定的语言文字中,我们完全可以领会立法者的意图所在,刑法关于非法拘禁罪的规定只涉及公民的人身权利,不及其他。但世界上的事往往没有无缘无故的爱,也没有无缘无故的恨。

非法拘禁他人也必定有着各种各样的恩恩怨怨的目的诉求，在行为人实施非法拘禁过程中，不排除有行为人是要以进一步非法占有他人财物为目的而通过暴力等手段强行将他人置于自己的控制之下，并以他人人身作为人质进行要挟，这一行为就有可能触犯《刑法》第239条有关绑架罪的规定。根据《刑法》第239条的规定：绑架罪就是指行为人以勒索财物为目的绑架他人的，或者绑架他人作为人质的行为，即使导致被绑架人死亡或者杀害被绑架人的行为，也是罪名不变，但处刑极重，可处死刑，并处没收财产。以勒索财物为目的偷盗婴幼儿的行为，也以绑架罪论处（可见绑架行为的本质在于将他人强行置于自己的非法控制之下）。根据这一刑法规定，绑架罪可以分为索财型绑架和人质型绑架两种类型。就索财型绑架罪的一般行为而言，其本质在于行为人以勒索财物为目的，使用暴力、胁迫或者其他方法强行劫持、扣押或拘禁他人，将他人作为人质非法置于自己的控制之下，利用与被绑架人有紧密关系的近亲属或者他人对被绑架人安危的担忧而提出钱财要求。就这一意义而言，绑架罪实际上是非法拘禁罪与敲诈勒索罪的一种结合犯罪，它是以非法拘禁罪和敲诈勒索罪为基础。而对于敲诈勒索罪，我国《刑法》第274条规定：所谓的敲诈勒索罪，是指行为人以非法占有为目的，对被害人使用威胁或要挟的方法，强行索要公私财物的行为。因此，行为人只要在实施非法扣押、拘禁他人的行为过程中并以此要挟、胁迫，以非法占有他人财物为目的，提出索要财物的要求，即可构成索财型的绑架罪。可以想象，刑事立法者定是已经考虑到绑架罪具有这样的行为属性，故规定了十分严厉的刑事责任，在1997年修订的《刑法》中，以10年有期徒刑为起刑点；在2009年2月8日颁布的《刑法修正案（七）》第6条之中补充修改为：情节较轻的，处5年以上10年以下有期徒刑，并处罚金。但在整个刑法的犯罪体系中，绑架罪的法定刑依然是最重的。《刑法》第232条故意杀人罪的法定刑也有3年以上10年以下有期徒刑的规定，相比于绑架罪原法定刑10年有期徒刑为起刑点、现有法定刑5年以上10年以下有期徒刑要来得轻。于是人们极力寻找绑架罪与非法拘禁罪或者敲诈勒索罪的本质区别，以免稍有差错，差之毫厘，失之千里，使犯罪得不到公正的认定与处罚。

在现行的法律层面上，非法拘禁罪和敲诈勒索罪各有其明确的构成特征。一个是针对他人的人身权利,一个是针对他人的财产权利。当这两者有内在联系并结合在一起的时候就成为一个相对的结合犯罪,即绑架罪。如果行为人完全出于非法占有目的实施非法拘禁行为,由于两者的内在联系而构成绑架罪固无什么问题。但是在现实的社会生活中,由于市场经济发展的复杂性,民间各种债务纠纷日益增多,其间不乏有人因讨债不得而剑走偏锋,采取较为极端的通过暴力、胁迫或者其他方法强行劫持、扣押或拘禁债务人或债务人的近亲属,强行将他人置于自己的控制之下后转而向被控制人的近亲属或者他人提出威胁和要挟,"不交钱就不放人、不交钱就杀人伤人"的情况。例如甲、乙均为成人。两人曾多次向债务人丙讨要房屋装修的5万元债务,但一直没有结果,二人对此怀恨在心。2006年10月1日20时许,趁放国庆长假之机,二人经预谋后租车至市区某中学校外,将丙的儿子丁(在校学生)以其父亲朋友代为接送为由,将其骗至市郊一个偏僻的废弃房屋内,用绳子、铁丝捆住丁的手脚,用布填堵其嘴。第二天上午,二人给丙拨打匿名电话,向其索要装修费,并称:"带钱赎人,不准报案,否则准备收尸。"趁甲、乙二人外出之机,被害人丁挣脱捆绑逃回家中后报案,甲、乙二人随后被公安机关抓获。在这一类案件中,行为人的行为同时涉及人身与财物的双重社会关系,并产生了双重法律关系。在这双重性的法律关系中,行为人与被控制人本身存在着一种债权债务的法律关系,被害人有债不还,有亏在先,行为人采取极端手段也是"事出有因",在不超出债务范围的情况下,其在主观上并不存在非法占有他人财物的目的内容。这样就与法律规定的绑架罪有着本质的区别。正因为如此,《刑法》第238条第3款又专门作出规定:为索取债务非法扣押、拘禁他人的,依照非法拘禁罪的规定定罪处罚,即使发生严重的人身伤害或死亡结果,也只能按照结果加重犯或者转化犯的原则处理。法律就是代表着社会成员意志的"上帝世界",在法律规范就是"天条"的现代法治国家里,只要案件的实际情况符合法条规定,司法工作人员办案只能严格按照法律的规定定罪和处刑。

然而法律总是以其抽象性、原则性和概括性为表现特征的。刑事立法者在刑事法律中不管设置怎样的构成要件,总是无法穷尽整个社会现实生活中复杂多样的犯罪情形,社会生活中总会出现一些还无法直接与刑法已有规定进行简单"匹配",以至于能够轻轻松松直接"对号入座"的疑难案例。由于刑法并没有进一步规定这里的债务是指什么样的债务?为索取合法的债务而非法扣押、拘禁他人的自当依法按照非法拘禁罪论处。但是索要非法的"债务"而扣押、拘禁他人怎么办?超出的部分如何定罪?是非法拘禁罪?敲诈勒索罪还是绑架罪?司法实践中常常为此争议不休。为此,2000年7月13日,最高人民法院《关于对为索取法律不予保护的债务,非法拘禁他人如何定罪问题的解释》规定:行为人为索取高利贷、赌债等法律不予保护的债务,非法扣押、拘禁他人的,依照刑法第238条的规定定罪处罚。

何为扣押、拘禁他人?不过就是使用暴力等手段将他人强行置于自己的非法控制之下,使其丧失人身自由权。如果行为人一旦为了非法占有目的提出与被害人人身无关的财产要求,即变成了勒索型的绑架罪。尽管我国《刑法》对绑架罪的规定并不仅仅在于财产,还规定纯人质型的绑架罪,这是我国刑法有别于其他国家规定的绑架勒索罪的一种法律形式。而人质型绑架罪的本质就在于将人扣押、拘禁后作为人质进行某些方面的交易,这种交易是合法的还是非法的,对于构成绑架罪并不发生太大的影响,这也是此罪与非法拘禁罪纯粹为了剥夺他人人身自由权利的目的完全不同。

但是索取高利贷、赌债等不受法律保护的债务为什么可以作为阻却绑架罪成立的条件?一个"等"字蕴意无限,尽管这一司法解释并没有说清楚,除高利贷和赌债之外的其他不受法律保护的"债务"还包括哪些?那些更多的违法"债务"甚至非法"债务",如买卖枪支弹药所形成的非法之"债"、买卖毒品所形成的非法之"债"、买卖走私物品所形成的非法之"债"、销售有毒有害食品形成的非法之"债",等等,能否同样适用这一司法解释?这些问题原来在理论上和实践中都极有争议,但自从有了司法解释这个准法律,司法实践几乎不再为此烦恼。只要"债务"是客观存在的,如果行为人"事出有因、师出有名",即使为索取不受法律保护的"债务"而实施扣押、拘禁他人的行为,不再作绑架罪认定而一律以非法拘禁罪定罪处刑。这种司法认定倒也简单易行,整齐划一,司法实践中的突出问题更多的是索要行为是否超出"债务"数额或者利用虚构的"债务"扣押、拘禁他人进行索要钱财是否还要以绑架罪论处。例如陈某因做生意欠下王某3万元人民币,后两人发生了矛盾。2007年11月10日晚,陈某纠集谭某、刘某等人来到王某住处,使用暴力殴打王某,并当场劫取了王某随身所带的200多元人民币,随后又威逼王某写下已收到陈某交来的3万元欠款的收条,另还威逼王某写下反欠陈某9万元的欠条一张。事毕,陈某等人又将王某扣押禁闭至11月12日下午案发之时,并声称如不及时交付钱款就要他"好看"。其间,陈某等人还以王某在无锡玩弄女性已被他们抓获为由,另向其亲属索要人民币2万元,不然就向公安机关报案。此案公诉机关以陈某等人抢劫200多元既遂、绑架罪未遂提起公诉。法院以抢劫罪既遂、非法拘禁罪和敲诈勒索罪未遂加以认定,后又因将非法拘禁的行为吸收在抢劫罪之中,最后以抢劫罪和敲诈勒索罪实行数罪并罚。无疑从此案的司法认定中,我们可以看出,只要案件中行为人主观上具有讨债的意图,客观上具有"债务"的存在和行为特征,为了保险起见,司法机关就将涉及债务的行为部分认定为非法拘禁罪是常有的选择。

二、问题的本质所在:非法之"债"是债吗?

司法实践中不时发生着各种各样的疑难案件,由于受司法程序的制约,到一定时候总归要有一个了结,司法解释采取便宜处事的务实态度,及时给出一个较为统一的规范尺度,这对于中国目前众多的法官甚至众多法院的执法水平参差不齐,有时一些法官和一些法院还不愿冒风险担责任,总希望将问题和疑难向上请示和通过取得"尚方宝剑"方能进行定夺的状态下,有了上述提及的司法解释的规定,为司法实践提供了一个明确的依据,刑法理论即使难以理解略显无奈,也得要给予历史视角和现实意义上的充分谅解。问题是未来呢?法律之间的协调性如何加以体现?法理的科学性在这里难道就这样含糊地加以掩盖了吗?

犯罪是一种二次性的违法行为,因而刑法不过是一种二次性的规范形式。如果行为人为索取合法债务并不具有第一次的违法特征,要认定行为人非法拘押他人的行为性质也可以构成绑架罪,也就缺少了非法占有目的这一主观要件的前提基础。① 但问题是,当行为人为索取高利贷、赌债等不受法律保护的债务,非法扣押、拘禁他人的为什么不构成绑架罪？进而言之,当行为人索取法律禁止的非法之"债"时,应该构成何罪具有更大的合理性以及能否构成绑架罪？上述的司法解释并没有作出完全的回答。以致也有人认为,即使在现实的司法实践中,司法解释已有了明确的规定,"对于索取法律不予保护的债务或者单方面主张的债务,在以实力支配、控制被害人后,以杀害、伤害被害人相威胁的,宜定为绑架罪"。②

为讨论这些极有争议价值的问题,我们认为从法理的逻辑起点上来说,应当首先从以理解"债"的法律规定为切入点,以债的基础理论作为支撑中寻求答案。根据我国民法的规定,民法上所讲的债实际上是指按照合同的约定或者法律的规定,在当事人之间产生的特定的权利和义务的一种法律关系。从基础的民法理论上说,债只有合法(即合乎民法规定)之债,没有民法根据的非法之"债"不属于法律规定之债,因而不受法律保护。在债的民事法律关系中,享有权利的人是债权人,负有义务的人是债务人。根据债的发生根据不同,债可以分为合同之债、侵权之债、不当得利之债、无因管理之债以及其他原因所产生的债权债务关系。从法律行为的基本形式来看,我们可以将法律行为分为合法行为、非法行为和失范行为。毋庸讳言,符合民法规定的债务当然属于合法之债,这一债务关系已经在刑法中得到明确规定,故不在本文的讨论范围中。对于失范的债权债务关系,例如民间的高利放贷形成的债权债务关系、红娘保媒所做的支付报酬的承诺、男女双方因恋爱分手而讨回赠与物或恋爱中的经济往来纠纷,等等,在现行的民法当中都很难找到合法的根据,国家的法律不作规范加以规制,也不以法律规范加以制止,任由民间自由行为,由此产生的一定之债要么根据常情、常理和常识加以解决,要么对超出社会容忍程度的部分宣布不加以保护。例如根据最高人民法院1991年颁布的《关于

---

① 已有观点认为,我国刑法已有纯人质型的绑架罪规定,如拘押行为已有作为人质的绑架属性,也已认定为构成绑架罪。参见黄丽勤:《索债型非法拘禁案件的定性分析》,载《法学》2012年第4期。由于本文主题所限,这一问题不在讨论的范围之内。

② 张明楷:《刑法学》,法律出版社2011年版,第795页。

人民法院审理借贷案件的若干意见》第6条规定:公民个人之间只要以高于银行同期借款利率30%的借款,超出部分就不受民事法律的保护。这意味着在等于或者低于银行同期借款利率30%以内的借款利率属于合理的债权债务关系,与上述合法的债权债务关系当一视同仁。而高于银行同期借款利率30%以上的借款利率,则属于既不为法律所认可而成为合法的债权债务关系,也不属于法律明文禁止的行为,只是不受法律保护而不是为法律所禁止。《民法通则》第92条规定:"没有合法根据,取得不当利益,造成他人损失的,应当将取得的不当利益返还受损失的人。"这就意味着如果双方当事人出于自愿,已经进行了支付或者清偿,所谓的债务人也不得提出返还的请求,从而使这种不受法律保护的"债"的关系成为一种法律上的"飞地",这倒也符合失范行为的处理机制。但即使行为人基于某种目的,非法将被害人扣押作为人质,剥夺其人身自由,并胁迫被拘禁人支付一定钱款作为还债,例如,甲女与乙男相处多年,虽无夫妻名分,但为其多次怀孕。后被抛弃,甲女难解心中怨恨,遂花钱雇人"绑架"乙男,索要青春损失费,乙男为求自保,支付了一定数额的钱款。后该案被侦破,乙男人身并无大碍。③ 这种男女恋爱期间所发生的一些经济往来,虽符合民间社会的合理要求,但无民法上的合法根据,由此产生的经济纠纷既非合法之债又不属非法之债,一旦行为人通过非法拘押手段讨要赠与物或产生于中间的经济纠纷,以最高人民法院《关于对为索取法律不予保护的债务非法拘禁他人行为如何定罪问题的解释》的规定处理,也属当然。既然索要不受法律保护的债务都可以成为非法拘禁罪的理由,索要情感之债当然也可构成非法拘禁罪的理由。

但是,如果行为人的行为违反了我国有关的行政法规、民事法规、经济法规明文禁止的规定而产生的所谓"债"的关系,实际上就是一种非法的"债"的关系,这种债的关系不但不受法律保护,而且还受法律的禁止,"债权人"无法根据法律的规定提出债权主张,因而在法律上无法享有合法请求占有他人财物的权利,而一旦占有他人的财物反而具有了非法占有他人财物的属性。刑事法律更是禁止人们实施刑法规定之行为的法律,凡是为刑法禁止的行为都是非法的行为,由这种

---

③ 参见上海市第一中级人民法院(2009)沪一中刑初字第175号判决书。

行为产生的"债"的关系当然也都是非法的"债"的关系,而且还是一种犯罪行为,应当受到刑法的制裁。比如敲诈勒索之"债"、赌博之"债"、贩毒之"债"、卖淫嫖娼之"债"、买卖枪支弹药等违禁品之"债"、销售伪劣产品之"债",等等,这些债务因为是非法的,因而不受国家法律保护。如果行为人以其"债"的案由起诉到法院,一经查证为非法"债务",其非法之"债"就会被宣布无效,已经到手的财物也要根据案情依法追缴收归国库。除此之外,情节严重的还要追究刑事责任。正是从这一意义上说,行为人以所谓索取"债务"为名,使用暴力手段强行将他人置于自己的控制之下,当然就等于是为了非法占有他人的财物。在非法控制他人人身的过程中,提出这种连桌面都拿不上的"债务",怎么能作为合法占有的根据呢? 而从法理上已经具有了非法占有他人钱财的行为,结合拘押、绑架他人的行为特征,从纯法理的意义上说,怎么能不构成绑架罪呢? 如被告人陈某和被害人陆某赌博,陆输给陈 10 万元人民币,陆某因为没有带足够的钱,遂向陈写下 5 万元欠条。陈某多次向陆某索要,陆某均以无钱偿还为由拒绝。后陈某纠集吴某等人将陆某绑架到某宾馆客房非法拘禁,并威逼陆某叫其家人送来 5 万元人民币。在此类案件中,行为人的主观上是以索取债务为目的,客观上实行了绑架他人、非法拘禁的行为,但其债务显系非法债务。有人认为应定绑架罪,因为赌博本来就是一般违法行为或者犯罪行为,与赌博有关的财物均应由国家机关没收上缴国库。因此,借口存在非法债务以索债为目的扣押、拘禁他人的,应认定行为人主观上以非法占有为目的,应定绑架罪。④ 我们认为,在现实的司法实践中,由于有最高人民法院的司法解释,更由于中国的国情使然,司法解释在司法实践中有时起到了法律所不能起到的作用,所以在现实的层面我们的司法实践不得不认定为非法拘禁罪。

但能否从法律理论上说,最高人民法院的这一司法解释精神完全符合我国《刑法》第 238 条第 3 款的立法原意? 目前的司法实践中有人以为刑法中的非法拘禁罪和绑架罪两者相比较而言,绑架罪的法定刑远远高于非法拘禁罪的法定刑。这在相当程度上反映了立法者的原意是对绑架、拘禁他人的行为要区别行为人是否"事出有因、师出有

---

④ 参见王宗光:《论绑架罪的认定》,载《法律适用》2000 年第 5 期。

名",正因为如此,非法拘禁他人虽侵犯了他人的人身权利,但往往行为人与被拘禁人之间具有各种各样的经济纠纷和生活矛盾。刑法对于"事出无因"的绑架罪规定较重的法定刑,而对于"事出有因"的非法拘禁罪规定较轻的法定刑,这无疑是立法者区分两罪的立法原意。同时高利贷、赌债等非法债务虽然法律不予保护,但是它们确实是现实中存在的"债务"。这种债务同样也反映出行为人的行为与被害人的损害之间实际存在一定的关系。这种关系也就是上述所谓"事出有因"中的"因"。就此而言,司法解释将高利贷、赌债等法律不予保护的债务放入第 238 条第 3 款债务范围之中,无疑是符合立法原意的。因此,只要行为人以索取为目的,而且该债务现实是存在的(至少依民间习惯认为是确实存在的),无论债务合法与否,其绑架后非法扣押、拘禁他人的行为仍以非法拘禁罪定罪。⑤

其实,如何按照司法解释的规定认定为非法拘禁罪是可以理解的,但不以法理分析就认为该司法解释在理论上也是正确无疑的,显然不具有坚实的理论基础。关于两罪的法定刑比较,这是立法者对两个犯罪的社会危害性进行抽象性比较后得出的超验规定。"立法对绑架罪规定了极为严厉的法定刑尤其是法定最低刑。受其制约,对绑架罪的构成要件应当尽量作限制性的解释,使绑架罪的认定与严厉的法定刑相称"⑥的说法自有一定的合理性,但司法实践是应当定罪在前,量刑在后,而不是相反。定罪需要严格按照犯罪构成的规格要求进行,而不是为了刑罚的轻重选择罪名。如果是以量刑的轻重或法定刑的轻重决定犯罪的性质,显然属于本末倒置。

至于"事出有因、师出有名"说法有据也不假,但这种"因"和"名"必须要接受法律的评价才能取得法律上的"名分",从而具有法律上的正面价值。就"事出有因"而言,法治社会中不是任何行为都具有法律效力。如前所述,在我国有些行为为国家的法律所禁止,就不能产生相应的法律效力;如果是违禁的,还要受到法律的制裁。更主要的是,"师出有名"的名,同样要放到法律领域中进行评价才能获得法律的承认。双方当事人之间发生债务纠纷,不能协商解决就应当诉诸法院。

---

⑤ 四川刑事律师网 2011 年 7 月 13 日发布,2012 年 5 月 26 日浏览。
⑥ 阮齐林:《绑架罪的法定刑对绑架罪认定的制约》,载《法学研究》2002 年第 2 期。

由人民法院查明事实真相，分清性质是非，确定责任大小，通过法律判决求得矛盾的解决。如果行为人不以法律手段为解决问题的可取方式，而是采取扣押、绑架他人的手段实现问题的解决，即使完全合法的债务纠纷，也要构成非法拘禁罪。这是因为人的自由权利是无价的，不能用债务来抵消。同样，当行为人通过拘押、绑架的行为讨回一个在法律上根本无法认可的"债务"，因而无法取得合法占有的属性。从这样一个最基础的法律理论着眼，说明行为人讨回这样的"债"，已经无法否定其具有非法占有的主观目的，在客观行为上也无法否定已具有非法占有的行为特征，此时行为人一旦同时实施拘押、绑架等暴力行为，岂不是就已经进入到绑架罪的评价领域了吗？

三、问题的理性出路：法律除了解决难题以外是否需要引领未来？

在现实的司法实践中，由于司法解释属于"准法律"，甚至在实用价值上可能要"高于"法律。因此在无法改变中国司法行政化的现状下，一方面为了保持司法的一体化、一致性和定罪的统一性，现实的司法实践应当坚持按照司法解释办事，对"行为人为索取高利贷、赌债等不受法律保护的债务，非法扣押、拘禁他人的，依照《刑法》第238条的规定定罪处罚"。只要是在客观上存在债务的形式，行为人主观上自认为不具有非法占有目的的拘押他人的行为，都应当统一认定为非法拘禁罪。在这里有一个问题我们应当指出，当行为人一旦使用暴力，通过实力支配、强行将他人置于自己的非法控制之下，不说构成什么罪，而是说这是什么行为的时候，别忘了这不过是人们根据以往的生活经验作出的"指事定名"的一种价值概括。所以，拘押和绑架完全可以指同一种现象。但当判断这种行为可以构成什么罪的时候，必须根据刑法的规范要求加以确定，这是坚持法制统一的需要，这里不允许背离法律的规定作任意评价。在法治观念日益深入人心的今天，这一理论观念和实践操作要求并不会遇上太多的障碍。司法实践中一旦出现背离这种原则所出现的一些不正常现象，更大的原因可能在于司法机制之外的一些干扰或者丧失法治信念后的现实主义的需要导致的。这里不作过多的评论。

但是另一方面，在中国有一问题总纠缠着整个法学界，即中国的法治秩序建设过程为什么不总是十分顺畅？法制的基础为什么不总是十分坚实？重刑轻民的法律观念为什么大有市场？万丈高楼平地起，多少年我们并不太关注基础法律的作用可能是一个十分重要的原因。道德、行政、民事、经济类的基础法律和刑事法律构成了整个社会的规范体系。中国古代的"出乎礼而入于刑"的礼教观念，对中国古代民间的社会行为如何能起到巨大的约束作用，以致在宗法礼教的管束下，人们既害怕到官府"打官司"，又喜欢通过"出礼入刑"的原则评价社会行为的入刑程度。撇开社会时代的价值变迁不说，由"出乎礼而入于刑"演变而来的"出乎他法而入于刑法"在现代社会中的法律层次观念具有极大的法律秩序意义。在这个法律制度秩序下，真正起到法治社会奠基作用的不是刑法，而是作为刑法基础的众多前置法。一方面，我们要不断加深、强化刑法在整个法律体系中应有地位的价值观念培养，即刑法在整个法律体系中居于特殊的地位，它是其他前置性法律的保护法、保障法，以此表明刑法在整个法律体系中具有的国家强制法地位，是各种严重违法犯罪行为头上的一把达摩克利斯剑之所在。另一方面，也应该给刑法设定一些基本的法治目标方向和基本的价值观念，在一个国家一个社会中，没有刑法是万万不能的，但刑法也不是万能的。当一个国家的基础法律处于无用或者瘫痪状态时，即使大规模动用刑法，对社会秩序的维护也是回天无力的。所以，把基础的法律不当一回事，法律基础建设没搞好，有事没事都去找刑法，由刑法提供全部社会行为的评价标准，是一个法治建设的败笔。人们应当知道通过刑法解决社会行为有时会使问题简单化。成也萧何，败也萧何，是历史和现实给我们的一个重要教训。

所以刑法应当坚守自己的阵地，做好整个法律体系中其他法律的保护法、保障法的角色，学会不断给自己减压，一个行为的法律性质首先由其他前置性法律予以评价，使其他前置性法律明白要坚守好自己的阵地，发挥它们应有的清道夫的作用。只有当这些清道夫无法解决问题的时候，刑法才应当及时出场帮忙。由此我们想到，在涉及"行为人为索取高利贷、赌债等不受法律保护的债务或者本身就是非法的债务，非法扣押、拘禁或者绑架他人的"行为如何认定时，就有了一个更为严格、严肃、严厉的标准，即如果是不受法律保护的失范之"债"，由于刑法的前置法不予否定，不妨以非法拘禁罪论处。而那些违法（民事、经济法上的)之债特别是非法(指行政、刑事法具有违禁性质的)之债,就应当以绑架罪论处。这种纯理论的结论可以通过不断的讨论促使司法解释进行必要的补充修改,以适应时代法治发展变化的需要。

在中国,由于整个社会处在一个解构和重构的过程中,法律的废、立、改现象十分明显,这是一种整个社会现象的变迁。法律的废、立、改无非是要适应日益发生发展变化的社会需要,立法可以是一个废、立、改的过程,司法解释当然也应该有一个废、立、改的过程。通过理论的争论、理论的修养提炼理论的结晶,我们会日益发现蕴藏在法学理论中的真谛,此时立法和司法就应该及时做出一些回应。"行为人为索取高利贷、赌债等不受法律保护的债务,非法扣押、拘禁或者绑架他人的"也以非法拘禁罪论处,实际上是认可了索取高利贷、赌债等不受法律保护的债务不具有非法占有的目的,当这些行为又不属于法律认可的失范性行为时,只能得出这也属于一种合法的占有。差之毫厘,失之千里。这种法律规定的导向反作用肯定是不为我们这个社会所认可的,但为什么司法解释却如此肯定呢?我们只能得出这样的结论,长期以来我们一直处在形而下层面的那种实用主义法律观起到了很大的作用。但我们还是想说,法律是属于实用性的社会规范,但法学不仅仅是法律的解释学,而且还是法律的引领者。同时沿着这样的思路,我们还要说法律也有引领社会发展的价值导向作用,这样依附于法律的司法解释同样也有引领社会发展的价值导向作用。

如果是立法错了,那司法在"恶法亦法"的原则支配下也得无奈地遵守执行,这是司法者拥有的法制任务所决定的,司法者绝不能越俎代庖。但司法解释属于司法层面。司法解释为了揣摩立法者的意图而作出解释,或者为了减轻下层司法机关的压力而作解释,或者应一时需要而作解释,凡此种种,但司法解释必须在紧扣立法的语言文字作必要解释的过程中,丝毫不能脱离前置法的基本含义和基础理论。唯有此,一个国家的法治秩序才能有效地建立起来并具有稳固性。

第十四章　民间融资行为的刑法应对与出入罪标准的理性思考*

2012年4月20日,在经历一审二审死刑判决的绝望之后,浙江亿万富姐吴英似乎又重新看到了生命的曙光,最高人民法院的一纸裁定将她从死亡的边缘拉了回来,继而浙江省高级人民法院经过重审作出终审判决,以判处死刑缓期二年执行了结此案。有人说这是网络民意和社会舆论的巨大胜利,有人说这是中国法治的一个转折,也有人说这体现了中国法律的进步。可是事实真的这样吗?我们真的可以为了这个免死的判决欢呼雀跃、高枕无忧吗?其实未必如此!最高人民法院在未予核准死刑的裁定中,明确指出吴英归案后,能如实供述所犯罪行,并供述了其贿赂多名公务人员的事实,综合全案考虑,对吴英判处死刑,可不立即执行。① 从以上的裁定中可以看出,吴英免死并不是因为最高人民法院在复核中对于行为性质的认定发生了变动,而仅仅是因为其立功行为拯救了她,又或许只是所谓的网络民意和社会舆论将二审法院架在吴英脖子上的"虎头铡"卸下了。但是我们不能每次都寄希望于网络民意和社会舆论的力量影响甚至改变法律的适用,这于法律的权威、司法的公信力而言,并没有太多的积极意义。身为法律人,我们不仅需要对眼前的个案慎重,更需要撩开迷雾,去探究判决裁定背后的深意。面对汹涌而来的民间融资行为,刑法应当如何应对?用刑法规制民间的全部借贷或融资行为是否真具有合理性?我们的刑法究竟需要一个怎样的态度和标准界定普通的民间借贷或融资行为、非法吸收公众存款罪和集资诈骗罪?

---

* 本章与朱可人合撰。朱可人,华东政法大学刑法学研究生。
① 参见《最高法:一审二审判定准确对吴英可不立即执行死刑》,资料来源:http://finance.ifeng.com/news/people/20120420/5971097.shtml,访问时间:2010年4月20日。

一、民间融资行为和民间融资行为司法困局的现状概览

近几年来,由于国际金融形势一度相对低迷,波动不断,尽管中央出台了一系列的政策恢复稳定经济形势,但是效果不甚明显。随着银行业进一步紧缩银根,中小企业融资难的问题一直未能得到妥善处理。因民间融资崩盘而致民企老板不断"跑路"的消息频频见诸报端,在最高人民法院对"吴英案"的死刑判决作出不予核准裁定的前夕,浙江温州王晓东又因集资诈骗被温州警方刑事拘留。② 在这些案件背后,如何从法治的视角看待民间融资行为的功过是非?特别是刑法应当怎样规制?如何介入民间融资行为?使民间融资行为能够步入阳光大道,成为当前亟须研究和解决的问题。

改革开放以后,随着国民经济的高速发展,我国的民间融资规模不断扩大,尤其在浙江这个中小企业遍布的省份,民间融资行为已经成为公司、企业日常经营和壮大规模一项必不可少的资金来源。在浙江,从1986年开始,农村民间借贷规模已经超过金融机构正规的信贷规模,并且以每年近两成的速度增长。2008年,浙江民间投资占社会固定资产投资的比重达到58%,列居全国之首。③ 根据官方统计,在民间融资相对发达的温州,2011年的民间融资规模在4 500亿元到6 000亿元之间,而温州市中小企业发展促进会会长周德文的估算是800亿元左右,浙江全省的民间金融规模更是约在1万亿元至2万亿元之间。

在金融领域,我国对金融行业实行严格的管制,国家权力几乎垄断了金融资源配置,进一步压制了民间信贷市场的发展。而我国当前金融创新程度较低,一方面投资渠道单一,导致社会资金供需矛盾不断扩大;另一方面民营经济对资金的需求量越来越大,但由于国家权力的垄断,其合法融资渠道狭窄并单一,迫使民营经济把目光转向简单便利的地下融资,从而催生了大量的非法融资行为。由于普通民间借贷的利率高于一般正常银行存款利率几倍甚至近十倍,使民间融资行为成为民营经济发展过程中的一把双刃剑,它不仅可以推动民营经

---

② 参见《王晓东集资诈骗案告破,已有30人报案,涉案金额2.5亿元》,载《钱江晚报》2012年4月23日。

③ 参见牛太升:《从吴英案看民间融资法律困局》,载《经济》2011年第10期。

济的快速发展,也能够成为悬在民营经济头上的一柄达摩克利斯之剑,随时都有可能让民营经济在瞬间毁于一旦。据浙江省高级人民法院调查报告称,2008年以来,在国际金融危机背景之下陷于债务困境被起诉到法院的若干大型集团企业,皆有高息民间融资的因素,中小企业就更不用说了。众多企业经营中资金链断裂,很多就是高利融资惹的祸,利息过高是民间融资的弊端之一。正常情况下,企业民间借贷融资的年利率即回报率在15%至25%之间。在银根紧缩的情况下,会达到年利率60%,这种风险是企业经营无法承受的。④ 在这样的背景下,2008年,浙江共立案查处非法吸收公众存款案件近200起,集资诈骗案件20余起,司法机关对包括吴英、杜益敏等在内的5起集资诈骗罪作出了死刑判决,涉案金额近百亿元。

尽管民间融资行为在浙江乃至全国各地如火如荼地进行,作为官方融资方式之外的一种补充融资手段在国民经济的发展过程中起着不可或缺的作用,但是民间融资一直未能够得到我国法律的正式承认和认可,不仅在民事以及行政立法上对于民间融资行为呈现一片模糊状态;在刑事立法中,更是通过非法吸收公众存款罪和集资诈骗罪运用刑罚的手段对民间融资行为进行禁止和打击。

(一) 民间融资行为在民事行政立法上定位模糊

迄今为止,对于民间融资的概念,无论是在民事法律中还是在其他非刑事立法中,都没有作出一个清晰的界定,也没有任何法律对民间融资行为在正面予以承认、规范并加以引导,只是在2010年国务院《关于鼓励和引导民间投资健康发展的若干意见》中提出放宽金融机构的准入政策,降低民间投资金融服务机构的成本和风险,完善担保体系的政策措施。

在民事法律中,对于何为合法的民间融资并没有一个明确的规定,而在司法实践中,一般只是将民间融资行为中作为普通的民间借贷关系,即自然人之间的借贷、自然人与法人之间的借贷、自然人与其他组织之间的借贷以及企业内部的集股融资进行法律处理。在民法中如此简单地对民间融资行为进行处理,导致在司法实践中无法区分

---

④ 参见牛太升:《从吴英案看民间融资法律困局》,载《经济》2011年第10期。

正常合法融资行为与非法集资行为之间的界限,给司法工作人员在处理此类案件中认定案件的性质带来了很大困难。

而在行政法律中,对于几乎所有的民间融资更多的是否定和取缔。在中国人民银行1996年发布的《贷款通则》中规定:行政部门、企事业单位、股份合作经济组织、供销合作社、农村合作基金会和其他基金会擅自发放贷款的,企业之间擅自办理借贷或者变相借贷的,由中国人民银行对出借方按违规收入处以1倍以上至5倍以下罚款,并由中国人民银行予以取缔。但是从目前的社会现实而言,这样的规定对于规范民间融资行为并没有起到太大效果,尽管行政法规强调"取缔",但是在社会生活中,民间融资行为已经随着国民经济的增长而蓬勃发展起来。因此,我们有必要在行政民事法律中填补关于何为合法民间融资行为的空白,对合法的民间融资行为加以正确的引导和规范。

(二) 刑法对民间融资行为介入过度

长期以来,国家对于民间融资行为的基本态度都是冷峻的,对于由民间融资行为伴生的非法集资现象,司法机关一直采用严厉打击的高压政策。在我国目前的刑法体系中,主要通过非法吸收公众存款罪和集资诈骗罪两个罪名予以严厉打击,以维护银行系统对于融资行为的垄断地位以及国家的金融管理秩序。在国家对于民间融资保持如此高压的政策之下,以江苏省为例,2006年、2007年、2008年3年间,江苏省公安经侦部门分别对集资诈骗案件立案26起、37起、91起,对非法吸收公众存款案件立案51起、53起、99起,两个罪种的立案数平均每年分别递增194%和145%。在上述案件中,2006年、2007年、2008年分别打击处理犯罪嫌疑人39名、78名、136名,打击处理人数平均每年递增187%。[5] 由此可见,刑事法律对于民间融资行为并没有达到预期的效果。而一些死刑判决在国内外造成了极其严重的负面影响,有损我国司法的整体形象。民间融资作为银行融资的一种补充形式,在民间融资日趋活跃甚至已经在某些地区支撑起当地经济发展半壁江山的今天,再用严酷的刑法手段规制否定甚至打击,不仅显得有点不合时宜,也与整个世界经济发展规律相违背。

---

⑤ 参见孙开锋:《非法集资犯罪调查》,载《公安研究》2010年第3期。

(三) 刑法过度介入民间金融活动带来的负面影响

1. 国家对于民间集资规制过于严厉

当前,随着我国市场经济的快速发展,民营经济对于资金的需求急剧上升,民营中小企业因其自身不规范的治理结构、不透明的信息机制和难以长远的发展趋势,使得其既难以进入资本市场直接融资,又难以得到银行的贷款,导致民营经济被迫转向民间融资。⑥ 但是由于国家对于金融行业的垄断以及对于民间融资的否定态度,使得非法吸收公众存款罪的规制过度严厉,涉及面过广。近年来,不少企业的民间融资均被冠以"非法吸收公众存款罪"的罪名而遭受刑罚处罚。在目前的司法实践中,对于非法集资行为,我国刑法并没有进行必要的合理区分,而是采取"一刀切"的处理方式,从实践来看,一方面,监管机构在查处各类非法集资活动时,没有严格区分不同的类型,因为无论是定性为非法吸收公众存款、变相吸收公众存款,还是非法集资,其处理后果都是一样的。另一方面,无论行政机关如何定性各类非法集资活动,由于刑法上并无直接的非法集资的罪名,各类集资活动往往被归结为非法吸收公众存款罪或者变相吸收公众存款罪(集资诈骗罪除外)。⑦

随着在民间融资蓬勃发展以及民间融资合法化的趋势之下,对于民间融资行为完全"一刀切"的做法,已无法适应市场经济尤其是当前民间融资蓬勃发展的需要,从立法方面修订完善非法吸收公众存款罪,合理地界定非法吸收公众存款罪、非法集资行为以及民间合理借贷之间的界限,为民间金融的合法化预留一定的发展空间,为民营经济的蓬勃发展保驾护航,为类似温州目前的金融危局开拓一条阳光大道,已成为当前刑事法律修改的当务之急。

2. 集资诈骗罪通过客观推定主观的认定标准过于粗糙

目前,我国刑法对于金融诈骗犯罪的"非法占有目的"的认定,主要是依靠最高人民法院颁布的三份文件规制:一是 1996 年颁布的《关于审理诈骗案件具体应用法律若干问题的解释》和 2001 年印

---

⑥ 参见袁爱华:《民间融资合法化趋势下的非法吸收公众存款罪的立法完善》,载《云南大学学报》(法学版)2010 年第 1 期。

⑦ 参见彭冰:《非法集资活动规制研究》,载《中国法学》2008 年第 4 期。

发的《全国法院审理金融犯罪案件工作座谈会纪要》,以及2010年出台的《关于审理非法集资刑事案件具体应用法律若干问题的解释》(以下简称《1996年解释》、《2001年纪要》和《2010年解释》)。由于近些年非法集资案件频发,这三份文件规制集资诈骗行为呈现出从严打击的趋势,对于集资诈骗罪的主观认定标准在司法认定中不仅出现客观推定过度的趋向,也呈现出进一步弱化非法占有主观认定的趋势。

相比较《1996年解释》和《2001年纪要》,《2010年解释》在"非法占有目的"的认定上,出现了司法认定标准不断下降,司法推定范围不断扩大的倾向。在《1996年解释》中,在认定"非法占有为目的"的问题上,规定的三种核心行为皆表现为通过一些"无法返还"、"拒不返还"的结果事实来推定出行为人是否具有"非法占有目的",这是一种因果倒溯的反向推定思维模式。但其中"携带集资款逃跑的"和"挥霍集资款"的两种情形,表明《1996年解释》对于"非法占有目的"的认定上通过客观行为认定还是具有一定的合理性和现实性。同时在《2001年纪要》中,最高人民法院对于"非法占有目的"认定的司法解释在《1996年解释》的基础上作了进一步扩张,明确规定了金融诈骗罪中认定"非法占有目的"的七种情形,不仅对"明知没有归还能力"的表述提出实质性的见解,而且增加了其他诸如"抽逃、隐匿资金"的行为特征,相较于《1996年解释》中的"携款逃跑"以及"挥霍款项"两种行为而言,权利受害程度降低了,与"非法占有目的"联系的紧密度也有所下降了。在《2001年纪要》中,对不能以相应款项单纯不能归还的结果或态度来认定行为人具有"非法占有目的"作了强调。[8] 但在《2010年解释》中,对于"非法占有目的"的认定,无论是从认定"非法占有目的"产生的时间还是通过客观行为进行司法推定的范围,相对于《1996年解释》和《2001年纪要》而言,都有一定程度的延后和扩大。在认定时间上,《2010年解释》第4条明确了以事后推断方式对于主观方面的肯定,本条第1款第(5)项至第(7)项都是以事后"逃避返还集资款"的方式认定集资行为的"非法占有目的",《2010年解释》全面认可通过行为后果来认定前行为主观目的的司

---

[8] 参见侯婉颖:《集资诈骗罪"非法占有目的"认定的偏执》,载《法学》2012年第3期。

法推定方式,导致在司法实践中对于集资诈骗罪的主观认定中存在的或然可能性进一步增大,从而将更多的不合法集资行为予以犯罪化。

3. 集资诈骗罪认定模式单一,入罪行为范围过大

在集资诈骗罪的客观方面认定中,现行的刑法主要是通过行为人集资的绝对数额予以认定,在《2010 年解释》第 5 条中也强调集资诈骗的数额以行为人实际骗取的数额计算,案发前已归还的数额应予扣除。行为人为实施集资诈骗活动而支付的广告费、中介费、手续费、回扣,或者用于行贿、赠与等费用,不予扣除。行为人为实施集资诈骗活动而支付的利息,除本金未归还可予折抵本金以外,应当计入诈骗数额。而在司法实践中,在一些典型的非法集资案件中,行为人出于公司经营或者其他需要,购买一些奢侈品或者利用资金从事与公司经营并不密切相关的事项时,尽管占整个融资金额的比例很小,但是由于融资基数过于巨大导致在司法实践中很容易达到刑法规定的绝对数额而被认定为集资诈骗罪。而在《2010 年解释》中,尽管在第 4 条第 1 款中就有集资后并不用于生产经营活动或者用于生产经营活动与筹集资金规模明显不成比例,致使集资款不能返还的规定。但并没有对"明显不成比例"中的比例作出明确规定,导致在司法适用中很容易将不合法集资行为通过现有的刑法予以犯罪化,由此过多运用了刑法手段规制正常的融资行为。

二、关于民间融资行为入罪现状之原因分析

尽管对于民间金融行为入罪过度的原因是多方面的,但是以下一些原因又是十分显见的:

(一) 陈旧的金融垄断运行模式抑制了民间融资的发展

在我国目前市场经济环境中,民营经济融资难,似乎成了一个经济发展的死结。一方面中小企业资金缺口巨大;另一方面民间融资迟迟不能合法化。本来可以作为银行融资的一种补充形式,有时却被作为犯罪予以严厉打击。

这种现象的大量存在,个中的原因固然不少。但是,我国目前陈旧的金融运行模式在经济转型过程中已经成为民间融资阳光化的一

块绊脚石。事实上,在新中国政权成立后,为了急于摆脱贫困落后的社会状况,新政府意欲在财政能力极为有限的情况下最大限度地集中财力发展国民经济,于是由中国人民银行垄断所有金融资源便成了必然的趋势。这也许不仅符合当时的计划经济体制的要求,而且对恢复国民经济也起到了一定的历史推进作用。但由此遗留下来的思维定式和制度安排,成为坚决排斥民间金融的惯性力量。⑨ 随着改革开放的深入,国家权力对于民营经济的发展进一步放宽,民营经济在市场化的浪潮中蓬勃发展起来了。民营经济的发展,经济转型的加剧,使民营企业对于资金的需求越来越大。但是,国家公权力对于金融行业垄断的放开速度相对于民营经济的放开程度而言,已远远落后,国家依然通过计划经济对利率严格管制以及国有银行的垄断对金融行业进行牢牢控制,对于现存的民间融资行为不是进行有效的管理和疏导,而是一味进行堵塞和打压。

(二)民间融资的非刑法规制缺失导致国家刑罚权的过度介入

正是在这种国家公权力对金融活动的强有力垄断,国家一味对于民间融资进行堵塞和打压的背景之下,导致无论是在民事立法上还是在行政立法上,国家对于民间融资的规制要不就是相对于现有经济发展水平非常落后,要么就是一片空白。而当近些年出现如此之多以及影响之大的诸如"吴英案"一般的民间不合法集资活动时,国家在无法实现法律效果的情况下,便从社会效果出发,无论案件性质怎样,都一律进入刑法规制的视野,导致现在这种刑法适用过度介入与扩张的现状。

其实,刑法作为国家法律体系中的保障法,对于民间融资特别是地下融资的规制时,能够起到一种立竿见影的效果。但作为长期的社会效果而言,它并不是万能的。因为刑罚本身动用手段之严厉,涉及对行为人的打击力度之深是其他法律手段所不能比拟的。因此,无论什么行为,在刑法规制和动用刑罚之前,都应当通过其他前置性的法律先行进行规制、制止或制裁,民间融资行为亦然。对民间融资行为如何进行规范,我们在寄希望于刑法的同时,更应当注重对于前置性

---

⑨ 参见高晋康:《民间金融法制化的界限与路径选择》,载《中国法学》2008年第4期。

法律的规制和制约,为民间金融特别是地下金融行为在进入刑法评价之前设置一道必要屏障。

就目前我国的立法现状,相对于其他国家而言,通过非刑法方式对民间融资进行规制的手段非常匮乏。为了规范民间金融秩序,美国国会于1934年颁布《联邦信用社法》(该法后来经过多次修改和补充),联邦政府随后成立了专门的信用社全国管理局(NCUA),并在各州设立了自己的监管机构或专职官员。后来,为了克服各州各自为政所产生的一些在监管和制度上的冲突,美国又在1965年采取了加强信息交流和有效监管的措施,各州政府成立了各州信用社监督专员全国协会(NASCUS),并将监管对象扩展至储贷协会或储蓄银行。⑩ 英国国会于18世纪70年代通过专门法律约束房屋贷款协会的经营活动,并指定友谊社首席注册官负责房屋贷款协会的监管事务。同时英国政府更趋向于采用重置市场环境的做法,利用市场手段解决对民间金融的规制问题。如早在18世纪初,为了迫使信托储蓄银行改变合作性质,英国政府出面组织了邮政储蓄银行,大规模吸收小额存款或投资,并规定所有吸收来的储蓄资金只能投资于政府债券,从而给信托储蓄银行制造了新的竞争者,迫使其进行经营方针的调整。与此相似,英国的许多房屋贷款协会通过相互合并,调整经营方针,逐渐朝商业银行化方向转变。⑪ 因此,我国有必要在放开民间融资的同时,加强对民间融资在民法和行政法上的规制,填补我国现行立法的某些空白。

(三)刑罚权的过度扩张导致民间融资行为入罪范围的过度扩大

刑罚权作为国家公权力的一种形式,本身就具有国家公权力的所有特质。而国家公权力呈现的基本特征——天然的侵略性——就在于无须条件制约,就可表现出参与社会管理和调整的自觉性,而刑罚权更是如此。当国家其他公权力面对社会无序状态意图通过进一步扩张而仍无济于事的时候,国家便倾向于强化刑罚权,借助刑法的制裁手段维护社会秩序的稳定和制止恶化社会秩序行为的

---

⑩ 参见贺力平:《合作金融发展的国际经验及对中国的借鉴意义》,载《管理世界》2002年第1期。

⑪ 同上注。

蔓延。在当前的司法实践中,司法机关处理集资类案件也是如此。当民法等非刑事法律表现出无力感时,在现行宽严相济的刑事政策之下,对不合法集资便表现为一次又一次的从严打击。从《1996年解释》到《2001年纪要》,再到《2010年解释》,这样的表现愈发明显。随着我国过快的经济发展,社会经济转型以及金融安全的一再提及,形形色色的集资案件在近几年频繁发生,我国对于不合法集资行为的打击便越发严厉。从1995年的《关于惩治破坏金融秩序的犯罪分子的决定》中对集资诈骗行为增设死刑,再到3个司法文件将集资诈骗罪规制范围一再扩大,均体现出刑罚权在集资行为规制中的不断扩张。这样的扩张同时也体现了决策者对于不合法集资行为规制的无力感,以及在面对社会经济转型时期导致经济体制变革和利益分配布局发生变化时,决策者更多的是对现实产生的恐慌,对市场经济以及民众的不信任感日益加强,而选择了"治乱世用重典"的现实路径。

三、民间融资行为的立法多元之完善

当前我国的市场经济正向纵深领域发展,民营经济已成为国家的半壁江山,民营企业在发展过程中需要大量的资金支撑也是一个客观事实,而我国在公有制为国家主要经济形式的当下,将国家融集的资金主要用于大中型国有企业也将是一个长期的金融政策方针,于是如何重新审视民间金融的历史作用与现实意义,就变得十分重要。

(一) 民间融资行为的管理应当由"国家本位"向"市场本位"转变

长期以来,受到改革开放前计划经济体制的影响,我国对于金融活动的管理一直在"国家本位"的思想下采用"金融机构保护主义"的方式垄断几乎所有的金融行为,充满浓重的金融行政色彩。回顾立法沿革,无论是行政法规对于民间融资行为的否定态度还是在刑法中设立非法吸收公众存款罪,无不是为了维护金融监管秩序,保障银行在融资过程乃至整个金融活动过程中的垄断地位。

而正是银行系统对融资行为的行政垄断,造就了民间集资的尴尬现实。在我国目前的金融体系下,由于银行都是国有垄断的,而且国家为了宏观调控还存在利率管制,金融市场显然不是一个完全自由竞争的市场。银行的垄断往往导致银行在借贷资金时进行定价垄断,银行的国有则会对银行的激励导向产生扭曲。同大多数商品的价格管制一样,利率的管制则可能带来借贷资本的供不应求。⑫ 在这样的前提下,当银行利率低于市场均衡利率时,银行会选择借贷风险比较低的国有大中型企业,而造就了中小企业出现贷款难而被迫转向民间融资甚至是非法集资的现象。

因此,有必要对现有的金融经济体制进行改革。从"国家本位"行政管理模式向"市场本位"的自主管理模式转变,这是解决包括民间资本运作在内的许多社会问题的重要出路。对现有的金融经济体制进行改革,减少国家对于融资活动进行直接的行政干预,放开利率管制,废除金融业特许经营制度,让更多的组织和个人参与融资活动,打破银行机构在金融活动中"一家独大"的垄断局面,在市场经济环境中由市场本身的供需法则决定利率的高低,而不是直接由国家通过行政手段决定利率的高低。这样中小民营企业可以通过高风险高收益的市场法则,摆脱过去金融监管本位、金融机构保护的现象,通过市场中更高利率来弥补民营企业的风险溢价,使之在民间融资行为过程中充分体现"金融交易本位"和"平等保护"的思想。

(二)加强非刑法手段的规制,应当明确集资行为的出罪标准

在现实生活中,造成民间融资的地位在现行金融体系以及在法律体系中一个如此尴尬的现状,不仅仅由于国家公权力的垄断,更是由于民法、行政法在规制非法集资行为过程的缺位所造成的。在现行的非刑法体系中,我们并没有对非法集资行为作出一个很好的规制。因此我们应当及时做到:

1. 加强行政立法对民间集资行为的规制

在行政法对于民间融资的规制中,我们认为,应当在现行立法体系中对于民营经济的信息披露制度予以规范,加强民营经济的财务管理能力,建立健全民营经济的信用评估体系和信用担保体系,提升民

---

⑫ 参见王弟海:《银行垄断、利率管制与民企融资难》,载《浙江社会科学》2011年第12期。

营经济的信用。民营经济在当前市场经济中持续健康的发展,取决于是否建立科学的企业管理制度。

为了提升民营经济的信用水平,首先,必须建立一套科学的企业管理制度,积极利用现代化管理方法和手段,全面提高民营经济管理水平,从根本上提高企业自我积累与内部资源融资能力。其次,应当建立和完善民营经济信息披露制度。在当前的经济环境中,民营经济融资难的问题很大程度上是由于在融资过程中信息来源不对称造成的,因此必须完善民营经济信息披露制度,完善中小企业信息披露立法,加强民营经济信息披露制度的行政法规制。最后,应当健全中小企业信用担保体系,完善中小企业信用担保行政法规。中小企业信用担保法规的完善与信用担保体系的建立,对促进中小企业提升信用能力和缓解贷款难问题发挥着重要作用。要充分发挥政府在中小企业信用评估和信用担保体系建设和法规完善中的作用,建立全面、科学、公正、易操作、易接受的评估指标体系并完善中小企业信用评估体系,运用行政法规对于中小企业的信用行为进行规制,从而降低中小企业融资成本和银行贷款的风险。

2. 逐步打破国有银行在金融领域中的一统天下的格局,有步骤有计划地放开民营金融机构的设立

尽管在近几年我们已经看到民营银行有破冰的迹象,各种地方性的银行已陆续建立并开始发挥积极的作用,但这些银行至今基本上仍然停留在国家背景或地方政府的背景层面,真正具有民间性质的金融机构设立依然受到众多的瓶颈制约。而随着市场经济的进一步发展,可以想象,民营经济在国家经济发展中所占的比例还会进一步提高和加强,民间企业对资金的需求也将进一步加大,在这样的情形下,让民间金融在不怎么影响国家融资的前提条件下,适当放开民间金融机构的设立,客观上也是一个必要的发展方向。尽管我们知道这里蕴含着一定的社会风险,但是与这里同样蕴含着巨大的社会积极意义相比,毕竟利大于弊。如果国家规范得当,各种预防措施及时跟上,这种风险也是可控的。

3. 加强民事立法对于集资行为的规制

在现代法治社会中,法律体系存在着一种严格的阶梯关系。在这个阶梯关系中,刑法是保证各种法律规范得以实施贯彻执行的最后一

道屏障,它始终处于保障法的地位。从法理角度分析,一种行为构成犯罪往往具有二次性的违法特征,在行为能够通过民法或其他法规制的时候,不应直接运用刑法作跳跃式的分析认定⑬,对待民间融资行为也应持如此态度。在对待民间融资尤其是民间借贷的纠纷中,我们不应当把目光紧紧局限在刑法规制上,更多的时候,我们应当对现行民法及民事诉讼法予以完善,对于民间借贷及融资部分的规定予以明确化,给予民间借贷及民间融资应有的地位。在现行民法中,不仅应当对于民间融资借贷行为的性质予以认定,将正常的融资行为与非法的金融活动相区分,明确正常的民间融资借贷行为与非法吸收公众存款罪、集资诈骗罪以及其他犯罪的界限,更应该在恰当的时候制定并出台一部以疏为主,疏堵结合的"民间借贷法",在民间融资合法化的背景下,更好地规范民间融资借贷行为。

(三) 严格规范刑法中违法金融行为的入罪标准

1. 严格规范非法吸收公众存款罪的入罪标准

从融资的方式来看,融资活动分为直接融资和间接融资,两种不同的融资方式有其各自的特点。直接融资是资金直接从储户手中转移到投资者手中,中间没有任何中介。在现代经济体系中,这种融资方式主要是通过企业直接发行股票和债券实现的。另一种比较原始的直接融资方式是投资者直接向储户借钱。其实,民间融资就是一种比较原始的直接融资。间接融资是储户手中的资金不是直接转移到投资者手中,而是通过金融中介机构——银行体系转移到投资者手中。⑭

不同的融资方式各自有不同的特点,就直接融资而言,融资者必须直面投资者,是投资者与融资者之间的借贷,无论人数几何,都具有投资者—融资者——对应的关系。作为投资者来说,由于直面融资者,他所面临的风险相对于间接融资而言,无疑是巨大的,但是为了弥补投资者所承受的风险,融资者所回报的溢价也是比较可观的,投资者在投资时应该能够充分认识到民间借贷行为的风险,也确信自己能

---

⑬ 参见杨兴培:《"许霆案"的技术分析及其法理思考》,载《法学》2008年第3期。

⑭ 参见王弟海:《银行垄断、利率管制与民企融资难》,载《浙江社会科学》2011年第12期。

够承担因为投资行为带来的风险。而作为融资者来说,他的融资行为并不需要通过转贷给他人获取其中的差价,更多的时候作为直接融资者而言,是为了生产经营需要,弥补因为银行融资不足而造成的缺口。但是,间接融资并不如此。在常见的民间金融活动中,间接融资方式可以分为地下钱庄、合会、小额信贷公司等一系列通过储蓄主体,将资金存入类似于银行等金融机构作为资金周转载体,由金融机构以借贷等形式间接实现储蓄到投资转化的金融方式。

由于直接融资与间接融资所具有的性质各不相同,而设立非法吸收公众存款罪所要维护的是正常的金融秩序,因此我们比较认同有的学者的观点,"只有当行为人非法吸收公众存款,用于货币、资本的经营时(如发放贷款),才能认定为扰乱金融秩序,才能以非法吸收公众存款罪论处"。⑮ 尽管这里并没有对于融资方式进行区分,但这种观点所要表达的意思是将直接融资剔除出非法吸收公众存款罪的规制范围。因为非法吸收公众存款罪不仅仅在于在刑法条文中被表述为吸收公众"存款",而且非法更在于非法性。如果将吸收的公众存款用于国家垄断的货币、资本经营之外的合法生产经营活动(即直接融资),实际上就谈不上非法性。因此,有必要对融资方式进行区分为直接融资与间接融资,并将直接融资从非法吸收公众存款罪的规制中剔除出去,以保护正当的投资行为和民间借贷行为。

2. 严格规范刑法中集资诈骗罪的入罪标准

(1) 严格规范"以非法占有为目的"的认定标准,抑制过度的司法推定

集资诈骗犯罪是刑法中的直接故意犯罪,对于"以非法占有为目的"的认定,影响着行为人的行为定性以及量刑的轻重。在当前的司法实践中,根据现有两个司法解释和一个纪要的规定,呈现出在集资诈骗犯罪中认定"非法占有目的"的司法推定范围过大以及认定"非法占有目的"产生时间延后的过度入罪化倾向,因此有必要对现有的司法认定标准以及司法推定模式进行进一步的规范。

首先,对于"非法占有目的"产生时间的认定而言,我们认为应当严格遵循刑法基本理论中故意犯罪和犯罪既遂状态的理论标准,对于

---

⑮ 张明楷:《刑法学》(第4版),法律出版社2012年版,第687页。

犯罪目的的产生在犯罪前并支配犯罪实施以及在犯罪实施过程中产生犯罪目的并主导犯罪的"非法占有目的"予以认定,坚决摒弃当前的唯结果论——即以事后逃避归还资金的"非法占有目的"的客观认定模式,对于那些尽管在事后逃避返还资金,但在案发前并没有将资金挥霍或者并没有用于非法犯罪活动的行为人应当作非罪处理。在认定集资诈骗罪"非法占有目的"产生时间的过程中,应当以故意产生的时间为认定的标准,在非法集资活动前产生的故意、非法集资活动中产生的故意与事后产生的故意应当区别对待,分别作出有罪、部分有罪、部分非罪和非罪的结果。

其次,对于当前"非法占有目的"的司法推定证明标准而言,司法机关基本上不可能找到结果之外的原因证明"非法占有目的"的存在。在这种情况下,当然要回避在结果出现之前的初始阶段打击集资诈骗罪,而由此引发的直接后果就是集资诈骗罪的危害被放大了,打击集资诈骗罪的成本也相应加大了。[16] 因此我们认为应当对现有的认定模式进行完善,不能过度地运用司法推定的方法无限度地扩大司法推定的范围,应当在认定犯罪目的基础上,以合理的司法推定方法为补充,构建集资诈骗罪司法认定的应有模式。就司法推定而言,应当注重查实基础事实的客观性和真实性,在基础事实客观真实且没有其他相反事实加以反驳和否定的情况下,根据基础事实和推定事由之间存在的常态联系进行论证。[17] 在司法推定的过程中,要严格遵循合乎常情常理和常识的推断方法,注意证伪手段的合理使用,同时注重对于出罪基础事实的论证。

最后,对于"非法占有为目的"的认定而言,我们不仅需要注重对于出罪基础事实的认定,也需要对入罪的基础事实进行适当的举例并认定。面对当前金融犯罪过度犯罪化的倾向,包括一些法律学者和经济学者在内的一些人士为"吴英案"提出了种种辩护理由:集资无罪

---

[16] 参见王占洲:《集资诈骗罪"非法占有目的"的证明标准》,载2005年贵州省法学会刑法学年会论文集。

[17] 对于常态联系的认识,我们不能超越正常人所能认为的通常情况,必须符合正常人的辨认能力。

论⑱、无受害人论⑲、实业论⑳、利息自由论㉑、没跑论㉒以及升值论。㉓面对吴英案的种种辩护理由,我们认为,对于吴英是否构成集资诈骗罪,是否存在"非法占有的目的",不能仅仅通过这些客观表现就认定为无罪。无论是利息自由论,还是升值论,或实业论,就"吴英案"而言,无论通过何种角度,她所许诺的高额利息均超过上述方式获取利润的几倍甚至数十倍,以上述方式取得的利润,绝对没有办法帮助吴英支撑她所要偿付的本金。况且,吴英本人用新债偿还旧债的方式实现她所谓"本色集团"的经营模式,其本质也只是虚构盈利能力,炮制经商天才的光环,允诺诱人利率,就能一夜暴富,过上奢华生活的"庞氏骗局"㉔的中国再现。因此在认定"非法占有目的"时,我们更多地应当以直接认定为基础,在基础事实客观真实的情况下运用合理的方法进行司法推定,不仅要防止集资行为过度犯罪化的倾向,也要防止绝对无罪化的倾向。

(2) 改变现行一元的集资诈骗罪入罪模式,确立二元的认定方法

在司法实践中,对于集资诈骗罪的刑法规定最为学者所诟病的即为对于"非法占有目的"的过度司法推定。在对集资诈骗罪的研究中,学者们更多是着眼于对于"非法占有目的"的研究而忽略对于该罪其他方面的研究。因此,对于目前司法实践中集资诈骗罪的研究,我们不仅仅关注"非法占有目的"的研究,更要对该罪的其他方面加以重视。

---

⑱ 有学者认为,融资自由是人的基本权利,如果这种权利不受法律保护,意味着中国人的企业家精神仍然受到摧残。

⑲ 坊间流传这么一种说法,即吴英只是向其认识的 11 个人借款,而他们没有任何一个人认为吴英欺骗了他们。

⑳ 有人认为,吴英用借款做了实业投资,因此不算诈骗。

㉑ 有人认为不应该因为吴英许诺了高额利息,就判定她有罪,因为高息不是判断庞氏骗局的充分条件。

㉒ 孙大午先生认为,吴英只是想瞒一时:"她的瞒,是想借了钱,然后盼着盈利。"他认为,诈骗是以非法占有为目的,而且会套现跑路。

㉓ 许多人说吴英购买的物业,这些年也增值不少,足以归还债务,所以吴英是无罪的。

㉔ 庞氏骗局是一种最古老和最常见的投资诈骗,是金字塔骗局的变体,很多非法的传销集团就是用这一招聚敛钱财的,这种骗术是一个名叫查尔斯·庞兹的投机商人"发明"的。庞氏骗局在中国又称"拆东墙补西墙"、"空手套白狼"。简言之就是利用新投资人的钱来向老投资者支付利息和短期回报,以制造赚钱的假象进而骗取更多的投资。

我们认为,现行刑法条文中对于集资诈骗罪客观方面的规定即以绝对数额作为行为人行为的入罪界限存在些许不妥之处。仅仅以绝对数额作为集资诈骗罪客观方面的认定标准,不仅不利于民间融资的发展,在某种程度上,就像一把"达摩克利斯之剑",时时威胁着中小企业的生存与发展。众所周知,在目前的市场环境下,中小民营企业的财务制度并不是十分规范,信息披露制度也不完善,有些民营企业为了生产经营和吸引投资的需要,很多时候需要"打肿脸充胖子",需要购置一些高级轿车或者其他奢侈品来显示自己的实力。但是在目前的司法认定中,由于司法机关对于资金用于挥霍的认定范围过于庞杂和宽泛,在司法实践中,这样的购置行为往往很容易被纳入刑法规定"挥霍行为"中去。尽管有时候行为人使用的这部分资金所占全部融资的比例微乎其微,由于其基数融资的过于巨大,导致很容易就被纳入集资诈骗罪的规制范围,并适用相对严苛的刑法,甚至在符合数额特别巨大的情况下,直接适用死刑条款。

基于此,我们应当改变现阶段刑法对于集资诈骗罪客观方面的规定方式,对"挥霍行为"抑或是两个解释及一个纪要中"没有归还能力"的客观认定建立一种更加合理的认定模式。我们不仅仅要着眼于绝对数额的计量和认定,也应当对挥霍数额占基数数额的比例作出一个相应的明确规定。对于集资诈骗罪的客观方面,应当在改变现行一元化认定模式的基础上,参照逃税罪的规定,应当对集资诈骗罪作出相应的修改。在挥霍比例的确定方面,可以参照计算本行业公司正常回报率或者是全体行业公司经营活动正常回报率的基础上确定该比例的大小,并通过比较比例大小的方式确定当事人的行为是否能够构成刑法意义上集资诈骗罪的"挥霍行为"。如果比例远远大于刑法所确定的比例,毫无疑问,已经符合集资诈骗罪的客观构成要件者有罪,反之则无罪。这样的二元化认定模式不仅更加合理,符合当前我国国情的需要,也给当前我国民营企业的发展预留了相当的空间,让刑法在打击集资犯罪的同时,也为民营经济的发展保驾护航。

第十五章　刑法修正案方式的慎思与评价

《刑法修正案(八)》已于2011年2月25日由第十一届全国人大常务委员会第十九次会议通过,该修正案自2011年5月1日起施行。如同每一次修改一样,总会得到司法实务界和刑法理论界的赞美与喝彩。这次修改是对刑法进行较为全面和涉及重大内容的一次补充和修正,是历次刑法修改中胆魄最大、力度最强、涉及面最广的一次修改,因此无论在刑法理论界还是司法实践中都会产生重大的影响。面对着刑法如此频繁的补充修改,面对着此次刑法修改有点"伤筋动骨"的现象,面对着整个社会对刑法寄予过高的"救火"治世的期望,我们是否也应该静下心来好好想一想,我们在刑法补充修改的立法观念、制度设计和立法技术上是否需要进行一下反思和改进。

一、关于刑法补充修改与法律的稳定性、长远性要求

德国刑法学者李斯特曾说过一句令我们至今依然感慨万分的话:"最好的社会政策就是最好的刑事政策。"①一个国家过分重视刑法在国家管理和治理过程中的作用,正像一个国家过分重视暴力在国家管理和治理过程中的作用一样,是社会政治文明程度不高、当政者管理手段自信不足、整个社会环境依恋以暴力和准暴力为倾向的明显表现。在中国,由于受历史刑法观念、传统政治思维和刑法文化传承的影响,刑法一向被视为治国安邦、实现长治久安的治世工具。历朝历代,无论春秋战国的李悝制定《法经》、子产"铸刑鼎",还是"汉鉴秦弊,蠲繁削苛",及至《唐律疏议》的面世,其精美严谨更成为刑法备受

---

① 转引自马克昌主编:《中国刑事政策学》,武汉大学出版社1992年版,第2页。

第十五章 刑法修正案方式的慎思与评价　271

重视的明证,都在"竭力追求制定一部百世不改、垂范久远的良法"。②这些都无不显示出刑法在中国传统的道统、法统和政治治统中的重要作用。光阴荏苒,时序轮回,当我国社会今天开始想要进入法治时代,刑法作为整个法律体系中的保障法,作为"二次性违法规范形式"的产物,是公法,是公器,更为神器,故其制作规定哪怕是补充修改都需要在极其严肃、认真和慎重之中进行,当属不争之题义。

屈指算来,从 1997 年 3 月 14 日第八届全国人大第五次会议对 1979 年 7 月 1 日制定的《刑法》进行大规模修订以来,《刑法》已经进行了 7 次补充修改,连同两个决定,2011 年的《刑法修正案(八)》正好是第 10 个补充修改规定。几乎是每年一个,不可谓不多,不可谓不频繁。然而这一次补充修改是对刑法进行较为全面和涉及重大内容而进行的一次补充和修改,比如:整个修正案共有 50 条之多;这次进行了大面积削减死刑;涉及死刑的刑事责任年龄;以及多种刑罚制度,既有有期徒刑数罪并罚的上限规定,又有对累犯、自首的相关规定的调整,还有管制犯的管制内容、缓刑犯的考察内容变化;涉及减刑、假释制度的调整;涉及社区矫正制度的设立;等等。

曾记得,1997 年《刑法》准备修订之时,围绕着是否需要修改、修改的主客观条件是否成熟,到底是大修还是小修等问题,理论界展开过激烈的讨论。当时的全国人大常委会副委员长王汉斌同志很自信地宣称要修订一部完备的刑法进入 21 世纪,"这次修订刑法,主要考虑:第一,要制定一部统一的、比较完备的刑法典。将刑法实施十七年来由全国人大常委会作出的有关刑法的修改补充规定和决定研究修改编入刑法;将一些民事、经济、行政法律中'依照'、'比照'刑法有关条文追究刑事责任的规定,改为刑法的具体条款;将拟制定的反贪污贿赂法和中央军委提请常委会审议的惩治军人违反职责犯罪条例编入刑法,在刑法中规定为贪污贿赂罪和军人违反职责罪两章;对于新出现的需要追究刑事责任的犯罪行为,经过研究认为比较成熟、比较有把握的,尽量增加规定。第二,注意保持法律的连续性和稳定性。对刑法的原有规定,包括文字表述和量刑规定,原则上没什么问题的,尽量不作修改。第三,对一些原来比较笼统、原则的规定,尽量把犯罪

---

② 范忠信:《再论刑法应当垂范久远》,载《法学》1999 年第 6 期。

行为研究清楚,作出具体规定……制定一部统一的、比较完备的刑法典,是继去年3月全国人大通过修改刑事诉讼法的决定以后,进一步完善我国刑事法律制度和司法制度的重大步骤,对于进一步实行依法治国,建设社会主义法治国家,具有重要意义"。③ 我国老一辈刑法学者高铭暄教授也曾自信地说过,这部刑法"深深凝结着中国法律专家的心血与汗水"④,起码管用很多年。谁曾想世事难料,仅仅十多年过去,十来个补充修改规定就已经横空出世,一部刑法也已是不知从哪里读起,方解其意。立法者的自我欣赏和学者们一时的倾情赞美,并不能掩盖其已有的明显瑕疵与严重不足。

刑事立法关涉国家治世观念,关涉公民的生杀予夺,故刑法乃治国安邦之公器神器,是国家长治久安的护国之宝。就中国传统的历史刑法文化而言,制定刑法典,在历朝历代都是一件极其庄重之事。刑事立法者自当有一种为天地立极,为生民立命,为万世开太平的历史责任感和时代使命感。世界高度一体化的发展,为我国社会的未来发展提供了可供借鉴的文明指标和参考尺度,例如一部《法国刑法典》从1810年制定后直到1994年才进行大规模修订,可谓体现稳定性之楷模。而我国社会已经取得的文明进步,也已为我国制定一部垂范久远的刑法提供了必要的前提基础。因此能否制定一部较为全面反映社会现实需要并能为后世借鉴的良法,应当作为一种立法指导思想首先加以确立。当此时,我国的刑事立法者理当立足当前,放眼未来,对中国社会的发展变化必须有一个基本的了解和必要的估计,不能过分强调时下的国情,满足于一时的"社情民意"的需要,头痛医头,脚痛医脚,一有风吹草动,便进行刑法的补充修改,使朝令夕改成了必然的结局。

作冷静思考,中国社会目前依然处在激烈的社会解构与重构过程之中,很多的制度设定还在论证之中,很多的观念还在形成之中,很多的行为模式还在发展变化之中,因此刑法作为第二次违法规范形式的产物,它的完善,有赖于首先制定和完善一些前置性的法律为刑法的

---

③ 王汉斌:《关于〈中华人民共和国刑法(修订草案)〉的说明》,1997年3月6日在第八届全国人民代表大会第五次会议上的报告。

④ 高铭暄:《刑法问题研究》,法律出版社1994年版,第138页。

制定提供基础。刑法的有效执行,还有赖于前置性法律的有效执行。只有当前置性的法律无法惩治和阻挡一般性违法行为时,才需要刑法闪亮登场。不然刑法的补充修改效果就会大打折扣。在这方面,我们不是没有前车之鉴,比如当年我们曾经有过操纵期货市场罪的补充修改规定,由于我们有关期货市场还未开通,有关期货交易的法规还未制定。所以在相当长的一段时间内,操纵期货市场罪等于空文,被束之高阁。在这方面,我们应当看到当前我们还有很多工作没有做好准备。所以与其让刑法的有些内容一直处于不断的需要补充修改过程中反复折腾,不如暂时放一放,等条件成熟后再进行较为慎重的修改为好。此次刑法修正案涉及的社区矫正制度,我们又面临着诸如刑法中有关社区矫正制度的运用。然而,我们直到现在还无"社区矫正法"的出台。刑事立法又一次出现"倒逼"现象,这说明我们的立法观念出了问题。我们应该明白一个道理,法治不像政治可以具有极大的灵活性,细水长流、恒水常稳是它的基本表现特征,也是它的生命所在。古人云:取法于上,仅得其中;取法于中,斯为下矣。故有学者早在1997年《刑法》修订之时就指出:立法之时,若无垂范久远之念,心存临时之意,则立法效果可知。⑤ 此言诚哉,其语之义今日仍可一听。是故,当此时若再过分以眼下的"国情"和社情民意为由着意为当下的社情国情作近距离服务而频繁修改补充立法,不但理由并不充分,而且暂时的社会现象和民情民意也会潮起潮落,到彼时是否又像死刑规定一样,再一次做大规模的修改调整? 真所谓"不以规律为立法要旨,而以因应特定现象为立法要旨,不可谓之明智"。⑥

二、刑法的补充修改与刑法基本原则的关系

此次《刑法修正案(八)》涉及对刑法进行较为全面的补充修改和重大内容的调整,这样就必然涉及刑法的立法权限问题。刑法是我国的基本大法,它是由全国人民代表大会负责制定的。我国《宪法》第62条规定:"全国人民代表大会行使下列职权:……(三) 制定和修改刑事、民事、国家机构的和其他的基本法律……"而全国人大常委会对

---

⑤ 参见范忠信:《再论刑法应当垂范久远》,载《法学》1999年第6期。
⑥ 同上注。

基本法律只有补充修改的权能,并且只能是依法进行才有法律效力和法律意义。《宪法》第 67 条规定:"全国人民代表大会常务委员会行使下列职权:……(三) 在全国人民代表大会闭会期间,对全国人民代表大会制定的法律进行部分补充和修改,但是不得同该法律的基本原则相抵触……"由于我国刑法并没有对何为"全部"、何为"部分"进行明确的限定,也没有明确指明什么是刑法的基本原则,有多少个基本原则? 在刑法理论上所理解的刑法基本原则,由于其内容的过分抽象,仅仅起到一种观念的提示作用而无规范效用。这就需要我们重新认识刑法中的基本原则和此次《刑法修正案(八)》是否与刑法基本原则不相协调的问题。

仔细检阅刑法,我们可以发现,现行《刑法》在第 3—5 条之中仅仅规定了一些原则和抽象的规定,这种规定在整个总则中比比皆是,但是否就此可以称为刑法的基本原则? 这在刑法理论上和法律事实上依然是一个值得争论的问题。全国人大常委会有权对部分刑法进行补充修改,但部分加部分能否等于全部? 此次《刑法修正案(八)》篇幅之大、文字之多⑦,已远远超出一般人所认定的"局部"概念。全国人大常委会有权对部分刑法进行补充修改,但不得同该法律的基本原则相抵触,但刑法基本原则的具体内容究竟是什么,如何检测刑法的补充修改已经同刑法的基本原则相抵触了呢?

我国《刑法》是通过总则与分则上、下两编进行建构的,《刑法》总则是关于犯罪与刑罚的一般性原理和一般性原则的规定,《刑法》分则是这一一般性原理与一般性原则的具体化表现形式。其实从两者的基本结构和相互关系来看,刑法的总则部分都带有奠基性功能作用,可统领全局,能够制约刑法分则的原则性规定。根据中国传统文化"循名责实"政治哲学观念,对《刑法》总则内容的规定,我们可以称为基础性的规定、基本性的规定、原则性的规定。简而言之,也就是基本原则的规定。由此我们在这里大胆地提出一个带有原则性的结论,即全国人大常委会对刑法的补充修改不能涉及《刑法》总则的内容,也不得与《刑法》总则的内容发生冲突与矛盾,并且应当受刑法总则内容的约

---

⑦ 此次《刑法修正案(八)》文字多达 7 500 多字,篇幅之大已远远超出一般人所想象的"局部"意义。

束。对刑法总则内容的补充修改,应当由全国人民代表大会进行。

然而从今次《刑法修正案(八)》的内容来看,很多地方都已经突破了刑法总则的规定界限,这是值得讨论的问题。这里仅以死刑的削减和限制问题为视角进行必要的透视与剖析。

此次《刑法修正案(八)》减少了13个罪名的死刑规定,占原68个死刑条文的19.1%之多。削减死刑是社会发展的大势所趋,人们必定举双手赞成。然而通过此次规定对死刑削减的数量,让我们清楚地看到了仅仅在十多年前,我们曾如此盛行重刑主义,曾如此偏好死刑。但仅仅十多年的时间,我们就对死刑作如此大的改动,不难看出我们的刑事立法基本上是处在一个形而下的区间而多么缺乏超前意识,真不知当时是在怎样的意识支配下如此果断定下这13个罪名的死刑规定?即使如此,与当今世界众多已经废除死刑的国家比较,我国刑法的死刑依然是一个为人瞩目的问题。我们有理由相信和鼓动我国的刑事立法者,应当更快、更大比例地限制死刑和削减死刑,直至融合到废除死刑的世界潮流中去。⑧ 所以今次大规模、大面积、大手笔削减死刑,应当说是一个符合世界潮流的积极动作,由此受到刑法理论界和司法实务界的支持,乃至逐步受到社情民意的接受是可以肯定的。

然而,当我们回头审视这一举动时,却在理性的层面与法理的层面受到阻却。当年设定这一死刑规模时,是以全体民意为依托的,是在全国人大会议上得到确认和通过的。而现今废除这些死刑规定,却是在人大常委会的层面进行的。全国人大代表有3 000多人,全国人大常委会委员是160多人,而且只要有2/3的人数出席就算合法。由此我们可以看到,由100多人代表全国13亿人对这些死刑作出一锤定音的决定,显得多么的不协调。不管我们刑事立法者的主观出发点和主观愿望是多么合情合理,但在客观上已有了"架空"全国人民代表大会之嫌。在倡导严格依法办事的今天来说,这并非一件小事。同样,要对75周岁以上行为人废除死刑完全是合乎道义的举动,但涉及行为人刑事责任年龄的问题,同样属于《刑法》总则带有奠基性的问题,怎么能由人大常委会来修改变动呢?其合宪性和正当性上当然需要作出先行解释。法律本为人心所设,刑法如何规定,完全取决于刑

---

⑧ 参见高铭暄、苏惠渔、于志刚:《从此踏上废止死刑之路》,载《法学》2010年第9期。

事立法者的价值取向。但涉及如此多的总则刑罚原则问题,作为人大常委会是否有越位之嫌?

更需要在这里加以指出的是:上面所提到的所有这些规定,在《刑法》总则中都属于带有原则性的规定,人大常委会应当尊重,不能说改就改。我们宁可再等待一些时日,由日后的全国人民代表大会负责修改,全国人大常委会在这一问题上完全可免越俎代庖之嫌。因为刑法毕竟是涉及千百万人的生杀予夺的刚性法律,没有足够的数据而轻言改动,本身就是一种不够慎重的表现。我们过去有过太多的不慎重,能否从今天开始我们变得慎重一些,这已不是什么过高的要求。以死刑为例,当时不顾死刑的基本理念,一味地重刑主义观念膨胀,使死刑数目不堪重负,以致在国际上也背负了重刑恶名。今天为了改变死刑过多过重问题,又不顾程序的正当性,想一举大量削减众多死刑。尽管这是一个文明之举,符合时代发展潮流,但也得先反思一下曾经的一味重刑思想给我们形成的沉重包袱。因为十多年来我们毕竟枉走了一个圈。所以在对待有期徒刑的上限和其他刑罚制度的问题上,我们不应该轻易改动刑法总则的设定界限。不然再过十多年,是否又一次对刑法进行大规模修改,再走一个圈又回到原地?

三、关于"犯罪圈"大小的问题

"犯罪圈"的大小问题一直是社会学、犯罪学和刑法学上的一个极有争议的问题,在我国,刑法理论尽可能缩小"犯罪圈"的主张从来没有一次能够阻止立法者对"犯罪圈"的日益扩大。此次《刑法修正案(八)》依然如此。根据修正案,此次刑事立法新增的罪名如:危险驾驶罪、拒不支付劳动报酬罪、组织出卖人体器官罪等。除此之外,《刑法修正案(八)》对一些具体犯罪的构成内容进行了明显的扩大,例如:对非国家工作人员行贿罪,虚开增值税专用发票,用于骗取出口退税、抵扣税款发票罪,伪造、出售伪造的增值税专用发票罪,强迫交易罪,强迫职工劳动罪,盗窃罪……其构成要件内容都有了不同程度的扩大。由此可以看出,我国刑事立法者对"犯罪圈"的扩大总是有一种为了"适应形势需要"的迫切感,并且其背后的理由总是现成的。然而,十多次的补充修改,就是看不到随着社会形势的发展,是否有的犯罪已经失去了存在的必要性?放在我们面前的有关犯罪化问题上,只见新罪的增加而不见一些不适用的犯罪的删改和删除。随着犯罪圈的不断扩大,将使刑法有尾大不掉之嫌。其实所谓的拒不支付劳动报酬罪,本来也可以通过社会诚信建设、加强行政执法、民事司法救济等途径加以解决,其入罪的必要性令人费解,其效果值得怀疑。古人曰:"治国之要,刑非所先"⑨,历史的经验与教训应该让我们获取更多的启示。这就使我们不得不考虑:我们的行政手段或其他手段是否用尽了?刑法是否是对付这一违法行为的有效工具?它的适用面有多大?

更需要提及的是随着社会形势的发展,其实有的犯罪已经失去了存在的必要性。这就会涉及刑法补充修改的非犯罪化问题。据有关学者考察与研究,现代意义上的非犯罪化运动起始于20世纪中叶。"二战"之后,在全面推进刑法改革事业的英国、德国、美国等国,非犯罪化成为问题进而成为一种价值倾向。在价值观的多元化的宽容社会理念的背景之下,从20世纪50年代到60年代为止,以基督教伦理为基础的犯罪,如同性恋、近亲相奸之类的行为因其并不存在值得保护的具体法益,应当从刑法中加以删除的呼声日益高涨,并逐渐成为现实。在英国,1957年出台了《关于同性恋和卖淫的沃尔芬登委员会报告》,该报告建议通过一项立法,允许21岁以上的男子间自愿的私下实施同性恋行为。以该报告为契机,英国在1959年至1967年对以下行为实行了非犯罪化:淫秽犯罪、自杀、堕胎、同性性交等。英国的非犯罪化改革对西方国家的刑法理论及立法都产生了深远影响。受此影响,欧美、当时的一些社会主义国家及非洲、拉丁美洲等国家都掀起了非犯罪化运动,在刑事立法中削减有关公共道德的犯罪。可以说非犯罪化问题一经提出便方兴未艾,被称为世界性的刑法改革运动。同时,世界上很多国家的法律规定,律师、医师、宗教师与犯罪嫌疑人的近亲属一样,有为当事人保密并拒绝作证的权利,正是为了不公然违逆大众伦理或一般道德认知,也基于这一伦理基础,西方国家刑法一般没有"律师伪证罪"或支持犯罪嫌疑人告发自己辩护律师的判例。任何国家的法律,绝不能仅仅为了眼前的秩序利益而伤害人道、人性、人伦的基本价值,就像古代、近代中国及古今西方法律都允许"亲亲相隐"(近亲属有权拒绝作证)一样。这场非犯罪化运动也深刻地影响

---

⑨ 参见鲁嵩岳:《慎刑宪点评》,法律出版社1998年版,第2页。

了我国刑法理论界,近年来,非犯罪化问题也日益引起我国刑法学者的关注。从刑法的进化来说,行为的犯罪化与非犯罪化的不断重新界定都是符合其进化规律的。然而我国的刑事立法似乎仍然喜欢只沿着犯罪化的单行轨道向前运行,从1997年《刑法》全面修改后的十多年内,我国立法机关通过了两个决定和八个刑法修正案,增加近四十个罪名却没有删除过一个罪名。由此产生的一个问题是:刑法在"制造犯罪"的同时是否也在制造"另一种风险"?

从这一基本的刑法理论分析的角度出发,我们的刑法也应该尝试重新划定犯罪化的边界,对无社会利益侵害的犯罪主要是一些无被害人犯罪,例如对一般性赌博罪、聚众淫乱罪、传播淫秽物品罪、组织播放淫秽音像制品罪、组织淫秽表演罪等刑法理论界普遍认为属于无被害人的"犯罪"进行非犯罪化的处理。同时,刑法中已有了一般的伪证罪,像辩护人、诉讼代理人毁灭证据、伪造证据、妨害作证罪也是多余的,反而给人以歧视律师或其他辩护人之嫌。另外,侵犯通信自由罪和私自开拆、隐匿、毁弃邮件、电报罪侵犯的是公民的通信自由权,这是公民人身权利、民主权利中一项比较轻微的权利。从司法实践中来看,这类犯罪发生率低,几乎成为虚置的犯罪,也可以进行非犯罪化的处理。

四、关于"刑罚度"轻重的问题

此次《刑法修正案(八)》中涉及"刑罚度"轻重的问题也是比较突出的。与以往不同,此次修正案有大规模的削减死刑的规定,对75周岁死刑对象的限制、不满18周岁的人犯罪不构成累犯、坦白可以从轻处罚等规定,都具有十分积极的意义。但相比于"刑罚度"向轻的拟定,此次《刑法修正案(八)》有关"刑罚度"向重的倾向更为明显。比如涉及数罪并罚最高刑期的提高;特殊累犯范围的扩大;某些具体犯罪法定刑的加重调整等。

对此,仅就数罪并罚最高刑期和特定犯罪不得再次减刑进行一些必要的法理分析。

（1）《刑法修正案（八）》规定：因犯数罪被判处有期徒刑，总和刑期在35年以上的，将其有期徒刑的上限由20年提高到25年

这一修改的出发点无疑是想改变目前"生刑太轻、死刑太重"的法定刑格局。从理论的层面上，这一从汉文帝废肉刑导致刑罚体系不协调后人们所发出的感叹，至今仍然深深地影响着我们的刑罚观念。当然改走中庸之道、提倡折中哲学，逐渐消除非此即彼曾经给我们社会带来的消极负面影响并非是件坏事。然而问题是，这一规定有多大的实践价值是值得怀疑的。从司法实践看，一人身犯数罪，能判到有期徒刑35年而准备重判25年的犯罪，只要其中有一罪在法律上配有无期徒刑的法定刑，在实践中被判处无期徒刑的概率之大就完全可以想象。而如果数罪中均无无期徒刑的法定刑，果真重判20年，在今天的行刑实践过程中，不知又有多少罪犯如此的刑罚能被执行完毕？其实不要说有期徒刑的刑期过短，就是死缓、无期徒刑减刑后的刑期之短、行刑之短，也是常见不鲜的。其中的问题并不是法律的问题，而是行刑实践中执法偏差的问题，是由减刑次数过于频繁和减刑幅度过大导致的。如果所有的既判刑罚能够按质按量执行完毕，有效地控制减刑的总量，在我国假释适用不很普遍的国情下，其实已经十分沉重了，因此又何须规定对数罪并罚增加5年呢？

（2）《刑法修正案（八）》规定：对被判处死缓的累犯以及因故意杀人、强奸、抢劫、绑架、放火、爆炸、投放危险物质或者有组织的暴力性犯罪被判处死缓的犯罪分子，人民法院根据犯罪情节等情况可以同时决定对其限制减刑。减刑时，判处无期徒刑的，不能少于13年；限制减刑的死刑缓期执行的犯罪分子，缓期执行期满后依法减为无期徒刑的，不能少于25年，缓期执行期满后依法减为25年有期徒刑的，不能少于20年。

这些规定本为长久隔离这些犯重罪的犯罪分子与社会的联系，但又规定可以进行假释。这一规定的不合理之处明显地暴露出来。谁都知道减刑与假释的区别所在，"与其一锤子买卖，还不如多次交易"，而在依法减为无期徒刑或者20年有期徒刑后，不得再减刑，对罪犯的改造带来的负面影响恐怕在日后必然显露出来。而由此产生的罪犯在死缓面前不平等的现象，同样不应该成为今天刑法的价值取向。为什么死缓可以减为无期徒刑，为什么减为无期徒刑以后就不能再减为

有期徒刑？既然一减以后就不能再减，那又何不直接规定死缓本身就不能减为无期徒刑，以此保持对死刑缓刑犯的刑法压力呢？但由此产生的问题是，我们的刑罚目的到底是什么？更何况犯罪分子在犯罪时的各种主客观表现会随着长期的劳动改造有所变化，对罪犯判决时就决定未来是否要怎样减刑，在时空条件上是否过于遥远了？

五、关于刑事立法的编纂问题

刑法的立法编纂是刑事立法中能够使刑事法律体现规范化、体系化和内在逻辑一致性的一种专门性的刑事立法补充活动，它和刑事立法补充修改、刑法的立法解释一样，同属于刑事立法的一种特别活动。刑法的编纂不仅在于能够系统地整理已有的刑法规范，对此进行必要的外部加工，而且还可以在审查现有所有的刑法规范基础上，对其中已经过时或者发生冲突、相互矛盾或者重叠的部分进行必要的删除和调整，以便重新协调个性法规范之间的相互关系，使之成为一个从某些共同原则、基本原理出发，有内在联系的统一体。

刑法就其本身而言，应当具有较强的严肃性和稳定性，但是刑法又和其他法律一样，不过是一定的社会政治、经济和文化状况的客观反映，同时刑法还要时时受到一定时期的治安状况的影响。因此根据客观形势的发展变化，立法机关对刑法进行及时性补充修改尽管需要限制但也在所难免。而对刑法的补充修改和进行立法解释其本身就是一种立法活动，其所涉及的内容和产生的结果都属于刑法的有机组成部分。这样，随着刑法内容的不断膨胀，刑法表现形式的复杂多样，刑法规范之间难免会存在一些相互矛盾、相互冲突和相互抵牾之处。在这种情况下，及时进行刑法的立法编纂，保证刑法外部形式的统一和内部内容的协调性就非常重要了。当刑法的补充修改规定或刑法的立法解释作为一个个相对独立的单行规范存在时，它们与刑法规范内容本身的矛盾并不会十分显著地反映出来。但如果通过刑法的立法编纂，把这些补充修改规定和立法解释内容直接纳入刑法典之中，它们之间的矛盾就会明显地暴露出来。这样势必促使涉及刑法基本原则的内容，要么交由全国人大修改，以保证刑法的权威性；要么全国人大常委会不去涉及这些内容，以保证刑法的协调性。同时通过刑法的立法编纂能够有效地消除刑法内容的某些冲突和重叠现象。因为刑法立法编纂的重要职能就是将某些已经丧失规范作用的规定予以删除,从而保证刑法内容的协调性与统一性。

　　刑法立法编纂是所有古今中外重视刑法法制建设的时代和国家所不可忽视的。例如中国唐代末年出现的刑律附载"格、敕"的《大中刑律统类》,"五代时期"的后周编纂刑书,不称律而称《刑统》(既《显德刑统》,全称《显德刑律统类》),就集中反映了这种状况。这种《刑统》以刑律为主,其他与刑名相关的敕、令、格、式都依律分类,统一编入,成为一个完整的刑法体系。宋代的《刑统》正是这种刑事立法活动的集大成者。在国外,苏联时代的《苏俄刑法典》,不管刑事立法机关如何对刑法进行补充修改,立法机关都及时通过行使立法编纂权将所有新补充修改的内容统一纳入刑法典之中,并且是按条文编序逐条进行整理和排列,使所有的刑法规范都能够很好地协调、融合于整个刑法典,使得刑法之外无刑法。反观我国的刑事立法活动,如此多的刑法立法补充修改和刑事立法解释,依然是独立于刑法典之外的一个个"单行法律规定"。近年来的刑法补充修改规定已开始将被修改补充的条文一并列出,但就是不进行立法的编纂整理。其实进行刑事立法编纂是全国人大常委会应有的立法活动内容,同时又是一种技术相对简单的立法活动。就目前已反映的情况来看,并非什么条件不成熟,是不为而非不能也。以往人们在提及如何完善刑法的问题上,往往过多想到如何进行补充修改,增加什么罪名,调整什么法定刑;在提到如何认识贯彻刑法时,总是提到如何加强刑法解释,再提及刑法规范的整理,又总是进行各种各样的刑法汇编。以至于整个立法机关还不如一个"李立众"⑩,但遗憾的是,李立众的《刑法一本通》还有缺字漏句的现象,使得一部刑法变得如此不严肃。在中国,法律文本以哪一本为准这纯属于"小儿科"问题,却依然没有解决好,真是说起来令人羞惭。在法律汇编道路上,常常是众多人一路狂奔一窝蜂地上,大家乐此不疲。这种不需要创造力发挥的众多人参与,一旦发生误差到底以哪一本出版物为准,至今也没有一个法律上的说法。同时,即使我们这么说,然而刑法编纂的固有功能并非是这些活动所能替代的。

---

　　⑩　刑法学者李立众编排了一本《刑法一本通》,风靡了刑法实务界与理论界,由法律出版社出版,至今已九版。

通过对目前我国刑法存在表现形式多样化、多元性的考察,我们可以深刻地发现刑法立法编纂活动在整个刑事立法活动中的重要作用,而我国立法机关在重视对刑法的不断补充修改的同时,对这样一个本不该忽视的问题却没有给予应有的重视、研究和解决,这实在不该!在一定程度上影响了刑法的系统性、统一性和严肃性。

温故可以知新,反思引导前瞻。我们认为,在多种形式法规并存、同一问题有多重规定、相互矛盾或相互抵牾的情况下,及时进行立法编纂具有十分重要的意义。全国人大常委会对刑法已进行了十多次的补充修改,可以肯定以后还将进行多次或大幅度的补充修改。面对法律规定的层出无穷,面对法律规范的杂乱无章,面对理论与实践引用规范的繁琐与无奈,作为立法机关的人大常委会不应熟视无睹,理应及时顺应世事时事,高度重视立法编纂具有的法理意义和实践价值,在进行立法修改和立法解释时及时进行立法编纂,一扫先前之不足,消除后人之遗憾。人大常委会的立法编纂可以采取两种方式:一是即时编纂,即在全国人大常委会每一次对刑法进行立法补充修改或每一次进行立法解释时,及时将这些具有相对独立性的刑法规范直接纳入刑法典之中;二是定期编纂,即由全国人大常委会每隔一段时间对民事法律、行政法律、经济法律中的刑法规范,通过刑事立法编纂进行整理,将它们纳入刑法典之中。我们认为,无论是即时编纂还是定时编纂,对全国人大常委会来说都不存在什么障碍,及时编纂不过是举手之劳而已。就定时编纂而言,人大常委会每隔两个月一次的例会已经为此提供了应有的主客观条件,或者设立一个专门委员会或者专门小组,就可以完全做到这一点。

第十六章　刑事司法迫切需要实现司法观念的现代化转变

刑法领域总是经常发生一些令人震惊甚至震撼的案件,并由此引发出一个又一个的热点问题,赵作海冤案就是一例。稍有记性的人当然不会忘记在这之前的佘祥林冤案,当时我们痛定思痛,通过反思提出了如何防止类似的冤案重现的种种建议。然而昨日的言之凿凿,话犹在耳,不幸的是赵作海冤案今又人间再现。有人说,历史常常有惊人的相似之处,当它第一次出现的时候为悲剧,第二次出现的时候就是喜剧了。然而当赵作海冤案继佘祥林冤案后又一次出现的时候,却依然是一个悲剧。面对冤案的一再发生,不知道我们是否还能称为仅仅是一个偶然性的事件,极个别的案件?真是让人语塞。但即使是偶然性事件,极个别案件,用黑格尔的一句名言:任何偶然性都包含着必然的因素,所以依然值得我们深思。

本来,正当佘祥林冤案这一曾在国人心中留下阴影的"司法恐怖事件"日益淡化、逐渐散去之时,平地间又冒出一个赵作海案件:被河南省商丘市中级人民法院以故意杀人罪而判处死刑缓期二年执行、并经河南省高级人民法院复核的赵作海所杀害的"被害人"赵振晌神奇"复活又来到了人间",这不啻又是一个"司法恐怖事件"。尽管河南省高级人民法院院长张立勇马上承认:"这明显是一个错案",并且于事发之后马上进行开庭再审,宣告赵作海无罪,立即予以无罪释放。商丘市政法委员会书记王建民说:"这是商丘司法部门的耻辱",并且向赵作海赔礼道歉。商丘市中级人民法院立即启动国家赔偿程序,对赵作海无辜关押11年的冤狱赔偿了人民币65万元,并且在赵作海继续提出要求精神赔偿的基础上,又增加了15万元人民币。在当地政府部门的安排下,一支施工队伍正在赵作海的老宅上忙碌着,他们要在最短的时间内帮赵作海重修一座房子。应当说,河南省及商丘市各级涉事机关对错案的道歉态度十分诚恳,赔偿进程也是十分神速。这一事态的进展,一方面显示了今天的司法机关已有了有错就改、知错必改的认错态度;另一方面也体现了司法机关懂得了及时抚慰当事人受害心灵的人本观念。但这一事件对赵作海甚至对整个国人来说绝不是一个因祸得福的事,其中折射出太多的问题仍值得人们去思考。由于我国法律理论和司法观念中,至今还没有形成现代的刑事法律关系新概念,公检法机关动辄以国家的名义出现,信誓旦旦说着他们的行为是代表着国家在行使职责。这一错案的发生彻底颠覆了上述我们曾信以为真的理论观念。因为如果该理论能够成立的话,必然意味着这是国家对公民的严重"犯罪"? 长期以来,粉饰性的意识形态宣传和执法机关行使职权的骄横,使得司法者总是自豪地认为他们就是"国家的暴力机器"、"国家的代表"和"国家权力的当然行使者",在为了人民的利益、司法为民的口号下,就可以对所处置的对象为所欲为地施加"暴力"和"专横",以致已无法搞清被处置的对象到底是"敌人"还是"人民的一员"? 其实,"敌人"是需要消灭的,而不是所谓的司法审判。而人民实际上是由一个个的佘祥林、一个个的赵作海这样的公民组成的。即使人民中的个别成员实施了犯罪,成为了罪犯,他依然是这个国家的一个成员,是这个国家的一个公民,而不是站在国家的对立面可以作为"敌人",可以被随意消灭的。因为这里还有一个我们必须要加以认识的更为深刻的政治理论,那就是一旦四海有警、狼烟再起,"中华民族到了最危险的时候,每个人被迫发出最后的吼声",即使是"犯罪分子"依然有保卫自己祖国的权利。因此我们必须以平等的法律关系在严格、公正的法律程序下进行审理。不然,抽去了这样一个个的佘祥林、一个个的赵作海,无视在他们身上所具有的身体热度和生命热气后,只有文本读数的人民就会变成没有什么内涵的空洞概念。

"赵案"发生后,尽管涉事部门的官员承认"这是商丘司法部门的耻辱",正像几年前最高人民法院的领导针对"佘案"所说的"这是司法界的耻辱"一样。但仔细一想这又何止是某一地方、某一界别的耻辱,而是整个中国法治生活的耻辱。当这一"司法恐怖事件"已在客观时空世界中被固定下来时,甚至是作为整个人类文明史上的耻辱而被刻在中国司法的编年史上时,它让中国人集体蒙羞。赵作海冤案的发生,使先前在人们心头已逐渐淡漠的佘祥林案件、呼格吉勒图案件、聂树斌案件、杜培武案件、滕兴善案件……像梦魇一样再一次浮上人们的心头,他们成了一种野蛮司法观念、一种不合理司法制度、某些司法者践踏法律的牺牲品,这已是一个无可争辩的事实。面对此情此景,人们不禁心中发出一声疑问:"中国的司法怎么啦?"是的,中国的司法到底怎么啦?人们应该发出这样的责问。我们不知道一个显性的佘祥林、一个显性的赵作海背后还有多少个"隐性的"佘祥林和赵作海在垫底。当赵作海抹着眼泪回忆曾经遭受的刑讯逼供时说道:"我当时对法律都绝望了。"以至于当一审判决结果下达后,赵作海曾表示要上诉,但很快决定放弃,他说:"我已彻底绝望了。"一句绝望的话,足以表明"此恨绵绵无绝期",让我们无言相对。这是人间的悲剧,人类的悲剧,文明的悲剧。这样的绝望,绝非国家之福,人民之福。要知道,国是由家组成的,家是由人组成的。家有凶杀事件,家就变成了凶宅。国常有司法的"凶杀事件",国也会成为凶国。尽管我们知道,人类社会也如大自然一样,有白天也有黑夜,出现一时一刻的黑暗现象也是难免的。尽管我们也知道,即使在最黑暗的时刻,也不会忘了黎明前的黑暗终将会过去,未来的太阳依然要在东方升起。但我们谁也没有理由无视黑暗中旷野孤魂的悲鸣,而将历史的悲剧演绎成皆大欢喜的喜剧而作尽情描绘。赵作海的冤案以及让我们联想起的佘祥林案件……让我们看到了有太多被遗忘的人在无奈中艰难求生、在黑暗中绝望毁灭,很多人我们甚至还不知道他们姓什么?叫什么?但我们应当知道一个人就是一个世界,就是一个不可复制的独特现象,每一个人的生命和自由都是高贵的、无价的,每一个人都是这个世界的唯一。因此我们有理由本能地呼唤对所有生命和每一个人的尊严的重视和呵护,有理由眷恋那红尘路上所有鲜活的面孔,从而将所有对生命的戕害和侵犯视为人间大恶,是大恶中的极恶。要知道,身为肉体凡胎、红尘活物的"我们"与那些失去生命的和差一点失去生命的"他们",实际上是同类,人类需要惺惺相惜。所以我们必须再一次直面我们今天的司法观念、司法制度和司法实践的技术运用,为国家久安计、为民众生存念,我们也该好好反思与追问,出现这些冤案的原因到底是什么?难道司法正义只能靠"死人复活"来实现?因此我们迫切需要重塑现代司法的新观念,实现现代司法观念的重大转变。

一、转变之一：从重实体法轻程序法，两者并重，再到重程序法的转变

犯罪本是一个社会的副产品。曾几何时，我们曾天真地认为一个社会到了某种理想状态后，犯罪就会自动消失。这种理论今天看来完全是一种"乌托邦"的臆想，已不足为谈。既然社会总会存在犯罪，犯罪总要受到惩罚，伸张正义自然是人类社会的崇高理想，对正义的追求总属于人类基本的情感冲动，这也是天经地义的。然而何为正义？正义的实质内涵是什么？却从来没有也不可能有人人都认可的统一标准。正因为如此，人类通过设定一定的规则要求，从形式上规范人们追寻正义的程序就变得十分重要，程序正义被人们视为看得见的正义。但是在中国社会，长期以来一直围绕着"什么是犯罪"展开全部刑事法理论的研究和刑事司法的实践活动，形成一说到犯罪就微言大义揭示它对国家和人民利益的侵害，打击"犯罪"总是变得"不证自明"地那么天经地义，以致经常发生着还没搞清楚"什么是犯罪"和应当怎么认定"犯罪"，就已经开始狠狠地打击"犯罪"了，并且在中国的刑事司法实践中，认为"什么是犯罪"远远比"怎样认定犯罪"来得重要。对实体正义充满着主观仇恨的思维情结，极大地掩盖了本属于充满严肃客观的逻辑思维的程序正义的独立价值体现。于是乎，在这种观念支配下，我国的司法制度设计无不体现着重实体法而轻程序法的司法运行轨迹，在这种制度统辖下的司法工作人员的主要心思与精力，都放在实体正义的什么是犯罪、怎样去打击犯罪上面了。多少年、多少次的"运动式严打活动"就是一个蹩脚的注脚，以至于在当今民主和法治建设比较成熟的社会中，应当信守的追求程序正义的观念、应当信守的刑事司法活动的重要任务在于遵守"怎样认定犯罪"的规则，反而淡出了司法运行机制的视野。

司法活动本是司法机关或司法人员依据一定的规则解决一定的行为是否合乎或违反一定的法律规定的活动过程，这里有一个程序法与实体法的关系。正如马克思所说的："诉讼与法二者之间的联系如此密切，就像植物外形与植物本身的联系，动物外形与动物血肉的联系一样。使诉讼和法律获得生命的应该是同一种精神，因为诉讼只不

过是法律的生命形式,因而也是法律的内部生命的表现。"① 什么是犯罪本是现代司法活动的基础,而怎样认定犯罪才是现代司法活动的核心。司法活动一旦失去程序的公正性、独立性和严格性,司法的实体正义就会失去客观的品质而成为居高临下者任意拿捏和随意塑造的道具,然而在一个主要围绕"什么是犯罪"为核心问题的刑事司法运行过程中,司法工作人员与被告人之间主要解决的是行为是否具有社会危害性和危害性大小的问题,而社会危害性在刑事司法活动中又不可避免地属于价值评价问题,在一个没有预先设定的平等的刑事法律关系的程序机制前面,在一个没有客观标准的评价过程中,在一个没有科学的证据使用规则条件下,居高临下的价值评价,权力就意味着法律,强权就是真理将可能变成不可避免的结局了。说你犯罪你就构成了犯罪,"怎样认定犯罪"的规则就在这种堂而皇之的理论之下被悄然掩盖掉了。更何况在以国家为本位、社会为本位的思想指导下,打击犯罪必然成为首要任务,甚至于"什么是犯罪"成为服务于一定政治目的的附着物。重实体之法而轻程序之法的现象就这样一直成为中国司法实践中的一个死穴。于是乎,赵作海案件、佘祥林案件、呼格吉勒图案件、聂树斌案件、杜培武案件、滕兴善案件……就会像雨后春笋一样层出不穷。

痛定思痛,凤凰涅槃而有后生。中国刑事司法实践要有超越历史的反思,要有冲破先前一贯抱残守缺的勇气,甚至为了消除面对时代历史和社会苍生的愧疚和悲凉,必须要以"怎样来认定犯罪"替代"什么是犯罪",而成为刑事司法实践的核心问题。

(一)以"怎样来认定犯罪"来替代"什么是犯罪",实际上就是要建立现代刑事法律关系的新概念

刑事法律关系是刑事法律规定并加以调整的由控罪者与被控者因一定的违法犯罪事由而结成的为解决是否构成犯罪和是否承担刑事责任的具有一定权利义务的法律关系。在刑事公诉活动中,这一刑事法律关系的双方一般是指检察机关和被指控涉嫌犯罪的被告人。在这种现代的刑事法律关系前面,审判机关成为一个超然的

---

① 《马克思恩格斯全集》(第1卷),人民出版社1995年版,第287页。

独立的居中审判者,它不依附于任何一种力量,也不偏向任何一方,与刑事法律关系的双方当事者保持一种等距离的关系,从而为公正审判奠定基础。在中国,党的政法委员会可以从宏观上进行政策指导和价值引导,但在这种现代的刑事法律关系中,是绝对不应当有政法委员会"位置"的。商丘市公安局新闻发言人赵启钟总结这起案件时表示,当地公检法三环节都有错误,任何一个环节把好关,都不会出现错案。追溯赵作海冤案的制造过程,我们可以看出,在传统的司法体制下,当地公检法三部门不但不相互制约,反而相互"紧密配合"。办理刑事案件,就像当年战争年代打仗一样,友邻部队一起出动"结成神圣同盟",不出一些"乱子"才怪呢。今天虽然我们不应当将十多年前的冤假错案完全归咎于具体的司法人员。但昨日的司法体制与今日之相同以及陈旧司法观念的一贯性,也确实对当前的司法观念、司法机制提出了"红色警告"。不然,时光的流逝会洗涤旧痕,但是一个甲子时光的流逝也意味着错失机会。因此只有加紧改变旧有观念,确立起建立现代刑事法律关系的新观念,才能毕其功于一役。

(二) 以"怎样来认定犯罪"替代"什么是犯罪",实际上就是要看重程序法

刑事诉讼要看重程序法,这是人类社会在法治建设和法治文明方面重要的历史进步和主要的司法原则体现。提出"怎样来认定犯罪"的问题,即意味着所有刑事诉讼的参与人和当事人在遵守一定规则的平等基础上,摆事实举证据,引法律讲道理,它不承认一部分人在价值评价上具有强势的优越感。任何社会的法律制度都无法保证任何犯罪都必然会得到惩罚,所谓天网恢恢,疏而不漏的人类正义总会得到伸张,在现实的生活层面不过是一个带有文学意义给人以安慰的说辞。不然,绝不放过一个坏人,就有可能以牺牲很多的好人为代价。一种良好的司法制度应当遵循的原则是:宁可放走一百个坏人,也绝不应当冤枉一个好人。保证每个人的生命和自由都是无价的观念得到真正的尊重,一个正经和正派的社会,没有任何理由为了某种崇高的理由而将他人随意放在现实的祭台上作为牺牲品。

（三）以"怎样认定犯罪"替代"什么是犯罪"，实际上就是要重证据，轻口供

不可否认，在到目前为止的所有冤假错案中，大多有刑讯逼供现象，以致被告人在捶楚之下屈打成招，也是一个显见的原因。"刑讯必然造成这样一种奇怪的后果：无辜者处于比罪犯更坏的境地。尽管二者都受到折磨，前者却是进退维谷：他或者承认犯罪，接受惩罚，或者在屈受刑讯后，被宣布无罪。但罪犯的情况则对自己有利，当他强忍痛苦而最终被无罪释放时，他就把较重的刑罚改变成较轻的刑罚。所以，无辜者只有倒霉，罪犯则能占便宜。"②这些因人命官司被冤枉的人背后，几乎都有一个共同点，那就是命案必破的魔咒偈语与刑讯逼供，恶之花必然结出毒之果。大刑伺候，何患无供，历史的丑恶野蛮现象我们难道还少见少闻吗？我们不能苛求黑屋里的抗争者个个都像赵一曼、许云峰、江雪琴一样威武不可屈，我们根本无法期望一般人在没有坚定信仰的情况下能够承受严刑折磨，因为邪恶的力量太能把人性的亮点全部遮盖掉。在一个以强凌弱、肉食者可以支配一切、强力可以支配一切的自然状态下，弱者为了避免更大的伤害只好俯首称臣，乃至于胡乱招供、攀供，这不过是生物有机体在一种自然状态下的正常反应。所以，贝卡利亚在《论犯罪与刑罚》一书中说道："在法官判决之前，一个人是不能称为罪犯的。只要还不能断定他已经侵犯了给予他公共保护的契约，社会就不能去惩罚他，社会就不能取消对他的公共保护。"③所以我们才必须给所有人包括犯罪嫌疑人以应有的尊严。刑讯逼供不只是对肉体的折磨，对人格的践踏，更有对精神的摧残而导致心理绝望。在赵作海案件中，让我们看到了刑讯逼供怎样使得一个无罪者如此单纯地"供认"自己的罪行，而在刑讯逼供的阴影之下，即使领受了死刑判决（缓期执行）后也不敢上诉。可见，刑讯逼供的苦楚完全塑造了"暴力恐怖"在一个无辜者心中的恐惧。

让我们感到欣喜的是，最高人民法院、最高人民检察院、公安部、国家安全部和司法部在 2010 年 5 月 30 日联合发布了《关于办理死刑

---

② 〔意〕贝卡利亚：《论犯罪与刑罚》，黄风译，中国大百科全书出版社 1993 年版，第 33 页。

③ 同上书，第 31 页。

案件审查判断证据若干问题的规定》和《关于办理刑事案件排除非法证据若干问题的规定》,要求各级政法机关严格执行刑法和刑事诉讼法,依法惩治犯罪、保障人权,确保办理的每一起案件经得起历史的检验。后者不仅强调了采用刑讯逼供等非法手段取得的言词证据不能作为定案的根据,还进一步对审查和排除非法证据的程序、证明责任及讯问人员出庭等问题进行了具体规范。2012年3月14日修改、2013年1月1日正式实施的《中华人民共和国刑事诉讼法》,更是将这些规则法定化了,这也反映了人间正道是沧桑的人类历史社会的发展规律。

平心而论,今天的司法实践也不是那么一团糟、一片漆黑。在我们的视野听闻中,在正面的宣传中,我们也听到和看到了太多的严格依法办事的事例。对于大多数的中国人来说,一只"木桶"有着很多高高的木板总是一件值得庆幸的事。然而衡量一个国家法治水平和司法质量时,一个严肃的标准是用那只"木桶"上那块最低的木板作为重要的参考系数和观照尺度。所以,当有些人不时为我们的国家在法治建设上所取得的成绩叫好、为我国的法治水平和司法质量总体上是好的和比较好的而弹冠相庆时,别忘了"木桶理论"所提到的那块最低的木板,我们有必要时时检测一下中国"这个木桶"中最低那块木板的"高度"。因为那些少数"倒霉"正好碰上那块最低木板的人,命运对于他们来说绝对是不幸的。所以当我们绝大多数人不断"被幸福"地形容作为一个中国人幸运地生长和生活在中国时,对那些不幸的人来说,我们总不能用一位"著名"人物说的那句著名的"谁让你不幸生在中国"的话来搪塞吧。④

二、转变之二:从满足"几个基本"的要求到"排除任何合理怀疑"的转变

以"怎样来认定犯罪"来替代"什么是犯罪",实际上就是要在刑事司法实践中做到"排除任何合理怀疑"来替代几个"基本要求"。在怎样认定犯罪的问题上,到底是满足于基本事实清楚,基本证据确凿,基本性质可定的"几个基本"上,还是应当奉行"排除任何合理怀疑"

---

④ 参见2005年12月12日《南方人物周刊》。

的原则,也是一个值得我们深思的问题。

人们不会忘记20世纪90年代中期,在东西方两个不同的地方几乎同时发生了一个几乎相同又几乎属于跨世纪的典型性刑事案件——美国的"辛普森案"与中国的"佘祥林案"(都因涉嫌杀害妻子而被指控为杀人罪),在证据方面都没有直接证据,只能通过间接证据加以证明案件真相,同时也同样注定它们作为两国刑法史上和刑事审判史上一个经典性的刑事案例被记载在各自的刑事纪年史上,只是一个是作为"无罪推定"司法原则下的经典结晶,一个是作为"有罪推定"司法原则下的"经典"产品。

让每一个犯罪人必须受到法律的惩罚是所有国家法律所追求的正义,但通过什么方法证明犯罪,从古到今人类曾经历过不同的发展道路,从神意判决到决斗证明,再到证据证明,尽管有时是鹅行鸭步,但人类最终还是不断地朝着文明的方向慢慢向前发展着。美国是一个司法公开的国家,不仅刑事审判对公众开放,而且重大刑事案件的原始档案,如法庭记录、起诉书、证人证言、审问笔录、旁证材料、法医鉴定书、检方和辩方的开庭陈词和总结陈词等材料,在结案以后都要对社会公众开放。根据已经公布的辛普森档案,陪审团之所以宣告辛普森无罪,主要在于警方与检方在办案与起诉过程中出现重大的失误,使得当庭呈交的证据无法令人信服地说明它们与辛普森有着直接的关系。根据美国联邦和加利福尼亚州的证据法,刑事案件中的证据一般分为直接证据和间接证据,所谓直接证据是指能够以直接而非推理的方式证明案情真实性的证据,例如某人亲眼所见嫌疑人用凶器杀害了被害人。所谓间接证据是指必须以推理的方式证明案情真实性的证据,也就是说,通过旁证加以证明案情的证据,例如证人是听他人说起某人杀害被害人了,或者说在凶杀现场发现了血迹或者指纹等材料。在辛普森一案中,检方使用和呈交的证据全部属于间接证据,辩方律师对这些旁证材料进行了严格的鉴别和审核,发现这些证据材料破绽百出,难以自圆其说,据此辩方得出结论,辛普森未必就是本案的杀人凶手。在美国的刑事审判过程中,证据是认定犯罪能否成立的唯一根据,因此对证据的审查和辨别,是整个审判过程中的核心内容,被告人可以不回答,也没有义务自证其罪。没有证据或者证据不足以证明案件的真实性,陪审团只能根据宁可放走一千个罪犯也不冤枉一好人的司法原则,宣告被告人犯罪不能成立。尽管辛普森无罪的这个判决几乎出乎所有人的意料,即使作为主审法官的伊藤,这个一向给人以冷静著称的法官在法庭宣判后不久,在他的办公室里和他的当警察的妻子忍不住失声痛哭,互相拥抱互相安慰,过了很久以后,才回到法庭与辩护方的律师握手致意。但对于美国人来说,也许已经认识到民主和公正是要付出代价的。因证据不足而放走"坏人",意味着"坏人"还会继续为非作歹,社会因此就多一分危险。但是美国人更相信因证据不足而发生"错判"的不好的制度比"错放"的个案更可怕。这是因为在强大的国家机器前面,即使是以往再穷凶极恶的犯罪分子,也已经是一个弱势的群体或者个体了。所以一个文明、民主和追求公正的国家应当给予被告人以更多的帮助和保护。例如被告人拥有沉默的权利、没有义务自证其罪等规定。反过来,法律对于司法人员却规定了必须严格按照法律的规定收集证据、运用证据,稍有不当,证据便变为无效。这种防官如防贼、防权如防火、防权力的滥用如防洪水滔天的观念意识和具体的制度设计,让美国的司法制度经受了历史和时代进步的检验。辛普森案的裁判,也许能说明程序公正在西方国家的重要意义。辛普森案在美国的社会层面也引发了不同的反响,白人们认为这是一个不正确的判决,黑人们认为这是反种族歧视的胜利。辛普森案判决之后,绝大多数的美国人仍然相信辛普森杀了人,是有罪的,但几乎所有的美国人又都相信辛普森受到了公正的审判(2008年10月3日,辛普森因在拉斯维加斯某酒店持枪抢劫等多种罪行被陪审团认定罪名成立,随即在2008年12月6日被宣告判处33年监禁,9年内不得保释。也算是"天网恢恢,疏而不漏"了)。也许在美国,公正和正义犹如熊掌和鱼不能兼得的时候,美国人毫不犹疑地选择了"公正",从而实践了美国人信奉的一句格言要义——"宁可放错一千,也不冤枉一个"。美国为此虽然付出了沉重的代价,而且还将继续付出代价,但由此换来的却是美国人民的基本权利得到了全面保护。十多年来,美国的刑事犯罪案件不断,美国的刑事法律关系依旧,这种依旧的刑事法律关系保证了美国的司法实践以一种公平的状态进行着,在公正和正义的关系上,美国人依然首先选择公正,正是这种公正的规范评价像堤坝一样,挡住正义这一价值评价有时得不到控制就有可能像洪水一样滔天泛滥。

第十六章　刑事司法迫切需要实现司法观念的现代化转变

美国刑事案件的定罪标准是"超越任何合理怀疑"的认定（prove beyond any reasonable doubt），即在法庭的审理过程中，检方应当有足够的证据证明被告人犯有被起诉的罪行。如果证据还存在合理的怀疑，根据证据推断出来的结论还存在或然性，那么证据就无法起到"超越任何合理怀疑"的作用，因此就不能判决被告人犯罪和罪名成立。"超越任何合理怀疑"原则所隐含的另一项重要原则是：裁决被告人罪名不能成立时，陪审团不需要百分之一百确信被告人是无罪的，只要检方提出和呈交的证据尚未达到"超越任何合理怀疑"的严格程度即可，即使存在证据表明被告人涉嫌犯罪，陪审团仍然可以宣告被告人无罪。辛普森案让我们中国人看到了为了确保审判的公正性所设定的严格的程序规则，同时为了确保程序的公正性，实体正义也需要作出一定牺牲的必要性。

经过这几年对依法治国方略大张旗鼓的宣传和日渐落实，我国的司法实践也逐渐朝着重证据，不轻信口供方向发展，定罪方面开始渗入疑罪从无的原则、量刑方面开始引入疑罪从轻的实践原则。但是中国毕竟地域辽阔，各地的政治、经济、文化发展极不平衡。统一的宣传、统一的理论不错，但实践却常常出来捣乱。类似"辛普森案"的案件发生在我们中国，要作出类似"辛普森案"的那种无罪判决似乎还是比较困难的。这是因为，在中国实行的是"以事实为根据、以法律为准绳"的实事求是的司法原则。只要基本事实清楚，基本证据确凿，基本性质可定，特别是在需要讲究政治效果、社会效果的时候，一个疑难案件被定罪的可能性还是很大的。一个佘祥林案件、一个赵作海案件足可以说明在中国，全面贯彻落实证据为王、疑罪从无的司法原则还有一定的距离。

几年前在佘祥林一案中，检方提出的证据中，最具有证明力的证据是佘祥林自己的口供，除此之外，检方并没有提出对口供内容进行证明，也没有找到佘祥林交代的作案工具。尽管《刑事诉讼法》规定，"对一切案件的判处都要重证据，重调查研究，不轻信口供。只有被告人的口供，没有其他证据的，不能认定被告人有罪和处以刑罚"，但佘祥林还是被定罪了。几年后，同样的命案必破的办案要求，同样的仅凭怀疑就抓人，同样的一抓进去就刑讯逼供，同样的屈打成招供认杀人的事实，同样的将被告人的口供作为最重要的证据，同样的受阻于证据不足而成为疑难案件,同样的政法委进行协调,同样的从"疑罪从无"变为"疑罪从有",同样的冤屈领受"死刑判决"险遭处决("佘祥林案"只是为了躲避二审审级管辖的尴尬才判为有期徒刑的),同样的案件,被"杀"者"复活"才冤情大白有了昭雪的机会在赵作海一案全部重现了。当然比起更多依然沉冤入海的人来说,佘祥林和赵作海已算是很幸运的人了。毕竟,他们还有一个活着的"被害人"能够"活过来"作为无可变更、无可辩驳的证据以证明其清白无辜。是否还有没杀人的"杀人犯"在蒙冤坐牢或已被处决?我们不得而知。

从刑法理论和刑诉理论上提倡疑罪从无原则本来与"超越任何合理怀疑"原则具有一定的相似性,它是指在刑事诉讼中检方提出和呈交的有罪证据不足以证明被告人构成犯罪,同时不能排除其他人实施犯罪的可能性,因而不能认定被告人有罪。从逻辑推理上看,既然称为"疑罪",就说明无法最终确定被告人就是犯罪行为人,也不能排除另有他人会实施该种犯罪行为。然而这一原则在我国的司法实践中总是处于尴尬的地位,总是那么"雷声大、雨点小",一旦遇上疑难案件,司法机关真正喜欢的还是"疑罪从有"原则,像佘祥林、赵作海案件能够选择"疑罪从轻"原则已是很幸运的了,呼格吉勒图案件、聂树斌案件、滕兴善案件……就是一个个很好的说明。其实从严格意义上说,"疑罪从轻"原则是指在"疑罪从有"的基础上又不能完全排除被告人无罪的可能性时,作出较轻的判决。但是既然称为疑罪,就不能确定被告人是否有罪;不能确定被告人是否有罪,就不等于就是犯罪;不等于犯罪,又怎么能处罚?哪怕是从轻处罚。反过来说既然是有罪的,又怎能从轻处罚呢?这种所谓留有余地的矛盾结果,既不是对被告人的所谓宽容,更不是司法公正的体现,只能是又一次违法操作。而我国的司法实践中又有多少人拒绝这种本来很明显又很简单的逻辑思维推理和推断呢?在"疑罪从有"和"疑罪从轻"司法观念支配下,产生冤假错案就是一种必然现象了。

三、转变之三:从判决后的基本不管到建立对死刑呼冤者有条件的自请复查制度的转变

定罪判案是一种独立的司法活动,但毕竟也是一种人的认识、推理和判断行为,只要法官基于法律程序的正当性、严格性和中立性,法

第十六章 刑事司法迫切需要实现司法观念的现代化转变

官就可以获得自由心证和自由裁量的权利。法官只能对违背上述基本要求的行为承担法律责任,但却无法保证每一个判决都必须符合流动的实体法律的正义。同时,正因为司法活动是一种人的行为,我们同样不能保证每一个案件不会因某些疏忽而不出现差处。所谓"神"的"宗教裁判所"对伽利略的审判也会发生"错误"。1979年在对伽利略审判358年后,由罗马教皇保罗二世亲自提出为伽利略平反,承认当时的判决为荒唐错误的判决,终于让科学真理重见天日。这里有一个在司法领域里刑事判决既判力的悖论现象,一方面我们必须保持刑事判决既判力的稳定性,另一方面也要保证确有错误的判决得到纠正以体现现代社会对人的终极关怀。因此我们在防止冤假错案的同时,还得提及一个问题,即由于我国的法官整体素质问题,能否在二审终结判决发生既判力之后,在外部的再审程序之外,再建立一个内部自请复查机制,以防止确有错误的冤假错案蒙混过关。我们不能总是将沉冤昭雪寄望于被害人"死而复生"这样的奇迹上。

由于今天的司法制度使然,一方面我们必须承认司法实践中还有一定数量的冤假错案存在,另一方面我们对发现的冤假错案的责任追究异乎寻常的严厉。以致佘祥林案件中曾进行过刑讯逼供的警察潘余均无法忍受压力自杀,从他死前打给妻子的"自己压力很大不想活"的电话以及留在墓碑上的"我冤枉"的绝笔,着实为佘祥林案的悲剧又增添了续集。赵作海案件中的3个实施刑讯逼供的警察两人被捕,1人潜逃,3个承办法官都已停职,等待着他们的也许是法律责任的追究,这何尝不是又一起悲剧的续集呢? 尽管警察在进行刑讯逼供的时候,尽管法官、检察官在放弃自己神圣责任的时候,也许并没有想到过别人的基本人权? 并没有想到过推己及人的人性关怀? 并没有想到过自己的不宽容和置人于死地的褊狭,在面对受难者沧桑的眼眸时也应当掂量一下自己灵魂的重量和身上的体温。人们也可怀疑这些警察、检察官、法官在自我势力膨胀中是否还能想象到,自己如果不是司法人员是否也会受到别人的如此对待而感到悲凉,并由此产生对"行凶作恶者"的鄙视。在涉及人的基本权利、人的尊严甚至人的生命等大是大非问题上,他们是否也应当逼问一下自己,我们做了什么又拒绝了什么? 但是我们宁可相信经办这些错案的办案人员,他们没有私利在里面,他们也是凭着一颗"责任心"或者在一定体制的压力下想尽早"解决掉"案件,甚至也是为了将案件处理好。只是在不正常的司法观念、司法体制和司法技术运用下,执法者的心理才会严重畸形化。被判死刑的佘祥林蒙受冤狱忍辱含垢11年没有死,而受不了暴露事实真相的施虐警察却在短短几十天就自杀了,这就很能说明心理"畸形化"的严重程度了。说到底,他们也都是恶的制度、恶的机制、恶的司法环境的牺牲品。这是被扭曲了的办案制度的悲哀,潘余均与佘祥林同是受害者,但潘余均的死更为悲凉。因此在全社会尤其是司法机关深刻反思我们的司法观念和司法运行机制的过程中,建立一个缓解机制——自请复查就变得十分必要和非常迫切了。

还原赵作海冤案的全过程,应当说在前期,商丘市检察院还是能够坚守原则的,但冤案最终仍旧酿成,主要原因还是那次政法委召开的联席会议。在这次联席会议上,政法委领导作出了"快审快判"的批示,这是检察院最终决定接受卷宗提起公诉的主要原因。正因为政法委在会议上为这起案件定了基调,才有了此后检察院与法院对警方侦查结果的"全力配合"。但对于检察人员来说,本案的证据不足是心知肚明的。对于承办的法官来说,适用"疑罪从轻"原则属于一种折中方案。根据"疑罪从无"原则,本案本不该下判,这是基本常识。因此我们有必要设立一个自我申请复查、自我解套、可以免责的机制。因为在一个可能存在冤假错案的情况下,具体承办的司法工作人员内心最清楚,最有发言权,只要我们设置内部自请复查机制,能够给这些因责任心不强或者在一定压力之下违心做出一定行为的人,通过自请复查,就可自我解套,得到可以免责的处理。因为在时过境迁之后,原先的人事关系发生了变化,原先的压力不复存在了,原先的畏惧也得以缓释了,此时基于人的良心,基于被动发现可能受到的多种责任追究的畏惧,能够自我申请、自我发现、自我检查,在法律上一律免除其责任,甚至免除他们的行政、纪律责任,总比被动地被发现、被查处来得光明正大,对社会的影响也要小得多,甚至更容易抚慰被害人受伤的心并取得他们的谅解,也能为需要进行的事后和解和经济赔偿,奠定一个有利的基础。这对于一些涉案的司法工作人员、被冤枉人员和整个社会来说,无疑是一个"多赢"的结局。

面对冤假错案层出难穷的尴尬现象,在人们对当今司法观念落后和司法程序漏洞进行抨击时,提出建立一个内部自请复查机制已在情理之中。但也许有人会担心，面对全国多如牛毛的申诉案件，如果启动大规模自请复查、自我解套、可以免责的机制，现有的司法资源能否撑起如此高昂的人力和财力成本。这的确是一个现实难题，但我们应认识到，司法的权威，直接关系到执政集团的形象和江山社稷的稳定，这是属于必要成本的支出，是值得的。关键问题是，我们的司法机关是否真的相信冤假错案仅仅是个别现象？是否真有全面纠错的决心和勇气？从理论上说，这又不是问题。为此我们建议，分期分批从最紧要的一些死刑、死缓案件着手，然后再分期分批延伸到无期徒刑、长期徒刑等案件。

（1）在整个司法系统内，通过启动自请复查、自我解套、可以免责的机制，由具体办案人员自己提出申请，再由各系统内部组成一定的小组或其他形式协助原办案人员复查。纯粹自查不可信，就像自己拉着自己的头发是无法提离地面的；一开始靠外部力量复查，有时既没有方向，也会让那些曾办错案的原办案人员丧失一次自我发现、自我解套的机会，历史证明，这对他们来说也是不公平的。他们不过是"操盘手"，如此而已。在他们背后另有"主谋"在。

（2）可由法院系统牵头，对那些被告人或其亲属叫冤不断申诉不辍的、辩护人作事实不清证据不足特别是明确提出必有冤情而作无罪辩护的、审判机关违背常情常理常识作存疑判决的案件，作为我们开展系统内自我再查、自我解套机制的起点。必要时可由上级人民法院组织"特别巡回法庭"受理那些常年"鸣冤叫屈"的案件。

（3）可由检察机关牵头，通过"交叉检查"方式，在全国监狱系统展开一次重点再查行动，重点接触那些长期以来不断申冤的嫌疑人和罪犯，全面调阅其案卷材料，如果从中发现重要疑点，然后再启动自我申请复查、自我解套、可以免责的机制。

我们认为，这种自请复查、自我解套、可以免责机制的建立和尝试，对于缓解当前紧张的因司法不公而引发的民间矛盾的化解是有重要意义的。因为当民众中哪怕只有一小部分人因长期的被冤枉、被贱视、被拒绝、丧失了最基本的尊严和自我确认的尊严，最终也会形成乖戾暴虐的性情。这种对立的双方，如果因为没有文明的规则可循而走向无法和解的敌视与仇恨，就会引发丛林社会的江湖游戏而让双方将对方推向没有退路的境地，进而成为恶制度这一祭坛上的牺牲品。为了国家、为了民族、为了未来,也为消除在某些世人心中或许已经留下的"这是一个多么残忍没有生命敬畏没有自由景仰的民族国家"的负面影响,我们无论如何都必须正视现实,我们每一代人,不,应当是每一个有职有权的人都有责任避免这一现象的出现。不然公民个人的不幸、民族的悲哀、国家的羞辱的历史剧还会有续集,甚至还会引发其他社会矛盾。这已经不属于杞人忧天,危言耸听的纯学者遐想了。

第十七章 "李昌奎案"轻启刑事再审程序的反思与批评

曾经惊动整个社会的"李昌奎案",随着云南省高级人民法院刑事再审法庭的法槌落下已经尘埃落定了,之前经过云南省高级人民法院审判委员会集体讨论决定关于李昌奎案二审终审的判决已归于无效,李昌奎重新被判为死刑。已经用不着10年,李昌奎一案在当下就已成了我国刑事司法实践的一个"标杆",即在中国,由于法院自身没有视法律为"定海神针"式的法治信仰,任何一个刑事终审有效的判决都有可能不再属于案件的审理终结,而是随着国情政治的需要和民情舆论的推动,可能重新成为一个个的社会"热点"拉到法庭上再次过堂。当然司法实践的尘埃落定,正是刑法学界理论审视、机制反思和效果检阅的开始。

一、李昌奎案的波澜初起

无疑,云南李昌奎残忍奸杀邻居19岁的少女王家飞并残忍倒提摔死其3岁弟弟王家红一案,在市井坊间激起了极大的民愤。此案于2010年7月15日经云南省昭通市中级人民法院的审理查明,这一强奸杀人案的犯罪嫌疑人李昌奎犯罪手段特别凶残、情节特别恶劣、后果特别严重、罪行极其严重、社会危害极大,应依法严惩。李昌奎虽有自首情节,但不足以对其从轻处罚,故对李昌奎犯故意杀人罪判处死刑,剥夺政治权利终身,犯强奸罪,判处有期徒刑5年。决定执行死刑,剥夺政治权利终身。然而2011年3月4日,云南省高级人民法院经二审审理后认为,原判认定事实清楚,定罪准确,审判程序合法,但量刑过重。李昌奎在犯案后有到公安机关投案自首的情节,并如实供述犯罪事实,认罪悔罪态度好,并通过家人积极赔偿受害人家属经济损失,故将一审的死刑判决改为判处死缓的终审判决。

一石激起千层浪。两份判决书虽一字之差,但因"死缓"实际上等于拿到了"免死金牌",所以这一改判不能为被害人家属所接受,于是被害人家属将云南省高级人民法院的终审判决书公诸网络。而这一终审判决在网上一经披露,立刻引起轩然大波和强烈质疑,社会舆论群情激奋,议论如潮,质疑如潮,民众要求改判为死刑的呼声一浪高过一浪。有些网上发出了:"李昌奎不死,那就让法律去死……"的声音。而作为云南省高级人民法院一开始却显得非常从容淡定,特别是云南省高级人民法院的两位副院长亲自出场,面对网民们的质疑作出了非同寻常的回应。一位副院长解释道:"终审改判'死缓'的主要原因是基于目前法律界提倡'少杀'、'慎杀'的刑事政策,并且被告人确实具有自首情节。李昌奎的二审判决是认真审慎的、按程序进行的,改判都有事实、法律和刑事政策的依据。并且判决程序合法,不存在徇私舞弊,没有什么黑幕。我在想,家属是不是非要用杀人来治疗创伤?网络上一片喊杀声是否一种进步的意识?你杀了他,他的家人又来杀你,冤冤相报何时了?"另一位副院长讲道:"杀还是不杀,法院会认真对待舆论的建议,但是不能以此来判案,要以国家刑事政策和法律来进行。而我们的社会需要更理性一些,不能以公众狂欢的方式判一个人死刑。"面对网民对判决书诸多语言不详的质疑,一位副院长解释道:"这是由我国的司法制度决定的,判决书的书写是概括式的,法官不能自由发挥。因为我们是大陆法系国家。英美法系有些法官的一个判决,跟一本书一样。在西方,对案件判决的依据除了法律外还有法官的良知,因此,法官要写清楚他的良知给公众看。反过来,他们选任的法官一般都很有威望,对法官的保护制度也很完善,所以,法官可以在判决上自由发挥。而我们的司法还没有发展到那一步。"面对网民质疑的李昌奎如此残忍杀害两个无辜的被害人难道还不能判处死刑,一位副院长说道:"法律不是苛刻到 1+1=2 那种情况,否则就成了概念法学了。10 年之后再看这个案子,也许很多人就会有新的想法。可以相信这个案子 10 年后肯定是一个标杆、一个典型。"这两位副院长自以为如此有力的话语和理由并没有写在判决书当中,而是以类似新闻发言人的角色发表着终审法院的看法,甚至包括了一种个人猜测,这些情景对于一个想要实现法治的国家来说,有点使人难以理解。尽管云南省高级人民法院对此充满自信,但这两位副院长还是承诺,目前已经决定派人对此案进行重新审查,之后会向社会公布一个审查结果。作为两位高级人民法院的副院长,面对汹涌而来的社会民众质疑,不是内敛地进行反思与自省,而是以一种辩论的方式参与到社会的大讨论之中,虽说不一定不可,但说出如此之多的自相矛盾、毫无内在严密逻辑的话语又轻作许诺的话语,简直令人吃惊。但当时给人们的感觉是此案如何发展只能拭目以待。

然而现实是如此的吊诡。两位副院长热气腾腾讲话的余音还在,2011年7月16日,云南省高级人民法院决定再审"李昌奎"案。云南省高级人民法院的再审理由是:原审附带民事诉讼原告人王廷礼、陈礼金不服,向本院提出申诉。云南省人民检察院向本院提出检察建议,认为本院对原审被告人李昌奎的量刑偏轻,应当予以再审。7月16日,云南省高级人民法院向李昌奎案件被害人家属送达了再审决定书,对该案决定另行组成合议庭进行再审,再审期间不影响原有判决的执行,并且以最快的速度在8月22日当庭又一次作出终审判决,重新判处李昌奎死刑。细心的读者或许已经发现,云南省高级人民法院是在7月10日就决定提起再审的,而云南省高级人民法院的两位副院长代表云南省高级人民法院是在7月12日接受报纸的采访时发表上述讲话的,两位副院长明知道云南省高级人民法院已经决定启动刑事再审程序了,依然气壮如牛坚持云南省高级人民法院的二审判决是正确的,这里多少有点言不由衷了。其实在我国的司法实践中,除了像佘祥林、赵作海案因被害人"死而复生"真相大白,当地法院即刻启动刑事再审程序,立即予以纠错,李昌奎案的再审速度可以说已是创纪录了。而与此相对应的,河北聂树斌案已经几个年头了,已经明确无误发现了错判,但能否启动刑事再审程序至今依然不得而知。

二、李昌奎案再审的本质聚焦

作为严谨的法律学者,应当尽可能撇开这种纷纷攘攘的热闹场面,努力站在严肃的法治要求的角度,走进法治观念和法律制度的深处,对执法观念和执法技术作多方位的思考和探索,并尽可能地去解惑。正像云南省高级人民法院副院长所说的,李昌奎的二审判决是认真审慎、按程序进行的,改判都有事实、法律和刑事政策的依据。如这些说法能够成立,云南省高级人民法院自我审查就是多此一举,不过是应付社会质疑而已。而云南省高级人民法院决定启动刑事再审程序,意味着他们已经发现了该案二审确有错误。因此,轻言二审判决是正确的说词就变得毫无价值。但发现的错误是什么呢?说实在的,此案本身就是由云南省高级人民法院的审判委员会讨论决定的。《刑事诉讼法》第 243 条第 1、2、3 款规定:"各级人民法院院长对本院已经发生法律效力的判决和裁定,如果发现在认定事实上或者在适用法律上确有错误,必须提交审判委员会处理。最高人民法院对各级人民法院已经发生法律效力的判决和裁定,上级人民法院对下级人民法院已经发生法律效力的判决和裁定,如果发现确有错误,有权提审或者指令下级人民法院再审。最高人民检察院对各级人民法院已经发生法律效力的判决和裁定,上级人民检察院对下级人民法院已经发生法律效力的判决和裁定,如果发现确有错误,有权按照审判监督程序向同级人民法院提出抗诉。"但从此次再审程序的启动,人们既未看到检察机关的抗诉,云南省高院院长也未发现在认定事实或在适用法律上确有错误(院长本身就是审委会成员,应该从头到尾参与了此案的讨论),由此看来,此案启动刑事再审程序就值得作法理上的探讨。

从刑法和刑事诉讼法的理论上说,坚持有错必纠是我国一项重要的司法原则,一向被认为是我国社会主义法律制度优越性的重要体现。设立再审程序的目的就是为了纠正错案,以此实现正义。所以,我国刑事诉讼法对再审程序的适用范围并未作出任何限制,不仅没有区分有利于被告人的再审和不利于被告人的再审,而且对再审的次数亦未作限制。长期司法实践中形成的这一做法,对于纠正冤、假、错案确实起到过不可磨灭的贡献,特别在我国曾经有过的法治建设不正常的历史时期,再审制度所体现的优越性已经为历史所记载。但在社会人文生活领域中,任何事情都有它的两面性,对已经终审判决的刑事案件提起和启动再审程序,一方面体现了我国司法实践坚持有错必纠的正义追求,但另一方面使刑事判决的终局效力——刑事判决的既判力处于尴尬的不确定当中。为了妥善地处理好这一矛盾,我国刑事诉讼法对提起和启动刑事再审程序作了严格限制,刑事诉讼法规定对提起再审程序的前提条件必须是已经发生法律效力的判决、裁定"确有错误"。何为"确有错误"?《刑事诉讼法》第 242 条规定:"当事人及其法定代理人、近亲属的申诉符合下列情形之一的,人民法院应当重新审判:

(一)有新的证据证明原判决、裁定认定的事实确有错误,可能影响定罪量刑的;(二)据以定罪量刑的证据不确实、不充分、依法应当予以排除,或者证明案件事实的主要证据之间存在矛盾的;(三)原判决、裁定适用法律确有错误的;(四)违反法律规定的诉讼程序,可能影响公正审判的;(五)审判人员在审理该案件的时候,有贪污受贿,徇私舞弊,枉法裁判行为的。"从已经了解到的李昌奎一案,云南省昭通市中级人民法院作出一审判决所根据的事实、证据、法律规范都不存在任何错误,也无任何瑕疵,故云南省高级人民法院对一审判决的改判显得理由并不充分,这也是引起民间强烈反应的主要原因,民众要求通过再审程序重新改判李昌奎死刑的呼声也基于此。我们也已经看到,社会民众呼吁对李昌奎重新改判为死刑的呼声,主要是从对李昌奎犯罪所具有的严重社会危害性这一价值评价角度出发的。然而提起和启动刑事再审程序,根据我国刑事诉讼法的规定,其前提条件必须涉及案件的事实本身、用以证明事实的证据以及适用法律规范存在明显错误时,或者审判人员有严重的违法乱纪现象。当李昌奎一案并不存在"确有"这些严重的"错误",社会民众要求改判为死刑的呼声再高,也不能轻易启动刑事再审程序。

为什么对李昌奎一案不能轻易提起和启动刑事再审程序,这里涉及一个刑事判决既判力法律效果的严肃问题。既判力是一项古老的法律原则,它维护着刑事司法终局裁决的确定性、权威性甚至神圣性,这是所有现代文明的法治国家都已承认的一项普遍原则。既判力作为一种具有约束性的法律效力,本身具有两层含义。一是刑事裁判形式的确定性,即刑事判决一经作出并宣告,作出裁判的法院即受判决的拘束,不得随意撤销或者变更其裁判,在诉讼当事人穷尽其上诉或抗诉途径后,该裁判即发生程序上的效力;二是刑事判决内容的确定性,即刑事裁判对裁判内容发生的拘束力,一旦某一刑事裁判在他人穷尽上诉或抗诉途径后,则在实体法上就产生了对已决事项封锁诉讼的效果,即裁判发生了实体法上的效力。这样一个原先极有争议的案件通过刑事判决的确定,意味着争议已经解决,"正义"已经实现。在当代一些法治比较成熟的国家奉行的"一事不再理"、"避免双重危险"原则就是这样应运而生的。

刑事司法活动是一个追求正义、实现正义的过程。但何为正义,实际上很难具体精确确定,特别是当正义的衡量标准游走于规范与价值之间时,通过规范衡量时,正义的实现就是一个看得见的过程和现象;而当正义用价值衡量时,正义就是一张"普罗透斯"的脸。据云南省高级人民法院的介绍,判决不是一个、两个法官作出来的,而是经过了审判委员会的集体讨论。按照相关法律规定,可能被判处死刑的案件都要通过审判委员会讨论决定。而云南省高级人民法院审判委员会目前有27名成员,由法院领导、业务骨干组成,每次要成员过半数才能讨论,而且要成员过半数(14人以上)同意判决结果,才能作出判决,李昌奎案也不例外。的确,李昌奎的犯罪事实清楚,证据确凿,像一审判决所描述的那样,属于手段特别凶残、情节特别恶劣、后果特别严重、罪行极其严重、社会危害极大,应依法严惩。李昌奎虽有自首情节,但不足以对其从轻处罚。而云南省高级人民法院经审理后认为原判认定事实清楚,定罪准确,审判程序合法,但量刑过重。李昌奎在犯案后有到公安机关投案自首的情节,并如实供述犯罪事实,认罪悔罪态度好并通过家人积极赔偿受害人家属经济损失。也许对于云南省高级人民法院来说,它不但拥有自由裁量权,而且还拥有超越昭通市中级人民法院审级之上具有终审权限的自由裁量权。所以同样在自由裁量权的运行过程中,云南省高级人民法院的自由裁量权具有比昭通市中级人民法院更高质量的自由裁量权,这是我国的国家法律和诉讼制度赋予它的。人们可以批评它,但人们不能改变它。只要它的价值评价不属于绝对的错误,它的判决还在它的自由裁量权范围之内,社会民众在情感的理论上可以批评它、惊醒它,但是在法治的形式上必须学会接受它,并尽可能尊重其内容。

三、刑事既判力的滥觞与尴尬

刑事终审判决是否拥有应有的尊严?如何看待刑事判决的既判力?法院的终审刑事判决之上是否还有什么具有法律意义上的评价机制?这既是一个理论问题,也是一个实践问题。我们放眼看世界,无论是大陆法系还是英美法系,其共同的诉讼价值理念都十分严肃地对待和维护已经发生法律效力的刑事判决既判力。使那些已经被法院作出生效判决的被告人,不再因同一行为而受到多次重复的刑事追诉。

通常情况下,英美法系国家并没有系统、完整的刑事再审程序,只有一些相应的纠错程序。但依据"禁止双重危险"的原则,任何案件只要经过正当程序的审判,经过双方当事人的自由力争和辩论,经过由民众代表组成的陪审团的判断认定,其判决即真实,不得再行变更。因此,某一案件一旦经过审判发生法律效力,一般不能对被告人进行重新审判。① 但是法律在诉讼程序之外还规定了一些补救措施,用来起到刑事再审的作用,纠正审判中发生的各种错误。这些措施主要包括"人身保护令"、"调卷令"等,是由被告人在判决生效以后向上级法院提出申请。但是法律对这种申请进行了严格的限制,使其成功的几率很小。即使成功,引发的也都是有利于被告人的再审,而不利于被告人的再审几乎无从提起。这样,"禁止双重危险"的原则被发挥到最大的效果,使得控方和被害人无法通过再审纠正审判中的错误。在美国,十几年前的"辛普森杀妻案"的审理和2011年审结的"凯西杀女案"②就是如此。大陆法系国家存在着较为完整的刑事再审程序,这种再审程序是以"一事不再理"原则为理念的,即对于任何已经发生法律效力的裁判,法院不得再次进行审判,不得对被判有罪或无罪的人重新审判或科刑。在这一原则指导下的审判,维护了法院裁判的既判力,维护了被告人的利益和社会的稳定,同时也抑制了审判权的滥用,节约了司法资源。在这一原则下,再审的提起并不是一件容易的事。因此多数大陆法系国家建立了完善的刑事再审程序,对再审的条件进行严格的限制。这种再审程序以法国和德国为代表。法国的刑事再审程序指对事实上有错误的生效裁判进行重新审理的程序,称为"向

---

① 参见杨克佃:《刑事审判监督程序的理论与实践》,人民法院出版社1993年版,第260页。

② 2008年6月16日,时年22岁的凯西·安东尼在与父母发生争执后,带着两岁大的女儿凯丽离家出走。此后1个月中,凯西的母亲辛迪曾多次打电话给女儿说要见外孙女,但都被凯西以各种理由拒绝。7月13日,凯西的父亲乔治接到拖车场打来的让他们取走凯西汽车的电话。在取车时,乔治发现汽车的后备箱里虽然只有一袋普通的垃圾,却散发出强烈的腐尸味。察觉到事情不对的辛迪于7月15日正式向当地警局报案,称外孙女凯丽失踪。美国时间2011年7月5日,佛罗里达州奥兰多的一个陪审团裁定,母亲涉嫌杀女儿被判无罪。这桩在2008年轰动全美的"凯西杀女案",在经过近3年的司法程序后终于画上了句号。案件宣判后迅速震惊了全国,有质疑者称,这起案件让手上沾满鲜血的罪犯逃脱,简直就是当年"辛普森案"的翻版。

最高法院申请再审"或者"向最高法院提出再审上诉"③,而且针对原判决的事实错误,只能提起有利于被告人的再审,绝对禁止提起不利于被告人的再审。尽管英美法系与大陆法系在诉讼机制方面还有某些差异,但两者显然都有明确规定,不利于被告人的再审是绝对不允许的。

已如前述,我国刑事诉讼法对再审程序的适用范围未作任何限制,不仅没有区分有利于被告人的再审和不利于被告人的再审,而且对再审的次数亦未作限制。但在提起的程序上是有严格要求的,在提起的根据上是有严格限制的。通过他山之石的内玉启示和我国关于再审程序的这些基本理论和具体的规范要求,我们回过头来再考察李昌奎一案可以发现,主要的争议集中在如何看待李昌奎一案的社会危害性和如何评价法条的引用。先就李昌奎案的法律条文适用来说,无论是昭通市中级人民法院还是云南省高级人民法院都是适用《刑法》第232条的故意杀人罪的罪名,都选择了死刑这一故意杀人罪的最高法定刑。这意味着两级法院对李昌奎的行为具有的社会危害性达到可判死刑程度的认识是一致的,即两级法院认定李昌奎对犯罪行为需要支付的代价都是死刑。但根据《刑法》第48条的规定,死刑有立即执行与缓期执行两种形式。两者的界限又在哪儿?这既是一个理论问题又是一个实践问题,而且主要是一个实践问题。从理论的层面说,死缓不是必须立即执行,既包括了犯罪分子主观上还存在可以教育挽救的可能性,所以尽可能通过死缓来实现这一可能性,也包括社会氛围能够接受犯罪分子不被立即处死的容忍性,犯罪分子不被立即执行并不会引起社会民众对法律的不信任和抵触。从实践的层面说,这是一个对社会危害性的价值评判问题,甚至是一个只能意会而不可言传的问题,主要考虑的是犯罪分子是否具有主动投案自首、积极坦白交代、重大立功表现或者与被害人亲属通过刑事和解取得谅解等情节。当然,如果在经济犯罪中,犯罪分子是否积极退赃,减少对国家、社会和他人的损害也是一个重要情节,同时兼顾社会环境和民众舆论的反映。从这一意义上来说,此次云南省高级人民法院的改判只顾一

---

③ 参见〔法〕雅克·博里康:《法国法律中的"向最高法院提出再审上诉"》,朱琳译,载陈光中主编:《刑事再审程序与人权保障》,北京大学出版社2005年版,第65页。

点而不及其余,所以无论从理论还是实践方面来说,都有点顾此失彼之嫌。特别是低估了当今中国经过几轮普法运动洗礼的社会民众对法律的理解和想要努力参与对司法活动进行规范评价和价值评价的积极性。因此云南省高级人民法院对此心理准备是不足的,而社会公众在云南省高级人民法院对"李案"改判之后引起如此大的反响和质疑是理所当然的。但是即使这样,我们还是认为,云南省高级人民法院对李昌奎一案不应当轻易提起和启动再审程序。因为它涉及中国法治发展方向的问题。

四、刑事既判力的规制与限制

在中国曾由于受以往重大政治因素的影响,一些犯罪的刑事判决总是处在不确定之中,以至于曾出现多次大规模冤假错案的平反工作推翻原有已经发生法律效力的刑事判决。这种虽然是对刑事既判力的颠覆和改动,但已经与真正意义上的再审程序无关,属于政治层面的大起大落,故不在本书的议论之中。而李昌奎一案也根本不属于此类属性,它所涉及的刑事再审问题只具有个案意义,但在这里,解剖这只"形而下为器"的麻雀却有"形而上为道"的意义。

首先,李昌奎一案在事实方面非常清楚,用以证明这一事实的证据十分充分、确凿,不存在任何疑义的问题。

其次,在审理程序方面,无论是昭通市中级人民法院的一审审理程序还是云南省高级人民法院的二审审理程序,都是严格按照法律规定的程序进行的,没有任何违法之处。

再次,在适用法律规范方面,两级法院都是以《刑法》第232条为依据,即使云南省高级人民法院二审在改判过程中还引用了《刑法》第48条的死缓规定,这仅仅属于自由裁量权当中的应有内容。

最后,最起码到目前为止,还没有发现主审法官和审判委员会成员有贪赃枉法的嫌疑,甚至我们可以大胆地排除这种可能性。

所以,李昌奎一案的争议问题甚至所有问题,都集中在如何看待该案所具有的社会危害性评价和社会舆论的影响上面。

根据《刑法》第48条的规定,死刑只适用于罪行极其严重的犯罪分子。罪行极其严重,即意味着社会危害性十分严重。罪行十分严重与否,其实是一个价值词而不是规范词,由于作为价值评价,社会危害何为大何为小,本身没有绝对的标准。但一个社会总有它一般的是非观念和危害大小的价值观念与评定标准,所谓"杀人者死,伤人及盗者抵罪",总可以反映一般的社会平均认识水平和价值观念。尽管社会中由于每个人个人的经历与遭遇不同,个体的心理反应和经验积累肯定有所不同。但生活经验往往属于人们个体的,知识经验则属于社会整体的,社会整体的知识经验实际上也是一种社会规范。知识经验作为一种社会规范,是从社会现实生活中提炼而成的。根据社会的经验规范再进行事实评价和价值评价,由于评价人个体认识能力的差异,往往具有多重可能性,但排除了一切个人情感的因素不说,尽可能地站在情感中立和价值中立的立场上,通过最基本的描述性判断,总体上能得出比较接近的结论,特别是针对传统的属于自然性犯罪领域而言。这是因为,虽然人们对同一种事实的价值评价可能具有多重性,但在这多重性的价值评价中,总是包含着一个社会最基本的形式规范判断。同时,尽管在任何社会中,必然存在着多结构、多层次、多体系、多价值的规范现象,也不管一个社会中存在怎样复杂多样的利益群体,但对一个客观性行为的描述总归存在着一个基本的语言符号系统。不然,就不会有特定范围内的人的社会历史的存在,甚至就不会有人类文明史的存在。尽管任何形式的判断,要做到绝对的"价值中立"很难,但将行为事实的基本特性展现出来还是能够实现的。公正、公平,在一个法治与民主的社会环境中,就是指任何事件的处理,必须依据被大多数人们所认可的行为规则、经验规范和价值要求。一定的行为事实经过人的价值评价,成为一种为人认知和固定下来的客观事实,而这种行为事实是否与某种行为形式的规范相吻合,只有经过人的评价与判断才能完成。从人类社会的认识论来说,特殊的事物即使再特殊,总归存在着与此相类似的事物。事物的普遍性寓于特殊性之中,但特殊性还反映着事物的普遍性。

所以从这一意义上来说,昭通市中级人民法院对李昌奎判处死刑所依据的对其社会危害性的价值评价,比较符合当今社会一般民众的价值观念,而云南省高级人民法院对昭通市中级人民法院的一审判决的改判,并不是出于对价值评判的自信,也不是对该案社会危害性的特殊的价值评价,而是来自于自身审判级别的倨傲。事实可以这样,事实也确实这样,但道理却不应该这样。因此,云南省高级人民法院

第十七章 "李昌奎案"轻启刑事再审程序的反思与批评　309

在这里与整个社会舆论发生了一定的差异。正是这种差异导致云南省高级人民法院两位副院长面对社会舆论的不解所进行的解释当中几乎矛盾迭出,几欲不能圆说。但我们又必须看到,由于现行审判制度的性质所决定,云南省高级人民法院的改判又是具有法律效力的并已属于终审判决。所以在终审判决已经发生法律效力后,要想再提起和启动再审程序必须要有法定理由和符合法律规定。在事实认定、证据分析和规范适用方面,法官也有错判,错判就得改判,再审程序的救济途径就是为此设计的。但在价值评价方面,法官不应悔判,再审程序的限制就已经堵死了这条路。因为价值评价随时可以发生变化,法官有悔判,但当事人不应该为法官(法院)的悔判"买单",更何况本案是一个死刑案件。我们不能拿法律当儿戏。作为学者把话说得极端一点,在李昌奎案是否要再审的问题上,我们宁可与有错误价值判断的人进行论理、论辩甚至对其进行警示,让其从中吸取教训或者承担一定的误判责任,也不能对本案随意提起和启动再审程序。西谚有语,"Freedom is not free"(自由不是无代价的),经过话语转换,同样我们也可以说:法治不是无代价的。人们应当知道,维护法律的尊严有时需要付出一定的代价。更何况一旦再审,合议庭可以更换,但审判委员会却不能更换,而此案最终的判决结果实际上是由审判委员会作出的。细心的读者会发现,此次李昌奎再审判决是当庭作出的,不知道这一判决的审判委员会讨论是怎样进行的。如果按照法律规定,死刑案件必须要经过审判委员会的集体讨论才能决定,这种死刑案件的讨论是否有点仓促?如果说这种讨论事先已经进行,在今天是否有违先审后判的现代司法要求?而如果此次赋予再审合议庭独立审判的权限,一个合议庭的判决结果可以与经过审判委员会集体讨论决定的原二审终审判决相背离,是否有违法律规定关于合议庭必须遵守审判委员会决定之嫌?云南省高级人民法院在这里又一次暴露了诸多法律程序问题。在没有发现"确有错误"的情况下,审判委员会凭着社会舆论的质疑和自身价值评价的转移,对自己的终审判决自行推翻重来,理由呢?法理呢?权威呢?原终审判决在撤销之前在法律上依然有效,合议庭是否有权撤销审判委员会发生法律效力的判决决定?当然在这里,也让人们再一次清楚地看到了我国在诸多问题上的"集体无意识"和"集体无责任"现象的时常出没,我们很难看到有历史责任的担当感,看到的却是法官个人荣誉感和法院整体责任感的缺位。我们无法知道后人将如何看待我们这一代司法人员的执法行为……想当年,曾为世界广泛关注、争议激烈并极具现代诉讼标本意义的美国"辛普森案"尘埃落定后,胆大的辛普森出乎大多数人的意料竟敢写出《IF I DONE》(《如果是我干的》)一书,因受制于"一事不再理"的司法原则,辛普森仍可以逍遥法外。辛普森案判决之后,在美国的社会层面引发了不同的反响,白人们认为这是一个不正确的判决,黑人们认为这是反种族歧视的胜利。为此,美国黑人还举行了一次百万黑人大游行活动,由此引发了白人和黑人在某些场合和某些观念领域的冲突,以至于当时的克林顿总统不得不站出来说话,"请相信美国的司法制度",才平息了这一事态。多少年来,绝大多数的美国人仍然相信辛普森杀了人,是有罪的,但几乎所有的美国人又都相信辛普森受到了公正的审判,因而接受了该案判决。中国不是美国,但中国也要讲法律,中国也要讲法理。

五、社会危害性当中的民愤评价

李昌奎一案中还有一个问题,就是我们如何看待社会舆论和民愤反映?民愤在一定程度上佐证了社会危害性。毋庸置疑,犯罪具有社会危害性,而社会危害性既是一种事实判断也是一种价值判断,因此民愤在很多时候的确表明了社会危害性的程度。而满足民愤的合理要求也正是刑罚报应观念和社会报复观念的体现,因此二者在很多时候是统一的。比如在"药家鑫案件"④中,犯罪嫌疑人连捅八刀杀死被害人,强烈的民愤正反映了这一行为具有的严重社会危害性。坦率而言,也正是这一民愤促使审理该案的法院对这一罪行判处死刑。由此看见,民愤在一定程度上表现了民众的正义感,一个刑事判决的正义

---

④ 药家鑫,西安音乐学院大三学生。2010年10月20日深夜,驾车撞人后又将伤者刺了8刀致其死亡,此后驾车逃逸至郭杜十字路口时再次撞伤行人,逃逸时被附近群众抓获。后被公安机关释放。2010年10月23日,被告人药家鑫在其父母陪同下投案。2011年1月11日,西安市检察院以故意杀人罪对药家鑫提起公诉。同年4月22日,西安市中级人民法院一审宣判,药家鑫犯故意杀人罪,被判处死刑,剥夺政治权利终身,并处赔偿被害人家属经济损失45 498.5元。5月20日,陕西省高级人民法院对药家鑫案二审维持一审死刑判决。2011年6月7日上午,药家鑫被执行死刑。

第十七章 "李昌奎案"轻启刑事再审程序的反思与批评

性就需要反映公众的呼声与要求,满足人民的正义感。

但不可否认的是,民愤一方面在表面上义正词严地表达了社会的正义,另一方面民愤所蕴含的正义情绪是会波动的,有时还会表现为一种情绪的宣泄。而量刑是一种理性的裁判,是实现惩罚罪犯与保障罪犯正当权益的统一,而民愤的感性表现与量刑所要求的理性表现会有冲突的可能甚至必然。

在今天,由于网络的兴起,民愤会以多渠道的形式表现出来,法院和法官与社会之间并不存在一道天然的鸿沟,要让我们的法官"与世隔绝",不受社会任何价值评价的影响,即使法官刻意地提醒自己,也似乎变得很困难。在司法实践中,由于受民愤的影响而使得对犯罪人的处罚发生波动的案例也绝不是什么绝无仅有,这种现象的存在,其实质是让民愤跨越了法官理性的堤坝,对犯罪分子的处罚的额外结果,是我国刑事法治发展进程中需要提防的。

其实冷静去想,社会公众对某一个刑事案件的了解仅仅是从新闻式的报道中获得某些信息。而一个真正的刑事案件,是由诸多事实与证据组成的,像美国的辛普森案件经过了9个多月的审理,聆听了127个证人作证,在经过4个多小时合议后,12名陪审员才一致作出裁决。这样的经历与过程,不是一次、两次性的新闻报道能够涵盖的,即使是即时追踪报道也不行。这也是法官们为什么如此自信地对其所审的案件比他人有更多的发言权(不包括有客观而强大的干预因素的特殊案件)。正因为如此,西方一些法治比较健全的国家,要求法官、进而也要求陪审员尽可能回避所有的社会信息与社会舆论,只是凭着自己的持中立场、冷静的细致分析、中立的价值情感平衡审理各种案件。在辛普森案件中,甚至还要求陪审团成员暂时与社会隔绝,以免受到价值影响。中国今天还做不到,但并不影响我们也应当朝着这个方向慢慢发展。所以陕西省西安市中级人民法院当庭向旁听者发放问卷,既违反了最基本的审理规则,也欲盖弥彰、弄巧成拙地闹了一个法治笑话。真的,我们再也不能以一个"公众狂欢"的形式庆祝一条生命人为被消灭,我们应当要有一种人类应当惺惺相惜的人道精神,红尘路上每一个生命都来之偶然,但却存之必然。所以我们应当尊重每一个生命的存在,即使有人视他人为草芥,但一个成熟的社会不能简单地通过以牙还牙、以血还血、一命抵一命的方式,宣告自己的时代依然是需要反哺传统、赓续祖籍而心安理得地使社会成员简单地成为历史的"复仇动物"。时代在前进,人间正道是沧桑,毕竟今天我们已经有了很多的参照尺度,包括我们也已经能够容忍的异质思维。

对于法治的理解,两千多年前的古希腊学者亚里士多德曾提到过"法治应包含两重意义:已成立的法律获得普遍的服从,而大家所服从的法律又应该本身是制定得良好的法律"⑤的论断,至今依然有着太多、太现实和太重要的意义。如果我们的良法已经没有了死刑,那当然是好事。但当我们的法律依然还有死刑的规定,法官的工作依然是干好对号入座的活儿。对于法官们来说,他们毕竟是执法的公器,不能纯粹以个人的精神感受处理各种案件。犯罪所呈现的社会危害性,是犯罪在实施过程中作用于社会时的一种反映,这种社会危害性无论作为载体的结果,还是作为周围社会环境中的民众反映,都已经作为案件的一部分以固定的方式存在于案件之中了。这种案件内的"社会危害性",任何法官都不可能熟视无睹。至于刑事案件披露以后或者刑事判决作出以后的社会反映,都是案件以外的社会反映,它们不是案件的一部分内容。从这一意义上说,一个刑事判决不应该以判决以后的民愤和社会反映的波动而波动,但这可以作为社会促使当事人和相关司法机关作为提起上诉或抗诉或者提起或启动再审程序的一种推动力,但它本身不是一种定罪量刑的依据。

今天,云南省高级人民法院还处在社会舆论的风口浪尖上,它绝不是像其副院长所说的那样,原二审终审判决是正确的,10年以后再来看这个案子,它是一个标杆,它是一个典型。也许这话没错。因为用100年后的眼光来看今天的刑事判决,今天的死刑都是不应该的。今天我们说李昌奎案不应当提起或者启动再审程序,是因为社会舆论不是法定的理由,而通过这些社会舆论和民愤的推动,提起或者启动再审程序却不符合法定的条件。由此云南省高级人民法院将昭通市中级人民法院的一审死刑判决改判为死缓,如果这里有着价值评价发生错误的话,错在云南省高级人民法院,李昌奎是没有责任的,因此没有理由让李昌奎为此"买单"。如果这种价值评价没有超出法官自由裁量的空间范围,其不足之处只能作为教训吸取,以为后戒。然而在

---

⑤ 〔古希腊〕亚里士多德:《政治学》,吴寿彭译,商务印书馆1996年版,第199页。

这里,中国的司法实践有一个巨大的历史惯性和现实的漩涡,甚至是一个巨大的"宇宙天体黑洞",吞噬着一些正确的法治观念和多种形式的司法努力。但我们还是固执地想说:"难道我们的司法实践就不想在这里作一下努力的抗击与最后的挣扎吗?"在整个国家慢慢向法治方向移动时,我们有责任向全体民众传递这样一种观念:法律毕竟是法律,因为它是严肃的。国家要维持刑事判决既判力的稳定性,即使司法过程中在尊重法律的条件下出现漏网之鱼,我们也应当给这个司法制度一点容忍,这样有一天,我们也有可能像克林顿说得那样自信:"请相信我们的司法制度。"

第十八章　中国立法腐败的反思与刑法应对

——从郭京毅案透视、剖析高端精英的"立法腐败"

郭京毅,何许人也?乃商务部条法司原副司长、正局级巡视员也。郭京毅于1986年北京大学法律系毕业进入外经贸部条约法律司工作,曾在投资法律处工作多年,历任副处长、处长、副司长。2003年外经贸部并入商务部之后,郭京毅仍担任条法司副司长,并于2007年3月提升为正司级巡视员。副司长的职务、正司级巡视员的职级,在偌大的以"官本位"为背景的中国,以13亿人为分母,从相对角度而言必然得出物以稀贵价高的结论,这种级别的官儿在中国大地也算得上是一个高官,属于人中精品。特别是在商务部甚至在整个国家机关的司级干部中,44岁便坐如此高位当然可说年轻得志。但从绝对角度而言,在皇城根脚下类似的官儿车载斗量,不可胜数,也可说是如白日间满眼可见之彩云,夜晚时楼堂馆所内随时可遇之宾客。然而对于郭京毅来说,在长达十多年的时间里,他利用从法律角度审核外资项目的职务便利大肆收受贿赂,开创了中国高端精英腐败的新形式、新类型、新标本——立法腐败。结合由郭京毅案引发的连锁反应,在商务部对面办公的北京思峰律师事务所原主任张玉栋、注册律师刘阳、商务部外资司原副司长邓湛、国家工商总局外商投资企业注册局副局长刘伟,以及国家外汇管理局管理检查司司长许满刚也先后被司法机关立案处理;在郭京毅案的行贿者名单中,有商界首富黄光裕向郭京毅行贿110万元,苏泊尔公司董事长苏显泽向郭京毅行贿30万元。由此看来,郭京毅一案非同小可,从中略见管斑,着实让人惊呼,我国高端精英的立法腐败时代也要到来了。

第十八章　中国立法腐败的反思与刑法应对

一、郭京毅案的社会危害所在

（一）败坏了人们对国家、对公器、对未来的期望

2012年10月1日,是新中国政权建政63周年华诞,以胡锦涛为总书记的中共中央在首都北京连续第三次率领各级党政要员聚集在天安门广场向人民英雄纪念碑敬献花篮,缅怀人民革命先烈的丰功伟绩,立誓要将先烈们未竟的事业进行下去,这一场景不免使人将思绪瞬间延伸到那一百多年前的历史风云中去。人民英雄纪念碑碑文镌刻的"三年以来,在人民解放战争和人民革命中牺牲的人民英雄们永垂不朽！三十年以来,在人民解放战争和人民革命中牺牲的人民英雄们永垂不朽！由此上溯到一千八百四十年,从那时起,为了反对内外敌人,争取民族独立和人民自由幸福,在历次斗争中牺牲的人民英雄们永垂不朽！"那些熠熠生辉的金粉大字向历史、向现实,甚至向未来诉说着一段中华民族的苦难、奋斗和崛起的历程。近代中国多灾多难,先是西洋豺狼入室,后遭东洋铁蹄践踏,经过不屈的抗争,河山终于重光。当新中国政权破茧而出,屹立东方让世界为之一震时,为了让"中国人民从此站起来了"开始的道路能够延伸下去,中华人民共和国颁布了《宪法》,明确宣告:中华人民共和国的一切权力属于人民。由此让整个中国人民感到自豪,国家终于属于我们人民大家的了。然而,由于体制设计的欠周而导致的制度性缺陷,也由于苦难的历史容易被人遗忘,更由于人性的丑恶得不到有力的制止和惩罚等原因,中国正面临着前所未有的腐败侵蚀,一些成可为英雄,败可为乱贼的高端公仆、社会精英大肆营私,干起了败国害民之事。他们将原先都曾信奉过的"国家是我们人民大家的"信念开始逐渐蜕化为"国家是我们的",甚至蜕化为"国家是我的"意识。本来,我们是人民共和国,国家是我们人民大家的,法律的制定就应当代表全体人民的根本利益,应当体现全体人民的应有意志。因此,法律是公器,是神器。公器乃当公论,神器岂能私用？然而郭京毅们以他们"巧妙""智慧"的行为,演绎着"国家即使还不能成为我的",也要让"国家成为我们的"邪思恶念。从1986年北大法律系毕业进入对外经贸部(后并入商务部)条法司,到2008年在商务部条法司巡视员职位上落马,郭京毅利用法律

政策中的模糊地带,把制定法规和解释法律的职责转化为权力寻租的依据,一方面在司职外资审批的国家部委中编织关系网,一方面又扶持"潜规则"律师,暗通特殊利益集团获取其输送的额外利益。由此可以看出,郭京毅案的最大社会危害体现在他们使国家及整个执法机制遭受颠覆性的破坏,使善良的人们开始丧失信心,败坏了人们对国家、对公器、对未来的期望,直接动摇了人们仅存的一点信念根基,由此产生"这个国家还是我们的吗"的必然疑问。此危害乃深重至巨!

(二) 将政府部门利益化,将以权谋私行为合法化

郭京毅们身居高位,手握行政法规的制定大权,享受着解释法律法规的权威荣光和社会荣誉,但郭京毅们却并没有不负众望,而是滥用职权、涉足贪墨。无疑,郭京毅们这些高端官员是聪明人,是社会的精英,他们熟谙政治,精通经济,专研法律。然而他们仰仗着聪明,公权私用,干着他人想不到的勾当。据报道,郭京毅几乎参与和主管了中国此前20多年来的外资法律、法规的起草和修订,张玉栋领导的思峰律师事务所也曾经参与多部法律的起草,包括2006年的《关于外国投资者并购境内企业的规定》(俗称"10号文")这样对外资并购发生决定性影响的法律的起草,刘阳也参与起草了自1995年以后中国重大的利用外资方面的法律、法规。因为按照近年来惯例,有关部门起草法律、法规时,会邀请一些律师参加或者提供咨询。据行内人士介绍,"10号文"(《关于外国投资者并购境内企业的规定》)是中国近年来关于外资并购最重要的法律之一,于2006年8月8日由商务部、国资委、税务总局、工商总局、证监会和外汇管理局6部委联合公布,2006年9月8日正式实施。当时商务部表示,此法规是在2003年的《外国投资者并购境内企业暂行规定》的基础上修订完成的。2003年的《外国投资者并购境内企业暂行规定》后来被认为对"假外资"、红筹上市模式以及热钱进入我国未能提供有效的监管,从而使外资尤其是国外热钱轻松进入我国,或者变相进入敏感部门,威胁到中国的国家经济安全,故后有对此进行专门修改的《关于外国投资者并购境内企业的规定》出台。知情人士称,郭京毅受贿,并非如此前传言所指涉及某个特定的外资并购项目,而是涉及有关外资并购的法律、法规制

定和司法解释,由此将可能波及中国所有外资并购项目,这也成为第一起中国有可能在法律制定过程中官员通过受贿操控"立法"的案件,从而形成一种新型的腐败形式——立法腐败。但就在这种大害无形的行为实施过程中,国家利益的受损已非言语可述。这种腐败与危害并不是体现在一时一地,而是体现在国家整体利益的败坏之中。它是无形的,却又是巨大的;郭京毅们受贿是一时的,但它留下的祸害却是长久的;他们的犯罪行为可能是表面的,但他们的危害却是深刻的。这一行为已经表明,在今天的中国正悄悄演绎着一种"国家利益部门化,部门利益私人化,私人利益合法化"的严重现象。而这一现象的延伸,将直接伤害到国家的神经系统,导致国家将不再是人民的共和国,法律也已不再是人民意志真实体现的可怕结局。

(三) 这种犯罪往往抱团结伙危害至深至巨,具有共同犯罪的表现形式和内在利益的私团化

从已披露的案情来看,郭京毅案中涉案人员之间有着千丝万缕的联系。郭京毅与张玉栋是北京大学法律系的大学同窗,情同手足;邓湛和郭京毅是关系密切的同事,亲密无间;郭京毅与刘伟不但关系密切,而且比邻而居;刘阳本来是郭京毅的属下,后来又到张玉栋的律师事务所任职;国家外汇管理局管理检查司原司长许满刚与郭京毅共同受贿,关系也不可小觑。靠着这些十分"紧密"的关系,他们组成了一个封闭的"小圈子"。这种由高端精英组成的"小圈子"人数不多,但能量巨大。他们可以在多个层面主导制定有关外资并购的法律,几乎"垄断"了十多年来中国大部分利用外资方面的立法"业务"。正是这种高端精英抱团结伙式的犯罪,依靠他们的聪明才智,从事着疯狂的敛财行为,且手段极为隐蔽,既不与外人言,也不为外人见,以致很难在风起于青萍之末之时被及时发现、及时侦破。一旦东窗事发,事实上已经给国家和人民的利益造成了无可挽回的巨大损失。也正因为这些人间精英、高端白领抱团结伙,自会暗中传递消息,相互传经送宝,在社会中形成了一种以犯罪的高级手段表现为荣的价值观念。也许他们对一些蝇营狗苟,偷鸡摸狗式的江湖盗贼充满着鄙夷;对那种愚笨的贪污贿赂也暗暗窃笑:窃钩者,贼也;窃国者,方能为侯也。然而正是这种高智商、高技术、高手段的特殊性犯罪,使其犯罪的结果具有一定延后性,其犯罪的社会危害性一时难以被人识破。同时这类犯罪证据极难获取,性质极难认定。按照现有法律,此类案件除了行贿受贿部分以外,其他行为还很难直接引律定罪,难以受到法律的及时惩处。欲罚无律,这在另一种意义上损害了法律的尊严。

二、郭京毅案的原因和教训所在

(一) 精英们理想信念的灭失,人的恶性自然会发酵膨胀

西谚有语:人,一半是天使,一半是魔鬼。人从树上爬了下来,依然保留着他的自然属性;人从伊甸园中走了出来,依然带着他的原罪。不管人类怎样宣称自己已经成为了具有多么灵性的"人",人的自然本性和他的原罪之欲仍然会时时折磨着他,一不小心就会支配他的行为。当人的属于社会属性的善良和天使的责任感灭失时,人的魔鬼恶性就会找机会表演。曾几何时,新政权建政时借助人民革命的胜利余威,乘着人民群众欢庆改天换地喷涌的巨大热情,向全体人民宣传和灌输了诸多新思想、新观念、新理想,使无数的人在思想上、精神上、信念上获得了新生。然而时序轮回,随着苏联和东欧的社会主义事业遭受到灭顶失败,对中国这个依然坚持社会主义道路的国家产生了巨大的消极影响。郭京毅们是聪明的,他们时时关注着世界政治、经济、世事的风云变幻。顺风时不失时机地积极为自己寻找进身之路,希冀能成为一路诸侯;逆境时也会为自己预先留好退路,当原先的理想是否还能如期实现已不得而知时,"退"不失为一代富翁以为颐养来日已先进行规划打算,以致这些颇受诗书礼仪浸淫、饱经革命理想教育的"高端公仆"、"社会精英"从恶如流、前赴后继。

抚今追昔,观澜溯源,其实当我们准备正本清源地理清一个社会真实的发展轨迹时,我们就会想到郭京毅,想到郭京毅们,想到很多的贪官污吏以致像郭京毅一样的精英们不过就是在理想信念破灭后,臣服于社会事实,沉浮于灰暗世事后走向堕落的必然结果。想当初,郭京毅们哪个不是踌躇满志、意气昂扬,就座于"为人民服务"的位置上后指点江山、激扬理想、浑身散发着生命的热光?不说他们人人都有

为国为民的宏伟志愿,但在他们没有发生"变质"之前,大多应该是一个好人和能人,不然决不会被"人民"发现而委以重任,他们身上肯定都有过一种为官一任造福一时一方的事业心和责任感,以及想为国家、为社会、为百姓做些善事、干点累活的心理基本承诺,而且他们中间很多人也确实这么做了,这才会有从基层干起、步步为营、一个台阶一个台阶的升迁、逐渐身居高位的人生经历。但面对各种利益的引诱,他们中间的很多人逐渐丧失了理想,迷失了方向,原先的世界观、人生观、价值观被彻底颠覆了。于是看破红尘开始"洗心革面",决定要为自己的个人前程和"钱途"奋斗了;于是他们"再次"选择从政,"有了权势就可以做你想做的一切"、"有了金钱就有了一切"、"有了钱就可以随心所欲",也成了这些"权力新贵们"的人生奋斗目标;于是,在抱团伙伴中,我从政来你经商,到时功名成就利益到手,再排排坐,分果果,我的成就中有你的一半,你的利益中也要有我的一半。他们也认可了"手段越是卑鄙,就越能飞黄腾达"的黑社会丛林规则;于是一个个、一批批原先属于为国为民、曾经热血喷涌的时代先锋和社会精英,就丧失了理想,迷失了方向。我们已经看到并还将继续看到,在当今这个时代,当传统的人间赓续和社会信念灭失以后,我们这个社会就会变得十分险恶。一个官员进入一个什么样的为官境地,有时不仅不能以为官自身的意志为转移,反而成为决定其成为一个贪官还是一个清官的重要因素。正所谓时势造英雄,时势毁英雄也。

(二)制度设计的欠缺,权力得不到有效制约

今天人们已经清楚地看到和认识到,诸多社会精英和各级官员选择从政,已经不是为了公共责任的担当和社会荣誉的评价,而是作为一个社会"经济人"准备以最小的投入,获得最大的人生收益,由此对手握重权的官员进行必要的监督和制约,于公于私都是一件双赢之事。然而郭京毅案的出现,还是让整个社会为之惊讶:"一个精心设计的以维护国家经济安全为己任的外资审批制度,二十多年来竟然'垄断'在少数几个人手里,在他们这个并不大的熟人圈里成了漏洞百出的玩物。在贪欲面前,外资并购的审批制度成为一个虚幻的、不可靠的空中楼阁,虽然外表极为华丽,却毫无根基,少数几个人的合谋寻租

就足以把她彻底摧毁。"①当然,在我们惊讶于立法领域腐败的时候,更应当要看到立法腐败的本质还是由权力的滥用和缺乏应有的约束所导致的。据熟悉国家外资外贸管理的人士介绍,以前面提到的"10号文"为例,在诸如国家安全审查、反垄断等审批的诸多环节规定了诸多模糊的条款。在法律规定模棱两可的情况下,无论是具体的操作程序,还是企业需要提交什么样的审核文件,是否符合规定,都完全取决于郭京毅们的"自由心证"和"自由裁量"。特别是"10号文"在如何与原有法律衔接、商务部与其他部门之间审批衔接等问题上,人为地留下了模糊地带,这就给郭京毅们很大的机会解释和自由裁量权,大大拓展了他们在行政审批过程中的权力"寻租空间"。于是他们精心设计了一个利益寻租链条:企业通过律师向特定官员行贿——法律制定部门官员与律师一起制定相关部门立法,并且利用专业知识,在法律中塞入企业意向或者留下审批漏洞——企业向部门递交审批申请——官员授意企业去找特定律师——企业通过律师费的方式支付贿金——按照律师规划的路径并在相关官员的帮助下,顺利通过审批。在这个利益寻租链条中,监督和制约基本处于真空状态,由此发生行贿受贿等冒险违法行为也就不足为奇了。

在我国,《立法法》规定了以法律为主导,行政法规、地方性法规、自治条例和单行条例、部门规章等法的渊源为辅的立法格局。"《立法法》虽然直接、当然地规定了各种立法权力的划分,但从中我们难以看到各个立法权正当性论述的痕迹,片面地讨论以人大立法为主导,而没有充分刚性地规定立法权被分解之后的诸多可能出现的问题。《立法法》几乎没有规定法律责任,对不尽立法职守或违反《立法法》的行为,没有设置必要的追究责任的制度。"②特别是在中国存在着众多的法律解释,如果说立法多少体现着人民的意志或立法者的意志,即使法律存在偏差或者不足,也只得由人民来承受了。但当法律一旦落实在司法过程中,如何理解法律的规定就成了司法者的意志体现了。如果说司法者的"自由心证"和"自由裁量"有它的合理性和合

---

① 马光远:《外资并购审批制度何以崩盘》,载《南方都市报》2008年11月7日。
② 刘兵:《论对立法者的规制》,资料来源:http://www.chinalawedu.com/new/16900_170/2009_11_18_ji6825484021181119 00219440.shtml,访问日期:2010年10月4日。

法性的话,在司法者之上和立法者之下横插一个带有行政色彩的法律解释,就成了极具中国特色的产物。在这里,人民的意志和法律的内涵可以随时被蒸发、被添加。这种法律解释,上不能直接受到人民(代表)的监督和制约,下不能受到司法程序的监督和制约,简直成了这一"准法律"制定过程中的一块"飞地",这里撇开其正当性、合法性和合理性来自何处不谈,由谁来进行监督已是一个不可忽视的大问题,然而,恰恰这一不可忽视的大问题却被忽视了。郭京毅们正是利用这一无人监督、容易逃脱人民目光所及的"飞地"的有利时空条件,大肆作案。正是这种立法体制的设计,导致了郭京毅之流随心所欲,玩"立法权"与法律于股掌之中,一方面官居高位啃着"皇粮",一方面又假公济私,巧取豪夺,吃里爬外,私通某些利益集团吞吃"杂粮"。

(三)人大监督、社会监督得不到应有的发挥

郭京毅案的爆发,再一次证明了绝对的不受监督和制约的权力必然导致绝对的腐败这一真理。对公权力的监督,是一个老生常谈的问题,但也是一个常说常新的问题。权力失去监督和制约,就必然导致权力拥有者弄权自肥,导向权力私利化,即使高高在上的立法权也难以幸免。

从法理上说,行政部门的立法权来自于人大或法律的授权,其权力的来源还是人民。所以,行政部门的立法要经过人大的审查才能付诸通过,只有经人大通过才能有效。然而中国自古以来就没有形成"循名责实"、穷究天理的哲学思维传承,现实中应该被赋予国家最高权力的全国人民代表大会和地方权力的地方各级人民代表大会的权力,常常不断被虚化。至于有关法律、法规的解释更是不在全国人大和地方各级人大的视野中。

从立法的社会监督方面来看,今天的立法活动,依然是一个"上帝的神秘作坊"。虽然随着时代的进步、社会的发展,已经有少数几个草案公之于众,让社会大众参与和接受监督。但除此之外,更多的法律制定都是由人民代表加以代表的,而人民代表在更多的时候和更多的场合更容易被人或者被权力所代表。尽管从宪法上和人民代表大会制度的设计上说,人民不但有权利和权力表达自己的意

志,而且对由她产生的一切公权力机构进行必要的监督。接受社会监督就是接受人民的监督,接受人民监督的一个很好形式,就是将立法活动放到社会中去接受大众的监督。道理不过如此浅显,但付诸实施谈何容易。一方面,民意在上述过程中不断被蒸发而难以达天庭,另一方面,能否做到"天视自我民视、天听自我民听"已不可细言。以致有学者说道:"人民代表大会制度只是披着权力自下而上运行的华丽外衣,实质上,是权力的自上而下实施。"③而权力由上而下的运行,本身就无法受到必要的监督和制约。细细分析,郭京毅案深层原因的吊诡就在于此。

(四)亡羊补牢犹未晚,"天漏"当须勤"补天"

1. 重建社会信心指数、信念体系和个人信仰尊严

知晓问题的症结所在,就要对症下药。依据前面对立法腐败原因的多重分析,我们似乎已经看到郭京毅案腐败的症结所在和深层原因。经过改革开放,中国的经济实力有了大幅度的提升,物质生活水平有了飞速发展,但我们也应当坦率地承认,与经济改革取得的伟大成就相比较而言,我们的精神领域却出现了前所未有的滑坡。不管我们的正面宣传如何渲染,整个民族的精神层面依然在低谷徘徊的客观事实是十分严峻的。郭京毅案的发生,实际上也反映在一些达官贵人身上所表现的普遍现象,即信念沦丧后对物质的无穷追求。所以此时,我们能否穿越岁月的幽暗,重建我们的信心、信念和信仰,已经是一个不可回避的问题。

这几年,我们有时是看到某些部门动辄这不许、那不行,但他们为我们这个国家、为我们这个时代、为我们的人民提供了什么样的精神产品。整个社会弥漫着一种说的是一套,做的又是一套的怪象。官场发言也是声情分离,长此以往必将导致人格分裂,真是高处不胜寒。但我们今天还是要提出应当在全社会建立起一种信心,即我们这个国家还是有能力改变这一切的,这种现象不会一直这样。腐败现象终将结束,腐败者终将恶有恶报,罪有应得。应当让人民看到希望,为重建一个良好的社会基础提供前提条件。

---

③ 刘兵:《论对立法者的规制》,资料来源:http://www.chinalawedu.com/new/16900_170/2009_11_18_ji6825484021181119 00219440.shtml,访问日期:2010年10月4日。

第十八章 中国立法腐败的反思与刑法应对

我们也要建立一种新信念体系。人活着,不过就是活着。人活着当然要活好,但人活着的意义绝对不在活好上面,而在于达者即使不能兼济天下,也要独善其身。有时榜样的作用是无限的,所以身处高端的达官贵人应当为社会树立一个好的榜样。

能否建立个人信仰在中国依然是一个有待深入讨论的问题。但国人对命运的物理性排斥并不能自然消除对未来诸多不可知前景、不确定因素的担忧和恐惧,因此中国人除了权势和金钱之外,也真该相信一些什么了。正因为个人信仰具有"定海神针"的力量和作用,所以我国宪法明文规定,尊重和保护公民的(宗教)信仰自由。走出丛林后的虚妄常常使人类超越必然性的羁绊率性而为,以致人祸迭出,但人祸必然受到报复。所以爱因斯坦曾说过:"技术和物质并不必然给人类带来幸福,人类有充分理由把高尚的道德和价值置于对客观真理的认识之上,耶稣、佛陀、摩西所带给人类精神的启示,超越了迄今为止所有的建设性意见和创造性认识。"是的,我们今天依然需要在此岸世界宣传唯物主义,以致提高和加快科学技术手段的发展。但面对无序的世界和喧嚣的社会,我们也需要心灵的约束。腐败者终将万劫不复,因此郭京毅被判死刑(缓刑)和凡是贪官污吏们都会落得身败名裂的下场,让一脉传人羞于为祖,遭千夫所指,受万代唾骂,既属于咎由自取,抑或也属因果报应。要知:举头三尺有神明。《圣经》有言:带着财富上天堂,犹如骆驼穿针眼,绝不可能。因此,如果说人生果有"三世轮回"之说,那么,阳福不可享尽、积些阴德,可为来生转世铺路,也应当要成为人的一种心灵慰藉和应有启示。

2. 加强制度设计,让立法腐败无空子可钻

郭京毅案的出现,给我们的制度完善敲响了警钟。任何对权力的纵容和放任都将带来腐败,由此对国家、社会和普通民众造成祸害。而郭京毅案的一个重要原因,就是对权力运行缺乏可供控制和监管的机制。因此,有学者提出,"要进一步加强对立法权力的规制,引进立法辩论,规范立法游说以及公开立法程序,引导利益团体更广泛深入地参与到立法活动中来,从而实现对立法者进行多角度的规制"[④],已

[④] 刘兵:《论对立法者的规制》,资料来源:http://www.chinalawedu.com/new/16900_170/2009_11_18_ji6825484021181119002 19440.shtml,访问日期:2010 年 10 月 4 日。

变得迫在眉睫。此外,扩大立法民主还需强化公民参与,包括邀请专业人士参与起草法律、法规或提供专业咨询,以及采取直接委托、公开招标等方式,将法规规章草案交由专业人士或专业组织起草。精英设计,民众选择应当是一种既集中体现人间智慧又真正体现还权于民的立法形式,大众参与有利于立法过程听取大多数人的意见,精英参与则有利于保证立法的专业水平。通过大众与大众、精英与精英、大众与精英进行充分的交融与博弈,这对于杜绝部门腐败和官员腐败这两种立法腐败能起到堤坝防洪的作用。如此之举固然困难多多,但绝不应该成为向这方面不断前进的障碍,我们应当走得快一点。

3. 加强监督,让阳光照耀立法领域

让权力在阳光下运行,是一剂极为有效的防腐药。自古以来,除了乱世和强盗做主的山寨大王明火执仗为所欲为外,凡属腐败都需要在黑暗中进行,腐败最怕阳光的照耀。所以遏制类似郭京毅式的立法腐败,加强监督,让立法活动和行使立法的权力在阳光下运行,就变得刻不容缓。对权力进行监督,已经是一个说得嘴上起泡,听得耳朵长茧的老问题。但在中国,只要这一问题没有得到根本性的解决,它就是一个常说常新的问题。2004年,当时的美国总统小布什曾发表过一段十分精彩的讲话:"人类千万年的历史,最为珍贵的不是令人炫目的科技,不是浩瀚的大师们的经典著作,不是政客们天花乱坠的演讲,而是实现了对统治者的驯服,实现了把他们关在笼子里的梦想。因为只有驯服了他们,把他们关起来,才不会害人。我现在就是站在笼子里向你们(人民)讲话。"对统治者的驯服,实际上就是对权力的驯服。把权力关进笼子,实际上就是把当官的关进笼子里。你看得到他、监督他的一举一动,却无需担心他能冲出笼子来"撕咬"你。所以对立法和立法权监督,一方面是为了让它在法律规定的渠道中运行,另一方面又必须让他们在众目睽睽的监督之下活动。在法治和民主建设比较规范的国度里,当官的绝不能随心所欲,为所欲为,除了人民大众、新闻舆论的监督制约外,还有议员们和在野党"鸡蛋里挑骨头"般的严厉监督,稍有不慎就会弄出什么"水门事件"、"拉链门"之类的"这个门"、"那个门"事件,不轰你辞职下台已属万幸。当官的时时感到自己被关在笼子里,哪敢随心所欲地进行违法犯罪。因而在立法过程中,将"郭京毅们"不但关在"笼子"里,而且把"笼子"放在阳光下,对于我们预防"郭京毅们"的立法腐败将是大有成效的。除此之外,加强官员财产申报制度、实行金融实名制、防止贪官外逃机制等制度建设,对于克服腐败现象同样重要。忠言逆耳,良药苦口,但愿郭京毅案能够警醒社会精英、高端公仆,做到自觉地接受监督,防微杜渐。即使是社会精英、高端公仆也应当知道,一生平安也是一种福分。

第十九章　刑事执行制度一体化的理论构想

通过对我国现行刑事执行制度的考察、审视和分析,我们已经发现,在我国建立刑事执行制度一体化体制是理论合理性和实践运行有效性的必然选择,也是完善我国法治建设的重要组成部分。

一、刑事执行制度一体化的理论基础

为什么我国应该建立刑事执行制度一体化的体制?刑事执行制度一体化应该建立在什么样的理论基础上?这既是我们进行理论研究的逻辑起点,也是我们要求建立刑事执行一体化体制的归宿点,是我们在构建刑事执行制度一体化过程中必须首先解决的问题。

(一) 人民法院不应该成为刑事执行的主体

现代刑事法学理论的刑事法律关系认为,刑事法律关系是指社会公共机构的控罪主体与犯罪主体因涉嫌违法犯罪的事实,为解决犯罪构成和刑事责任而形成的一种相互间的权利和义务关系。这一刑事法律关系表明,一个国家、一个社会之内,不但存在着全体社会成员的整体利益,还存在着每个社会成员的具体利益,社会利益主体的多元化和层次化是任何一个社会的必然现象,社会利益的整体化,使得国家必须设立一定的专门机构,担负起维护社会整体利益的专门职责;社会利益的具体化,又使得国家必须设立一定的专职机构担负起调节各种社会利益主体之间矛盾冲突的专门职责。于是在我国对待刑事犯罪的问题上,就有了公、检、法三个不同职能的专门机关。公安机关担负着侦查刑事犯罪,拘留、逮捕、审讯犯罪嫌疑人的专门职责;检察机关担负着审查起诉、提起公诉的专门职责(在当今世界大陆法系国家,检察机关是作为国家司法行政机构的一个组成部分,代表国家行政机关向法院提起对刑事犯罪的指控,因而在这种国家里,就形成了检侦一体化体制)。但是它们对刑事违法行为所作出的某种结论,在法律上并不具有最终的法律效力,它们还需要在国家范围内,由独立于它们之外的第三种力量加以审理、判决,以决定某一种刑事法律关系发生冲突的双方主体之间的是非曲直。这一第三种力量就是在刑事法律关系冲突双方之外居于中立地位的审判机关。

在我国,在实际的政治法律制度的操作层面上,全国人大及其常委会是作为国家的立法机关负责法律的制定;人民政府是作为国家的行政机关负责对社会的全面管理;人民法院、人民检察院是作为国家的司法机关执行法律的运作。行政机关对社会的全面管理,当然包括对犯罪的预防、对犯罪的调查、对犯罪的指控、对犯罪的要求惩罚和对罪犯的教育、改造、矫正(当然在我国,由于我国是仿效苏联的司法体制,对犯罪提起公诉的职能规定是由作为国家司法机关的检察机关承担的)。人民法院是作为公正的裁判机关担当着审判职责。这样,人民法院就必须等距离地脱离刑事法律关系冲突的双方主体,并居中于双方之间裁判。

人民法院不能介入刑事法律关系的冲突范围,是基于人民法院独立的司法地位和公正的裁判性质的基本立场。国家在确立了社会制度和法律秩序以后,必须设立一个中介机构来评价和审理各种社会行为的得失利弊,进行扬善惩恶,以实现法律秩序的基本价值。不可否认,犯罪是行为人与既定的社会秩序和社会主流道德意识发生严重矛盾冲突的一种极端的行为表现。社会生活中有着各种各样的矛盾冲突,既有个人与他人或社会的冲突,最极端的表现就是自然人犯罪;也有社会团体与其他社会团体或社会的冲突,最极端的表现是法人单位的犯罪。在法治社会里,任何一种极端的矛盾冲突而形成的刑事法律关系的最终解决,必须诉诸法律,诉诸法院。法律是社会秩序的规则表现,是社会成员的行为规范,是社会正义、公正和公平的价值体现。是一个国家内部绝大多数社会成员共同意志的反映,也是社会避免引起大规模社会冲突的基本要求。人民法院作为一种居中审判的机关,虽然也是社会既存制度和法律秩序的维护者,甚至是坚定的捍卫者,但它作为刑事法律关系冲突双方一个居中评价审判者,必须要与所有发生矛盾冲突的双方保持一定的距离。任何机关、任何个人都不能站在自己利益的立场上充当裁判者,这是现代法治的基本要求。审判机关、审判人员只有完全代表一个国家中绝大多数社会成员的意志,即站在已有的法律规定立场上,只能体现法律意志,而没有任何自身利益的介入,没有任何自身要求的审判程序,才能具有公正的形象。从这一意义上说,人民法院可以代表国家行使审理裁判权,但它不能自觉或自动地站在刑事法律关系矛盾冲突中成为另一方的对立面。人民法院的独立性源于此,人民法院的公正性立于此,人民法院的公平性也寓于此。正因为如此,人民法院不应该也不能介入刑事法律关系之中。让人民法院直接执行自己所判的刑罚,意味着刑罚内容的是否实现,与人民法院有着密切的直接关系,这样人民法院的先前判决就必须为以后的如何执行提前做好准备。而一旦判决的内容无法执行,势必影响到人民法院的权威性和形象的公正性。在现实的司法实践中我们了解到,有些执行庭(局)法官出门的时候,神气十足,警车开路,甚至有全副武装的司法警察压阵。但当遇上一些无视法律的个体或群体的阻拦或围攻,有时也会无奈于事,甚至会"败"下阵来。虽然人民法院此时可以采取司法拘留,甚至诉诸法律,追究行为人的刑事责任,但人民法院的权威性已经受到了很大挑战,独立于刑事法律关系冲突双方的中立地位和公正性已经受到了损害。笔者理解,上述情形主要发生在民事、经济的执行过程中。笔者同样了解到,在某些罚金刑、没收财产刑的执行过程中,又何尝不是如此呢?这同样有损于人民法院的独立性和公平性。

要求人民法院不应介入刑事法律关系的冲突范围,必须要解决人民法院是国家权力的象征还是法律公正的象征问题。简单地将人民法院视为国家权力的象征,势必要求人民法院必须站在国家权力的其他组成部分这一方,结成同盟关系,共同进入刑事法律关系的冲突范围。然而,国家既是社会全体成员整体利益的代表者,又是社会个体成员具体利益的维护者,人民法院就其自身的性质而言,它是国家意志的代表者和体现者。即使是犯罪分子,除了依法应当予以剥夺和限制的权利以外,其他依法享有的权利,还得依仗国家予以确认和保护。人民法院直接进入刑事法律关系的冲突范围,与犯罪分子直接处于对立状态,就很难体现自身的独立性、公正性和公平性。其实,人民法院依照法律的规定,只是居中审理发生矛盾冲突的刑事法律关系,而不与其中任何一方发生直接的对立和冲突,本身就是体现社会绝大多数人的共同意志,代表了国家的最根本利益,并在努力捍卫国家的既定秩序和社会利益。把人民法院看成是国家权力的象征和组成部分,势必把打击犯罪、惩罚罪犯看成是人民法院的天职,从而取代了国家其他公权力机关的义务和职责。此时要求人民法院必须做到公正、公平,事实上已使人民法院处于尴尬的两难境地。如何使人民法院走出这一尴尬境地,唯一的办法就是使人民法院摆脱国家权力的属性,赋予其超越某种利益的属性,只代表既定的法律意志,只根据既定的法律规定,远离刑事法律关系的冲突范围,使人民法院不成为某一利益的代表者,而是两种利益主体发生矛盾冲突时的居中评价者、裁判者和调整者。如果刑事法律关系中任何一方违反法律规定的行为受到否定的评价和裁判,而这一否定的评价和裁判结果应让具有国家强制力的公共机关负责执行。这样,在现行的刑事执行制度中,把人民法院从中解放出来,还其应有的本来属性和地位,势在必行,是刑事执行制度进行改革的一个必要措施,也是建立刑事执行制度一体化的基础所在。

(二) 公安机关不必要成为刑事执行的主体

在现行的刑事执行体制中,公安机关担负着管制刑、拘役刑、短期放在看守所内执行刑罚的有期徒刑、单处的剥夺政治权利刑、有期徒刑和拘役的缓刑、有期徒刑和无期徒刑的假释的执行职能(在现实的社会监管活动中,由于社会矫正制度的试点推行,像管制、缓刑、假释等一些开放性刑罚的考察和执行已由社会矫正机关进行,但刑事法律并没有删改或修改仍由公安机关执行的规定)。尽管从现行的法律规定来看,这些都是法律的明确规定,但是从刑事法学和国家的司法运行体制来说,这无疑是不合理的。

从国家行政权力的分工来看,公安机关是国家的治安行政机关,负责社会秩序的稳定。所以,当社会发生违法犯罪行为时,必须由它负责处理。这种处理包括侦破案件、调查事实,然后在事实清楚、证据确凿的基础上,依法进行治安处罚或移交检察机关提起公诉。应当承认,在现有的行政职责的分工上,公安机关的任务和压力已是非常重了,再加上具有相当工作量的刑事执行任务,其压力可谓是重上加重了。也许从表层上看,只要增加一定的人力和物力就能够缓解这一任务和压力。但是从深层上看,公安机关作为国家的治安行政机关,其主要的职责是对宏观层面上的社会秩序的控制和管理,面对的是社会不特定的成员,而刑事执行的层面相对来说是狭小的,刑事执行的对象都是特定的犯了罪、被判了刑的罪犯,它们一般是被安置在特定的封闭场所,对它们的控制和管理与公安机关对整个社会的宏观控制与管理毕竟有着一定的区别。即使对那些被判处管制刑、单处剥夺政治权利刑、有期徒刑和拘役的缓刑、有期徒刑和无期徒刑的假释的控制和管理,也由于它们已属特定的犯罪分子,对他们的刑事执行与公安机关对整个社会的控制与管理,也有着明显的区别。正因为如此,当今世界绝大多数国家,都把警察机关的治安管理与对罪犯的刑事执行区别开来,设立了专门的机关负责管理。正因为如此,我国在20世纪80年代,将专门负责刑事执行的监狱机关从公安系统中分离出来,移交给司法行政部门管辖。虽然国家的存量资源不变,国家行政机关的职责范围和内容可以随时调整。但是我们应当看到,一个国家的行政机关的划分,是以各个行政机关的基本职责为分水岭的。一个行政机关的职责过分庞杂,会导致管理效能的低下,管理资源的浪费。另外,我国虽然设立了司法行政机关,但其行政职责的范围极其狭小,管理的内容极其有限。与其说让司法行政部门的职责在某种程度上徒有虚名,不如赋予它新的内容。这样,既可以将公安机关从繁杂的多头事务中解脱出来,又可让现有的司法行政机关有事可干,名副其实。我们认为,根据行政机关社会管理职能分工的需要,根据社会经济的效益原则和社会效果,公安机关没有必要继续成为刑事执行的主体。

(三) 检察机关是否可以承担刑事执行主体的职能

我们注意到,在刑事执行理论中,有观点提出,在将公安机关担负的刑事执行职能交由司法行政部门行使的基础上,将人民法院目前担负的死刑和财产刑的刑事执行职能交由检察机关行使。[①] 我们认为,这种观点很难具有合理性。不说就现行的司法体制,就检察机关的主要职责是负责对刑事犯罪的事实进行审查,以便决定是否逮捕、是否

---

① 参见中国法学会研究部主办:《法学研究动态》2000年10月18日。

需要提起公诉,在已经提起公诉的基础上还需要出庭支持公诉,并依法对整个刑事诉讼过程进行法律监督。这一司法职能是根据现行刑事诉讼法对整个刑事诉讼活动划分为侦查、起诉、审判、执行四个阶段,检察机关仅仅负责起诉这一职能而确定的,如果检察机关直接负责对刑罚的执行职能,势必造成诉讼职能划分不清。更主要的还在于如果检察机关直接担负起对刑罚的执行职能,根据现行刑事诉讼法的规定,检察机关要对整个刑事诉讼活动进行法律监督,势必造成检察机关自己对自己监督,所谓检察机关的监督就将形同虚设。即使有一天我们也能实行如同大陆法系国家检侦一体化的司法体制,但检察机关的司法职责还是局限在对刑事侦查活动的指导和制约上,并对已经构成犯罪的行为人依法提起公诉。如果将刑事执行的职能转移给检察机关,会造成检察机关司法职能的重大转移,并形成无人监督的局面。在谈及刑事执行体制的改革,有一个重大的现实变化我们不能不看到,不能不谈到,这就是即使如上述观点提到将刑事执行职能转移给检察机关,也仅仅就死刑和财产刑而言,但自1996年《刑事诉讼法》修改以后,随着司法文明观念的提倡和不断深入,把对死刑的执行看成是一种极好的法治宣传形式,甚至是一种对社会不良分子的威慑做法已经得到改变,我国的死刑执行方法由原来的枪决执行逐渐改为由注射执行或其他更为文明的方法执行,将死刑犯从法庭、公判大会场所以全副武装的形式押往刑场的场面将会大大减少,甚至消失。而就现行检察机关的管理体制而言,它既没有比较完备的武装力量,即使对死刑犯进行枪决执行也有一定的困难,更不用说如果对死刑犯进行注射执行,还根本不具备相应的执行力量。而现有的司法行政机关(这里主要就监狱机关而言),已经具备了相应的人员。一旦把死刑执行的职责转移给检察机关,又会产生兴师动众的场面,不说在体制上于理不合,即使在经济效果上也会得不偿失。而如果说将财产刑的刑事执行职责转移给检察机关,在当前的市场经济条件下,户籍制度逐渐开始松动,社会成员的流动速度日益加快,要让检察机关担负起对财产刑的执行职能又谈何容易。

  我们应当承认,制度的改革和设计,具有奠基性的作用功能,又是一项涉及对社会管理、社会控制长远的系统工程。制度创新是一个极其诱人的口号,但制度创新可以划分为纵向型的创新和横向型的创新。纵向型的创新表明,任何一种制度改革或者体制改变,只要在原来的基础上哪怕是稍微向前迈进一步,也能谈得上创新。而横向的创新,需要在同时代的全方位考察,才能得出是否属于创新的结论。毋庸置疑,横向创新要比纵向创新更有价值。这在当前全球一体化的历史进程中,我们只要从我国的市场经济体制的建立中就可以得出结论。尽管我们一直强调我国的市场经济属于具有中国特色的社会主义的市场经济,这在我国初建市场经济体制的时候,确实反映了当时的现实。但是当我国的市场经济体制改革愈益向前发展的时候,实际上我们已经自觉或不自觉地开始提出如何加快速度与国际接轨的进程。所以,我国的刑事执行体制的改革,虽然需要站在当前的现实基础上,需要纵向型的创新,但更需要站在整个国际一体化的背景下,进行横向型的创新。当然我们也清楚地知道,横向型的创新离不开一国的历史进程和现实的社会背景,在我国社会还处在解构和重构的目前阶段,创新和学习是两种不完全相同的观念。放在国际一体化的时代背景中加以考虑,我们如果能够向那些被我们认为在刑事执行制度方面做得比较合理的国家学习,这种学习的价值并不必然比创新来得低。

从纵向的历史考察角度看,不但由检察机关或类似于检察机关的国家机构进行刑事执行的体制并没有出现过,而且也会在无形之中增加经济开支。从横向的现实比较的角度来看,当今世界各国,无论是大陆法系国家还是英美法系国家,也都不存在检察机关直接、全面的刑事执行体制。因此,建议由检察机关进行刑事执行体制的观点不可取。

二、刑事执行制度一体化的体制构想

我们从理论上论证了我国现有的刑事执行体制需要改革的必要性和迫切性,但是在制度上和操作层面上如何加以实现,还需要进行必要的设计和论证。

(一) 从宏观的现有诉讼职能机构划分方面考虑

根据我国《刑事诉讼法》的规定(当今世界大多数的国家大体都如此),整个刑事诉讼活动被划分为侦查、起诉、审判和执行四个阶段,也是根据这一规定,我国的刑事诉讼机构设定了专门的侦查机关、起诉机关和审判机关,并实现了侦查、起诉和审判的相互分工和诉讼过程的一体化(即同隶属于刑事诉讼过程),唯独对刑事执行活动没有作出系统的规定。而由于《刑法》和《刑事诉讼法》的现有规定,导致刑事执行机关的多元化和刑事执行制度的不协调性。这一现象在理论上和实践中存在着诸多弊端,严重地影响了刑事执行效果的公正性和有效性。

1. 刑事执行主体的多元化,导致管理上的无序状态

在现行的刑事执行体制中,管制刑、拘役刑、短期的放在看守所内执行刑罚的有期徒刑、单处的剥夺政治权利刑、有期徒刑和拘役的缓刑考察、有期徒刑和无期徒刑的假释考察,由公安机关负责执行(已如前述);有期徒刑、无期徒刑、缓期两年执行的死刑,由属于司法行政的监狱机关负责执行;立即执行的死刑、罚金刑、没收财产刑,由人民法院负责执行。这种体制导致了刑事执行主体的多元化,而多元化的格局势必导致无法做到统一管理。尽管在司法实践中,我们经常看到在刑事执行问题上,为了对刑事执行问题做到基本统一,往往由人民法院、公安机关、司法行政部门联合发文进行协调,但这种联合发文的情形却越来越不符合现代法治的要求。人民法院既是审判机关又是刑事执行机关,公安机关既是侦查机关又是刑事执行机关,这种体制不但容易分散审判机关、公安机关在行使其基本职能时的必要的人力、物力和精力,而且刑事执行主体多元化的体制必定缺乏统一的管理,不利于刑事执行活动与其他刑事诉讼活动之间的相互监督和制约。

2. 司法职能的相互交叉,导致基本职能的弱化

人民法院是国家的审判机关,其专门职责是行使刑事审判职能。公安机关是国家的治安行政机关,其专门职责是维护社会的秩序稳定,行使对社会控制的职能。让他们担负起某些刑罚的执行职责,势必与他们的基本职责相矛盾,相冲突。其实在国家司法权力的划分上,每一个国家机构都应该有一个基本的职能,每一个国家机构的管理职能尽管可以进行内部的细分,但每一个国家机关的管理职能不应该与其他国家机关的管理职能相交叉或者相重叠,这是现代法治社会在制度设计上的基本要求。而我国现行的刑事执行体制在司法职能

上的相互交叉与重叠,不能不说是一个制度设计上的不足。

3. 监督工作的繁琐复杂,导致监督职能难以到位

我国法律规定,检察机关是法律的监督机关。这种监督既包括对侦查、审判的监督,也包括对刑事执行活动的监督。由于现行的刑事执行活动由人民法院、公安机关和司法行政机关多元负责,又势必分散检察机关的人力、物力和精力,要在不同的场所、不同的过程分别进行监督。例如检察机关在监狱设有专门的检察机构负责监督工作,但是对死刑的执行,又必须安排专门的人员进行,对设在看守所里的拘役犯、短期有期徒刑犯,还得安排另外的人员监督。即使如此,检察机关对管制刑、有期徒刑和拘役刑的缓刑犯、有期徒刑和无期徒刑的假释犯的监督往往已无力再安排人员进行,更不用说对罚金刑、没收财产刑的监督,这就使得很多的监督工作难以及时和有效到位。

纵观当今世界大多数国家的刑事执行体制,类似于我国刑事执行体制的不多。借鉴当今世界比较先进国家的刑事执行体制的经验,我国有理由也有必要建立刑事执行一体化的体制。

(二)从微观的刑事执行体制一体化的设计上考虑

进行刑事执行体制一体化的改革,刑事执行立法一体化是基础,刑事执行机关一体化是关键,刑事执行管理一体化是实践落实。由于刑事执行立法无非是为刑事执行一体化开辟道路,所以,如何进行刑事执行机关一体化的体制设计和刑事执行管理一体化的体制设计,实际上是为刑事执行立法提供方案。一个理想的构想是:

1. 在国家司法部下面设立刑事执行局,负责管理和统筹协调全国的刑事执行工作

在刑事执行局下面,根据现有刑罚的执行方法设立各个具体执行部门,主要由监禁刑的执行部门、非监禁刑的执行部门、财产刑的执行部门这三个机构组成。

(1)监禁刑的执行部门,主要负责被判处有期徒刑、无期徒刑的刑事执行工作

在这一点上,现有的监狱机构可以维持不变,从体系上隶属于刑事执行局管辖就可以了。由于死刑的缓期执行有两年的考察期限,在这两年期间,死刑缓刑犯相当于是监禁刑的执行,所以,死刑的缓刑犯

也应当由监狱机关负责执行,这一点也可以维持目前的体制不变。但是考虑到根据《刑法》和《刑事诉讼法》的规定,死刑的执行方法发生了很大的变化,同时也根据我们前面的论证,死刑完全没有必要继续由人民法院执行,直接交由监狱机关负责,同样能够达到执行的既定目的。在死刑的执行上,人民法院是否有必要参与和指挥死刑的执行?这是一个需要加以讨论的问题。在现行的死刑执行体制上,人民法院不但参与和指挥死刑的执行,而且也是死刑的直接执行机关。但由于死刑执行方法的改革,死刑逐渐被注射或其他更文明的方法所取代,其执行的规模有了根本的改变。死刑的注射执行当然只能在监狱内进行。由监狱的现有力量执行死刑,无论从人员的配备上还是技术上说,都不存在任何问题。因此我们设想,人民法院终审判决死刑后,只要在规定的时间内,将判决及时送达监狱机关,监狱机关在规定的时间内必须执行判决的内容,并将执行的结果及时报告给人民法院。在执行过程中,为了防止执行机关的工作不周到,只要法律规定人民检察院具有法律监督的职能不变,就应当由人民检察机关负责法律监督,也能够保证死刑执行的严肃性和及时性。让人民法院远离死刑及其他刑事执行场所和执行过程,使人民法院在判决刑事案件的时候,不需要多考虑判决的执行因素,只考虑判决的公正性和正义性,更容易使人民法院的形象体现独立性和公正性,也能给刑事执行机关提供刑罚独立执行的空间和刑事执行一体化提供保证。而对于人民法院来说,从经济成本上也能够节省一定的人力、物力和财力。所以,我们认为,人民法院根本没有必要再参与和指挥死刑的执行,正像人民法院没有必要参与和指挥监狱机关对有期徒刑和无期徒刑的执行一样。

在监禁刑的执行问题上,我们还有必要专门讨论一下拘役刑和短期刑期不需要押解到专门监狱执行的有期徒刑的执行问题。在现行体制下,拘役刑和短期有期徒刑是由公安机关在就近的看守所里执行的,执行的主体当然是公安机关。撇开拘役刑不说,同一种有期徒刑却由两个不同的执行主体执行,从国家的刑事执行体制上说,肯定是不协调的。我们理解现行的体制对执行场所、执行成本和管理方便的考虑。但国家不能不考虑体制的协调性问题。这里我们有一个大胆的设想,即将现行的看守所一并移交给司法行政部门管辖,在不增加管理成本的同时,又能实现刑事执行一体化。而对于公安机关来说,更能实现对社会的管理和控制职责。

（2）非监禁刑的执行部门,主要负责管制刑、单处的剥夺政治权利刑、有期徒刑和拘役刑的缓刑,有期徒刑和无期徒刑的假释的执行,这一职能可以交由基层司法行政管理部门负责

现行的刑事执行体制将对非监禁刑的执行是交由公安机关进行的。在目前治安形势还比较严峻的情况下,公安机关的任务应当说已是十分繁重了,再让其承担现在仍然承担着的对非监禁刑的执行,不仅会增加公安机关的工作压力,同时由于在当前的市场经济条件下,社会人员的流动日益加速,户籍制度也开始有所松动,公安机关会受人力、物力和财力的限制,很难将其主要的精力投入到对非监禁刑的执行工作上,这也是目前对非监禁刑的执行工作流于形式,很多监控、考察措施难以及时有效到位的一个重要原因。从国家刑事执行体制深层的协调性上说,公安机关不但要对社会成员犯罪前的预防、犯罪后的侦查,还要负责其犯罪后的教育改造、监督考察管理,权力过于集中而压力也过于沉重,就国家设立公安机关的这一国家机关的基本职能而言,也是很不协调的。就目前的状态而言,很多司法管理所的管理职能还是被架空或者虚置的。对于那些犯罪行为人主观恶性不是很深,客观社会危害性不是十分严重又比较容易改造的非监禁人犯来说,交由基层的司法管理部门来执行,不会发生难以胜任的问题。而一般被判处非监禁刑的罪犯,主要是在当地社区工作和生活,在一定的社区和区域设立司法行政管理部门对此不会发生鞭长莫及的可能。当然,对于那些还没有设立基层司法管理部门的地方,则可以由县及司法行政管理部门承担对非监禁刑的执行工作。

我们设想,通过这一体制改革,使司法行政管理机关真正全面承担起对非监禁刑人犯的管理、考察、监督、教育、改造和矫正的职责,使司法行政机关对社会的司法行政管理实现名副其实,既拥有实权,又负有职责。我们认为,这一刑事执行体制的改革对于我国刑事执行体制一元化的进程来说至关重要。现在通过《刑法修正案（八）》的规定,在现实的社会监管活动中,社会矫正制度正不断向纵深方向推进和发展,但刑事法律并没有删改或修改仍由公安机关执行的规定,显

然已明显落后于已发生发展和变化的客观现实。

(3) 财产刑的执行部门,主要负责对罚金刑和没收财产刑的执行工作

现行的由人民法院对财产刑的执行体制,除了我们前面已经分析到的在体制上的不协调,还在于当被执行人与判决地人民法院不处于同一区域或者被执行人的财产与人民法院不处于同一区域时,人民法院就会花费较多的人力、物力、财力,其执行成本之高,已为众所周知。其实在我国,财产刑涉及的钱款、财物都属于国家所有,谁执行都一样。但是从国家的权力分工和国家的刑事执行体制来说,由人民法院直接负责财产刑的执行,就使得人民法院与被执行人处于对立的法律关系状态。在目前的社会环境中,总有某些少数无视法治的社会个体和群体,拒不执行发生法律效力的判决、裁定,情节较轻的,人民法院可以进行司法拘留,但对于情节严重,必须追究刑事责任的,人民法院又必须借助于公安机关进行刑事立案,并交由检察机关向人民法院提起刑事诉讼。这样,人民法院既是他人拒不执行人民法院判决、裁定的受害机关,是他人拒不执行判决、裁定的直接证据来源,又是这一案件的裁判者。这种现象严重违背了现代刑事法律关系要求人民法院必须远离冲突双方的基本准则。这种审判在实质上再怎么公正、公平,但在形式上也已无公正、公平可言了。因而,将财产刑的执行工作转移给司法行政机关顺理成章。如果是并处的财产刑,由人民法院指定与人民法院相应所在的司法机关或财产所在的司法机关负责执行;如果是单处的财产刑,由被执行人的户籍所在地或常住地所在的司法机关作为执行机关负责执行。司法行政机关如果执行不力,自由玩忽职守的政纪或法律所制约;如果被执行人拒不执行判决、裁定,又会形成新的涉及犯罪的刑事法律关系。这时人民法院又可以成为新的刑事法律关系的裁判者。即使涉及被执行人因客观原因而无法缴纳罚金,也可以由作为执行机关的司法行政部门提出意见,由人民法院裁决,以体现人民法院的独立性。不然,一旦由人民法院直接执行财产刑,被执行人无法缴纳罚金,只能由人民法院在无人提出请求的情况下,自行裁定是否同意。而人民法院一旦自己否定自己的判决,也会损害其自身的权威性。因此,由人民法院直接负责财产刑的执行,有百弊而无一利。

2. 在刑事执行体制一体化大的框架形成后,刑事执行体制一元化的管理体系就容易建立起来了

根据现行的行政管理体制,我们设想,可以在省级国家司法行政机关下面,设立刑事执行部门,其基本的职责与国家司法部下属的刑事执行机构的职责相同。但是由原来各高级人民法院执行的非监禁刑和财产刑交由同级司法行政机关负责执行,或者如上述论证到的由人民法院指定相关的司法行政机关负责执行。

3. 在市(地)、县级司法行政机关下面,设立刑事执行部门

考虑到现行的监狱管理体制基本上属于省级司法行政部门管辖,在这一点维持不变的基础上,市(地)、县级刑事执行部门主要负责非监禁刑和财产刑的执行工作,同时考虑到一旦看守所并归司法行政机关,市(地)、县级刑事执行部门还应该同时兼对拘役刑和短期有期徒刑的执行工作。当然我们想在这里作一下并非完全离题的设想,在刑事执行体制一体化的过程中,同样有必要将一些非刑罚处罚的保安处分(收容教养、对精神病患者的强制医疗、对吸毒者的强制戒毒、对卖淫嫖娼者的强制检查与教育)一并归属司法行政机关管辖。因为在这样一些处分中,由公安机关决定,又由公安机关关押,很多过程仅仅是一家之事,往往缺乏监督与制约,于法理不通。在乡、镇级的司法管理所是否还需要设立专门的刑事执行人员?可由具体情况而定。一般来说,在乡、镇级的范围内,非刑罚处罚的对象不可能很多的情况下,直接由县级司法行政机关执行和管理不会发生多大问题。

(三) 从刑事执行体制一体化改革的进程上考虑应采取渐进形式

新中国的整个法制建设是在摧毁旧法制的基础上开始的。如何评价这一历史事件绝非本文能够包容。我国的新旧政权是在经过大规模的、群众性的、疾风暴雨式的阶级斗争的环境下进行更迭的,由于时代的局限性,使得当时的决策者们只能作如此选择。但是,摧毁旧法制的直接后果是使新中国的法制建设只好从零开始。我国的刑事执行体制也是如此。然而不管我们在刑事执行体制方面走过多么艰难曲折的道路,60年光阴逝去,我们已不能再次割断历史而重新从零开始。这就要求我们必须正视现状,在现有的体制基础上循序渐进,逐步推进。一个较为现实的设想是:

1. 在意欲实现刑事执行体制一体化的大决策下,先进行局部的试点工作,取得经验后,再逐步推广

在进行试点过程中,可选择刑事执行对象比较集中、刑事执行任务比较重和经济发展比较快的地区同时进行。在两个具有典型意义的地区同时进行,其理由主要在于可以就执行过程中发生的困难、障碍有一个全面预览,从中获得所需的经验与可吸取的教训并加以及时调整和克服。

2. 及时推进刑事执行体制一体化的立法进程

任何改革的初期,摸着石头过河也许是一个必要的过程。但在一个意欲实行现代法制的社会里,一种体制的最终建立,必须依赖于法律的制定和依法实践的落实。坦率地说,我国刑事执行体制的多头分散、零乱无序的现状,与我国还没有制定统一的刑事执行法有着密切关系。诚然,制定统一的刑事执行法是一项复杂的系统工程,需要刑事理论与实践进行必要的论证。但时至今日,建设社会主义法治的时代要求不允许我们有太多的犹疑。在进行必要的试点基础上,在我国刑事实体法和刑事诉讼法已经反复修订的基础上,我们能够将刑事实体法和刑事诉讼法中涉及刑事执行法方面的内容并入统一的刑事执行法之中去。

3. 在已有统一的刑事执行法的基础上,设立一个必要的期限,将统一的刑事执行法的内容层层落实

应当看到,在我们这样一个大一统的国家里,行政机构的设立和内部调整,在合理性和科学性的问题得到解决以后,如何及时到位不是一个很大的问题。

三、与刑事执行制度一体化有关的几个问题

(一) 刑事执法一体化的立法问题

从法治的角度而言,凡事预则立,立则行,行才果。在我国,能否实现刑事执行一体化的体制,从法治层面上说,最关键的是能否制定一部既立足于我国国情、适合我国国情,又能够长期稳定的统一的刑事执行法。制度文明,首先在于立法文明。体制合理,又首先在于立法先进。中国在这方面有着太多的值得需要总结的经验和教训。这

固然与新中国政权建立以后在很长一段时间内没有实行法治有关,然而更重要的实际上是政治观念的问题。不可否认,长期以来,我们一直把对犯罪分子的刑罚执行看成是专政的活动和专政的过程,刑罚的执行意志是随着政治的需要和形势的变化而随时变动的。在这样的条件下,要做到刑罚执行的合理化和科学化显然是不可能的。但当我们今天已经提出了建设法治社会的方略,刑罚的执行必须放在整个法制建设的层面上加以考虑。如果说司法独立能够体现公正,并以此作为社会公正的最后一道屏障,行刑独立就是实现公正的最后一道环节。行刑独立必然要建立一体化的行刑体制,行刑体制一体化的建立又有赖于法律制度的规定。所以说,及时制定一体化的刑事执行法,已是十分迫切的问题了。

在制定一体化的刑事执行法的问题上,我们认为,应该由现行具体执行刑罚的机构与专门研究刑事执行的理论工作者从理论与实践两个方面先提出刑事执行法草案,然后交有关部门博采众长后形成一个统一的草案,交由立法部门讨论决定。

(二) 非监禁刑应当建立公益劳动制度

在实行了刑事执行体制一元化的背景下,对于监禁刑的执行工作并没有发生现有资源的重大变化,只是机构之间的隶属有所变更而已。死刑的执行也只是执行机关的变化,而不发生执行内容和执行任务的加重,然而对于非监禁刑的执行来说,将有重大的变化。如何使非监禁刑的执行在由司法行政机关具体负责的一元化体制下,一改过去长期存在的监管不能及时、有效到位的现象,我们认为建立社区公益劳动制度,应当是一个有益和有效的措施。

随着我国社会的急速转型,城市的社区管理体制也随之迅速形成。在农村,乡镇一体化、村镇一体化的格局正在不断向前推进。我国社会原先高度集中的由行政管理的区域模式正在发生重大变化,城乡新社区的出现,为公益性劳动提供了广阔的空间,各级政府经常在不断地号召城乡居民尽可能地参与公益性的活动。但我们也应当看到,在目前(甚至在将来),城乡居民参与公益性劳动毕竟是而且只能是自愿的,在公益活动方面总归会留下某些死角。在这种情况下,在挖掘社会公益性劳动新资源的同时,组织非监禁刑的服刑罪犯进行社会公益性劳动,应当说是一个可取的办法。被判处非监禁刑的罪犯也是罪犯,他们也曾因为犯罪行为给社会造成一定的损害,他们被判处非监禁刑并不会自然弥补他们已经给社会造成的损害。在他们具有劳动能力的条件下,通过他们对社会的公益性劳动,也是对社会的一种补偿。更主要的意义在于,被判处非监禁刑的罪犯,往往分散在他们各自的居住区域或者劳动单位,我们对这些罪犯的监管、控制、管理和考察,即使在实行非监禁刑刑事执行一体化的条件下,也很难做到人盯人的监管、控制、管理和考察,更难做到时时、天天式的监管、控制、管理和考察。因此,通过每隔一段时间,将他们集中起来进行社会公益性劳动,既有利于刑事执行机关能够将他们直接置于自己的视线之下,而且通过他们对社会的这种公益性劳动,也可获得这些罪犯在服刑期间具体表现的信息。当然这种公益性劳动一般应以每星期一到两天时间较为妥当。而被判处非监禁刑的罪犯由于一般仍然居住于当地的社区或在原来的劳动单位,让他们参与当地社区的公益性劳动,在时间和空间距离上是不会有太多问题的。

(三)财产刑执行一体化中的配合协调问题

如果说监禁刑的执行是一种硬性执行,它表明这种刑罚执行是在封闭性的环境中通过对犯罪分子进行强制性的监控、管理和强迫性的劳动改造来实现的;非监禁刑是一种软性执行,它表明这种刑罚执行是在开放性的环境中通过对犯罪分子进行非强制性的监控、管理与考察,以及他们自由选择的谋生活动以改造自己来实现的;则财产刑的执行实际上是一种软硬兼有的刑罚执行方式。就财产刑的硬性执行方面而言,人民法院的判决内容必须被执行落实。在犯罪分子存有财产的情况下,强制执行在所难免。就财产刑的软性执行方面,犯罪分子到底存有多少财产,一般来说,也需要得到犯罪分子的配合,才能查清。而且,在犯罪分子的财产状况无法满足判决的内容时,可能需要减免被执行的财产而改变判决的内容。在目前的中国,由于还没有进行个人财产登记制度,个人财产状况往往处于隐性状态,以至于在财产刑执行过程中发生转移、隐匿财产的现象时有发生。如何使财产刑的硬性执行得到落实,其前提是使犯罪分子的个人财产状况能够得到及时查清,即必须先解决财产刑的软性执行问题。在刑事执行一体化的条件下,除当时当场已经执行完毕的以外,我们应该全面建立起犯罪分子的财产档案,在条件具备时,进行区域性甚至全国性联网,对犯罪分子的财产进行必要的全程跟踪,发现被执行人存有财产时,刑罚执行机关作为国家的执法机关,可以随时发出财产执行令,通过银行或其他金融、房地产等机构及时加以扣押执行,以保证判决内容的有效落实。

当然,在财产刑的执行方面,建立起行刑的时效制度也是一个值得探讨的问题,财产刑的判决长期处于无法执行(隐匿财产规避执行的除外),经过一定的时间,宣告执行责任的终止,使已经判决的案件及时结案,也是我们消除某些财产刑执行久拖不决现象应该可以考虑的问题。建立财产刑行刑时效制度与一时一地因被执行人的财产状况困难而减免有所不同。财产刑一旦被减免,就无法再恢复执行。而执行的时效制度一般来说,时间都会较长,在这一较长的时间内无法执行,不是被执行人有意隐匿财产规避执行,就是被执行人确有困难而无法执行。前一种现象已不在行刑时效制度的范围之内,后一种现象在目前的情况下往往被裁定减免。与其因一时一地困难而被减免,还不如留有一定余地通过行刑时效制度来解决。

第二十章　刑法学与犯罪学分野的反思与批判

——兼论刑法学与犯罪学的合成与整体互动

春秋时,名医扁鹊有弟兄三人,扁鹊为三弟。齐桓公曾问扁鹊:"你们兄弟三人,谁的医术最高?"扁鹊答曰"大哥。"齐桓公又问:"那为何你的名声在外,而你大哥二哥却不出名。"扁鹊回答道:"大哥治病重在预防,人将要得病他就能发现,即进行调理使其不得病,治病于无形,故人所不知。二哥治病在于早,人有小恙即能对症下药使其不恶化,治病于小,故人所以为其不能。而我则专治病于膏肓,人以为我能。而我以为如天下医术皆如大哥,则天下无病,更无需扁鹊。"齐桓公听后说:"治病如治天下,至于无形胜于有形。"

犯罪是人类社会的一种普遍现象,是社会发展的副产品,对犯罪的研究当然是和对犯罪的规制与惩罚不可分离的,但对犯罪的研究并不仅仅为了惩罚。与当今世界一些经济发达、法治与民主建设较为成熟的国家相比较,在中国的刑事法学领域,有一个十分显见且已不为人所怪的奇特现象,即刑法学与犯罪学是作为两个虽有一定联系却又是两个相对独立的学科存在于法学领域之中的,即使作为学术团体的一种设立,刑法学与犯罪学也是以两个相互独立的学会作为其存在形式的。由于在曾经的国家意识形态观念中,刑法就是镇压之法,刑事法学就是关于镇压之说,对犯罪的研究就是研究对犯罪如何进行镇压和惩罚。于是在曾经的法学体系和学科安排中,刑法学成了一门显学,一枝独秀,备受各方关注。而犯罪学其主要的一个内容是研究犯罪原因,因此不过是一门微学,属于刑法学的一个分支,犯罪学有点孤苦伶仃而成为附属点缀物。我们只要将两者稍加比较,无论在从事理论研究、宣传教育还是在课题分配方面,两者在人力、物力、财力和精力的投入方面简直不可同日而语。其实这是一个天大的误会。刑法学与犯罪学根本不可以分家,两者都属于刑事法学的范畴,须臾不可分离。从广泛的意义上言,不是犯罪学应当隶属于刑法学,反而是刑法学应当隶属于犯罪学。这是因为犯罪学本身就是对整个犯罪现象的研究学科,它包括了对犯罪的原因和预防、犯罪的规制与设定、犯罪的认定与处罚、刑罚的执行与罪犯的矫正等众多内容的综合学科。正是从这一意义上说,现有的刑法法学,不过是广义犯罪学之中有关犯罪的认定与处罚这一部分内容而已。然而在中国,中国社会和中国法学界有一个严重的思维逻辑错误,即在认识和对待犯罪问题上,不是首先寻找和发现犯罪的真正原因,以此努力消除大规模犯罪的社会原因,只是在犯罪发生之时或发生之后实行严厉的打击,而在犯罪发生之前甚至正在形成之时,难见国家和社会的迅速反应和有效预防。我们应当承认,在一系列众多的原因中,由于没有繁荣和深入的犯罪学研究,由于没有对我国整体犯罪有一个深刻的认识,整个社会政治评估至今没有建立有效的制度检验机制、风险预警机制和犯罪预防机制,因而事实上很多的问题被掩盖、被忽视;而这一原因又与刑事理论研究方面至今没有形成研究犯罪原因和预防为主的刑事法学、在社会实践方面至今没有建立犯罪预防体系有很大关系。因此建立一个综合的、系统的、能够使传统的刑法学和一个强盛和繁荣的犯罪学联动,并以认识犯罪、预防犯罪为首要内容的刑事法学体系,已是刻不容缓的学界任务和国家大事。

一、当前中国刑法学与犯罪学的分野带来的恶果

新中国政权建政已是一个甲子有余了,由于受苏联意识形态的深刻影响,就刑事法治领域的建设过程来看,"是非善恶分开两边",前30年极"左"思潮泛滥,以阶级斗争为纲,政治运动不断,不断"制造"着大量犯罪,冤狱遍地。特别是"文革"期间,真是罄南山之竹,难书其中之罪;决东海之堤,难流其中之恶。后30年,改革开放,由于社会经济自然发展的要求,经济建设成果举世瞩目,物质积累空前强大,可以说已远远超越前朝的一切盛世。但令人不能忽视的是:由于社会政策出现偏差,社会问题也是前所未有的严重与复杂,官场腐败,贫富分化,人心浮躁,世风日下,不断产生着大量犯罪。由中国社会科学院社

会学研究所、社会科学文献出版社联合发布的《中国社会法治蓝皮书》指出:"刑事犯罪案件依然处于高发时期,维护社会治安持续稳定的压力不断加大。"《中国社会法治蓝皮书》还显示,中国的犯罪数量打破了 2000 年以来一直保持的平稳态势,出现大幅增长。其中,暴力犯罪、财产犯罪,特别是职务犯罪、大案要案等案件大量增加。不时传来的"校园血案"、"抗拆自焚"、"铤而走险杀警察、杀法官"的消息又是一个不祥的征兆。同时一些严重的刑事犯罪通过媒体的传播,网络的放大,刺激了国人的眼球和神经,往往搅得举国不安,全民恐惧,着实让社会风险倍增。尽管我们也一直强调严惩、严打,可现实困境是朝打五十,暮生一百。明朝朱元璋曾有的"严重的犯罪,奈何朝杀而暮犯之"的悲叹,今日已不断重现。德国社会学家、风险社会理论创始人乌尔里希·贝克教授在谈到中国社会的风险时,曾坦率地指出:"当代中国社会因巨大的社会变迁正步入风险社会,甚至将可能进入高风险社会。从西方社会发展的趋势来看,目前中国可能正处于泛城市化发展阶段……所有这些,都集中表现在安全风险问题上。"[1]尽管贝克教授等人所描绘的风险社会主要从工业革命所带来的技术层面而言,但中国社会因巨大的社会变迁正呈现的风险局面,又何尝仅仅由工业革命形成的技术发展所造成? 面对严重的犯罪情势,于是乎"从重、从快、从严"就成了相当一段时期的刑事政策选择;于是乎当犯罪正在发生之时或者发生之后,我们往往看到了国家和社会的强烈反应,看到司法机关忙碌的身影;于是乎"从重、从快、从严"一晃就成了我国打击刑事犯罪近三十多年的基本对策,在刑事立法过程不断扩大犯罪圈就成了一种必然选择。在这里,也有刑法和刑事法学事实上作为国家对付紧急"火灾"的"消防队"扮演着重要角色。而即使为学界尽情赞颂的宽严相济的刑事政策,也不过是对过去"从重、从快、从严"这一基本刑事政策的微调。而在犯罪发生之前甚至正在形成之时,我们有时难见国家和社会的全面反应,这至少可以说明我们的国家和社会对犯罪的反应是有点迟钝的。

国家对犯罪形势的认识分析与判断,国家司法机关对犯罪的认

---

[1] 薛晓源、刘国良:《全球风险世界:现在与未来——德国著名社会学家、风险社会理论创始人乌尔里希·贝克教授访谈录》,载《马克思主义与现实》2005 年第 1 期。

定、惩罚和对罪犯的矫正，多少属于表象，而且毕竟属于就事论事的技术操作问题。从大体来说，今天的中国已经不缺技术精湛的刑事法律专门人员。而国家对于对犯罪原因的研究、寻觅和对犯罪的预防，才属于更接近事物发生、发展的深层本质，更应当受到整个国家的高度重视。然而恰恰是对这一如此重要的问题，由于中国还缺乏整体对事物本质有形而上专门研究的机制，也由于犯罪学与刑法学相脱离，反而显得稚嫩和零落，至今没有担当起国家制度的检验机制、社会风险的评价机制和犯罪频发的预警机制的大任来。长期以来，我国的刑事法学研究把主要的人力、物力与财力都放在了对狭义的对刑事律学的研究上，放在对犯罪的如何认定与处罚上，放在对罪与非罪、此罪与彼罪、一罪与数罪、这个犯与那个犯、到底是适用轻刑还是重刑的研究上。有时一个犯罪的既遂、未遂，共犯与独犯，到底是结果加重犯还是转化犯，就会引起太多的理论争论，使得无数精英竞折腰。如此之盛况，恐怕举世难觅第二个国家。对广义犯罪学中刑事律学的研究并非不重要，但是我们不能以偏概全、喧宾夺主冲淡对整个刑事法学体系的整体意义，冲淡对整个犯罪原因的关照。在中国，正是由于对广义刑事法学的疏忽，才使得对犯罪的原因未能作认真的反思与研究，只是兵来将挡，水来土掩的权宜之为，以致犯罪真正的"病灶"得不到有效铲除，使得犯罪犹如野草般的"野火烧不尽，春风吹又生"，遍布于社会的各个角落。

尽管由于体制使然，我国的刑事法官并非全都是通过社会的层级选拔而作为对法律具有崇仰、有较高法学素养、有志法律事业的社会精英担当（法官队伍中消极的故事也是很多的），从而真正担当起社会良心和法律守护神的角色。但即使这样，就一般问题稍较真一点而言，刑法学者们对某一个实践问题的研究，并不见得比具体从事技术操作的司法工作人员来得更高明，司法工作人员的具体经验并非是理论工作者所拥有的。其实法官本来就不是一种大众化的职业，他们不但应是良知者，而且还应是已拥有一定的专门法学知识、丰富的人生阅历和经验积累，是社会的智者。"只是由于现有体制的原因，那种促成法官必须完成对自身生活阅历的丰富积累和知识储备的跃升的制度尚未完全形成，更由于众多司法解释的横空出世，使得更多的法官思维更僵化、态度更消极、素养更滞后现象横生。助长了法律虚无主义倾向的出现与形成，也助长了法官不去就个案的特殊性进行必要的深入研究而一味求助于司法解释更甚至求助于上级命令、指示或者暗示的倾向出现与形成,更助长了权威大于法威的倾向出现与形成。"②然而,对于刑法理论工作者而言,仅仅研究对犯罪如何定罪量刑的刑法理论,充其量不过是在授人以如何使用"度量衡"的技术问题,很难起到对社会"疾病"进行诊断的"智囊医师"的作用。从社会经济学的意义上说,度量衡的使用是建立在生产产品的基础上的。社会的物质产品越多,度量衡的技术作用就越重要,使用技术就越讲究,实用技术的要求也就越高。在刑法公正的意义上说,刑法的使用是建立在犯罪的存在基础上,犯罪越多,刑法适用才越多,刑法适用越多,越需要讲究刑法的适用技术,越要求讲究适用技术的质量。从社会生产的意义上说,社会的产品越少,度量衡的作用就越小。甚至当社会无法生产出一定的商品时,度量衡的作用就无需发挥它的应有作用了。刑法适用的技术再娴熟,刑法适用的质量再高,刑法适用的结果再公平、公正,对于整个社会的大量犯罪情势而言,不过是扬汤止沸,而不是釜底抽薪。一个国家的犯罪越少,刑法的作用就越低,这样,真正起釜底抽薪作用的是一个国家应当如何有效地防止犯罪的大量发生。从这一意义上说,一个国家的刑事司法实践再公平、再公正、再正义,即使不发生一个冤假错案,也远远比能防止一个犯罪的发生来的意义重大、功德无量。

在今天的中国,刑事法学研究过分看重对刑事律法的关照,已经给中国社会与法学界带来了负面效果。

(一) 过分看重刑事律法的作用,使得严刑峻法必然成为一种社会的优先选择

今天的中国,说严刑峻法是一种社会的常见现象并不为过。长达三十多年刑事立法对"犯罪圈"的不断扩张和同样长达三十多年在刑事司法过程中奉行的"从重、从快、从严"的刑事政策,应当是一个很有力的说明。但一味的严刑峻法,也会产生疲劳现象,从而使刑法的效用明显失灵。民不畏死,奈何以死惧之?③ 中央综治委副主任、中央政法委副秘书长、中央综治办主任陈冀平在接受《瞭望周刊》采访时透

---

② 杨兴培:《抢劫罪既遂、未遂的司法解释质疑——兼论司法解释的现实得失与应然走向》,载《政法论坛》2007年第6期。

③ 《老子》第七十四章。

露:"从去年的数据看,2010年1月至11月,全国公安机关立刑事案件534万起,同比上升7.5%;检察机关立案侦查职务犯罪案件32 039件,同比上升3.1%;法院受理各类案件975万起,群体性事件仍在高位运行。"④第十一届全国人大第四次会议最高人民检察院的工作报告披露:2010年全年共立案侦查各类职务犯罪案件32 909件44 085人,同比分别增加1.4%和6.1%,其中立案侦查贪污贿赂大案18 224件,同比分别增加0.2%,查办涉嫌犯罪的县处级以上国家工作人员2 723人(含厅局级188人、省部级6人),同比分别增加2%。2010年全年共批准逮捕各类刑事犯罪人916 209人,同比分别减少2.6%,提起公诉1 148 409人,同比增加1.2%。第十一届全国人大第五次会议最高人民检察院的工作报告披露:全年共立案侦查各类职务犯罪案件32 567件44 506人,人数同比增加1%,其中贪污贿赂大案18 464件,涉嫌犯罪的县处级以上国家工作人员2 524人(含厅局级198人、省部级7人)。严肃查办利用执法权、司法权谋取私利、贪赃枉法案件,立案侦查涉嫌职务犯罪的行政执法人员7 366人、司法工作人员2 395人。对4 217名行贿人依法追究刑事责任,同比增加6.2%。加强反腐败国际司法合作,完善境内外追赃追逃机制,会同有关部门追缴赃款赃物计77.9亿元,抓获在逃职务犯罪嫌疑人1 631人。共依法批准逮捕各类刑事犯罪嫌疑人908 756人,同比减少0.8%;提起公诉1 201 032人,同比增加4.6%;依法决定不批准逮捕151 095人、不起诉39 754人,同比分别增加5%和6.1%。第十一届全国人大第四次会议最高人民法院的工作报告披露:各级法院全年审结一审刑事案件779 641件,判处罪犯1 006 420人,同比分别上升1.68%和0.98%。第十一届全国人大第五次会议最高人民法院的工作报告披露:各级法院共审结一审刑事案件84万件,判处罪犯105.1万人,同比分别上升7.7%和4.4%。

  面对这样汹涌而来的犯罪情势,传统的观念总是喜欢依靠严刑峻法高压治理的方法。之所以如此,从大的方面来看,我们的刑法在接受历史文化的过程中没有发生根本性的变化,那就是重刑轻民,甚至是严刑峻法,我们在相当长的一个时期内依然把刑法看成是治国安邦的重要工具,是镇压之法。这种历史传承也许不是说改就改的,但更

---

④ 最高人民法院网站2011年2月22日,载《瞭望》,访问日期:2010年2月25日。

主要的问题是我们想不想改。严刑峻法思想对我们今天仍然有很大的影响,这实际上是历史的悲哀,也是现实的悲哀。但我们今天一旦站在横向比较的层面,在民主与法治建设比较成熟的国家,已逐渐不将刑法看成治国安邦的一个重要手段,他们奉行的最好的社会政策就是最好的刑事政策。⑤ 能够将犯罪扼杀在萌芽阶段,既是社会政策的出发点,也是刑事政策的归宿点。当然,由于我国目前犯罪正处于高发时期,我们给予高强的刑事政策予以一定的理解。但即使这样,我们依然不能高估刑法的作用。由于我们太过分看重刑法的作用,发生社会矛盾,发生违法行为,动辄就是刑法。甚至警察千里迢迢到北京抓记者、抓作家,都倚仗着刑法为"依据";稍有对上不公的言语冲突,就动用司法手段加以严惩。这些事实表明,在某些人的思想深处,不是想通过说理的方法,不是想通过平缓的法律手段解决社会矛盾,而喜欢用暴力压服,喜欢用刑罚手段剥夺别人的应有权利。一个社会,其实能用语言解决的问题,千万不要用手铐;能用手铐解决的问题,千万不要用枪炮。不然今天刑法的作用不行了,明天就得用枪,明天用枪也不行了,后天怎么办?以暴易暴,双方倚仗暴力解决问题容易形成社会的对立,但社会总不能处在两极对立中走向危险的毁灭边缘。

(二)过分看重刑事律法的作用,容易掩盖社会矛盾而忽视社会改革

现代犯罪学的研究成果表明,犯罪是一个社会普遍性整体原因和犯罪者特殊性个体原因相互交叉作用的产物,惩罚犯罪是以犯罪者个体为基础,但预防犯罪则不能仅仅寄托在刑罚的严厉惩罚之上,也不应以犯罪者个体为聚焦点而采取单一的方法手段。刑罚只能惩罚犯罪,但不能消灭犯罪,甚至其预防犯罪的功能也极其有限。站在刑法的角度,使我们深深感觉到我国过度倚重刑法解决社会矛盾实际上是很不明智的,成本也太高。其实刑罚不过是一个社会在平时处理矛盾最后的救济手段。马克思曾尖锐地指出:"犯罪——孤立的个人反对统治关系的斗争,和法一样,也不是随心所欲地产生的,相反,犯罪和现行的统治都产生于相同的条件,也就是那些把法和法律看做是某种

---

⑤ 转引自马克昌主编:《中国刑事政策学》,武汉大学出版社1992年版,第2页。

独立存在的一般意志的统治的幻想家才会把犯罪看成是单纯对法和法律的破坏。"⑥因此,从1983年开始的30年"严打"活动,并没有有效地消除我国的犯罪高发现象。前30年的运动不断,后30年的"严打"运动,依然没有把我们打醒。为什么中国的犯罪还是如此严重,难道中国人喜欢犯罪不成?中华民族何以如此喜好暴力,难道中华民族真是喝着狼奶长大的民族?⑦对于引发犯罪的属于社会普遍性原因应当通过制度改革或者完善社会政策加以控制,仅仅依靠刑法解决犯罪问题,是一个社会不负责任的表现,也是对人的基本权利的不尊重。同样,一个不关心犯罪原因并努力消除这种犯罪原因的刑法学,是没有出息和不负责任的刑法学。因此只有将刑事律法学置于包括犯罪学在内的整个刑事法学之中,在研究如何惩治犯罪行为时,才能及时关注产生这一犯罪的社会原因与个体原因。在这方面,1935年时任纽约市长的拉瓜地亚对待盗窃犯罪的观念应当为我们所借鉴。1935年,时任纽约市长的拉瓜地亚在一个位于纽约最贫穷脏乱区域的法庭上旁听一桩盗窃案的审理,被控罪犯是一位老妇人,被控罪名为偷窃面包。面对法官,老妇人可怜兮兮地说:"我需要面包来喂养我那几个饿着肚子的孙子,要知道,他们已经两天没吃到任何东西了……"但法官冷若冰霜地回答:"我必须秉公办事,你可以选择10美元的罚款,或者是10天的拘役。"判决宣布之后,拉瓜地亚从席间站起身来,摘下帽子,往里面放进10美元,然后对旁听席上的其他人说:"现在请每人另交50美分的罚金,这是为我们的冷漠付费,以处罚我们生活在一个要老祖母去偷面包喂养孙子的城市。"那一刻,人们感到惊讶,在肃穆的气氛中纷纷捐出了50美分。拉瓜地亚的言行也为我们的官员们提供了道德标高和执政尺度,悲剧发生后,只有当我们能听到有关官员发出像拉瓜地亚式的自责声音,我们才有理由相信,才有可能不会发生类似悲剧。尽管学者不是政治家,但学者应当成为负责任的政治家的参谋。促使国家的刑事政策由不断的"严打"朝着全面预防犯罪的方向发展,是一个文明社会在刑法领域中成熟的标志。关注犯罪原因,就必然要关注社会的某些弊端,同时对于社会制度的改革也是大有益

---

⑥ 《马克思恩格斯全集》(第3卷),第379页。
⑦ 载袁伟时:《我们是喝着狼奶长大的》,载《中国青年报》,2010年4月21日。

处的。犯罪的大量发生实际上就是向人们发出一个信号,必然说明这个社会出了问题。在一个总体通过暴力维持社会稳定的国家里,社会管理者阶层可以至今依然陶醉在自我欣赏之中,也会贻误治理犯罪原因的社会良机。

(三)过分看重刑事律法学的作用,必然导致法学学科发展的不平衡

在今天的中国,由于过分看重刑事律法学的作用,由此带来的社会与学术的消极效果已经明显反映出来了。一方面,由于过分看重刑法学,法学杂志上刑法适用的文章比比皆是,5%的疑难刑事犯罪案例引得无数学者大做文章,95%的普通犯罪几乎没人关注。在高等法学院,通过刑法学的学习,高调严惩犯罪的声音此起彼伏,使得年轻的学子一说到犯罪,个个义愤填膺,非以严刑峻法对待了事。即使每年的所谓杰出法学家的评选中,每届都有刑法学的学者而鲜见犯罪学的学者露面。另一方面,对犯罪现象的研究人员后备力量严重不足,以致对于众多和严重的犯罪时至今日仍不知其原因何在,以致有一种"盲人骑瞎马"的感觉。而为什么这么多的社会成员前赴后继,即使赴汤蹈火也要以身试法实施犯罪,其根本的原因是什么也是语焉不详。使得今天法学院的学生即使大学毕业也不一定知道社会的复杂性,从而仅仅坐而论道,养成了不了解社会,不关心社会,没有责任感的一代人。因此,在刑事法学一体化的进程中,调整我国刑事法学的基本任务,把研究和关注的重点从对具体犯罪的认定与惩罚上转移到对整体犯罪的原因研究和犯罪预防上,是一个刑事法理论的应有选择。也许研究犯罪,多少会触摸到社会灰暗之处。但对于一个想恢复健康的病人来说,不应该讳医忌药,只有发现病灶所在,才能下药祛病。

二、我国刑法学与犯罪学分野的原因

马克思曾指出:"过去的哲学家只是用不同的方式解释世界,而问题在于改造世界。"[⑧]对于那些已经走出历史困境的国家和民族而言,通过改造世界的方法已经改变了过分看重刑法、消除了严刑峻罚的历

---

⑧ 马克思:《关于费尔巴哈的提纲》,载《马克思恩格斯选集》(第1卷),人民出版社1972年版,第19页。

史痕迹,固然值得额手称庆,但对于中国这个依然受历史影响较深同时又由于现实的选择错误依然过分看重严刑峻法的国度而言,我们仍然不能忽视只有预先深刻地了解这一历史和现实现象的原因,才能有效地改造社会这一实践进程所具有的价值取向。

刑法学与犯罪学本为一家,本为一家何以分离？中国社会何以在实践中如此喜好严刑峻罚,在理论上如此看重刑法学,有着其深刻的原因。

(一) 深受中国传统重刑轻民法文化浸淫、统治需要靠强力压服观念影响的历史原因

有学者指出:"中华文明一开场,就充斥着一股肃杀阴森之气,残酷的刑法统治迎面扑来:从皋陶作刑,到禹刑、汤刑、五刑、九刑、吕刑,尽管有周礼,但出礼就得入刑,其后依然是铸刑书、铸刑鼎……乃至从秦汉律一直到《大清律例》,哪一部不是刑法典! 所谓德主刑辅,也就是一种包装,就如外儒内法,中华法系的核心其实为'刑'。有学者经过研究后指出,中文'法'字的本义,就是'刑',包含一系列令行禁止的刑罚;而西文'法'字的含义,却是正义、权利、契约,古希腊有关城邦的法律及古罗马法、日耳曼法的核心内容都是如此。"⑨同时在中国古代,刑法和刑法学如此繁荣昌盛是与中国历史上长期盛行的律法学有着密切关系。中国有着悠久的刑法文化的传统。中国古代有法律,但中国古代有无法学？中国的法制史学界一直有争议。面对中国厚重的历史,也有学者尖锐地指出:"中国人有天文,但没有天文学;中国人有数字,但没有数学;中国人有语言,但没有语言学;中国人有物理,但没有物理学;中国人有炼丹,但没有化学;中国人有栽培,但没有植物学;中国人有驯养,但没有动物学;中国人有生物,但没有生物学;中国人有建筑,但没有建筑学;中国人有桥梁,但没有桥梁学;中国人有音乐,但没有乐理学;中国人有绘画,但没有美术学……"⑩此话当然不无偏激之处。但我们从中是否也可获得某种启示,中国自古以来有律而无法,有律法而无法律,有法律而无法学。正因为如此,具有暴力功

---

⑨ 杨师群:《中国刑法统治的渊源》,载《理财一周报·上海杂志》2010年5月3日。

⑩ 黎鸣:《中国人有文无"学",无"文学"》,资料来源:http://blog.sina.com.cn/liming1,访问日期:2011年9月22日。

能的刑法一路欢歌,呼啸前行,在已有律法的基础上稍加演绎,就成了法律学。也正因为如此,在中国的刑法史上有一点人们不会发生怀疑,一本《唐律疏议》远远比其他所有刑法思想更能引起后人的关注,其影响源远流长。一部中国法制史实际上就是一部中国刑法史,而一部中国刑法史就是一部统治阶层、统治集团以刑罚为工具实施严刑峻法的历史。尽管各个历史朝代总有智者贤者提出刑政的最大要务在于如何防止犯罪而不在于如何惩治犯罪,古人曰:"治国之要,刑非所先。"[11]但在中国古代,这种声音不过是沧海一粟,杯水车薪。并受时代的历史限制,一有风吹草动,也不问风从何来,草有何动,统治者们总是喜欢快刀斩乱麻,最终的目光还是聚焦在严刑峻法上,刑法在统治者眼里是"玩具",但抓在手中就是"工具",到最终却还是历史的"杯具"。于是乱世用重典就成了中国始终逃不掉的历史宿命。有学者曾经感慨道:"我们生活在一个有罪恶,却无罪感意识;有悲剧,却没有悲剧意识的时代。"[12]由此我们也可以说,我们有"繁荣昌盛"的犯罪现象,但却没有繁荣昌盛的犯罪学就变得顺理成章了。

(二)刻意强调犯罪的阶级斗争意识、不愿触及犯罪根本原因的观念影响

犯罪本是一种社会的副产品,犯罪的原因在任何社会形态下总是复杂多样的。没有人生来就是犯罪人,犯罪总是人后天的社会行为。根据马克思主义的基本原理,犯罪的根本原因总是存在于与他相辅相成的社会制度本身。根据当今世界成熟理论对犯罪原因的分析,社会环境对犯罪的发生起着重大的推动和影响作用。对犯罪原因的研究与分析,总会涉及一定的社会制度和统治者的管理能力,这是对犯罪原因进行研究的必然路径。然而这对于任何统治者来说,又是任何犯罪研究中的大忌。历史上的统治者总以为自己是真龙天子,是解民于倒悬、救民于水火的"天使",自己的治理是最好最得人心的。即使偶有"罪己诏"也不过是骗人术而已。社会之所以有犯罪,犯罪的原因最主要的还在于犯罪人本身,所以严惩不贷是必然的结局。这样犯罪学与刑法学就分野了。剩下的就是如何利用刑罚来惩罚犯罪人了。

---

[11] 鲁嵩岳:《慎刑宪点评》,法律出版社1998年版,第2页。
[12] 朱学勤:《我们需要一场灵魂拷问》,载《书林》1988年第10期。

从世界范围来看,从文艺复兴运动开始以来,产生了一股刑法理论应当关注社会、关注人权的人文主义思潮。尽管这人文关怀精神在现实的世界中并非一路顺风,资本主义兴盛过程中也曾充满腥风血雨,垄断资本主义也曾孕育出了法西斯怪胎。但我们应当承认,二次世界大战后以此为分水岭,刑罚应有的人文关怀精神又开始复兴,并取得了普及整个世界的覆盖性。但在中国,1949年的那场革命,由于意识形态使我们跟苏联接近了,开始学苏联那一套。今天苏联已经不复存在了,但苏联在中国种下的种子依然在生根、发芽、成长、开花、结着果呢。犯罪是阶级斗争产物的观念曾支配了我们很长时间,由此犯罪原因成了不言自明的结论,何须深究和寻找。如果说在人类的早期,由于相对的时空限定和落后观念的影响而不能深刻研究犯罪原因,不能深深触摸社会的痛痒之处,总是用一块坚实的屏障挡住人们寻找和发现犯罪原因的眼光,因而总是希望借用严刑峻法来消弭犯罪还有某些合理的历史时空因果关系的话,因而在历史的条件下即使不能予以道义上的宽容和原宥,但也只能通过理性的批判作历史的了结。然而人类文明发展到今天,我们已经告别了蛮荒时代,告别了宗法专制制度,但我们的血脉中仍然流淌着或刻意传承着历史文化留下的野蛮因子,自我放逐人类文明应当共有的时代价值,不去真正改造社会从而建立起温和平缓的刑法观念和刑罚制度,则是当今社会实践中依然严刑峻法盛行,理论上刑事律法学繁荣,而真正关注犯罪原因者稀少、犯罪学式微的一个重要原因。

(三)刑法学的研究技术过分师从德日,忽视刑事法学对社会检疫作用是一个重要的学术原因

1840年的鸦片战争,中国在西方坚船利炮前面被迫打开了国门,但在这一被动和极不情愿融入世界一体化的过程中,中国主流的上层精英仍坚持着"中体西用"的观念,只是希冀"师夷之长技以制夷"的技术学习。而在以清末沈家本为首进行的法律改革过程中,中国选择了日本作为学习榜样,而日本又是通过学习德国进行现代化法律制度移植的。于是在中国进行法律现代化运动过程中,中国只是单一的以

第二十章 刑法学与犯罪学分野的反思与批判

德日为榜样。这里有文化方面的原因,但更多的是观念的阻碍作用。[13] 这样同属于西方阵营的英美法系的法律思维方法、法律价值取向、法律运用技术被我们忽视了。如果我们稍加考察英美法系的国家,就可以发现他们比较重视对犯罪原因的研究,犯罪学一向是作为一门最基本的社会科学,或者将犯罪学、社会学高度结合起来再与刑法学结合为一体,成为一种刑事犯罪社会学,得到学者们高度重视的,并以控制犯罪的发生作为刑事法学的首要任务,为社会政策的制定服务,为刑事法律适用服务。

有学者指出:"虽然法律对于中西方社会都可以解释为一种专门的社会控制手段,或者关于人的行为规范的一种特别规章,但是西方古典社会国家的法律主要起源于人们的协议或公约……"在这方面,英美法系的国家继承这一观念所获得的社会效果已经明显地显现出来了。[14] 今天,就某些特定的区域和极端的例子而言,西方的犯罪也是很严重的。但就整体而言,犯罪情势总体比东方国家要来得平缓,所以我们再也不能也不应作自我陶醉。在这些国家,刑法学的优势地位必然让位于犯罪学。而犯罪学昌盛所带来的积极效果远远比刑法学昌盛所带来的积极效果要明显得多。而在大陆法系国家,既由于犯罪相对处于低谷,也由于受传统刑法文化的影响,所以刑事法学一般应以技术为主,以此通过严格依法办事,实现罪刑法定原则的既定意义。两个法系刑法学与犯罪学的不同起源和形成,是造就今天大陆法系的刑法学特别昌盛,而英美法系的犯罪学相对于昌盛这两种不同结果走向的重要原因。但在我们中国,特别是近几年来,向德日学习简直是成了一种时髦,在这一过程中,对刑法的法律思维观念、刑法的法律价值取向的学习还未得到重视,而对刑法的法律运用技术却情有独钟,甚至是一些基本名词概念的使用都处处打上了德日刑法学的烙印。在这方面,一些留日或信日的刑法学者又起了很明显的搬运工、复印机和传声筒的作用,在思想观念方面没有新思想。于是在中国,对刑

---

[13] 清末著名的五大臣出东西洋考察宪政,五大臣之一的载泽在考察后曾深有感触地总结说:"宪政有利于国,有利于民,而最不利于官。"为什么百年来中国宪政举步维艰?载泽先生早就给出了明确的答案。宪政改革是如此,刑法改革又何尝不是如此呢?故中国近现代改革的核心分歧,并不在观念,而在利益。

[14] 参见杨师群:《东周秦汉社会转型研究》,上海古籍出版社2003年版,第253页。

事法的研究使得刑法学与犯罪学又更加明显地分离了。日本刑法学在技术方面可以说颇有特色,比较细腻,但其刑法观念了无新意。当今中国急需的是价值观念的更新,而非纯粹技术知识的引进与技术人员的培训。

三、筑建整体互动刑事法学的必要性

随着社会的发展,各种社会现象日益交杂在一起呈现出复杂性。犯罪只是这么多社会现象中的一种综合交叉反映的投影。在犯罪现象身上,集中体现了当代社会的缩影。因此对犯罪的惩罚毕竟是事后的社会反映。一个聪明的社会应当将犯罪消灭在萌芽之中。在刑事法学整体相互联动的进程中,调整我国刑事法学的基本任务,社会应当将对犯罪反应的重心不断前移,把研究和关注的重点从对具体犯罪的认定与惩罚上转移到对整体犯罪的原因研究和对犯罪的预防上,是一个时代发展的重要任务,由此,刑法学与犯罪学整合归一就呈现出必然的趋势,因此有必要从思想观念上予以高度重视。

(一)加强对犯罪原因的研究,重视犯罪学的建设,构筑刑法学与犯罪学整体相互联动的格局,是中国社会实现社会稳定的现实政治需要

将犯罪学与刑法学高度结合在一起,使得整个刑事法学对犯罪及犯罪原因的研究与整个社会更好地关注犯罪原因的生长条件和对犯罪原因的努力消除,看成是刑事法学的时代责任,而不在于仅仅是对犯罪的一味严惩。火灾已起,当然要先灭火救人。但一个社会在时时发生火灾后仍然不关注起火原因,就有点匪夷所思了。曲突徙薪的典故应该对中国人有所警示了。[15] 在犯罪原因初显之时,当政者是否能够及时发现并及时加以消除,这是一个时代的当政者无法回避的政治责任。为政者应当明白,遏制犯罪、预防犯罪不能简单地依靠刑法。

---

[15] 《汉书·霍光传》:客有过主人者,见其灶直突,傍有积薪。客谓主人:"更为曲突,远徙其薪;不者,且有火患。"主人嘿然不应。俄而,家果失火,邻里共救之,幸而得息。于是杀牛置酒,谢其邻人,灼烂者在于上行,余各以功次坐,而不录言曲突者。人谓主人曰:"乡使听客之言,不弗牛酒,弱亡火患。今论功而请宾,曲突徙薪亡恩泽,焦头烂额为上客耶?"主人乃寤而请之。

像今天很多教科书所说的适用刑罚的目的就在于预防犯罪,刑罚适用越多越严,其预防的效果就越好,这不过是痴人梦话一样才相信犯罪预防能够通过犯罪之后的刑罚而不是通过社会的政策调整先进行釜底抽薪才能达到。我们应当要把预防的支点向前挪位,放在消除犯罪的社会原因方面。

当前严重的职务犯罪、贪污受贿等腐败犯罪已经开始动摇这个国家的根基,国家再也不能无动于衷了。同时其他一些严重刑事犯罪依然处于高发阶段,对于我们这个仍然处在社会对立和社会失衡的国家,只有努力寻找、及时发现社会腐败犯罪的社会原因,才能及时地加以应对、进行预防,从而将各种引发社会"溃败"的火苗扑灭在星火之时,将由社会腐败引发的社会对立所产生的犯罪意识消灭在萌芽状态。

(二)加强对犯罪现象的研究,重视犯罪学的建设,形成刑法学与犯罪学整体相互联动的格局,是中国社会经济发展的自然要求

从 20 世纪 90 年代开始,中国已经在很大程度上改变了理想主义的发展方向,成为一个比较现实的世俗国家,发展经济成了国家主要的前进动力。目前我国社会经济建设搞得热气腾腾,如鲜花着锦、烈火烹油,经济增长也就成为当代社会的主要成就指标,但社会精神状态并不是昂奋向上,所谓树欲静而风不止。虽然当前国家经济建设如火如荼,但各种经济犯罪也在暗潮涌动,严重的经济犯罪将会吞没很多的经济发展成果。在一系列众多的原因当中,与中国社会没有形成一个有效的犯罪预警机制、在理论研究上没有一个强大和繁荣的刑事犯罪学多少有点关系,所以社会法治图景依然还不很理想。没有这样一些机制和研究,事实上很多的问题就会被忽视。因此,建立一个整体相互联动的刑事犯罪学已是刻不容缓。

在今天的中国,就犯罪的主要方面而言,法律知识的普及与各种犯罪的预防基本上没有什么必然的联系,众多新闻媒体不断爆出的各级政府要员甚至司法工作人员的一个又一个的大案要案甚至窝案的新闻和丑闻,我们还能说这些涉案人员是由于法律知识欠缺吗?还需要说一些这些涉案人员是因为缺少法律知识因此亟须普法这些空话吗?今天我们已有必要直面社会,对于涉嫌自然性犯罪的社会普通成员来说,违法犯罪的根本原因很大程度上来自于生存环境的恶劣和道德水平的低下;对于涉嫌行政性犯罪的各级官吏来说,违法犯罪的根本原因并不在于法律知识的缺乏,而在于他们对物质的更大欲望和社会环境对权力制约的缺失。

(三)加强对犯罪文化的研究,重视犯罪学的建设,形成刑法学与犯罪学整体相互联动的格局,是中国社会通过历史反思对历史的经验与教训进行总结的必然趋势

反思历史,无非是为了今天的发展与进步,为现实的社会管理提供必要的借鉴。由于历史的惯性作用,今天的犯罪情势还会十分严峻,因此在短时期内严刑峻法可能还会延续一段时间。对于社会管理者来说,大火已燃,灭火为先,自然不会轻言放弃严刑峻法。但刑法学也没有必要鼓与呼,火上浇油,为严刑峻法寻找更多的理由。而学者们一味呼吁轻刑简罚,也自然会被认为是文人的无病呻吟,对社会管理者来说决不会轻易动心而改弦易辙。然而以往的严刑峻法使得中国的犯罪并没有明显得到长期有效的控制,因此一个比较平和折中的路径选择是将刑法学置于广义的犯罪学之中,逐渐降低传统刑法学的比重。使依靠传统刑法学而建立起来的严刑峻法理论逐渐丧失基础,而刑法功能日益淡化意味着刑法的残酷性和刑法的严厉性也日益淡化和削弱。整体相互联动刑事犯罪学的建立,会让人们更多地看到犯罪的真正原因,没有人天生愿意成为罪犯。历史和现实已经证明和还将继续证明,利用严刑峻法遏制犯罪,希冀消灭犯罪,暴秦已经作了回答,苏联也不是灭于犯罪,而是灭于腐败与制度不健全。我们应当心知肚明,当今一些不伦不类的犯罪原因根本不能解释我国当前社会犯罪居高不下的真正原因,我们再也不能做掩耳盗铃之状而贻笑于天下和后代子孙了。

四、筑建整体互动刑事犯罪学的路径思考

在中国,各种犯罪现象和原因的形成和存在并非是一朝一夕的,因此消除这一原因的目标也非一朝一夕就能实现。但这不影响我们对整体犯罪原因的深刻揭露和提出消除各种犯罪原因的努力。在构筑以解释犯罪原因预防犯罪为主并形成刑法学与犯罪学整体相互联

动的刑事法学的过程中,可供参考的路径选择可能很多,但这样一些路径选择是必须加以考虑的。

(一)国家应当及时公布犯罪的真实情况,为犯罪研究提供真实可靠的材料

中国社会已经发展到了一个极为关键的历史关头,能否跨越消除社会腐败和各种犯罪依然高发的刑事"卡夫丁峡谷",是中国社会无法回避的历史与时代问题。我们不能错失良机,学者们应当担起责任,积极出谋划策,共谋国家长久平安。但这里有一个前提条件,即司法部门应当开诚布公,每年颁布犯罪的基本情况和必要的数据。在这方面,日本为我们提供了一个可供借鉴的榜样。日本司法部门每年发表一份犯罪白皮书,把每年全国的犯罪真实状况通过事实和数据全面加以提供。尽管这几年我国的法治观念已经发生很大的变化,中国社会科学院社会学研究所、社会科学文献出版社也已连续两年联合发布了《中国社会法治蓝皮书》,但与由司法部门直接发布更为权威数据和案情的要求总还有一段距离。其实,司法活动本身属于公器使用,司法活动一直作为一种"神秘作坊"的现象不应该永远延续下去。更何况,国防白皮书已经一年一度发表了,所以,我国至今还没有发表司法白皮书,是不为而非不能也。

(二)应当加大犯罪的实证研究和犯罪的原因研究,为预防犯罪提供指导

在中国,法学研究也属国家宏观控制、宏观计划和宏观资助的一种学术活动,因此国家在实现这一历史性学术转变过程中,负有引领的责任。在现有的刑事法学计划性研究安排上,应当将研究的重点逐渐放在对犯罪的实证研究和对犯罪的原因研究上去。只有加大对犯罪的实证研究和犯罪的原因研究,才能为我国的犯罪预防指引明确的方向和提供更多的理论指导,才能动员更多的社会力量发挥其能动性参与到预防犯罪的过程中。在我们看来,预防犯罪远比惩罚犯罪来得复杂,因而也来得艰难。要预防犯罪,得首先了解原因,不然就会盲人骑瞎马,摸不着方向。从网上得知,湖南祁东县 2011 年 4 月 12 日举行了一次声势浩大的公捕大会。2011 年开年到 4 月 12 日不过百日,祁东县公、检、法、司各部门密切合作,共破获各类刑事案件 253 起,其中杀人、抢劫、强奸、贩毒等恶性暴力案件36起,摧毁犯罪团伙14个,其中涉恶团伙7个,贩毒团伙3个,抓获各类违法犯罪嫌疑人730人,可谓战绩赫赫。⑯一县之属,不过弹丸之地,百日之内已有250多个刑案,抓获各类违法犯罪嫌疑人730人,一年当有多少?但一县之地要有这么多人锒铛入狱岂不令人不寒而栗吗?此时我们再怎么高喊"严打"也总是一个社会的悲剧。《汉书·刑法志》有言:"满堂皆欢,一人向隅而泣则满座不欢",况百日之间就有730多人向隅而哭。是什么原因让这里的社会成员对犯罪乐此不疲?这是一个想要和谐的社会无法回避的问题。如果预知犯罪原因,一县之官能够救一两个小民于水火之中,也岂不善莫大焉?功莫大焉?一个不关心犯罪原因并努力消除这种犯罪原因,仅在事后严打的刑事司法活动属于不良之举,而形成整体相互联动的刑事犯罪学,势必会及时发现整个社会的犯罪原因所在,为调动整个社会力量参与预防犯罪提早做出准备。

(三)在组织、人员和资金方面,国家应当有一定的倾斜

在我们这个政治高度一统、权力高度集中的国度里,对犯罪的惩治与预防都是由"国家"一家承担的,甚至对犯罪的研究也大多由国家统一安排的。但正因为如此,很多事情成也萧何,败也萧何。近几年随着多元思想的冲击,国外一些犯罪学研究成果的引进,使得国内的冰封稍融,学者们渐渐开始进行多元思维。从世界各国的经验来看,对犯罪的惩治由国家司法机关承担和进行,但对犯罪的预防都是由政府承担并进行的,政府是预防犯罪的第一责任人。在当今中国,经济犯罪在总体上一直处于居高不下的状态,本身就表明了犯罪绝不可能通过刑法的惩罚就可以一劳永逸地加以解决。刑法不过是在犯罪形成以后的一种社会反映罢了。在中国,犯罪的原因是很复杂的。经济的落后、生活的贫穷、制度的不完善、贫富差距太大、社会保障体系的不健全等。即使在中国经济增长一路欢歌的表象之下,环境的严重破

---

⑯ 当然这里是否有"水分"就不得而知了。因为据报道,253宗刑事案件才刑拘245人,平均一案不足一人。其中刑拘245人,报捕134人,批捕121人,移诉119人,报劳动教养26人,移送强制戒毒85人,抓获各类逃犯126人,破案多而刑拘少,意味着破获案件的效能意义可有可无。更让人纳闷的是,刑拘245人却只有119人被移诉,剩下的126名被刑拘人呢?他们何去何从了?依据现有的司法程序,不被移诉则意味着将不被追究责任。这126名被祁东警方抓走刑拘的,是不是不需要追究刑事责任了?皆不得而知。

坏和资源的过度消耗,还有经济上贫富分裂的社会成本。当国家的发展列车正在呼啸而去,不要忘了被遗忘在站台上的很多"弱势者"会很着急的。如果这样,坑蒙拐骗、盗窃抢劫会接踵而来。因此,我们的政府部门应当担当起预防犯罪主力军的重任来,而不是由政法部门作为化解社会矛盾的主导力量。对犯罪的研究应当主要由社会研究机构或者专门研究人员进行。尽管刑事法律学者不过是一介学人,但他们同样肩负为社会出谋划策的应有社会责任,位卑未敢忘忧国(南宋陆游诗句)。每个人所站的角度不同,并不影响学者们朝着这个方向努力。要知道,这个社会有问题,一旦得不到很好的解决,社会发生动荡,"覆巢底下安有完卵"。所以刑法学者理应成为政府和司法机关的参谋,为他们提供各种具有建设性的意见,为他们提供理论性的参考意见。我国近几年的社会人文科研经费已有大规模投入,但依然是计划性的科研项目居多,思辨性的内容居多。社会发展到今天的规模与时代,仅仅是思辨性的、坐而论道的东西已无法解决实际问题。面对犯罪如此高发现象,国家应当有开阔的胸襟,鼓励学者们自由展开对犯罪的实证研究和调查研究。即使在有组织、计划性、指令性的研究规划中,其研究的重点和人员应当有所倾斜。同时,巧妇难为无米之炊,对民间和社会自由人员提出的对犯罪原因的研究,也应当进行资金的资助。

在今天的社会发展过程中,能否实现刑事法理论研究的华丽转身毕其功于一役,总得需要一代人来完成。

索　引

暗合与差异　105
帮助犯　200—202,204,207,209—211
绑架罪　159,241—246,248—250,252
暴力　10,12,17,24,47,55,58,63,121,125,132,146,159,182,240—246,249,251,271,280,285,290,346,350—352,361
贝林格　74,100,119,120
程序之法　287
大陆法系的犯罪构成　72,73,74,75,77,78,79,81,88,102,110,111,116
等级制度　5—7,15,18,20,23
多层法律关系　233
多元法律关系　236
多重法律关系　227,230
法家思想　11,13,16
法教义学　138
法律关系　41,218,227,228,230,232,234,236—238,243,246,284,287,337
法律教条主义　128,137
法益　75—77,108,109,111,115,116,135,143,144,160,277
反思与批评　1,2,9,13,22,28,66,72,80,105,109,200,205,209,299,365
犯罪构成　37,66—118,135,143,147,151,152,171,175,176,178,179,182—186,191—198,202,206,208,213,220,229,230,234,239,249,326
(犯罪构成)旧模式　113,114
(犯罪构成)新模式　113,114
犯罪既遂　176,179,182—186,191—196,198,230,266
犯罪圈　142,276,277,345,347
犯罪未遂　15,191—195,197,198
犯罪预防　61,344,351,357,359
方法选择　153
非法拘禁罪　159,241—245,247—252
非法吸收资金
非法之"债"　244—246,248
非身份犯　35,213,217,222
费尔巴哈　1,73,74,99,100,119,120,351
分析路径　228,233,236
风险社会　51—53,55,60,61,345
公器　57,62,145,272,273,313,316,317
共同犯罪　35,38,200—211,213,215,217,219,221,222,317
官民对立　57,58
郭京毅　314—325
国家"守夜人"　44,47
过失危险犯　175,180,183,184,186—191
合法之债　246,247
合理怀疑　290,293,294
集资诈骗　253—259,262,265—269

既判力　144,295,302—305,307,313
家国同构　7,16,23
价值审视　149
间接融资　265,266
间接正犯　205
教唆犯　201,202,204,206—210
结果犯　175,176,178,179,185,197,199
卡夫丁峡谷　66,85,359
客观解释　134,135,153,155,157
客体　23,67—72,75,76,81,82,88,95—98,103,104,106—109,111—116,143,148,178
扩张解释　34,37,39,41,42,46,216
李昌奎　299—301,303,304,306—310,312
理想展望　153
立法编纂　280—282
立法腐败　314,317,320,322—325
利益主体　139,327,330
路径依赖　13,14,66,87,91,234
逻辑进路　227
民愤　58,226,300,311—313
民间融资　253—257,259—263,265,269
民事法律关系　218,228,233,234,236,237,246
癖马案　162,163,165,172
贫富差异　55,59,62,120
平反　31,396,308
期待可能性　161—173
启蒙思想　31,100
敲诈勒索罪　47,238,240—242,244,245
权利与义务　8,151,219,222,223
人权洗礼　33
融资　254—270
儒家文化　14,17

三纲五常　5
三阶层　85—87,89,92,96,98,101,104—107,111—114,143,152
佘祥林　58,283—285,287,293—296,301
社会风险　51—53,55—64,264,345,346
社会公器　57,143
社会危害性评价　307
身份犯　35,213,217,222
施就别尔　73,74,99
时代精神堕落　59
实体之法　287
实行犯　201,202,204,206—210
实质解释　133—145,149,150,152,154,156,160
受贿罪　33,35,38,144,213—217,220—224
司法不公　58,297
司法"看门人"　44,48
司法困局　254
司法实践的"代言人"　44,47,48
四要件　67,69—73,76,80,82,85—89,91—96,98,103—107,111—114
苏式犯罪构成　91,94,97,98,103—105,111,116
苏式四要件犯罪构成　85,86,87,88,91,92,93,94,95,96,104,105,111,112,113,114
塔甘采夫　79,81,82,89,103,116
贪污罪　213—215,219,220
特拉伊宁　67,68,73,79,99,100,103,104,108
特殊主体　117,213,214,218—221
亡羊补牢　77,322
危险犯　78,174—188,191,192,194—199
文化价值取向　59
文艺复兴　33,41,120,131,354

信任瓦解　56
信用缺失　56
刑罚度　278
刑罚人道　121
刑法补充　270,277,281
刑法基本原则　29,273,274,280
刑法解释　36,40,41,46,133—138,142,146,147,149—151,153—160,171,281
刑法理论危机　36,48,50
刑法体系　104,113,257,264,282
刑民交叉　227,228,230,232—234,236,238,239
刑事法律关系　41,116,117,151,152,234,237,284,287,288,292,326—329,337
刑事古典学派　31,73,99—101,119—132
刑事立法　14,15,30,36,37,39,46,67—69,80,81,83,96,99,101,102,114,115,122,124,126,129,133,135,142,144,161,165,170,171,173,176,180,187,188,198,201,214,215,242,243,255,272,273,275—278,280—282,345,347
刑事社会学派　125—127,130
刑事实证学派　119,122—124,126,127
刑事司法解释　36—40
刑事执行制度　327,330,333,334,335,337,340
行为犯　175—179,185,186,190,196,199
（行刑）一体化　53,251,273,327—337,339—342,355

形式解释　133—138,141,142,145—150,153,159,160
循名责实　38,141,146,163,166,274,321
严防政治腐败　62
严格解释　42,46,134,153,160,240
严刑峻法　96,97,347—349,351—354,358
一般主体　214,218—221
以实定名　141,146
再审程序　295,301—303,305—307,309,312
债权债务关系　246,247
赵作海　58,283—285,287—289,293—296,301
正犯　200,201,204—211
执政偏向　57
直接融资　257,265,266
治国先治吏　62
中国春秋　91
中国刑法学　36,66,67,72,73,79,85—87,89—95,98,108,113,117,118,133,134,161,163,178,205—208,211,344,365
主犯　201,202,204—210
主观解释　134,135,153,155
主体多元化　334
专制制度　2—5,9,20,26,354
自请复查　294—297
自由与秩序　222
宗法制度　2,5,18,19
罪刑法定原则的底蕴　28
罪刑法定原则的意蕴　28

跋

经过一阵辛苦忙碌,本书总算如期按计划整理完成了。本书与其说是一本对刑法理论与实践进行反思与批评的专著,不如说是自己在平时进行刑法教学、刑法研究和刑法实践活动参与过程中的一些思考和记录,是作者长期以来一直关注刑法理论与跟踪刑法实践的一些心得体会。回望成书过程,虽然还有许多余言可述,许多当时下笔之时的感想与辛劳时时涌上心头,但细心回味,蓦然发现许多深刻体会,又已非语言所能一一而述;而呈现在读者眼前的这些心得之浅,总觉得跃然于纸面之上的文字语言与内心所思所想还是有些距离的,常常有"两岸猿声啼不住,轻舟已过万重山"的落伍感觉。但正如哈耶克所言:必须有很多人在观念领域进行艰苦的研究……从长远来看,人类事务受思想指引……昨天的异端会成为明天的信条。所以,在刑法理论领域进行一些思想性的思考与探索,应当成为刑法理论的一种表现形式。

2012年10月作者应邀前往京城参加中国青年政治学院举办的"海峡两岸暨第八届内地中青年刑法学者高级论坛",这是一个在中国刑法学界颇有影响的理论论坛,在会上经常有各种理论火花的碰撞。会间正好有幸相遇北京大学出版社的蒋浩先生,对于蒋浩先生的真诚热情和对法学事业的关心与帮助早有所闻。初次相遇彼此谈论甚欢,遂约定将平时所思所想、所撰所论之言汇成一书,以为法学理论海洋添一朵浪花。书稿落成之时,蒋浩先生又以最快的速度为此书的出版提供了方便条件,对此作者口虽不言但当常记于心,并化作未来继续反思和批评的动力。在本书复校过程中,作者有幸从书卷中认识了本书的责任编辑苏燕英女士,苏女士留在纸面上的笔迹中透露出的一丝不苟的认真、细致和极具耐心的精神,不由得让作者由衷地表示感谢。本书收笔之时,出版之际,也是自己一个心事的了结,故不避啰嗦,再缀数语,作此跋言,留下心迹,以为备忘。

杨兴培

2012年12月26日

于上海华东政法大学